高等院校信息安全专业系列教材

网络犯罪侦查

孙晓冬 主编
秦玉海 刘晓丽 马振飞 刘奇志 李娜 副主编

Information
Security

清华大学出版社
北京

内 容 简 介

本书主要针对网络犯罪侦查工作中，网络犯罪案件执法基础和网络基础知识、网络犯罪现场勘查、各类常见线索分析、网络人群的分布与行为特征分析、网络犯罪案件线索综合分析方法等内容做了较为详尽的介绍。同时对非法侵入破坏计算机信息系统、网络盗窃、网络诈骗、网络赌博等常见涉网案件的犯罪表现形式和证据构成、侦查基本思路、专案侦查中的常见问题等结合案例做了详细介绍，力争做到指导思路明确、技术方法简单可行，强调实用性。

本书适合作为高等院校信息安全、网络犯罪侦查、侦查学等专业的研究生、本科生、双学位学生的授课教材或教学参考书，也可作为网络犯罪侦查在职干警培训教材或相关执法人员的参考书。

本书封面贴有清华大学出版社防伪标签，无标签者不得销售。
版权所有，侵权必究。举报：010-62782989，beiqinquan@tup.tsinghua.edu.cn。

图书在版编目（CIP）数据

网络犯罪侦查/孙晓冬主编. —北京：清华大学出版社，2014（2024.12重印）
高等院校信息安全专业系列教材
ISBN 978-7-302-36112-1

Ⅰ.①网… Ⅱ.①孙… Ⅲ.①互联网络－计算机犯罪－刑事侦查－高等学校－教材 Ⅳ.①D918

中国版本图书馆 CIP 数据核字（2014）第 102526 号

责任编辑：张　民　薛　阳
封面设计：常雪影
责任校对：白　蕾
责任印制：刘　菲

出版发行：清华大学出版社
网　　址：https://www.tup.com.cn，https://www.wqxuetang.com
地　　址：北京清华大学学研大厦A座　　邮　编：100084
社 总 机：010-83470000　　邮　购：010-62786544
投稿与读者服务：010-62776969，c-service@tup.tsinghua.edu.cn
质量反馈：010-62772015，zhiliang@tup.tsinghua.edu.cn
课件下载：https://www.tup.com.cn，010-62795954

印 装 者：三河市人民印务有限公司
经　　销：全国新华书店
开　　本：185mm×260mm　　印　张：25　　字　数：584 千字
版　　次：2014 年 6 月第 1 版　　印　次：2024 年 12 月第 14 次印刷
定　　价：59.90 元

产品编号：056295-04

前言

计算机网络技术在人们日常生产、生活、学习中的迅速普及,为现代社会的运行方式带来了一次巨大的革命。人们越来越多地习惯使用互联网,依靠它的高效、低成本、信息资源丰富来解决越来越多的问题。于是,很多传统方式的信息沟通交流、商业交易、企事业单位管理、政府财税征缴、个人休闲娱乐等行为,快速地向互联网进行转移。于是,计算机网络中越来越多地出现了巨量的数字化的财富,它们可以随时变成现实利益、具有现金价值的数据信息。

马克思的资本论明确地告诉我们,有利益的地方就会有贪婪,有贪婪的地方就会有犯罪。事实上,不仅在中国,在全世界范围内凡是计算机网络普及的地方,都广泛存在着网络犯罪。近十年来,我国网络犯罪呈现出高速增长的态势,与欧美发达国家保持高度同步,这就源于计算机网络的广泛应用速度和范围,应用越快越广泛,网络犯罪发生率就越高。

公安机关作为维护治安、打击犯罪的执法主体,必须抢占这一业务领域的制高点。为满足公安教育培训的需要,编者在广泛调研、不断参与实战部门侦查工作的基础上,反复总结提炼,历经两年多的时间编写了《网络犯罪侦查》这部教材。本书立足实战,突出重点,对于实际工作中可能遇到的具体问题做了详细的阐述。本书适合作为公安高等院校信息安全、网络犯罪侦查、侦查学等专业的研究生、本科生、双学位学生的授课教材或教学参考书,也可作为网络犯罪侦查在职干警培训教材或相关执法人员的参考书。

本书主要针对网络犯罪侦查工作中,网络犯罪案件执法基础和网络基础知识、网络犯罪现场勘查、各类常见线索分析、网络人群的分布与行为特征分析、网络犯罪案件线索综合分析方法等内容做了较为详尽的介绍。同时对非法侵入破坏计算机信息系统、网络盗窃、网络诈骗、网络色情、网络赌博等常见涉网案件的犯罪表现形式和证据构成、侦查基本思路、专案侦查中的常见问题等结合案例做了详细介绍,力争做到指导思路明确、技术方法简单可行,强调实用性。

本书由孙晓冬担任主编,负责全书的整体结构设计和内容统编,并编写了第 2、4、11、13、15、16 章;刘晓丽编写第 5、9、14、18 章;刘奇志编写第 8 章和第 17 章;马振飞编写第 7 章和第 10 章;秦玉海编写第 3 章;李娜编写第 1 章和第 12 章;肖萍编写第 6 章;胡振辽参与了第 1 章部分内容、周琳参与了第 2 章部分内容、孟庆博参与了第 15 章和第 16 章部分内容的编写工作。中国刑警学院优秀毕业生郝轶彬、孙健腾、崔晓融、宋亚飞、仲海啸参与了本书的资料收集整理工作。

尽管在本书的编写过程中，作者倾注了诸多努力，但由于自身水平有限，加之网络犯罪本身从形式到技术的快速发展，不足之处在所难免，敬请读者批评指正。

编　者

2014 年 2 月

目 录

第1章 网络犯罪案件侦查总论 ... 1
1.1 网络犯罪的概念与类型 ... 1
1.1.1 网络犯罪的概念 ... 1
1.1.2 网络犯罪的类型 ... 2
1.2 网络犯罪的表现形式与特点 ... 3
1.2.1 网络犯罪的主要表现形式 ... 3
1.2.2 计算机犯罪的特点 ... 5
1.2.3 计算机信息网络犯罪的社会危害 ... 7
1.3 计算机信息网络犯罪案件侦查的任务和原则 ... 8
1.3.1 计算机信息系统或计算机信息网络犯罪案件侦查的任务 ... 9
1.3.2 计算机信息系统或计算机信息网络犯罪案件侦查的原则 ... 9
小结 ... 10
思考题 ... 10

第2章 网络犯罪案件执法基础 ... 11
2.1 网络犯罪案件管辖 ... 11
2.2 网络犯罪案件办理程序 ... 15
2.2.1 受、立案与破、销案环节 ... 16
2.2.2 侦查环节 ... 17
2.3 刑事案件侦查措施 ... 18
2.3.1 网上摸排的条件与范围 ... 19
2.3.2 网上摸排的对象与方法 ... 21
2.4 常见网络犯罪与证据构成简介 ... 22
2.4.1 危害国家安全的网络犯罪 ... 22
2.4.2 危害公共安全的网络犯罪 ... 24
2.4.3 妨害社会管理秩序的网络犯罪 ... 25
2.4.4 破坏社会主义市场经济秩序的网络犯罪 ... 32

2.4.5 其他网络犯罪 37
2.5 未成年人问题 37
小结 38
思考题 38

第3章 网络基础知识 39

3.1 网络硬件设备介绍 39
 3.1.1 传输介质 39
 3.1.2 集线器 41
 3.1.3 交换机 41
 3.1.4 路由器 42
 3.1.5 中继器 42
 3.1.6 网卡 43
 3.1.7 终端设备 43
 3.1.8 主流设备介绍 43
3.2 网络协议 44
 3.2.1 TCP/IP 基础 45
 3.2.2 应用在 TCP/IP 各层的协议 47
 3.2.3 IP 地址及其相关知识 49
3.3 网络架构 53
 3.3.1 局域网、城域网和广域网 53
 3.3.2 有线网络和无线网络 54
 3.3.3 虚拟专用网 56
3.4 基于网络的应用 57
 3.4.1 计算机病毒 57
 3.4.2 木马 57
 3.4.3 防火墙 58
 3.4.4 入侵检测 59
小结 62
思考题 62

第4章 网络犯罪现场勘查 63

4.1 网络犯罪现场勘查概述 63
 4.1.1 网络犯罪现场 63
 4.1.2 网络犯罪现场的特点 64
4.2 网络犯罪现场勘查一般程序 65
 4.2.1 现场保护 65
 4.2.2 现场勘查的组织与指挥 68

    4.2.3 网络犯罪案件本地现场勘查 ················· 69
    4.2.4 网络犯罪案件远程现场勘查 ················· 80
  4.3 网络犯罪的侦查实验与现场重建 ····················· 83
    4.3.1 侦查实验的目的和要求 ····················· 83
    4.3.2 犯罪现场重建目的和方法 ··················· 84
  4.4 涉网案件侦查中的询问与讯问 ······················· 85
    4.4.1 侦查询问 ································· 85
    4.4.2 侦查讯问 ································· 87
  4.5 网络犯罪现场分析 ····························· 91
  4.6 网络犯罪现场特殊情况的处置 ······················· 98
    4.6.1 特殊现场 ································· 98
    4.6.2 在线分析 ································· 98
  小结 ··· 99
  思考题 ··· 99

第 5 章 本地主机数据文件线索查找 ·················· 100

  5.1 本地主机数据文件线索查找思路 ····················· 100
  5.2 查找本地主机数据文件线索的适用范围 ··············· 101
  5.3 本地主机数据文件线索查找方法 ····················· 101
    5.3.1 特定涉案文件的查找 ······················· 101
    5.3.2 网络即时通信工具相关信息的查找 ··········· 103
    5.3.3 各种主机历史记录的查找 ··················· 108
    5.3.4 Windows 下主机日志的查找 ················· 112
    5.3.5 邮件客户端的线索查找 ····················· 114
    5.3.6 其他本地主机线索 ························· 115
  小结 ··· 117
  思考题 ··· 117

第 6 章 局域网线索调查 ································ 118

  6.1 网络连接设备线索调查 ····························· 118
    6.1.1 交换机调查 ······························· 118
    6.1.2 路由器调查 ······························· 120
    6.1.3 无线路由器调查 ··························· 123
  6.2 应用服务器线索调查 ······························· 126
    6.2.1 网站服务器调查 ··························· 126
    6.2.2 数据库服务器调查 ························· 131
    6.2.3 FTP 服务器调查 ··························· 135
    6.2.4 无盘工作站调查 ··························· 138

小结 ·· 139
思考题 ·· 140

第 7 章 数据库系统线索查找与分析 ·· 141

7.1 数据库系统概述 ·· 141
7.1.1 数据库技术 ·· 141
7.1.2 数据库系统 ·· 142
7.1.3 数据库系统类型 ·· 143
7.1.4 涉及数据库犯罪的现状 ··· 144

7.2 数据库连接线索 ·· 145
7.2.1 单机数据库系统连接线索 ·· 146
7.2.2 C/S 模式网络数据库系统连接线索 ·· 146
7.2.3 B/S 模式网络数据库系统连接线索 ·· 148

7.3 数据库用户权限线索 ·· 149
7.3.1 数据库管理系统验证模式勘查 ·· 149
7.3.2 数据库用户、角色及权限的勘查 ··· 150

7.4 数据库日志线索 ·· 151
7.4.1 数据库错误日志分析 ·· 152
7.4.2 数据库事物日志分析 ·· 154

7.5 异常数据线索 ··· 157
7.5.1 特殊数据线索 ··· 157
7.5.2 业务数据审查线索 ··· 158
7.5.3 数据完整性线索 ·· 158

小结 ·· 158
思考题 ·· 158

第 8 章 网站线索查找与分析 ·· 159

8.1 网站的构建 ·· 159
8.1.1 常见的 Web 页面信息 ·· 159
8.1.2 网站构建过程 ··· 160

8.2 网站线索的查找与分析 ··· 164
8.2.1 网站域名注册信息的查找与分析 ··· 164
8.2.2 网站 IP 地址及网站服务器的定位 ··· 165
8.2.3 网站服务提供商的调查 ··· 165
8.2.4 网页内容上的线索与分析 ·· 168
8.2.5 BBS 论坛的线索查找与分析 ·· 169

8.3 网站服务器日志 ·· 170
8.3.1 IIS 服务器日志 ··· 171

8.3.2　Apache 服务器日志 ································· 174
　　　8.3.3　Tomcat 服务器日志 ································· 176
　小结 ··· 177
　思考题 ··· 177

第 9 章　网络通信工具线索查找与分析 ······················· 178
　9.1　利用网络通信工具和社会工程学查找线索 ·············· 178
　　　9.1.1　利用网络通信工具和社会工程学查找线索的目的 ······ 178
　　　9.1.2　人们使用网络通信工具进行交流的原因 ·············· 178
　　　9.1.3　利用网络通信工具和社会工程学查找线索的方法 ······ 179
　9.2　网络即时通信工具线索查找与分析 ····················· 180
　　　9.2.1　网络即时通信工具昵称查找与分析 ··················· 180
　　　9.2.2　网络即时通信工具注册信息资料查找与分析 ··········· 181
　　　9.2.3　网络即时通信工具空间资料查找与分析 ··············· 183
　　　9.2.4　网络即时通信工具的 IP 定位 ······················· 186
　　　9.2.5　腾讯微博用户信息资料查找与分析 ··················· 188
　　　9.2.6　朋友网资料查找与分析 ····························· 191
　9.3　电子邮箱线索查找与分析 ······························ 192
　　　9.3.1　常见的电子邮箱及涉案种类 ························· 193
　　　9.3.2　电子邮件常见编码 ································· 194
　　　9.3.3　电子邮件的组成及电子邮件头各部分含义 ············· 195
　　　9.3.4　电子邮件头的查看及分析 ··························· 196
　　　9.3.5　邮箱登录详情查看 ································· 198
　小结 ··· 200
　思考题 ··· 200

第 10 章　无线网络线索查找与分析 ······························· 201
　10.1　无线网络勘查 ··· 201
　　　10.1.1　无线网络的概念 ·································· 201
　　　10.1.2　无线个人网 ······································ 202
　　　10.1.3　无线局域网 ······································ 202
　　　10.1.4　无线接入网 ······································ 203
　　　10.1.5　无线网络勘查 ···································· 203
　10.2　无线网络客户端线索 ·· 204
　　　10.2.1　无线网络连接线索 ································ 204
　　　10.2.2　无线网络密钥线索 ································ 205
　　　10.2.3　无线网络浏览器线索 ······························ 206
　10.3　无线网络设备线索 ·· 206

  10.3.1 无线网络设备静态线索 …… 207
  10.3.2 无线网络设备动态线索 …… 207
  10.3.3 无线网络服务线索 …… 208
小结 …… 208
思考题 …… 208

第 11 章 网络人群特征分析 …… 209
11.1 网络人群的分布规律 …… 209
  11.1.1 网络人群的特点 …… 210
  11.1.2 我国网络人群分布的结构特征 …… 212
  11.1.3 网络人群分布规律在侦查中的应用 …… 218
11.2 网络游戏人群的特征分析 …… 220
  11.2.1 网络游戏的基本认识 …… 221
  11.2.2 网络游戏人群的特征 …… 222
11.3 网络论坛人群的特征分析 …… 225
  11.3.1 互联网论坛的基本认识 …… 225
  11.3.2 不同类型网络论坛人群分布的比较 …… 227
小结 …… 229
思考题 …… 229

第 12 章 网络语言特征分析 …… 230
12.1 网络语言概述 …… 230
  12.1.1 网络语言的概念和特点 …… 230
  12.1.2 网络语言产生原因 …… 231
  12.1.3 网络语言的现状 …… 231
12.2 常见网络语言特征分类研究 …… 232
  12.2.1 常见网络语言的构成特征 …… 232
  12.2.2 网络语言中方言、隐语的特征 …… 236
  12.2.3 网络语言的典型语体句式特点 …… 239
  12.2.4 常见网络语言特征小结 …… 242
12.3 网络语言的社会影响 …… 245
  12.3.1 网络语言对自然语言表达的影响 …… 245
  12.3.2 网络语言中对社会现实的批判 …… 246
  12.3.3 网络语言暴力行为 …… 246
12.4 公安工作中网络语言研究的运用 …… 248
  12.4.1 网络语言特征研究在网络侦查中的运用 …… 248
  12.4.2 网络语言特征研究对于网络犯罪预审工作的作用 …… 248
  12.4.3 网络语言特征研究对网络舆情控制的意义 …… 249

12.4.4　网络监控方面网络语言特征研究的运用……………………249
　小结…………………………………………………………………………250
　思考题………………………………………………………………………250

第13章　其他常见线索与综合分析方法…………………………………251
　13.1　其他常见线索类型与价值…………………………………………251
　　　13.1.1　网络电话……………………………………………………251
　　　13.1.2　网银账户……………………………………………………253
　　　13.1.3　电话线索……………………………………………………254
　　　13.1.4　假身份证线索………………………………………………256
　　　13.1.5　数据规律分析………………………………………………256
　13.2　网络身份线索的发现与分析………………………………………258
　　　13.2.1　网络身份线索的概念………………………………………258
　　　13.2.2　一般网络身份的甄别与分析………………………………259
　　　13.2.3　网络身份线索的关联性分析………………………………261
　13.3　涉网案件嫌疑人的网上定位………………………………………264
　　　13.3.1　网警部门进行网络精确定位的主要技术手段……………264
　　　13.3.2　网吧定位与技术定位………………………………………267
　　　13.3.3　模糊定位……………………………………………………267
　13.4　涉网案件线索的综合分析方法……………………………………268
　　　13.4.1　涉网案件的侦查思维………………………………………269
　　　13.4.2　线索的存在与拓展原则……………………………………269
　　　13.4.3　线索的关联…………………………………………………271
　　　13.4.4　涉网案件的串并与线索的同一认定………………………276
　　　13.4.5　利用计算机智能分析汇总线索……………………………277
　　　13.4.6　涉网案件的情报信息研判…………………………………279
　小结…………………………………………………………………………283
　思考题………………………………………………………………………283

第14章　非法侵入、破坏计算机信息系统案件侦查……………………284
　14.1　犯罪构成……………………………………………………………284
　　　14.1.1　非法侵入计算机信息系统罪………………………………284
　　　14.1.2　破坏计算机信息系统罪……………………………………286
　　　14.1.3　非法获取计算机信息系统数据、非法控制计算机信息系统罪…287
　　　14.1.4　提供侵入、非法控制计算机信息系统程序、工具罪……288
　14.2　犯罪的表现形式及风险规避手段…………………………………289
　　　14.2.1　非法侵入、破坏计算机信息系统犯罪的表现形式………290
　　　14.2.2　非法侵入、破坏计算机信息系统犯罪的特点……………290

  14.2.3　非法侵入、破坏计算机信息系统犯罪的风险规避手段 …………… 292
 14.3　侦查途径的选择……………………………………………………………… 293
  14.3.1　非法侵入、破坏计算机信息系统案件的线索来源 ………………… 293
  14.3.2　非法侵入、破坏计算机信息系统案件初查阶段的工作 …………… 294
  14.3.3　非法侵入、破坏计算机信息系统案件侦查阶段侦查途径的
     　选择 ……………………………………………………………………… 296
  14.3.4　非法侵入、破坏计算机信息系统案件现场勘查要点 ……………… 302
 14.4　侦查工作要点………………………………………………………………… 304
  14.4.1　非法侵入、破坏计算机信息系统案件侦查工作经验 ……………… 304
  14.4.2　非法侵入、破坏计算机信息系统案件询问/讯问要点……………… 307
 14.5　证据要点……………………………………………………………………… 308
 14.6　典型案件剖析………………………………………………………………… 309
 小结…………………………………………………………………………………… 313
 思考题………………………………………………………………………………… 314

第15章　网络盗窃案件侦查 ……………………………………………………… 315
 15.1　案件构成及主要表现形式…………………………………………………… 315
  15.1.1　网络盗窃犯罪构成 …………………………………………………… 315
  15.1.2　网络盗窃犯罪的主要表现形式 ……………………………………… 316
 15.2　常见犯罪手段分析…………………………………………………………… 317
 15.3　常见线索和一般侦查思路…………………………………………………… 319
 15.4　侦查工作要点………………………………………………………………… 322
  15.4.1　侦查途径的选择 ……………………………………………………… 322
  15.4.2　典型案例剖析 ………………………………………………………… 324
 15.5　其他问题……………………………………………………………………… 328
 小结…………………………………………………………………………………… 331
 思考题………………………………………………………………………………… 331

第16章　网络诈骗犯罪的案件侦查 ……………………………………………… 332
 16.1　案件构成及主要表现形式…………………………………………………… 332
 16.2　线索分析与一般侦查思路…………………………………………………… 337
 16.3　侦查工作要点………………………………………………………………… 340
 16.4　其他问题……………………………………………………………………… 341
 小结…………………………………………………………………………………… 342
 思考题………………………………………………………………………………… 342

第17章　网络色情案件侦查 ……………………………………………………… 343
 17.1　犯罪构成……………………………………………………………………… 343

17.1.1 犯罪主体 344
17.1.2 犯罪主观方面 344
17.1.3 犯罪客体 344
17.1.4 犯罪客观方面 344

17.2 常见案件表现形式及线索 344
17.2.1 常见案件的表现形式 344
17.2.2 常见网络色情案件的线索形式 346

17.3 侦查途径的选择 346
17.3.1 对网站域名线索的分析和调查 346
17.3.2 对注册流程线索的分析和调查 347
17.3.3 对交费银行账号线索的分析和调查 347
17.3.4 对第三方支付平台交易线索的分析和调查 347
17.3.5 对站长、管理员、版主等联系方式线索的分析和调查 348
17.3.6 对点击率与流量计数线索的分析和调查 348
17.3.7 对淫秽色情视频表演线索的分析和调查 348
17.3.8 对卖淫嫖娼信息线索的分析和调查 348
17.3.9 对网站服务器的现场勘查要点 348
17.3.10 对犯罪嫌疑人计算机的现场勘查要点 349

17.4 侦查工作要点 350
17.4.1 传播淫秽物品牟利罪的数额认定 350
17.4.2 利用网络进行淫秽视频表演案件的犯罪认定 351
17.4.3 关于网络色情案件中共同犯罪的认定 352
17.4.4 关于儿童色情犯罪的认定 352
17.4.5 对涉案人员的询问、讯问要点 352

17.5 典型案件剖析 355
17.5.1 案件简介 355
17.5.2 侦破过程 356
17.5.3 案件总结 356

17.6 其他需注意的问题 357
17.6.1 利用淫秽色情网站传播木马病毒牟利案件 357
17.6.2 "第三方支付平台"的支付及管理 357
17.6.3 利用境外服务器国内代理出租虚拟空间牟利 358
17.6.4 广告联盟的调查 358
17.6.5 搜索引擎的利用 358
17.6.6 银行卡开卡公司和转账公司的调查 359
17.6.7 加强国际警务合作,打击跨国儿童网络色情犯罪 359

小结 359
思考题 360

第18章　网络赌博案件侦查 ··· 361
18.1　网络赌博犯罪的犯罪构成 ··· 361
18.1.1　犯罪客体 ··· 361
18.1.2　犯罪客观方面 ··· 361
18.1.3　犯罪主体 ··· 362
18.1.4　犯罪主观方面 ··· 362
18.2　网络赌博犯罪的表现形式及运营管理方式 ··· 363
18.2.1　网络赌博犯罪的表现形式 ··· 363
18.2.2　网络赌博的组织结构 ··· 364
18.2.3　网络赌博公司的运营管理方式和风险规避手段 ··· 366
18.3　网络赌博案件侦查途径的选择 ··· 367
18.3.1　网络赌博案件的线索来源 ··· 367
18.3.2　网络赌博案件初查阶段的工作 ··· 369
18.3.3　网络赌博案件侦查阶段侦查途径的选择 ··· 370
18.3.4　网络赌博案件现场勘查要点 ··· 375
18.4　网络赌博案件侦查工作要点 ··· 376
18.4.1　网络赌博案件侦查工作经验 ··· 376
18.4.2　网络赌博案件询问/讯问要点 ··· 377
18.5　网络赌博案件证据要点 ··· 378
18.5.1　公安机关办理网络赌博犯罪案件的取证难点 ··· 378
18.5.2　网络赌博案件的证据要点 ··· 378
18.6　网络赌博案件典型案件剖析 ··· 379
18.6.1　基本案情 ··· 379
18.6.2　侦破过程 ··· 380
18.6.3　案件成功经验总结 ··· 382
小结 ··· 383
思考题 ··· 383

参考文献 ··· 385

第1章 网络犯罪案件侦查总论

随着网络与网络科技的迅猛发展,网络应用的广泛与新奇,给人们的生活带来了极大的便利,网络通信、网络办公、网络购物、网络交友等深入人们的生活,人们也越来越依赖网络。同时,网络犯罪也随之浮出水面,网络盗窃、网络诈骗、网络赌博、网络色情等渗入人们的生活,并成愈演愈烈的趋势,给人们的网络生活以及现实生活带来了极大的危害,不仅危害到人们的财产安全,也危害到了人们的人身安全。网络犯罪不仅形式多种多样,手段也复杂多变,给公安机关带来了巨大的挑战,打击网络犯罪势在必行。

正确理解与掌握网络犯罪的概念、特点不仅有利于分析网络犯罪的现状,更有利于公安机关准确地侦查网络犯罪案件,有力地打击网络犯罪。

1.1 网络犯罪的概念与类型

本节主要介绍网络犯罪的基本认识和表现形式。

1.1.1 网络犯罪的概念

网络犯罪是当今最突出的犯罪形式之一,并且其犯罪手法更新极快,了解网络犯罪的概念有利于正确识别网络犯罪,准确打击网络犯罪。

1997年《刑法》中对计算机信息系统或计算机信息网络犯罪有了明确的界定,即《刑法》第二百八十五条(共一款)、第二百八十六条(共三款)和第二百八十七条(共一款)的规定。随后,2009年2月28日施行的《刑法修正案(七)》将《刑法》的第二百八十五条又增加了两款。其中,第二百八十五条与第二百八十六条的规定为纯正的计算机信息系统或计算机信息网络犯罪,第二百八十七条的规定为非纯正的计算机信息系统或计算机信息网络犯罪。《刑法》中的这些规定对打击网络犯罪,尤其是网络犯罪产业链起到了不可忽视的作用,很大程度地净化了网络环境。

"网络犯罪"一词本身并不是罪名,而是对犯罪的一种描述,网络犯罪涉及的罪名可以是多种多样的。网络犯罪是指行为人运用计算机技术,借助于网络对其系统或信息进行攻击、破坏或利用网络进行其他犯罪的总称。既包括行为人运用其编程、加密、解码技术或工具在网络上实施的犯罪,也包括行为人利用软件指令、网络系统或产品加密等技术及法律规定上的漏洞在网络内外交互实施的犯罪,还包括行为人借助于其居于网络服务提供者特定地位或其他方法在网络系统实施的犯罪。简言之,网络犯罪是针对和利用网络进行的犯罪,以计算机及网络技术为犯罪对象或工具实施的犯罪行为。网络犯罪的本质特征是危害网络及其信息的安全与秩序。

目前对计算机信息网络犯罪的界定大概分为以下三种。一是广义的计算机信息网络犯罪，即行为人有故意违犯或过失行为，需要通过计算机的即称为计算机信息网络犯罪。或者说将一切涉及计算机信息网络犯罪均视为计算机信息网络犯罪。二是狭义的计算机信息网络犯罪，即以计算机为工具或以计算机资产为对象，运用计算机技术知识实施的犯罪行为。三是公安部有关部门给出的定义，即在信息活动领域中，利用计算机信息网络或计算机信息网络知识作为手段或者针对计算机信息系统，对国家、团体或个人造成危害，依据法律规定，应当予以刑法处罚的行为。

本书内容所提及的计算机犯罪参考上述第三种定义：利用计算机信息网络，加害方的行为或受害方的损失，直接或间接通过计算机系统实现，或者说计算机系统是案件的重要组成部分，即通常所说的"涉计算机信息网络犯罪"。

1.1.2 网络犯罪的类型

对计算机信息网络犯罪进行分类，有助于从多种角度研究计算机犯罪这一新的犯罪形式的形式、特征、外延及内涵，为彻底立法惩治和防范这一犯罪做出贡献。通常可以将计算机信息网络犯罪分为以下三类。

（1）以计算机信息网络为工具的犯罪。

这种犯罪类型主要是犯罪嫌疑人以计算机信息网络为工具进行破坏社会经济秩序、侵犯公私财产的行为。如网络盗窃犯罪、网络诈骗犯罪、利用计算机信息网络实施职务侵占犯罪等。

（2）以计算机信息系统或计算机信息网络功能或其内存储的应用程序、数据，或使用计算机信息网络的技术成果作为犯罪对象的犯罪。

这种犯罪类型的犯罪对象是计算机信息系统或计算机信息网络的功能或者是其内存储或者传输的应用程序、数据，还可以是计算机信息网络的技术成果。例如，利用计算机信息网络非法侵入或破坏计算机信息系统的犯罪、利用计算机信息网络制造或传播计算机病毒的犯罪等。

（3）以计算机信息网络的设备为破坏对象的犯罪。

这种犯罪类型的犯罪对象是计算机信息系统或计算机信息网络。例如，破坏计算机信息系统或计算机信息网络载体设备和运转系统设备。

如果抛开一般理论意义上的定义，从公安实战的角度出发，在公安干警的管辖职能下经常涉及的计算机信息网络犯罪案件的具体类型可分为以下几种。

（1）案件侵害的客体为计算机信息系统或计算机信息网络。

这种类型的犯罪行为针对计算机信息系统或计算机信息网络实施犯罪行为，非法侵入计算机信息系统，干扰、删除、增加或修改计算机信息系统或计算机信息网络的功能，或者删除、增加或修改计算机信息系统或计算机信息网络内的数据或应用程序。例如，陈某利用从互联网黑客教程中获得的方法，通过搜索、扫描获知某区行政服务中心计算机网络服务器存在安全漏洞，遂用盗取的上网账号上网，非法侵入该计算机网络服务器，并将服务器的重要业务文件加密，造成该计算机网络服务器不能正常使用。

(2) 主要犯罪行为通过计算机信息系统或计算机信息网络实施。

这种类型的犯罪行为是指以计算机信息系统或计算机信息网络为工具或手段来实施传统的犯罪行为，常见的有通过计算机信息网络传播淫秽物品、通过计算机信息网络传播宣扬"法轮功"邪教信息等。例如，广西壮族自治区桂林市吴某通过浏览"明慧网"网站发送至其注册的邮箱内的"法轮功"宣传资料陆续制作了8份名为 fact 的"法轮功学员惨遭迫害的真相"和李洪志经文内容的有关宣传"法轮功"邪教组织信息的文件，并采用电子邮件方式，指使薛某利用互联网共同发送以上"法轮功"邪教组织信息文件。吴某和薛某共同向吴某搜索到的七十多万个和薛某收集到的上海市某区教育系统所属单位和工作人员的邮箱地址发送以上宣扬"法轮功"邪教组织信息的电子邮件。

(3) 被害人的损失主要体现在计算机系统或计算机信息网络内。

这种类型的犯罪行为给被害人所造成的公私财物损失、虚拟财产或个人隐私等损失主要体现在计算机信息系统或计算机信息网络内。例如，侵犯公民隐私、财产、知识产权等合法权益，上述内容以电子数据形式存在于计算机系统或计算机信息网络内。例如，关于利用计算机信息网络侵犯公民隐私的问题主要有以下几种表现。

① 不告而取：未经同意获取、收集个人信息资料。

② 跨站跟踪：在多个网站上跟踪用户上网行为。

③ 不告而入：黑客侵入他人系统获取资料。

④ 网络监视：监视用户网络生活。

⑤ 网络曝光：网上泄漏、恶意传播个人隐私。

⑥ 造谣诽谤：诽谤中伤、冒名传播信息资料。

⑦ 暴力骚扰：利用电子邮件系统发布垃圾邮件。

(4) 案件与计算机信息系统或计算机信息网络无关，但留有线索。

这种案件的案件性质、过程均和计算机信息系统或计算机信息网络无关，但在计算机信息系统或计算机信息网络中留有与案件相关的线索。例如，在杀人、强奸等刑事案件中，其整个犯罪行为过程并不与计算机发生联系，但嫌疑人使用的计算机可能留有能证明其行为性质、目的，逃跑方向，隐匿证据、资金的地点，秘密联系人等。而且，随着计算机信息网络的普及与人们对计算机信息网络的依赖，现在越来越多的案件都涉及计算机信息系统或者计算机信息网络。例如，2004年的马加爵杀人案，马加爵在其计算机内留下了大量的与其逃跑路线有关的线索，也是公安机关抓获马加爵的重要依据。

1.2 网络犯罪的表现形式与特点

1.2.1 网络犯罪的主要表现形式

1. 危害计算机信息网络安全的案件危害巨大

从2001年开始计算机病毒在我国传播感染情况严重，从"红色代码"二型、"尼姆达"到"熊猫烧香"、"冲击波"，现在网络上传播的病毒不论是感染可执行文件，还是盗取个人资料,最终的目的都是为了非法获取他人的公私财产或虚拟财产等。例如,我国《刑法修正案(七)》颁布实施以来,全国法院首次适用刑法新条款对网络黑客进行判决的案件是南京的"编写、传播'大小姐'系列木马病毒",此类案件危害范围广泛,非法所得数额巨大,社会影响非常恶劣。2007年年初,王华雇用编程高手龙斌针对"征途"、"QQ自由幻想"等网络游戏,先后编写了四十余款主要用于非法获取玩家账号、密码及游戏装备、虚拟财产等的盗号木马程序。2008年年初,王华通过网络,经与周牧合谋,由王华提供盗号木马程序,周牧以总代理的身份将该木马冠以"大小姐"之名负责销售。周牧按照"大小姐"系列木马所针对的不同类别游戏,又分包给周桂林等人。王华、周牧以上述手段共同非法敛财160万元。王华还运用"大小姐"系列盗号木马,独自非法获取"QQ"、"传奇"等多款游戏用户的账号、密码及游戏装备、虚拟财产等相关数据,通过他人销售,共计非法获利1010.32万元。何亮为传播"大小姐"木马牟利,通过网络黑客杨江平,以攻击互联网网站的方式,造成江苏省某单位官方网站瘫痪。

2. 利用计算机信息网络传播淫秽、色情案件屡禁不止

这类案件已经存在很长时间,公安机关也一直是高压打击,但是因为巨额利润的诱惑而屡禁不止。例如,2011年,公安部与美国警方联合摧毁的最大中文淫秽色情网站联盟——"阳光娱乐联盟"含淫秽色情信息板块千余个,在全球拥有一千多万名会员,淫秽色情信息帖上亿,其中有18个网站涉及儿童色情信息。这些网站不仅传播淫秽色情信息,而且还滋生了很多其他的犯罪。另外,这些网站上还充斥着全国各地卖淫嫖娼信息,成为卖淫嫖娼的重要媒介。

网络淫秽、色情案件主要有以下几种表现形式。

(1)嫌疑人主要利用互联网传播淫秽、色情的视频、图片等,通过收取会员费等来达到谋取巨额非法所得的目的。

(2)淫秽、色情网站虽然没有直接收费,但是会在其网站上植入广告,变相牟利。

(3)淫秽、色情网站没有直接或间接牟利,但是在其网站上植入木马、病毒,感染浏览网站的用户计算机。

(4)淫秽、色情网站其实并不是传播淫秽、色情文件,而是打着这个幌子诱导用户下载其应用程序等,以达到推广其应用程序的目的。

(5)淫秽、色情网站打着传播淫秽、色情文件的幌子,诱骗用户交费,达到诈骗钱财的目的。

3. 利用计算机信息网络侵犯公私财物的案件呈高发态势

从1986年深圳市公安机关侦破第一起利用计算机信息系统盗窃储户存款案以来,这类案件已由利用计算机信息系统盗窃发展到了网络盗窃、网络诈骗、利用计算机信息网络敲诈勒索、利用计算机信息网络非法传销等各类案件。盗窃、诈骗等传统犯罪被犯罪分子移植到计算机网络后,高科技给这类犯罪带来了更大的欺骗性和隐蔽性。就网络盗窃犯罪而言,网络盗窃犯罪的手段多变,常见的有以下4种类型。

(1)在他人计算机中安装特洛伊木马程序或记录程序;

(2)利用监视器或偷窥方式;

(3) 利用黑客手段侵入金融或电信等部门系统；
(4) "网络钓鱼"实施盗窃。

网络盗窃犯罪侵犯的对象主要有以下4种类型。
(1) 网上银行电子资金；
(2) 网络虚拟财产；
(3) 网上服务；
(4) 有价值的数据。

4. 传播谣言、侮辱、诽谤的案件增多

虽然言论自由，但是妄加评判，甚至利用互联网恶意传播谣言、对他人进行人身攻击、诽谤等犯罪逐年增多。而正是因为互联网传播速度快、范围广等特点，往往给无辜的受害人带来巨大的危害。从网络论坛到博客，再到"微时代"的到来，人们可以更自由、迅速地发表言论，因此传播谣言、侮辱、诽谤等案件也快速增加。近年来的此类案件可以说是"天天有新闻、周周有事件、月月有风暴"。例如，2008年，大家还沉浸在5·12汶川地震的悲痛中的时候，西安欧亚学院计算机专业大四学生贾某于5月29日入侵陕西省地震局网站，发布虚假信息"陕西等地有强烈地震发生"，造成当地居民的恐慌。

5. 利用计算机信息网络危害国家安全的案件持续上升，危害性大

利用计算机信息网络危害国家安全的犯罪主体主要是"三股势力"及法轮功邪教组织。暴力恐怖势力（如拉登所在的恐怖主义组织）、民族分裂势力（如俄罗斯车臣非法武装组织）、宗教极端势力（如乌兹别克斯坦的伊斯兰运动组织）这"三股势力"一方面利用计算机信息网络制造舆论，蛊惑人心；另一方面利用计算机信息网络大搞暴力恐怖活动，破坏社会安定。其根本目的就是极端分裂，在乱中推翻中亚各国的世俗政权，按照他们的"纯粹民族教义"建立"纯粹伊斯兰政权"。"法轮功"邪教组织及其顽固分子利用互联网宣传煽动、组织指挥、相互勾结，进行非法活动，宣扬"世界末日"论和"圆满"、"升天"，制造恐怖气氛，活动日趋极端。还有一些违法人员受境外敌对组织和敌对分子的蛊惑和影响，在网上传播恶意攻击我党、政府以及国家领导人的反动有害信息。

1.2.2 计算机犯罪的特点

自私有制产生以来，人类社会就存在着犯罪现象。技术是人的能力的放大器，任何一种技术都可以被用于反社会的犯罪活动。但不同时代的犯罪手段、方式、动机和后果等有所不同。与传统的犯罪相比计算机犯罪有如下特点。

1. 犯罪行为跨地域，犯罪黑数大

网络发展形成了一个虚拟的社会空间，它既消除了国境线，也打破了社会和空间界限，更为重要的是许多网络犯罪跨越了法律的国界，使得网络传播交流双向性、多向性、互动性成为可能。网络犯罪案件中对犯罪事实的取证和认证相当困难，对网络犯罪量刑与执法也较困难。网络犯罪的行为人比较少针对其居住地的系统进行犯罪，通常是对其他省市，有的甚至是境外人员对境内系统进行犯罪。但由于各国法律不尽相同，相应的认定或处罚不同，故造成了网络犯罪案件的管辖权和处罚权冲突的发生。例如，虽然网络使用

者可以依据网络上的域名得知其进入何地的网站,但是,在许多情形网站服务器可能位于第三地,这种网络无国界的特性,使得网络行为可以跨国籍、跨地域或法律界线来进行,所以产生了刑事程序法上关于审判权及管辖权的冲突,而刑事实体法上则有国内刑法在国际间效力适用的问题以及与外国刑法间的冲突。另外,在刑事犯罪侦查上,会有追缉境外犯罪分子与国际合作的问题出现。

2. 犯罪手段隐蔽性、犯罪黑数大

网络虚拟空间的特性,决定网络盗窃犯罪的隐蔽性和较高的犯罪黑数。网络犯罪比现有的任何一种犯罪更具有隐蔽性和分散性,网络犯罪嫌疑人可以在任何有联网计算机的地方实施犯罪,而且可以从头至尾不接触被害人,即行为人虽非计算机数据的有权使用者,或未经同意而使用他人计算机进行犯罪行为,或行为人隐匿其真实身份,而仍不被察觉。信息数据本身是看不见、摸不着的,大多数网络犯罪是通过程序和数据等这些无形的操作来实现的,作案的直接对象也通常是那些无形的电子数据和信息。同时,由于网络犯罪的证据主要存在于软件之中,这也使得犯罪分子很容易转移或毁灭罪证,尤其是利用远程计算机通信网络实施的犯罪,罪犯往往难以追寻,即使查出某些蛛丝马迹,犯罪分子也早已逃之夭夭,从而增加了破案难度。在号称"网络王国"的美国,根据联邦调查局全国计算机犯罪特勤组(National Computer Crime Squad,NCCS)的估计,计算机犯罪只有大约1％被发现,而在这些被发现的案件中,也只有大约4％会送到侦查机关。犯罪分子可以从容实施犯罪行为而很难被发现和追查,网络警察需要超出犯罪分子的技术才可能对付隐蔽性如此强的犯罪行为。从全球范围看,网络犯罪案件的数量多如牛毛,但被绳之以法的网络犯罪分子可以说是屈指可数。究其原因,既非网络犯罪分子如何狡猾或高明,也非相关部门侦办不力,而是由于网络技术的特点和网络犯罪的特点所决定。由于网络的开放性、不确定性、虚拟性和超越时空性等特点,使得计算机犯罪具有极高的隐蔽性,增加了计算机犯罪案件的侦破难度。

3. 案件复杂,智能化

计算机犯罪的复杂性主要表现为:第一,犯罪主体的复杂性。由于网络的跨国性,罪犯完全可来自各个不同的民族、国家、地区,网络的"时空压缩性"的特点为犯罪集团或共同犯罪又提供了极大的便利。第二,犯罪对象的复杂性。计算机犯罪就是行为人利用网络所实施的侵害计算机信息系统和其他严重危害社会的行为。其犯罪对象也是越来越复杂和多样。

4. 准备充分,作案过程相对连续

通常的计算机犯罪由于涉及复杂的网络技术及应用方法、涉及相关ISP和ICP的服务、涉及特定功能软件的调试等,所以其前期准备通常比较充分。同时,由于网络数据传输的特点,其操作过程会在相关网络节点遗留连续的痕迹。

5. 低龄化,社会形象有一定的欺骗性

某些案件的行为人呈现低龄化趋势。内部作案行为人的社会形象有一定的欺骗性,行为人大多是受过一定教育和技术训练、具有相当技能的专业工作人员。他们有一定的

社会经济地位。由于计算机犯罪手段是隐蔽的、非暴力的,犯罪行为人又有相当的专业技能,因而有一定的欺骗性。

6. 犯罪规模产业链化、专业化

随着网络犯罪蔓延,网络犯罪向着职业化、一体化、产业链化的趋势发展。近两年的网络犯罪案件中不断发现嫌疑人共同犯罪的情况愈演愈烈,个别案件甚至嫌疑人超过百人。同时产业化趋势明显。例如,黑客产业链极其庞大且分工明确,有专门提供木马程序的,有专门提供肉鸡的。黑客产业链大致分为老板、病毒编写者、流量商、盗号者和贩卖商等多个环节,各黑客产业链各环节分工明确,其中"老板"处于整个链条的顶端,他对产业链的各个环节进行分工和协调。而那些层出不穷的木马病毒程序,往往都是按照这些老板的要求,由专门编写病毒的程序员开发出来的。黑客产业链示意图如图1-1所示。犯罪主体呈现出专业化、低龄化。

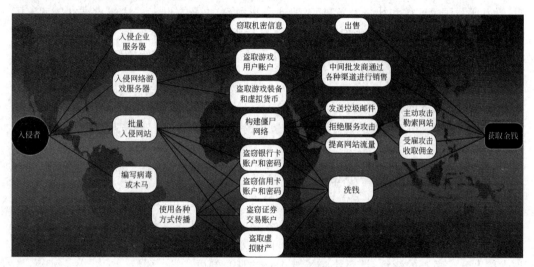

图1-1 黑客产业链示意图

7. 案件发现滞后

某些案件中,嫌疑人非法取得被害人或被害单位的财物后,往往在被害人使用或核实财物时才会发现,通常滞后性明显,给嫌疑人提现、隐匿踪迹甚至潜逃留下时间窗口。

1.2.3 计算机信息网络犯罪的社会危害

随着计算机信息网络和通信技术的高速发展,互联网已经慢慢地渗透到人们的日常生活中,从各个方面改变了社会的生产、生活方式,打破了信息资源共享的时空局限,极大地促进了社会的繁荣与进步,将把人类带进一个高速发展的信息时代。然而,在全球信息化高速发展的同时,来自互联网上的威胁也日益增加。一台计算机加一条通信线即能使分散在地球上任何角落里的个体紧密联系起来,模糊了时空界限,方便了人类活动,但同时任何一次犯罪都可能置人类于危险境地。尽管计算机犯罪目前仍处于初期,在我国尚处于起始阶段,但其所造成的社会危害或潜在危害不能低估。从长远看,其危害可归纳为以下几个方面。

1. 影响世界的稳定和安宁

互联网把世界各地的计算机网络连接起来，谁都可以自由加入这个开放性环球网络。一些信息超级大国企图利用高技术手段管理和控制互联网络，推行冷战后的"网络军事战略"和"网上经济战略"。他们组织黑客，利用超越国界的计算机互联网络，在政治、军事、金融、商业等领域展开窃听、窃密活动，企图通过覆盖全球的互联网络来操纵控制世界。

2. 危及国家安全

国家安全概念由传统的领土安全、政治安全、军事安全扩展为领土安全、政治安全、军事安全、经济安全、信息安全、文化安全。随着国际局势的变化和我国经济与社会的发展，敌对势力、民族分裂势力、法轮功邪教组织和其他敌对组织、敌对分子将会继续利用互联网方便、快捷、受众面广的特点，大肆对我进行反动宣传、煽动和渗透活动，在网上发表、传播有害信息，煽动颠覆国家政权和社会主义制度，煽动分裂国家，以及在网上非法组党结社等危害国家安全和社会政治稳定的违法犯罪活动仍将是危害性最大的一类案件。互联网的无边界性、互动性、匿名性和实时性，使其成为境内外反动势力对我国实施渗透颠覆的首选途径。

3. 扰乱经济秩序

随着电子商务的普及，人类经济生活的主战场将移至计算机网络上。例如，利用计算机进行金融犯罪、互联网诈骗案件、网上非法传销、侵犯知识产权、盗窃互联网信息服务和信用卡诈骗等。

4. 影响社会治安及青少年的身心健康

互联网像一个巨大的自由市场，谁都可以自由加入这个市场，犯罪分子利用管理上的漏洞进行造谣惑众、利用互联网制作传播淫秽物品、破坏计算机系统、网上组织色情服务、敲诈勒索、对政府官员进行恐吓、教唆犯罪、网上赌博和网上贩卖枪支案等，使社会治安案件大幅上升。黄毒的泛滥，严重影响了青少年的身心健康。

1.3 计算机信息网络犯罪案件侦查的任务和原则

随着计算机信息网络与通信技术的不断发展和普及，人们工作和生活中依赖计算机信息网络的程度逐渐提高，从而也导致涉计算机信息网络犯罪案件增多，在犯罪嫌疑人使用过的计算机信息系统或计算机信息网络中留下与案件有关的线索和证据可能性加大。根据涉计算机信息系统或计算机信息网络犯罪案件有别于其他案件的特殊性质和计算机信息系统或计算机信息网络本身的特性，应从以下几个方面理解计算机信息系统或计算机信息网络犯罪案件侦查的概念。

已立计算机信息系统或计算机信息网络犯罪案件侦查，计算机信息系统或计算机信息网络犯罪案件是指按照我国《刑法》规定的计算机信息系统或计算机信息网络犯罪罪名立案侦查的案件。例如，非法侵入计算机信息系统和破坏计算机信息系统等。计算机信息系统或计算机信息网络犯罪案件侦查是指有法定侦查权的机关，根据管辖分工，对已经立案的计算机信息系统或计算机信息网络案件,依法开展专门的调查工作,搜集证据,查证涉案犯罪事实,确认犯罪嫌疑人并采取必要的强制性措施,通过预审,核实证据材料,并决定是否移送起诉等一系列活动的总称。

涉计算机信息系统或计算机信息网络犯罪案件侦查,主要是指利用计算机信息系统或计算机信息网络为工具的犯罪以及与计算机信息系统或计算机信息网络有关的违法活动。例如,盗窃、挪用资金等。从犯罪案件侦查角度看,计算机信息系统犯罪或计算机信息网络犯罪和以计算机信息系统或计算机信息网络为工具的犯罪在许多方面存在共同之处,因此,涉计算机信息系统或计算机信息网络犯罪案件侦查在侦查方法和技术上与计算机信息系统或计算机信息网络犯罪案件侦查相似。

协助其他犯罪案件侦查。在侦查与计算机信息系统或计算机信息网无关的违法犯罪过程中,如果运用了计算机信息系统或计算机信息网络知识和技术发现、查找破案线索和犯罪证据或跟踪定位犯罪嫌疑人等,也应是计算机信息系统或计算机信息网络犯罪案件侦查学研究的范围。

1.3.1 计算机信息系统或计算机信息网络犯罪案件侦查的任务

信息网络安全监察是国家法律法规赋予公安机关的一项重要职能,在《中华人民共和国警察法》中明确规定了公安机关的人民警察按照职能分工,依法履行的各项职责,其中包括监督管理计算机信息系统或计算机信息网络的安全保护工作。目前,全国各地的网警部门是集情报信息、侦察控制、打击犯罪和防范管理于一体的综合性实战部门。具有情报职能、侦察职能和依法管理的职能。其中侦察是核心,是网监部门战斗力的体现。其具体的职责包括:行政处罚权(有关法律法规的归口行政管辖职能)、刑事案件管辖权(公安部[2000]63号文件)、网上侦察权、互联网侦控(公安部[1999]41号文件)、盘查、检查、调查、留置权(人民警察法)等。

计算机信息系统或计算机信息网络犯罪案件侦查的任务就是有关公安机关按照法律赋予的职责,对计算机信息系统或计算机信息网络犯罪案件利用相关的知识和技术,依法进行发现分析线索、寻找提取证据、定位抓捕犯罪嫌疑人等专门调查工作及采用强制措施等一系列的执法活动。主要任务包括准确定性案件、确定侦查思路、收集分析线索、寻找提取证据、定位抓捕嫌疑人等。

1.3.2 计算机信息系统或计算机信息网络犯罪案件侦查的原则

计算机信息系统或计算机信息网络犯罪案件侦查的原则是侦查机关和侦查人员在整个侦查过程中,必须遵循的基本准则。根据计算机信息系统或计算机信息网络犯罪案件的特点把侦办原则又分为:配合案件侦办原则和查破案件侦办原则。配合案件侦办原则:积极侦察、主动扩线、发挥职能、密切合作等。查破案件侦办原则:及时发现、快侦快破、减少危害、依法打击。

在专案侦查工作中,各级网警部门要积极分析案情,积极掌握案件的特点和规律,积极使用网上侦控手段和其他技术手段,主动推动案件进展。

1. 拓宽渠道,及时发现

很多互联网案件如网络色情、网络赌博等严重危害社会管理秩序的案件因为没有明确的被害人,所以很难通过举报获得案件来源。这就需要网警部门在日常网络信息管理等方面拓宽渠道,掌握更多的案件信息来源。

2. 依法办案,尊重事实

这是公安机关办案行为的基本规范和原则。

3. 快侦快审,从速办理

计算机信息系统或计算机信息网络犯罪案件的时效性要求明显,很多网络线索是动态存在,侦查难度大,所以要求办案人员提高办案效率,加快进度。

4. 积极侦查,主动扩线

涉网案件的线索拓展与关联通常涉及大量的数据筛选,工作强度大,同时将网络线索与传统线索相结合,才能收到良好的侦查结果。所以工作中应积极主动,扩大线索来源,提高分析精准度,推进案件的侦查工作。

5. 密切配合,分工合作

目前涉网案件中,相当多一部分是利用计算机信息系统或计算机信息网络技术实施的传统刑事犯罪,所以通常需要多警种配合。侦查工作中,各警种明确分工、密切配合,是成功破案的前提条件。

6. 降低危害,打防结合

涉网案件的侦查办案过程中,往往会发现一些并不在侦查目的中的,行为轻微违法的人员或网站,那么在明确主攻方向的同时,要对上述人员批评教育,在打击犯罪的同时,把防控工作做到位。

小　　结

本章概要介绍了网络犯罪案件的一些基本概念、特点和类型,同时也介绍了网络犯罪案件侦查工作中的一些基本认识、基本原则和基本方法。

网络犯罪本身是近十余年来在世界各地随着网络应用的发展而同步发展的新型刑事犯罪类型,其发展趋势、表现类型、犯罪手段也随着网络技术、网络应用的更新而更新,这就需要网络犯罪侦查人员不断地学习和提高自己,不断地更新侦查技术、不断地总结和更新侦查思路与方法,以应对不断出现的新型网络犯罪案件。

思　考　题

1. 比较传统刑事案件侦查与计算机信息系统或计算机信息网络犯罪案件侦查的异同。
2. 分析近年来计算机信息系统或计算机信息网络犯罪高发的原因。
3. 收集互联网上报道的近年来出现的网络犯罪案件,总结犯罪形势和规律。

第 2 章　网络犯罪案件执法基础

公安机关对于网络犯罪案件执法,从案件管辖、办理程序、侦查措施的使用、各罪各案的犯罪构成与证据规格,都有来自中华人民共和国刑法、中华人民共和国刑事诉讼法和中华人民共和国警察法的明确的法律规定。而作为执法者,其执法行为的规范,必须以对相关法律规定的详细了解和全面掌握为基础。

2.1　网络犯罪案件管辖

刑事案件管辖是指公安机关、检察机关和审判机关等在直接受理刑事案件上的权限划分以及审判机关系统内部在审理第一审刑事案件上的权限划分。按照我国现行刑事诉讼法规定,刑事案件由公安机关、人民检察院、人民法院分别管辖,我国公、检、法机关是刑事诉讼中的主要诉讼主体,但由于各自的性质和诉讼职能不同,而刑事案件的性质、案情的轻重、复杂程度等方面也存在差异,划分管辖必须与之相适应。明确刑事案件的管辖,能够保证公、检、法三机关在受理刑事案件上分工清楚,职责明确,防止互争管辖或相互推诿,从而确保刑事诉讼的顺利进行。同时也有利于机关、团体、企事业单位和公民按照管辖范围进行控告、检举犯罪,防止告状无门现象发生,避免和减少移送环节,方便诉讼参与人参加刑事诉讼,提高诉讼效率。

本教材所提到的案件管辖,主要涉及内容为立案管辖。

刑事诉讼法第 18 条第 1 款规定:刑事案件的立案侦查由公安机关进行,法律另有规定的除外。这里主要是指除由人民法院直接受理和人民检察院自行侦查的刑事案件以外的其他绝大多数刑事案件。法律的除外规定是指:①刑事诉讼法第 4 条规定:国家安全机关依照法律规定,办理危害国家安全的刑事案件,行使与公安机关相同的职权。②刑事诉讼法第 18 条第 2 款规定的人民检察院直接受理立案侦查的刑事案件。③刑事诉讼法第 225 条规定:军队保卫部门对军队内部发生的刑事案件行使侦查权。对罪犯在监狱内犯罪的案件由监狱进行侦查。军队保卫部门、监狱办理刑事案件,适用本法的有关规定。除"法律另有规定"的这些案件由其他特定的机关行使侦查权外,绝大多数的刑事案件由公安机关负责立案侦查。公安机关是国家的治安保卫机关,肩负维护社会秩序,保障公民安全的职责,并具有同犯罪做斗争的丰富经验和必要的专门侦查手段。因此,法律把绝大多数需要侦查的刑事案件交由公安机关立案侦查,是与公安机关的性质、职能和办案条件相适应的;同时,也是完全符合同犯罪做斗争的需要的。

刑事诉讼法第 18 条第 2 款规定:贪污贿赂犯罪,国家工作人员的渎职犯罪,国家机关工作人员利用职权实施的非法拘禁、刑讯逼供、报复陷害、非法搜查的侵犯公民人身权利的犯罪以及侵犯公民民主权利的犯罪,由人民检察院立案侦查。对于国家机关工作人员利用职权实施的其他重大的犯罪案件,需要由人民检察院直接受理的时候,经省级以上人民检察院决定,可以由人民检察院立案侦查。

由人民检察院直接受理的上述刑事案件,其犯罪主体限于国家工作人员,而且属于国家工作人员职务上的犯罪或者利用职务上的便利进行的犯罪。人民检察院是国家的法律监督机关,对国家工作人员是否遵守法律负有特殊的监督责任。所以,法律规定这些与国家工作人员职务有关的犯罪案件,由人民检察院立案侦查,是同人民检察院的性质及其法定职责相适应的。

刑事诉讼法第18条第3款规定:自诉案件,由人民法院直接受理。这一规定清楚地表明,由人民法院直接受理的刑事案件,是指刑事案件不需要经过公安机关或者人民检察院立案侦查,不通过人民检察院提起公诉,而由人民法院对当事人提起的诉讼直接立案和审判。所谓自诉案件,是指由被害人本人或者其近亲属向人民法院起诉的案件。

自诉案件包括:告诉才处理的案件;被害人有证据证明的轻微刑事案件;被害人有证据证明对被告人侵犯自己人身、财产权利的行为应当依法追究刑事责任,而公安机关或者人民检察院已做出不予追究的书面决定的案件。前两种,属于案件性质简单、案情轻微、事实明确,所以不需要动用公安机关侦查力量进行专门调查和采取有关强制性措施,仅通过一般调查方法就可以查清案件事实的情况。而最后一种,主要是为了加强对公安、检察机关立案管辖工作的制约,维护被害人的合法权益。

需要特别指出的是,告诉案件中犯罪情节严重或严重危害社会秩序和国家利益的,应由公安机关立案管辖。人民法院应当依法受理,对于其中证据不足,可由公安机关受理的,应当移送公安机关立案侦查。被害人向公安机关控告的,公安机关应当受理。

同时,为了及时、有效地与犯罪做斗争,便利和保护人民群众行使控告、检举的权利,各公安司法机关对于控告、检举和犯罪人的自首,不管是否属于自己管辖,都应当接受,不得互相推诿。对于不属于自己管辖的,应当移送有管辖权的司法机关处理;对于不属于自己管辖而又必须采取紧急措施的,应当先采取紧急措施,然后再移送有管辖权的司法机关。

需要进行侦查的案件,如果一案涉及几个罪名,按立案管辖的规定,公安机关和检察机关都有管辖权的,原则上应当按照管辖的规定,该哪个机关管辖就由哪个机关管辖,先立案的机关发现案件应属其他机关管辖的,应依法移送有管辖权的机关。对此,有关机关必须相互配合,主动移交案件材料。

公安机关或人民检察院在侦查过程中,如果发现被告人还犯有属于人民法院直接受理的罪行时,应要弄清情况再进行处理。对于属于告诉才处理的案件,可以告知被害人向人民法院直接提起诉讼;对于属于人民法院可以受理的其他类型自诉案件,可以立案进行侦查,然后在人民检察院提起公诉时,随同公诉案件移送人民法院,由人民法院合并审理;侦查终结后不提起公诉的,则应直接移送人民法院处理。

人民法院在审理自诉案件过程中,如果发现被告人还犯有必须由人民检察院提起公诉的罪行时,则应将新发现的罪行另案移送有管辖权的公安机关或者人民检察院处理。

公安机关侦查刑事案件涉及人民检察院管辖的贪污贿赂案件时,应当将贪污贿赂案件移送人民检察院；人民检察院侦查贪污贿赂案件涉及公安机关管辖的刑事案件，应当将属于公安机关管辖的刑事案件移送公安机关。在上述情况中，如果涉嫌主罪属于公安机关管辖，以公安机关为主侦查，人民检察院予以配合；如果涉嫌主罪属于人民检察院管辖，以人民检察院为主侦查，公安机关予以配合。

我国现行刑事诉讼法中刑事案件采用属地管辖原则。属地管辖是以犯罪地管辖为基础，以被告人居住地管辖为补充，以指定管辖为例外。由于犯罪地和被告人居住地是确定的，所以，案件属地管辖权应当是确定的。但是，实践中也会出现管辖权不明或不宜管辖等情况，这就需要指定管辖。《公安机关办理刑事案件程序规定》第17条就规定了，当多地公安机关对管辖有争议或者情况特殊的刑事案件，可以由共同的上级机关指定管辖。

盗窃、抢劫机动车案件，由案件发生地公安机关立案侦查，赃车流入地公安机关应当予以配合。跨地区系列盗窃、抢劫机动车案件，由最初受理的公安机关立案侦查；必要时，可由主要犯罪地公安机关立案侦查，或者由上级公安机关指定立案侦查。旅客列车上发生的刑事案件，由负责该车乘务的乘警队所属铁路公安机关立案侦查。

公安机关内部对刑事案件的管辖涉及8大警种业务部门的计有363种犯罪案件（参照2011年3月1日为止，各项法律法规修正案和司法解释的有关内容，具体分工内容从略）。划分各有关业务部门案件管辖分工，主要遵循以下原则。

（1）办案权与事权相一致。各有关业务部门管辖的刑事案件与其职责权限相一致，与其管理职能相一致。

（2）明确责任，减少交叉，加强配合。各有关业务部门对各自管辖的刑事案件要按照侦审体制改革的要求，从立案、侦查、采取强制措施直至侦查终结、移送审查起诉，中间一般不再移送其他侦查部门，避免交叉扯皮、互相推诿，并应加强协作和配合。

（3）充分考虑各有关业务部门的实际情况。确定案件管辖分工，要综合考虑案件管辖的历史情况、机构设置以及各部门办案力量等实际情况，合理配置警力。

（4）充分发挥侦查部门和行政管理及技术部门的职能作用。为避免案件管辖过于分散，确定管辖刑事案件的部门主要是国内安全保卫、经济犯罪侦查、刑事侦查和禁毒部门，治安、边防、消防和交通管理部门管辖与其行政管理职责相关的部分刑事案件。出入境管理、公共信息网络安全监察、行动技术、信息通信部门虽然不承担案件管辖的任务，但对职能管理中发现的犯罪线索要及时移送有关的侦查部门立案侦查，并积极协助、配合侦查工作，提供技术支持和服务，以充分发挥公安机关各业务部门的职能作用，增强在打击犯罪方面的整体作战能力。

实际上，公安机关对刑事案件的管辖分工，就是公安机关内部侦查权的归属问题。通过合理划分各警种业务职能和案件管辖，大大提高了公安机关打击防控犯罪的效率和效果。

但是，近年来网络犯罪案件的出现，使得案件管辖问题出现了新的形式。这是由于网络架构和应用的特征和形式决定的。

首先，网络行为的跨地区性极为明显。侦查实践中，常见犯罪行为发生地与被害人的受害事实发生地不同的情况，或者一地作案多地受害的情况。按照一般属地原则，上述各地均有案件的立案侦查管辖权。实际工作中，有些案件在一地立案初查后，发现嫌疑人实施犯罪行为的地区或线索集中地,可移交当地立案查处;有些案件在发案初期,多地公安机关在互不知情的情况下,分别立案侦查,而后由首先破案抓捕嫌疑人的地区提起公诉;也有些案件在各地独自立案侦查后,由于案情重大、牵涉范围广,由公安部协调,指定管辖。但无论采取哪种方式,均不与现行规定存在本质性冲突。

其次,网络的广泛应用,使得越来越多的诸如盗窃、诈骗、传播淫秽物品、赌博、买卖枪支弹药等传统刑事犯罪依托网络来实施。或者嫌疑人为实施上述犯罪目的,对被害单位、个人的计算机网络实施了非法侵入、破坏数据等犯罪行为,并造成严重后果。由于案件的性质决定案件应由刑侦或治安等部门立案查处,但嫌疑人所实施的犯罪行为,主要通过计算机网络实现。这样,就出现了网安与其他警种工作冲突的情况。某些案件中,网安部门仅对于部分线索提供技术支持,起到配合侦查的作用。但很多案件中,网安部门对案情的分析、线索的追查、证据的提取固定、现场勘查,甚至定位和抓捕嫌疑人都起到了决定性的作用,或者说案件从初查到终结,网安部门的干警基本完成了所有工作,而仅使用了其他警种的法律文书。这样,如果仍然长期沿用以往的案件管辖分工内容,不利于调动网安部门的工作积极性,也就不利于打击新时期的新形式的刑事犯罪。不仅如此,由于各地涉网犯罪案件管辖分工存在差异,也不利于异地协查工作的开展。为此,很多省市和地区进行了网络犯罪内部管辖分工的改革尝试,或针对个案采用临时指定网安部门管辖,或直接出台文件明确规定某几类案件的网安部门管辖权。例如,浙江省公安厅为进一步明确全省公安机关内部对计算机信息网络刑事案件的管辖分工,更有效地打击侵害计算机信息系统和利用计算机信息网络实施的犯罪活动,在广泛调研的基础上出台了《浙江省公安机关计算机信息网络刑事案件管辖分工暂行规定(试行)》,《规定》中明确:"计算机信息网络刑事案件管辖分工以有利于案件侦办为原则,主要犯罪行为产生于计算机信息网络的刑事案件,由网警部门管辖;其他涉及计算机信息网络的刑事案件,仍按照《浙江省公安机关刑事案件管辖分工规定》,由相关部门管辖;其中非法侵入计算机信息系统案、破坏计算机信息系统案、在互联网支付平台实施的盗窃案、交易行为在互联网交易平台实施的诈骗案、在互联网上实施的散布虚假恐怖信息案、以盈利为目的在互联网上开设赌博网站或者为赌博网站担任代理接受赌注的开设赌场案、在互联网上实施的传播淫秽物品牟利案、在互联网上实施的传播淫秽物品案、在互联网上实施的组织淫秽表演案等刑事案件均由网警部门负责。"

另有部分省市,提出了"三警联动,同步上案"的工作模式,这实质上是因为网安队伍侦查力量尚不成熟,而提出的过渡性的措施。

作为行使案件侦查权的公安干警,在日常执法办案的过程中必须明确相关的法律规定,熟练运用法律知识。

例如,某地网安部门民警在本地网络论坛信息监察中发现有人利用互联网贩卖枪支,为准确掌握相关犯罪事实并防止枪支流入社会,经与嫌疑人进行网上周旋并全额支付货款后,嫌疑人将该枪支快递到本地。经鉴定,该枪支属于自制手枪,火药动力,具有较强杀伤力。办案民警赴异地将嫌疑人刘某抓捕回本地后,本地检查机关对此提出异议:公安机关的意见是"买卖枪支行为可以存在两个地点,本地为卖出地点,故本地公安司法机关对此有管辖权";检察院的意见是"因为该枪支买方为公安机关,而国家未对涉枪案件提出引诱侦查的许可,故嫌疑人刘某网上贩卖枪支的犯罪结果不成立,只能以非法持有枪支罪查处,但非法持有枪支案件的管辖权归于嫌疑人居住地,故该案本地无管辖权"。事实上,该案中刘某的买卖枪支犯罪事实不成立,本地公安机关只能将案件和嫌疑人刘某移送其居住地公安局。

由此看出,本案虽然最终的结果实现了打击犯罪的目的,但是由于过程的失误,没有提前将案件移交管辖地,造成了案件办理周期的拖延和人力物力的浪费。

2.2 网络犯罪案件办理程序

网络犯罪案件办理程序与一般刑事案件办理程序基本相同,一般案件经过公安机关侦查终结,全面了解案情并收集相关证据,将嫌疑人羁押到案后,移送检察机关进行审核并提前公诉,经由人民法院按照规定法律程序进行审理,对嫌疑人定罪量刑。

在对案件开展侦查阶段,公安机关有严格的办理刑事案件程序规定(目前仍沿用1998年5月版,以下简称"规定")。

公安机关在刑事诉讼中的基本职权,是依照法律对刑事案件立案、侦查、预审;决定、执行强制措施;对依法不追究刑事责任的不予立案,已经追究的撤销案件;对侦查终结应当起诉的案件,移送人民检察院审查决定;对不够刑事处罚的犯罪嫌疑人需要行政处理的,依法给予处理;对被判处一年以下有期徒刑或者剩余刑期在一年以下的罪犯,代为执行刑罚;执行管制、拘役、剥夺政治权利、驱逐出境、暂予监外执行;对假释和判处拘役缓刑、有期徒刑缓刑的罪犯执行监督、考察。

公安机关进行刑事诉讼,接受人民检察院的法律监督。应当建立和完善办案责任制度、错案责任追究制度等内部监督制度。在刑事诉讼中,上级公安机关发现下级公安机关做出的决定或者办理的案件有错误的,有权予以撤销或者变更,也可以指令下级公安机关予以纠正。下级公安机关对上级公安机关的决定必须执行,如果认为有错误,可以在执行的同时向上级公安机关报告。

公安机关办理刑事案件,必须重证据,重调查研究,不轻信口供,严禁刑讯逼供。应当保障诉讼参与人依法享有的各项诉讼权利。办理未成年人犯罪案件,应当由专门机构或者专职人员负责,贯彻教育、感化、挽救的方针,照顾未成年人的身心特点,保障他们的合法权益。

各级公安机关办理刑事案件,应当依法向同级人民检察院提请逮捕、移送起诉,严格遵守刑事案件办案期限的规定。近两年来,国家一再强调各司法机构的依法办案和办案期限的问题,尤其对采取强制措施或者收审在案嫌疑人的超期羁押问题提出了强制性要求。

"规定"就公安机关对刑事案件的管辖分工、回避、律师参与诉讼、证据、强制措施和羁押等业务内容都做出了明确的要求和说明。对立案、侦查过程中的业务内容,按照工作流程的各环节做出了详细的说明。

公安机关开展侦查工作的主要内容就是要查明案件事实包括:犯罪嫌疑人的身份;

立案侦查的犯罪行为是否存在；立案侦查的犯罪行为是否为犯罪嫌疑人实施；犯罪嫌疑人实施犯罪行为的动机、目的；实施犯罪行为的时间、地点、手段、后果以及其他情节；犯罪嫌疑人的责任以及与其他同案人的关系；犯罪嫌疑人有无法定从重、从轻、减轻处罚以及免除处罚的情节；其他与案件有关的事实等。

2.2.1 受、立案与破、销案环节

受案，是指各级各警种公安机关接受刑事案件。凡公民扭送、报案、控告、举报或者犯罪嫌疑人自首的，公安机关都应当立即接受，问明情况，并制作笔录，经宣读无误后，由扭送人、报案人、控告人、举报人签名或者盖章。必要时，公安机关可以录音。同时，受案人员应向有关当事人告知相关法律责任和有关规定。公安机关接受案件时，应当制作《接受刑事案件登记表》，作为公安机关受理刑事案件的原始材料，并妥善保管、存档备查。对于接受的案件，或者发现的犯罪线索，公安机关应当迅速进行审查。经过审查，认为有犯罪事实，但不属于自己管辖的案件，应当在24小时内，经县级以上公安机关负责人批准，签发《移送案件通知书》，移送有管辖权的机关处理。对于不属于自己管辖又必须采取紧急措施的，应当先采取紧急措施，然后办理手续，移送主管机关。属于自诉案件或情节轻微的刑事案件的，应告知当事人向人民法院提起诉讼。

经过审查，对于不够刑事处罚需要给予行政处理的，依法处理。认为有犯罪事实需要追究刑事责任，且属于自己管辖的，由接受单位制作《刑事案件立案报告书》，经县级以上公安机关负责人批准，予以立案（不予立案环节从略）。

实际工作中，部分公安干警在案件受理环节中，对于某些需移送、告知自诉的案件，重视程度不够或者与当事人沟通不当，造成群众的不满甚至公安机关自身的被动。

2008年冬，甲地派出所清晨4时许接一报案：报案人于前晚21时许，酒后进入某洗浴中心洗澡休息，凌晨3时酒醒起床，穿衣服时发现自己的衣物完好收纳于更衣柜，唯独外长裤搭在更衣室长椅上。清点物品发现裤兜中的钱包丢失，其中有现金2300余元，信用卡若干。手机提示凌晨2时在7km左右距离的乙地某KTV娱乐中心，其信用卡被盗刷4600余元。遂至派出所，以被盗丢失7000元报案。

询问洗浴中心在场三名工作人员，均称前晚22时许，三人发现有一外长裤在更衣室长椅下地板上，三人持该裤子询问数位洗浴的宾客，未找到主人，经检查，裤兜内无任何物品，遂叠放整齐搭于长椅靠背上。三人当晚夜班，从20时接班，一直未离开该洗浴中心。值班民警对当事人和服务员的陈述内容做了简单分析，认为2300元现金部分属于当事人酒后对个人物品保管不当丢失，是个人过错；信用卡被盗刷属于信用卡诈骗，应由案发地负责立案侦查，如果自己受理，那么需要通过分局24小时内审批移送，恐怕贻误调查最佳时机。但该值班民警对当事人的答复过于简单："你丢现金2300元，公安局不管，是你自己丢的；信用卡的事，你自己去乙地派出所报案吧，我们不管。"因为简单粗暴的两句答复，导致该值班民警和所在单位被投诉，影响了工作考评。

立案侦查后，当案件调查完毕，应形成结论，进入破、销案环节。破案应当具备下列条件：犯罪事实已有证据证明；有证据证明犯罪事实是犯罪嫌疑人实施的；犯罪嫌疑人或者主要犯罪嫌疑人已经归案。

对于调查后发现没有犯罪事实的;情节显著轻微、危害不大,不认为是犯罪的;犯罪已过追诉时效期限的;经特赦令免除刑罚的;犯罪嫌疑人死亡的;其他依法不追究刑事责任的,应当依法撤销案件。

立案、破案、销案,都有相关的工作规定和流程,经呈请和审批方能生效。

2.2.2 侦查环节

公安机关对已经立案的刑事案件,应当进行侦查,全面、客观地收集、调取犯罪嫌疑人有罪或者无罪、罪轻或者罪重的证据材料,并予以审查、核实。在侦查犯罪的过程中,对现行犯或者重大嫌疑分子可以依法先行拘留,对符合逮捕条件的犯罪嫌疑人,应当依法逮捕。但严禁在没有证据的情况下,仅凭怀疑就对犯罪嫌疑人采取强制措施。公安机关侦查犯罪过程中,根据需要采用各种侦查手段和措施,应当严格依照法律规定的条件和程序进行。

侦查过程中,对于不需要拘留、逮捕的犯罪嫌疑人,经县级以上公安机关负责人批准,可以传唤到犯罪嫌疑人所在市、县内的指定地点或者到他的住处进行讯问。传唤犯罪嫌疑人时,应当出示《传唤通知书》和侦查人员的工作证件,并责令其在《传唤通知书》上签名(盖章)、捺指印。犯罪嫌疑人到案后,应当由其在《传唤通知书》上填写到案时间。讯问结束时,应当由其在《传唤通知书》上填写讯问结束时间。拒绝填写的,侦查人员应当在《传唤通知书》上注明。注意,传唤持续的时间不得超过12小时,且不得以连续传唤的形式变相拘禁犯罪嫌疑人。

提讯在押的犯罪嫌疑人,应当填写《提讯证》,在看守所或者公安机关的工作场所进行讯问。讯问犯罪嫌疑人,必须由侦查人员进行。讯问的时候,侦查人员不得少于两人。

讯问的时候,应当认真听取犯罪嫌疑人的供述和辩解;严禁刑讯逼供或者使用威胁、引诱、欺骗以及其他非法的方法获取供述。讯问未成年的犯罪嫌疑人,应当严格遵照《未成年人保护法》针对未成年人的身心特点,采取不同于成年人的方式;除有碍侦查或者无法通知的情形外,应当通知其家长、监护人或者教师到场;讯问可以在公安机关进行,也可以到未成年人的住所、单位、学校或者其他适当的地点进行。

讯问适用于犯罪嫌疑人,而对证人、被害人适用询问。询问可以到证人、被害人所在单位或者住所进行。必要的时候,也可以通知证人、被害人到公安机关提供证言。询问证人、被害人应当个别进行,并应当向证人、被害人出示公安机关的证明文件或者侦查人员的工作证件。询问工作的其他要求,类似于讯问有关规定。

网络犯罪案件中,无论是询问还是讯问,常见被问话人只熟悉一般的计算机操作,对更深入的计算机及网络知识没有了解。那么在问话的过程中,除需问清一般案情相关内容外,对于其交代、叙述的计算机有关问题,要深入询问。侦查人员要充分认识到对方对计算机信息系统了解的局限性以及当事人所处身份、情绪等因素的影响,对于细节的问题,尽量避免使用过于复杂的专业术语发问,或者发问后用浅显的自然语言予以解释。反之,对于容易产生歧义的供述,问话者可以就该问题进一步提示性发问(切忌诱导),力求其供述、叙述的语意准确。

侦查环节中的另一个工作要点就是勘验检查。侦查人员对于与犯罪有关的场所、物品、人身、尸体都应当进行勘验或者检查,利用各种技术手段,及时提取与案件有关的痕迹、物证。在必要的时候,可以指派或者聘请具有专门知识的人,在侦查人员的主持下进行勘验、检查。勘查现场的任务,是查明犯罪现场的情况,发现和搜集证据,研究分析案情,判断案件性质,确定侦查方向和范围,为破案提供线索和证据。需要迅速采取搜索、追踪、堵截、鉴别、控制销赃等紧急措施的,应当立即报告负责本案侦查的指挥人员。

现场勘查,由县级以上公安机关侦查部门负责。一般案件的现场勘查,由侦查部门负责人指定的人员现场指挥;重大、特别重大案件的现场勘查由侦查部门负责人现场指挥。必要时,发案地公安机关负责人应当亲自到现场指挥。

随着计算机网络在日常生产生活中的日益普及,越来越多的刑事犯罪案件现场存在着计算机或计算机网络,所以涉网案件现场的勘验检查工作越来越繁重。因为业务分工的不同,大多数案件现场勘查中,网安部门都是起到配侦的作用。近年来,各地纷纷提出重大案件三警联动机制,或者网安技术部门同步上案,都是为了提高警队内部的协作效率和破案能力,也取得了良好的收效。但是,现场勘查过程中,新技术新设备的使用,对现场指挥员的业务能力也提出了更高的要求。此部分具体内容将在网络犯罪现场勘查章节中详述。

为侦查工作开展的需要,常需要对涉案人员的身体、居所、物品,或其他有关地方进行搜查。搜查是一种侦查行为,需经县以上公安机关批准,搜查时需出示《搜查证》、制作《搜查笔录》,并有当事人、当事人家属或其他见证人在场。执行拘留或逮捕的过程中,遇有紧急情况也可以不用《搜查证》进行搜查。

扣押物证、书证,查询、冻结银行账户,电子物证送检鉴定等内容,《程序》中均有明确规定。与涉网犯罪紧密相应内容,将在后续章节中详述。

公安机关对刑事案件的管理,所有从受立案到实施侦查行为,均涉及若干法律文书,或呈请说明、或通知记录。法律文书可分为编撰式、填充式、笔录式三大类。案件各环节自受案到终结,均有各自的法律文书。这些法律文书一方面记载了案件办理全过程的合法性,另一方面其各类笔录成为最终法庭诉讼阶段的重要证据。法律文书使用和书写要规范,每类法律文书都有其标准规格。

2.3 刑事案件侦查措施

刑事侦查措施,是刑事侦查部门依据国家和法律赋予的权力,在同刑事犯罪作斗争过程中,为揭示和证明犯罪事实,针对案件不同情况所开展的一些公开或秘密的专门性调查措施和活动的总称。在侦查过程中,公安机关可根据需要采取各种侦查手段和措施,但应严格依法律规定的条件和程序进行。我国刑事诉讼法和公安机关办理刑事案件程序规定中,都明确提出了侦查行为的相关要求和程序。

侦查措施可以划分成一般措施、强制措施、秘密措施三大类。或者分为公开侦查措施、秘密侦查措施、综合侦查措施三大类。

一般措施包括:讯问犯罪嫌疑人;询问证人、被害人;勘验、检查;搜查;扣押物证、书证；鉴定；通缉；查询、冻结存款、汇款；辨认等。一般性侦查措施在绝大多数刑事案件侦查过程中都会使用到，使用过程中必须按照国家有关法规所规定的内容及程序严格执行。更多的时候，为实现上述工作目的，会进而采取一些行之有效的侦查方法，比如摸底排队、追击堵截、控制赃物等。强制措施包括：拘传；取保候审；监视居住；拘留；逮捕等。强制措施的使用是《刑事诉讼法》规定授权公安机关的，其使用是根据案情的发展和相关涉案人员的状态而决定的，限制嫌疑人的人身自由的一系列工作方法。秘密措施包括特殊侦查方法和技术侦查手段等，此部分本书中不做详述。

网络犯罪案件侦查，是从传统刑事案件侦查业务中分离出来的一个分支，所以网侦工作的宏观工作思路、侦查原理、法律依据、工作原则，都与传统刑侦工作相同。但是因为网侦工作更多地面对涉及计算机信息系统、各类计算机网络和IT设备的环境和现场；面对更多的调查对象以各类虚拟身份出现在网络上；面对更多的调查事件以数据形式存在于各种网络虚拟空间中，所以其侦查过程中的技术方法、具体思路、线索的分析与关联、原始证据形态等方面，又与传统刑侦工作存在较大差异。

例如，涉网案件中网上摸排的思路与方法[①]，就与传统刑侦工作存在较大差异。

摸排全称摸底排队，是公安机关与犯罪活动的长期斗争而逐步形成的一个专业术语。是指侦查机关在现场勘查和分析案情的基础上，根据对案情的分析判断，在一定范围内对可疑的人、事、物逐个进行调查，从中发现侦查线索和犯罪嫌疑人的侦查措施。传统的摸排工作是专门工作与依靠群众相结合的工作方法在侦查工作中的具体运用，也是一项最有效、最基本的侦查措施。所谓摸底，就是开展调查，从而发现与犯罪有关的人、事、物；所谓排队，就是对已经发现的嫌疑线索进行核实、查证、甄别，从中确定犯罪嫌疑人。在网络迅速广泛应用的今天，大量案件中人、事、物与网络发生直接或间接的关联，那么合理有效地在网络上实现对工作对象的摸排，必然可以为案件侦查工作带来巨大的促进作用。

2.3.1 网上摸排的条件与范围

对于因果关系明显、案件性质明确、痕迹物证特征突出、侦查范围不大的案件，摸底排队的效果明显。传统刑事侦查工作中，摸排是一项简单而行之有效的侦查措施，但是其前提是嫌疑人或涉案事物牵涉范围相对较小，否则，耗费的时间、警力则呈多倍增长，难以迅速有效地达成预期目的。同样地，摸底排队这一措施也可以适用于涉网案件的侦查工作中，但是大多数涉网案件中，由于网络空间的大跨度性，常见一案线索牵涉多地多省多个网络空间节点[②]的情况，同时，各个网络空间节点采用的网络技术和应用又各有不同，那么适用网上摸排措施时，就必须有一套新的思路和方法。

涉网案件中，对于犯罪事实、行为过程清楚，但是尚未确定嫌疑人的案件；或者已确定外逃嫌疑人身份，需要网上定位的案件；或者团伙犯罪中，需要找寻到案嫌疑人网上同案的案件；或者网络侦查过程中牵涉需查找和定位的具体物品、虚拟物品的案件，均可适用

---

① 孙晓冬.涉网案件中网上摸排的思路与方法.中国刑事警察，2011,(3)：38.
② 指网络用户应用中，使用登录过的网站、BBS、QQ即时通信软件、网络游戏、电子邮件等应用环境，以及使用各应用环境而留有数据痕迹的路由器、交换机、服务器、用户终端等。

网上摸排方法。但是网上摸排必须具有一定的前提条件。

（1）时间空间条件。网上能够摸排到的嫌疑人，通常是相对长的时期内经常使用网络，并无意中在网上留下踪迹的网络用户。同时，该用户必须较为固定地访问某些网络空间节点，尤其是境内的网络节点。

（2）作案技术和软件。某些利用计算机黑客技术或者利用应用系统漏洞外挂程序，实施破坏、入侵、盗窃、侵占等犯罪的案件中，嫌疑人使用的恶意代码程序是通过购买或定制于互联网，或者其技术手段来自于某黑客技术论坛刚刚发布的最新攻击方法。或他地发生过相同技术相同工具软件的案件。据此，对涉案人员进行摸排。

（3）涉案物品和工具。涉案虚拟物品必须具有唯一的空间存在位置和序列号标识（如特定游戏中的高级装备）、销赃物品的特征标识、案发地难以直接找到的作案工具，且有明显的标识特征。多数虚拟财产犯罪案件中，涉案标的物虽为数字信息化虚拟物品，但是由于其具备较高可转化价值，通常运营商会通过序列号加以跟踪管理。而不具备特定标识的虚拟物品，则不适用摸排的方法。

（4）个体自然特征。某些嫌疑人由于生活地区、职业、学习经历、地方民俗、民族、宗教等影响，在其思想、信仰、语言习惯（网上发布文字信息，有时会包括方言）、饮食习惯、兴趣爱好等方面会有所体现，而这些现实中的个体自然特征又会在网络中以不同的方式体现出来，成为排查特定人员的条件依据。

（5）网络行为的反常表现。涉网案件嫌疑人在相对长的时间段内，较为固定地活跃于某些网络节点，那么其行为特征往往较为固定。而当案发前后其网络行为表现的兴趣热点、活跃话题、上网时段、上网方式和地点发生反常现象，同样很可能成为摸排的条件依据。

（6）其他摸排条件。其他常见摸排条件还包括与被害人存在利害关系的人员，以及在办案过程中发现的行为人的变态心理等因素。某些特定案件中，如破坏生产经营、侮辱诽谤等，依据对案情和人员利害关系的准确分析，往往可能事先对摸排范围进行圈定。某些案件的涉案人员本身有与案件无直接关联的变态心理，如某诈骗案件的嫌疑人有明显的变童倾向，可根据网上特定群体分布，圈定排查范围。

传统摸排工作的范围以固定物理空间区域划分，摸排以明确的涉案人、物，或者特征明确的人、物为对象。而网上摸排工作的范围是以网络空间或 IP 地址范围划分，以同类网络节点、登录 IP 地址段或者行为人虚拟身份特征为工作对象。

摸排范围的划定需要一定的侦查工作经验和对网络应用的全面了解，范围过大则效率低、资源占用大、精度差，而范围过小又容易把调查对象排除在外，产生遗漏。

（1）同类网络节点范围内摸排。长期使用互联网的人群在行为习惯上大多有一个共性，就是按照自己的关注信息或兴趣点，相对固定地访问同类型同性质的多个网络空间、网站。比如通过前期侦查掌握了嫌疑人喜欢访问搜狐汽车网，那么在网上摸排该嫌疑人的范围，就可以扩展到腾讯汽车频道、中国汽车网、太平洋汽车网、爱卡汽车网等国内知名度较高的大型的汽车论坛，因为嫌疑人很可能就兴趣关注点的相同而登录上述论坛，从而为我侦查工作提供有效的工作对象。

（2）访问 IP 地址段摸排。某些情况下，倒查 IP 地址无法定位，但如果嫌疑人一段时间内没有物理空间上的位移(城市或地区间),那么此段时间内,其登录网络虽然使用的IP地址不同,但是一定属于一个IP地址段范围内。假如嫌疑人有物理空间上的位移,其上网IP就会跨越一个地址段进入另一个地址段,根据这一规律,可以通过IP在相应区域的所属IP地址段内排查。

(3)行为性质和后果波及范围内摸排。某些技术型案件中,嫌疑人使用的技术手段、工具软件,有特定的网上来源,比如某些黑客网站;某些政治性案件中,嫌疑人传播的信息来自某些敌对的网站和渠道;某些侵财类案件中,嫌疑人获取了数字化财物,必然需要通过提现、转账、销赃等渠道来实现其最终牟利的目的。那么这些流出技术软件的网站、敌对信息的信息渠道、虚拟物品交易平台,均可作为摸排的有效范围。

(4)根据嫌疑人身份及行为特征,圈定其地域、职业等排查范围。侦查工作开展过程中,从举报案、线索分析、痕迹物证分析等各种渠道获得的信息中,可能会通过其犯罪行为过程中的某些特征,梳理出某些与嫌疑人真实身份相关联的地域、职业信息,进而通过地区性网站、地区主题的论坛、具有明显职业特征的社区和讨论组等,排查出嫌疑人的真实身份信息。

2.3.2 网上摸排的对象与方法

网上摸排的对象,通常是对人、物信息进行调查,圈定范围或者是直接指向定位。具体地说,就是排查核实虚拟人对应的真实人、真实人在逃对应的虚拟人、虚拟人牵连的虚拟人,以及特定物品的网上踪迹。这里所说的虚拟人就是指上网者使用的网络身份,包括网站、论坛上使用的用户名、即时通信软件中使用的昵称和账号、电子邮件地址等。而特定物品,是指涉案虚拟财产以及传统案件中涉及的特定物品,如特定作案工具、药品等的网上购销渠道以及侵财案件发生后的网上销赃渠道。

网上摸排的工作方法可以是主动排查、被动吸引、迂回排查等,而网上摸排的工作方式通常是秘密进行与公开进行相结合。

(1)所谓主动摸排,是指在涉案人员虚拟身份明确或者涉案虚拟物品标志特征明显的情况下,侦查人员对于人、物可能出现的网络环境、网络空间等,主动出击查找涉案痕迹与信息。例如,对某论坛中涉案人员的虚拟身份的排查,可以通过其用户名信息、登录IP区域、访问发帖习惯等,关联其他同类论坛和即时通信软件,对其进行排查,实施定位。又如网上Q币、游戏装备等虚拟财产盗窃,嫌疑人为实际获利而变现的过程必然涉及虚拟物品的交易过程,那么在虚拟物品交易平台或者新用户使用该物品的应用环境下,可以实施主动摸排,追溯源头。

(2)所谓被动吸引,是指在不明确涉案人员虚拟身份或者涉案物品的存在情况,仅掌握人、物的部分特征属性的情况下,侦查人员设置相应的虚拟信息,提供适合摸排对象的网络空间环境,张网守候。被动吸引是侦查工作在条件不好的情况下,不得不采取的一种排查方法。例如某案件中,嫌疑人经常访问境外某网站,但我公安机关无法通过司法手段拿到其登录信息,通过案情分析掌握了该嫌疑人具有性变态心理,侦查人员可设置相应的虚拟身份信息,引起嫌疑人关注,进而取得其个人信息。

(3)所谓迂回排查,是指在所有直接指向嫌疑人(物)的线索中断后,通过其第三方关联线索,侧面了解间接排查嫌疑人或物品。这是在网络案件侦查工作中经常采取的方法。例如,某嫌疑人在逃,其之前使用的所有个人网络信息全部中断使用。按照一般的侦查方法,已经无法对其进行布控,即便其再次使用互联网,侦查人员也无法进一步获得其信息。那么可以通过关注其网上密切联系人的动态,比如新近添加的好友,或者通过其若干个联系人好友的交集,取得其可能出现的新的虚拟身份。

摸排是一种行之有效的侦查手段,但是涉网案件的摸排工作又较传统侦查措施有所不同。传统的摸排措施直观、直接、全面,范围明确可见,所以工作细致则效果明显。而网上摸排往往是在一个虚拟世界的范围内,即便仅在一个网站内摸排,其服务器分布可能涉及多省,甚至多国,同时工作中偶然因素多、对工作方法的技巧性要求较高,必须在全面了解计算机技术和网络应用的基础上,综合运用心理学、行为学、社会工程学等多学科知识。

网上摸排方法看似复杂、范围无限,但在实际应用的过程中,并不像传统摸排,动辄需要投入几百上千甚至成千上万的警力,旷日持久地大规模作战。网上摸排通常只需要很少的警力,耗费不长的时间便能够找到结果。某些案件,如诈骗嫌疑人在多地使用传统的犯罪手段作案,那么侦查工程中对流窜作案的嫌疑人,难以使用这一措施。而涉网案件表面看似多地作案,在各地都有受害人,但流窜的是嫌疑人的网上踪迹,实际上嫌疑人真实个体并未移动,这样就仍然可以使用网上摸排的技术手段。在网络应用和科学技术高速发展的今天,公安机关必须改革工作思路,顺应时代的特点,才能在维护治安打击犯罪的工作中取得决定性胜利。

2.4 常见网络犯罪与证据构成简介

当一起案件呈报至公安机关,办案人员首先要在了解基本案情的前提下,对案件初步定性。确定某起案件涉嫌某种罪名,那么根据刑法规定的该罪名的犯罪构成要件,即可明确对应的证据要点。明确了证据要点,也就明确了侦查工作的重点。所以网侦干警对于常见网络犯罪的有关法律规定及解释,必须熟练掌握。

2.4.1 危害国家安全的网络犯罪

实际工作中,常见利用网络实施维护国家安全的犯罪,例如利用网络实施煽动分裂国家、煽动颠覆国家政权,以及收集、非法提供国家秘密、情报的犯罪。

前者指煽动分裂国家、破坏国家统一的行为,以造谣、诽谤及其他方式煽动颠覆国家政权、推翻社会主义制度的行为。

后者指为境外的机构、组织、人员窃取、刺探、收买、非法提供国家秘密或者情报的行为。

(1) 煽动分裂国家罪的犯罪构成:一般主体,主观方面只限于直接故意,客观方面表现为煽动分裂国家、破坏国家统一的行为。实施本罪的方法只能是煽动。该罪侵害的犯罪客体是国家的统一和民族的团结。

(2) 煽动颠覆国家政权罪的犯罪构成:一般主体,主观方面只限于直接故意,客观方面表现为以造谣、诽谤或者其他方式煽动颠覆国家政权、推翻社会主义制度的行为。该罪侵害的直接客体是人民民主专政的国家政权和社会主义制度。

上述两罪均是行为犯,构成犯罪并不要求其煽动行为导致的结果发生。嫌疑人通过互联网实施前罪的时候,主要表现形式为构建非法网络信息发布平台,如 Web 网站、BBS 论坛、FTP 下载等,或利用网络通信工具,如 QQ、MSN、电子邮件或其他网络通信软件,积极传播反动信息,并具有直接故意地鼓动、怂恿、说服他人参与分裂国家、颠覆国家政权的行为。打着民族主义的幌子,散布煽动分裂国家、颠覆政府的言论。其发布的信息类型常见为:散布法轮功或其他邪教思想,煽动颠覆政府、颠覆国家政权;以宗教信仰为借口,煽动民族分裂、颠覆国家政权;以促进民主进程、保障社会特定群体利益为幌子,组建非法党派团体等。其中的主要参与者多为逃亡海外的敌对政治势力成员、邪教组织成员、民族分裂分子,以及"东突"、"藏独"、"台独"、"疆独"等恐怖组织、反动组织成员。近年来,上述各类反动、敌对势力又见抬头,通过各种渠道传播敌对思想,煽动不明真相的群众参与到反党反政府的活动中,甚至煽动了"3.14"、"7.5"等严重暴力事件。

上述罪名的证据要点是行为人出于以上目的而多次或多方式地积极通过各种网络环境发布信息,且发布的信息确属煽动分裂国家、颠覆国家政权、煽动民族分裂、颠覆政府的内容。

(3) 为境外收集、非法提供国家秘密、情报罪的犯罪构成:一般主体,主观方面表现为具有特殊目的性的直接故意,客观方面实施了窃取、刺探、收买、非法提供国家秘密、情报的行为。本罪的犯罪客体是国家的安全和利益,犯罪对象是国家秘密或者情报。

利用计算机网络技术实施间谍罪,为境外窃取、刺探、收买、非法提供国家秘密、情报罪与非法侵入计算机信息系统罪的区别。这三种犯罪都可能针对国家事务、国防建设、尖端科学技术领域的计算机信息系统实施,但它们之间也有明显的区别。

(1) 前两者侵入三个领域的计算机信息系统,是为了获取国家秘密和情报;而后者非法侵入这三个领域的计算机信息系统,则不一定有获取国家秘密和情报的目的和动机,也可能单纯出于对这些计算机信息系统的好奇心理或"黑客"心理。

(2) 前两者通过侵入三个领域的计算机信息系统,是为了进行间谍活动或者为境外的机构、组织、个人窃取、刺探国家秘密、情报;而后者非法侵入这三个领域的计算机信息系统,则与间谍组织和境外的机构、组织、个人没有任何直接和间接的联系。

(3) 前两者侵犯的客体是国家的安全和利益,属于危害国家安全罪;而后者侵犯的客体则是国家对计算机信息系统的安全管理秩序和国家事务、国防建设、尖端科学技术领域的正常活动。因此,如果行为人非法侵入这三个领域的计算机信息系统,只要没有获取国家秘密、情报,没有参加间谍组织或者接受间谍组织及其代理人的任务,不是为境外的机构、组织、个人窃取、刺探国家秘密、情报,只能认定为非法侵入计算机信息系统罪;但是,如果非法侵入这三个领域的计算机信息系统又获取国家秘密的,则构成《刑法》第 282 条第 1 款的非法获取国家秘密罪。

实施本罪的主观动因无法直接从嫌疑人供述中判定,往往需要从其前导后续行为过程的性质,反推其主观动机。同时嫌疑人从境外组织或境外组织代理人的特定信息源接受指令,并从特定计算机系统中浏览、复制、下载,以及后续向特定网络节点或接收者上传、发送的,认定为国家秘密的内容,则是本罪成立的关键证据。

2.4.2 危害公共安全的网络犯罪

近年来,利用计算机信息系统或计算机网络,实施维护公共安全的犯罪时有发生。其中,较为常见的有利用计算机网络实施破坏交通工具、交通设施、电力燃气及易燃易爆设备的犯罪(刑法116~118条规定的多个罪名);利用计算机网络实施破坏广播电视设施、公用电信设施的犯罪(刑法124条);利用计算机网络实施买卖枪支、弹药、爆炸物,及毒害性、放射性、传染病病原体等危险物质的犯罪(刑法125条)。

随着计算机网络技术的广泛应用,越来越多的城市街路交通信号管理系统、轨道交通工具、航空调度指挥系统、输变电控制系统、广播电视信号传输、电话资讯服务等,大量采用计算机网络控制,使得通过计算机网络实施此类犯罪成为可能。国内外已经出现很多此类案件,因此在国际形势越来越复杂的情况下,打击防控此类犯罪的工作也越来越重要。

(1)破坏交通工具、交通设施、电力燃气及易燃易爆设备的犯罪构成:一般主体,主观方面存在犯罪故意,客观方面实施了破坏行为,构成公共安全的严重威胁,但尚未造成后果。本罪侵害的犯罪客体是公共交通运输等社会公共安全。各罪名针对的犯罪对象为相应法条规定的具体内容。

以上为同类多罪名的合并叙述。证据要点是判定嫌疑人的主观动机,并由此判定其行为属于过失还是故意。同时必须证明该嫌疑人确实实施了上述破坏行为,使得相应的犯罪对象足以发生倾覆、碰撞、爆炸等危险,构成对公共安全的严重威胁。

(2)破坏广播电视设施、公用电信设施的犯罪构成:一般主体,主观方面存在犯罪故意。客观方面表现为破坏广播电视设施、公共电信设施,危害公共安全,尚未造成严重危害后果的行为。犯罪侵犯的客体是公共通信安全,犯罪对象为正在使用中的广播电视设施、公用电信设施。

利用计算机信息系统实施破坏广播电视设施、公用电信设施的犯罪,主要表现有阻截、干扰、搭接正常的广播电视或公共电信设施、信号,甚至通过局部控制上述系统设备,来发布商业广告、邪教宣传或其他不良信息。该罪明确其犯罪构成为破坏上述系统正在使用中的设备的行为,也就是说,完成破坏行为对公共安全造成威胁,就构成犯罪既遂,而不要求造成严重危害后果。通常其犯罪行为后果作为量刑依据,但一旦出于某种特定动机,造成特殊性质的较为严重的后果,例如,通过屏蔽正常无线信号,搭接线路发布煽动民族分裂、鼓吹恐怖主义活动,造成较大社会影响的,则按照危害国家安全罪处置。

本罪直接证据常为有线、无线发射设备及网络攻击工具软件或操作痕迹。

(3)买卖枪支、弹药、爆炸物、危险物质犯罪构成:一般主体或单位,主观故意,客观上实施了上述行为。本罪的犯罪客体是违反国家枪支管理、有毒有害物质管理、生化物质管理等有关规定,对公共安全构成危害。

刑法第125条两款分别规定了针对枪支弹药爆炸物和毒害性、放射性、传染病病原体等危险物质两方面的内容,同时规定本罪的行为包括非法制造、买卖、邮寄、运输、储存等几方面内容,为根据行为和对象而定的选择性罪名,本罪不存在数罪并罚情况。但是,通过网络实施本罪,常见于非法买卖行为。

国家对枪支弹药有明确的法律定义:"枪支"是指以火药或者压缩气体等为动力,利用管状器具发射金属弹丸或者其他物质,足以致人死亡或者丧失知觉的各种枪支,包括军用枪支、民用枪支、公务枪支、射击运动枪支等。"弹药"是指各种军用枪支、民用枪支使用的弹药,包括军用枪支子弹、民用枪支子弹、气枪铅弹等。"爆炸物"是指具有爆破性并对人体能造成杀伤的物品,如手榴弹、炸弹以及爆破筒、地雷等,从司法解释涵盖的内容看,还包括爆炸装置、炸药、黑火药、发射药、雷管、导火索、导爆索等。

犯罪构成的具体物品和数量参见《最高人民法院关于审理制造、买卖、运输、邮寄、储存枪支、弹药、爆炸物等刑事案件具体应用法律若干问题的解释》。

近年来,国内出现大量此类犯罪,并呈快速发展趋势。例如,某高校学生网购"铊盐",而实施的投毒犯罪、辽宁网警侦破的朱某通过网络贩卖枪支弹药爆炸物的案件等。需要注意的是,目前国家对网络信息的监管尚存在许多不足,以致被嫌疑人钻了空子,甚至有网上伪称贩卖合法物品,而实际交易非法物品的情况。

利用网络实施上述犯罪,证据要点在于:首先认定涉案物品的真实性,即是否为枪支弹药爆炸物,是否属于毒害性、放射性,或生化有害物质;其次是认定买卖行为是否成立,即买卖双方商讨、议价、支付、兑现的交易过程,同时证明当事人"明知交易物品的实际属性"的主观状态。

2.4.3 妨害社会管理秩序的网络犯罪

妨害社会管理秩序罪是我国刑法中最大的类罪之一,它所涉及的内容广泛,与社会生活的诸多方面相关。本类犯罪侵犯的客体是社会管理秩序,即国家机关依法对社会进行管理而形成的正常的社会秩序。本类犯罪在客观方面,表现为妨害国家机关对社会的管理活动、破坏社会秩序,情节严重的行为。

从网警部门实际办案工作中看,最为常见的有:利用计算机网络实施编造、故意传播虚假恐怖信息罪;招摇撞骗罪;伪造公司、企业、事业单位、人民团体印章罪;非法侵入计算机信息系统罪;非法获取计算机信息系统数据、非法控制计算机信息系统罪和提供侵入、非法控制计算机信息系统程序、工具罪(修正案七);破坏计算机信息系统罪;传授犯罪方法罪;赌博罪;开设赌场罪;贩卖毒品罪;组织、强迫、引诱、容留、介绍卖淫罪;传播淫秽物品罪;制作、复制、出版、贩卖、传播淫秽物品牟利罪;组织淫秽表演罪等。

1. 编造、故意传播虚假恐怖信息罪

编造、故意传播虚假恐怖信息罪是指编造爆炸威胁、生物威胁、放射威胁等恐怖信息,或者明知是编造的恐怖信息而故意传播,严重扰乱社会秩序的行为。

犯罪构成:一般主体,主观故意,客观上表现为编造、传播(最终传播)相关虚假恐怖信息的行为,并引起公众恐慌,扰乱了社会管理秩序。所谓编造,是指毫无根据的、无中生有凭空捏造、胡编乱造。其结果是产生虚假的即不存在、不真实、与事实不符的信息。所谓传播,是指采取各种方式将恐怖信息广泛加以宣扬、散布、扩散,以让不特定的公众知道。

近年来,随着网络的普及,越来越多的人习惯从网上获取最新的资讯和热点信息。每当有热点事件出现,便会有少数别有用心的人在网上编造传播虚假恐怖信息,从2008年不同版本的"全国各地发生里氏8级以上地震,各地主要领导和家属已经撤离……"到"日本福岛地震核辐射影响我国,只有多吃碘盐才能减轻辐射危害……"凡此种种虚假恐怖信息,一旦编造成功,经由互联网论坛、电子邮件、QQ群、微博等网络途径迅速传播,造成国内大范围的公众恐慌,严重干扰了生产生活的日常秩序。

此类案件的证据要点包括:编造、传播的虚假恐怖信息内容;传播的方式和途径;造成的危害结果。实际调查过程中,往往信息源头怀有明显主观犯意,而众多的中间参与传播者,往往是不了解真相,道听途说,以讹传讹。处理时,要抓源头,打击造谣和信息发布者,而不明真相盲目参与传播的群众则不按犯罪论处。

2. 招摇撞骗罪

刑法第279条规定的招摇撞骗罪是指为谋取非法利益,假冒国家机关工作人员的身份或职称,进行诈骗,损害国家机关的威信及其正常活动的行为。刑法第372条规定的冒充军人招摇撞骗罪,与本罪类似,不再重复叙述。

犯罪构成:一般主体(非国家工作人员和国家工作人员均可构成本罪),主观存在上述犯罪故意,目的是为了谋取非法利益但不一定以牟利为目的。客观表现为假冒的身份是国家工作人员,实施欺诈、欺骗而获取非法利益的行为。其侵害的客体是国家机关的威信及其对社会的正常管理活动。本罪属于行为犯,只要行为人冒充国家工作人员进行招摇撞骗,原则上就应当以犯罪论处,应当立案侦查。但是通过侦查发现,如果嫌疑人单纯出于虚荣而假冒上述身份,并无获取利益的行为;或冒充了上述身份,也实施了非法获利的行为,但二者间并无有机联系,均不宜以本罪论处。冒充人民警察招摇撞骗的应从重处罚。

此类犯罪的核心手段就是"骗",是通过虚构个人身份,造成对方的错误认知,并在此种错误认知的基础上,自愿地错误处治相关事项,使得嫌疑人获得非法利益。本罪涉及的利益,包括钱财等物质性利益,也包括非物质性利益,如某种政治待遇或者荣誉待遇,甚至为了骗取"爱情",玩弄异性等。近年来各地办理的涉网案件中,常见嫌疑人冒充国家教委或各省市教育厅局领导,以帮助上学为名骗取考生家长财物;冒充政府市政部门领导或司法人员,以拆迁补偿或协助办理案件为名骗取被害人财物或诱使被害人与之发生性关系;冒充政府职能部门领导或警察,以行政审批、办户口、找工作、帮助追索损失、征婚等为名,骗取被害人的财物、感情或者肉体。上述犯罪不仅给被害人带来了巨大的经济损失和心灵创伤,也给各级政府部门造成了恶劣的影响。

此类案件的嫌疑人在犯罪预备阶段,往往事先编造好个人的网上资料,包括QQ空间信息等,然后加入到某些网站、网络群体,等待被害人上钩。或者在某些地区性论坛、QQ群中直接物色被害人,并根据其需求,虚构自己的个人资料信息,主动与被害人接触。

因为嫌疑人在完成此类犯罪的过程中,需要大量地经常地与被害人接触直至直接见面,所以遗留线索较多,通常案件侦查的难度并不大。证据要点在于嫌疑人冒充国家机关工作人员的具体情节;与被害人接触过程中,通过伪称个人身份而提出的相关要求;被害人损失的具体体现。

需要注意的是本罪与诈骗罪很容易混淆,其区别为:①侵犯的客体不同。前者侵犯的是国家机关的威信及其对社会的正常管理活动,后者侵犯的则是公私财产的所有权。②侵犯对象不同。前者的对象既包括钱财等物质性利益,也包括非物质性利益、后者的对象则仅限于钱财。③构成犯罪的手段不同。前者只能是采用冒充国家机关工作人员身份、地位、职称的方法进行欺骗,后者则可以用任何方法进行诈骗。④犯罪数额不同。前者的成立不以诈骗财物数额较大为要件,后者则必须达到规定的数额才构成犯罪。⑤犯罪目的不同。前者行为人可以是追求物质性利益,也可以是追求非物质性利益,后者则仅限于非法占有物质性利益(公私财物)。尽管招摇撞骗罪与诈骗罪有上述区别,但在行为人冒充国家工作人员的身份或职称去骗取财物数额巨大的情况下,一个行为同时触犯了两个罪名,属于想象竞合犯罪,应当按照从一重罪处的原则。

此外,嫌疑人实施招摇撞骗的行为过程中,某些细节的不同也可能导致定罪的不同。例如,某地公安局普通民警赵某冒充刑警大队的队长,对涉嫌重伤害的嫌疑人夏某的姐姐承诺,可以帮助其弟办理取保候审,但要求25万元好处费并与其发生性关系。夏某姐姐马上将钱给赵,但在性关系问题上犹豫。赵某又讲如果其拒绝,那么将指令办案人员加重其弟刑罚。被害人无奈答应与之发生性关系。本案中,赵某虽假冒公安机关领导身份,但是其实施性侵犯的前提是对被害人进行了威胁、恫吓,使得被害人屈服,因此其行为应定性为强奸罪。同时,赵某通过假冒公安机关领导,骗取被害人财物,又构成招摇撞骗罪和诈骗罪,但从其骗取金额看,属于数额特别巨大,按照竞合从重原则应以诈骗罪论处。因此,赵某的行为涉嫌强奸罪和诈骗罪,两罪并罚。

3. 非法侵入计算机信息系统罪

刑法第285条规定的非法侵入计算机信息系统罪是指违反国家规定,侵入国家事务、国防建设、尖端科学技术领域的计算机信息系统的行为。

犯罪构成:一般主体,主观故意,即行为人明知自己的行为违反国家规定会产生非法侵入国家重要计算机信息系统的危害结果,而希望这种结果发生,但犯罪动机不影响其定性。客观方面表现为行为人实施了违反国家规定侵入国家重要计算机信息系统的行为。在这里,所谓"违反国家规定",是指违反《中华人民共和国计算机安全保护条例》的规定,该条例第4条规定:计算机信息系统的安全保护工作,重点保护国家事务、经济建设、国防建设、尖端科学技术等重要领域的计算机信息系统安全。本罪的对象是国家重要的计算机信息系统。所谓"国家重要的计算机信息系统",是指国家事务、国防建设、尖端科学技术领域的计算机信息系统。所谓"侵入",是指未取得国家有关主管部门依法授权或批准,通过计算机终端侵入国家重要计算机信息系统或者进行数据截收的行为。犯罪客体是国家重要领域和要害部门的计算机信息系统安全。本罪是行为犯,只要行为人违反国家规定,故意实施了侵入国家事务、国防建设、尖端科学技术领域计算机信息系统的行为,原则上就构成犯罪,应当立案追究。

本罪的确立,是出于对国家重要领域和要害部门的计算机信息系统安全保护的需要。司法实践中,大多数实施此类犯罪行为的嫌疑人往往持有危害国家安全等更为恶劣的特殊目的,而实施上述行为,仅是其真正犯罪行为的准备阶段,因此常见另罪处罚的情况。单纯侵入上述计算机系统的案件,近年并不多见。

《刑法修正案七》对本条犯罪做了补充,扩大了法律对计算机信息系统保护的范围,即涵盖了三大系统之外的网络及攻击侵入行为以外,提供工具的行为等。提出了非法获取计算机信息系统数据、非法控制计算机信息系统罪,提供侵入、非法控制计算机信息系统程序、工具罪。

此类案件的证据要点在于:①嫌疑人实施攻击、入侵、非法控制的行为过程、技术手段、工具软件;②非法获取目标主机的控制权限、口令、主机数据或主机传递的网络数据;③目标系统的性质;④实施上述行为的结果体现;⑤提供的特定功能性程序、工具的行为过程及程序、工具的性质认定。

由于计算机网络技术的复杂性,从硬件技术、编程技术、网页制作技术、数据库技术等,各类技术环节都可能作为嫌疑人实施此类犯罪的技术手段,所以案件的具体表现和侦查方法也错综复杂,本书将在专案部分对此作以详述。

4. 破坏计算机信息系统罪

刑法第286条规定的破坏计算机信息系统罪,是指违反国家规定,对计算机信息系统功能或计算机信息系统中存储、处理或者传输的数据和应用程序进行破坏,或者故意制作、传播计算机病毒等破坏性程序,影响计算机系统正常运行,后果严重的行为。

犯罪构成:一般主体,主观具有犯罪故意但不论何种动机不影响犯罪成立。客观上实施了对计算机系统功能进行删除、修改、增加、干扰,造成计算机信息系统不能正常运行。或者破坏计算机信息系统中存储、处理或者传输的数据和应用程序,影响系统正常功能和运行。或者故意制作、传播计算机病毒等破坏性程序,影响计算机系统正常运行等破坏行为。本罪侵害客体是计算机信息系统的安全。对象为各种计算机信息系统功能及计算机信息系统中存储、处理或者传输的数据和应用程序。

本罪与非法侵入计算机信息系统罪同样涉及复杂的计算机技术,嫌疑人使用的技术手段和案件表现形式也各不相同。本书将在专案部分对此作以详述。

5. 传授犯罪方法罪

刑法第295条规定的传授犯罪方法罪,是指用语言、文字、动作、图像或者其他方法,故意向他人传授实施犯罪的具体经验和技能的行为。

犯罪构成:一般主体,但实践中多为具有犯罪经验和技能的人。主观方面表现为故意,即行为人明知道自己所传授的内容是用来犯罪的方法,却为了使他人接受自己所传授的犯罪方法去实施犯罪而故意向其进行传授。其动机有多种可能,但无论何种动机均不影响本罪构成。本罪客观方面表现为实施了传授犯罪方法的行为,即以语言、文字、动作或者其他方式方法将实施犯罪的具体经验、技能传授给他人的行为,而所传授的必须是犯罪方法。这里的犯罪方法,是指犯罪的经验与技能,包括手段、步骤、反侦查方法,等等。行为人传授犯罪方法的形式是多种多样的,既有口头传授的,也有书面传授的;既有公开传授的,也有秘密传授的;既有当面直接传授的,也有间接转达传授的;既有用语言、动作传授的,也有通过实际实施犯罪而传授的,等等。不论采取何种方式传授,均不影响本罪的构成。本罪侵犯的直接客体是国家对社会秩序的管理,但由于行为人传授具体犯罪方法涉及的性质不同,故也可能造成对特定客体的间接侵害。

本罪属于举动犯,即嫌疑人凡有了传授犯罪方法的行为,哪怕是刚刚着手,只要结合全案不属于情节显著轻微,就应按既遂追究。至于被传授人是否接受传授或是否运用此方法去进行犯罪,不影响本罪构成。

犯本罪的嫌疑人,虽未直接实施其传授的犯罪行为,但由于其传授的方法很容易被特定的对象接受,继而造成较大的社会危害,故其犯罪的主观恶意强烈,社会危害较大。公安机关处理涉网案件的司法实践中,常见传授犯罪方法的情况。

本罪的证据要点在于嫌疑人实施犯罪的形式,即传授的具体行为过程(时间、地点、言语或模拟示范等方式),以及传授的具体内容,即针对何种犯罪的技巧、方法、经验等。实际工作中,往往还需要收集被传授对象的行为后果,如果确认通过嫌疑人传授的方法,被传授人实施了相关内容的犯罪行为,那么该后果将作为嫌疑人量刑的依据。

传授犯罪方法不同于教唆犯罪。前者是一独立罪名,而后者非罪名,是一种犯罪行为,常见于共同犯罪中。教唆行为的本质是制造犯意,并与教唆的人具有共同的犯罪故意,为引起他人的犯意,教唆犯往往采取劝诱、挑拨、威胁等手段。而传授犯罪方法常不具备共同犯意。传授犯罪方法,只要传授行为实施,即为犯罪既遂,而教唆犯罪,即使教唆行为已完成,只要被教唆者未实施相关犯罪行为,则为教唆犯罪未遂。

实际办理案件过程中,还需要注意以下几个问题。

(1) 行为人传授犯罪方法后,接受者实施了具体犯罪,是否构成共同犯罪。通常,这一情况取决于前后两者是否构成共同犯意,这也是确定共同犯罪的基本条件。假定A传授盗窃的方法给B,而B在A不知情的情况下,成功实施了盗窃犯罪,而后将部分赃款交给A以表示感谢。因A、B不存在盗窃的共同犯意,故A不承担盗窃的刑事责任。

(2) 多次传授多种犯罪方法的问题。同一行为人,多次多场合对多人传授多种犯罪方法,以一罪论处,不存在传授盗窃方法、传授抢劫方法等多罪。

(3) 在互联网上传播黑客软件、方法的问题。应该根据行为人散发的计算机程序(方法)的意图和功能、作用,区别对待。如果行为人公开的黑客技术方法有较大的社会危害性,可用以进行某种特定性质的犯罪,同时行为人对这种情况有明确认识,希望或放任他人接受该程序并利用去进行犯罪的,构成本罪。如果行为人公开的黑客程序有侵入、破坏、非法控制他人计算机功能,并对这种情况有明确认识,希望或放任他人接受该程序并利用去进行犯罪的,又同时构成提供侵入、非法控制计算机信息系统程序、工具罪(修正案七)。但按照竞合原则,择一重罪论处。

(4) 建立网络站点链接传播他人犯罪方法的问题。互联网络是公用的信息交流空间,行为人出于传授犯罪方法的故意,在互联网络上传播、发送犯罪方法信息,构成本罪。互联网的信息传播行为是面向不特定多数人的单向信息发布形式,而本罪构成要件并未规定传授对象为特定人员。

行为人自己并不提供犯罪方法信息,而是出于主观传授犯罪方法的故意建立链接,将他人储存的犯罪方法信息传输给第三人,因为传授的内容只看性质而不论来源、方式,所以构成本罪。至于建立链接的目的在于谋求利益、报复社会,或者单纯为增加网站的点击量,只要存在传授犯罪方法的故意,不影响本罪构成。

(5)传授犯罪方法牵连多人多案的分择问题。例如,A在打牌时认识B,B告诉A,可以通过木马盗取他人银行账户和密码,然后利用网上银行或网上虚假交易偷钱。A详细咨询了B前述方法后,请B介绍A与黑客C认识。A找到C,要定制一个假游戏攻略网站和一套木马,木马嵌入该网页,可修改浏览者的IE属性,当用户登录网银时,自动截取账户和密码,发送到A表弟D处。D网上转账到A、D共同账户,非法获利70万元。A按约定一次性支付C 10万元人民币。上述案件中,A、D二人具有共同实施盗窃的主观犯意,实施盗窃犯罪过程中分工明确,故二人属盗窃共同犯罪;C明知A具有盗窃的主观犯意,而仍然按照A的需求提供盗窃的犯罪协助,且约定分成,故C与A、D属盗窃共同犯罪;B在本案中,仅完成了传授犯罪(盗窃)方法的行为,但并不具备与其他涉案人员的共同犯意,且未从后续A等人犯罪行为中获利,故B仅负传授犯罪方法的刑事责任。

6. 赌博罪与开设赌场罪

刑法第303条规定的赌博罪,是指以盈利为目的,聚众赌博或者以赌博为业的行为。开设赌场罪,是指以盈利为目的开设和经营赌场,提供赌博的场所及用具,供他人在其中进行赌博的行为。

犯罪构成:一般主体,主观方面表现为故意,且以盈利为目的。客观方面表现为聚众赌博或者以赌博为业的行为。所谓聚众赌博,是指组织、招引多人进行赌博,本人从中抽头渔利。这种人俗称"赌头",赌头本人不一定直接参加赌博。所谓以赌博为业,是指嗜赌成性,一贯赌博,以赌博所得为其生活来源,这种人俗称"赌棍",只要具备聚众赌博或以赌博为业的其中一种行为,即符合赌博罪的客观要件。

《刑法修正案六》在刑法原303条的基础上,独立出来了开设赌场罪,并提高了法定刑。其犯罪构成为:一般主体,主观故意且以盈利为目的,客观上存在为赌博人员提供场地、设定赌博方式和规则、提供赌具和筹码、提供赌资结算的行为。

近年来,随着计算机网络的迅速普及,以互联网为平台,国内外人员相勾结,多层级管理的网络赌博犯罪呈爆发式增长。公安部在全国范围内统一部署了多次针对网络赌博的专项行动,收效显著。但是在巨大的非法收益的诱惑下,不断有人铤而走险、以身试法,所以短时间内,网络赌博无法在我国禁绝。网络赌博危害巨大,一方面参赌人员因为赌资的交割诱发大量的如盗窃、抢劫、卖淫、伤害、绑架、杀人、贪污挪用等社会治安案件和刑事案件。另一方面由于网络赌博资金链的顶端在境外,所以最终结果是数以百亿计的人民币从非法渠道外流,造成国家金融和经济的隐患。

本罪的证据要点在于设赌和参赌人员使用的网络平台,包括网站和服务器信息;组织和参赌人员人数;设赌和参赌人员的权限口令;下注和收注明细;赌资结算和资金交割的账户、渠道、金额和时间;各设赌和参赌人员的层级关系。

按照2005年《最高法、最高检关于办理赌博刑事案件具体应用法律若干问题的解释》,赌博罪的立案标准以组织参赌人员的人数、赌资数额、抽头渔利金额等为依据。同时明确:"以盈利为目的,在计算机网络上建立赌博网站,或者为赌博网站担任代理,接受投注的,属于刑法第303条规定的'开设赌场'。明知他人实施赌博犯罪活动,而为其提供资金、计算机网络、通信、费用结算等直接帮助的,以赌博罪的共犯论处。赌博犯罪中用作赌注的款物、换取筹码的款物和通过赌博赢取的款物属于赌资。通过计算机网络实施赌博犯罪的,赌资数额可以按照在计算机网络上投注或者赢取的点数乘以每一点实际代表的金额认定。"

7. 制作、复制、出版、贩卖、传播淫秽物品牟利罪与传播淫秽物品罪

刑法第363条规定的制作、复制、出版、贩卖、传播淫秽物品牟利罪,是指以牟利为目的,制作、复制、出版、贩卖、传播色情的淫秽性的书刊、影片、录像带、录音带、图片及其他淫秽物品的行为。网络色情是全世界范围内,长期存在于互联网的毒瘤之一。随着互联网在国内的快速普及,网络色情案件曾经一度非常猖獗,造成了对社会治安管理的严重危害,破坏了良好的社会公序良俗和道德规范,危害了青少年的身心健康,诱发了大量的性犯罪。近年来在公安机关数次专项行动的打击下,此类犯罪发案率明显减低。不过在利益的驱使下,这类犯罪将在相当长的时间内存在,且手段不断创新。

犯罪构成:一般主体与单位均可构成本罪的犯罪主体,主观存在故意,且以牟利为目的。客观方面表现为实施了制作、复制、出版、贩卖、传播淫秽物品的行为。所谓淫秽物品,指具体描绘性行为或者露骨宣扬色情的诲淫性书刊、影片、录像带、图片及其他淫秽物品。"制作"是指生产、录制、编写、译著、绘画、印刷、刻印、摄制、洗印等行为。"复制"是指通过翻印、翻拍、复印、复写、复录等方式对已有的淫秽物品进行重复制作的行为。"出版"是指编辑、印刷出版发行淫秽书刊。"贩卖"是指销售淫秽物品的行为,包括发行、批发、零售、倒卖等。"传播"是指通过播放、出租、出借、承运、邮寄等方式致使淫秽物品流传的行为。本罪是选择性罪名,行为人只要以牟利为目的,实施了"制作、复制、出版、贩卖、传播"这5种行为之一的,即构成本罪。

本罪常用的司法解释有两高《关于办理利用互联网、移动通信终端、声讯台制作、复制、出版、贩卖、传播淫秽电子信息刑事案件具体应用法律若干问题的解释》,以及高法《关于审理非法出版物刑事案件具体应用法律若干问题的解释》,其中明确了立案追诉标准,本书中不再赘述。

利用互联网实施制作、复制、出版、贩卖、传播淫秽物品牟利罪,最常见于通过Web网站、论坛、个人主页、QQ群等网络信息发布平台实施传播淫秽物品牟利的行为。公安机关查处实际案例中,嫌疑人多利用上述网络空间节点,为不特定多数用户提供上传、下载、浏览、在线视频播放、淫秽信息交流等形式的信息传播服务。常见的牟利方式包括以会员制服务向用户收取会员费和免费向用户开放而向第三方收取广告费等形式。近两年由于公安机关加大了对色情网站的打击力度,网站经营者无法保证其网站的正常访问,故上述两种牟利方式逐渐被用户拒绝。因此最新的网络色情牟利方式发生改变,出现为第三方进行流量转接和搭载扩散木马等形式。随牟利形式的改变,嫌疑人的犯罪性质也可能发生改变。以网页挂马为例,如果网站经营者明知道第三方要求搭载的木马功能为盗窃用户网银、支付宝等电子资金的账号口令,而仍然为其服务,并通过约定一次性或按比例获取其盗窃的赃款,则可能同时成为盗窃犯罪的共犯。

利用计算机网络实施传播淫秽物品牟利罪的证据要点包括:嫌疑人传播淫秽物品的

内容、性质、数量；传播的具体行为过程和形式；传播对象的具体人次；牟利的方式和具体金额。上述要点经过调查，满足其一即可构成本罪。

明知他人实施制作、复制、出版、传播淫秽电子信息，仍为其提供接入、服务器托管、网络存储空间、费用结算的，以共同犯罪论处。需要注意的是，本罪所提出的复制行为，并不是计算机文件操作中的"复制"行为。也就是说，从网络或其他地方将文件复制到本地主机，并不是本罪法律意义上的"复制"。将文件复制到网站服务器上，也同样不是本罪所指"复制"，但是属于"传播"的方式之一。

网络信息的形式多样，其性质的甄别也更为复杂。近年来，公安、文化、工信等部委联合各大网络服务商，加大了对互联网信息的监管力度，对有害信息、低俗信息进行了整治。但是，对于某些私密信息却难以完全控制，比如 QQ 私聊发送的图片、QQ 空间里上传的图片，常见淫秽色情信息。之前的"陈冠希艳照门"、"闫凤娇不雅照"等一系列色情信息在网上疯传，很多就是在 QQ 信息中被不断地转发而扩散。行为人发出淫秽图片的行为，从图片数量、传播人次数量上，大多数均不构成犯罪，且不以牟利为目的，查实之后，仅能够对当事人进行行政处罚。宏观上，这种接力式的信息传送，却造成了全网范围内的信息传播。类似情况在多种案件中均有体现，这样就需要管理部门采用新的工作方法，提高监管和打击效能。

刑法 364 条规定的传播淫秽物品罪，是指不以牟利为目的，在社会上传播淫秽的书刊、影片、录像带、录音带、图片或者其他淫秽物品，情节严重的行为。本罪的犯罪构成、证据要点，已经相关的司法解释与传播淫秽物品牟利罪类似，只不过不以牟利为目的。本节不再详述。

2.4.4 破坏社会主义市场经济秩序的网络犯罪

破坏社会主义市场经济秩序罪是指违反国家经济管理法规，破坏国家经济管理活动，严重扰乱社会主义市场经济秩序的行为。此类犯罪往往通过多种形式，最终造成国家对正常的公司企业生产销售、外贸业务开展、市场竞争秩序、税收征管、社会经济建设、金融机构运营、知识产权保护等监管、促进、引导等正常职能造成巨大的破坏性影响。其犯罪主体可以是一般自然人，也可以是特殊自然人或者单位。

刑法将破坏社会主义市场经济秩序的犯罪行为分为 8 大类罪：生产、销售伪劣商品罪；走私罪；妨害对公司、企业的管理秩序罪；破坏金融管理秩序罪；金融诈骗罪；危害税收征管罪；侵犯知识产权罪；扰乱市场秩序罪。

1. 生产、销售伪劣商品罪

生产、销售伪劣商品罪是指刑法第 140 条到 150 条规定的，以非法牟利为目的，在从事工商业活动中，违反国家产品质量管理法规，生产、销售伪劣商品，严重损害用户和消费者利益，危害社会主义市场经济秩序的行为。常见为生产者、销售者故意在产品中掺杂掺假、以假充真、以次充好或者以不合格产品冒充合格产品，且销售金额大于 5 万元的行为。生产、销售伪劣商品罪是类罪，涵盖生产销售伪劣产品、假药、劣药、不符合安全标准的食品、有毒有害食品、不符合国家标准的医用器材、不符合安全标准的产品、伪劣农药兽药化肥种子、不符合卫生标准的化妆品等具体9种犯罪。

生产、销售伪劣产品罪的犯罪构成：一般自然人和单位均可构成本罪的犯罪主体，主管故意，即违反国家法律法规，明知是伪劣商品而仍然生产、销售。客观方面表现为生产者、销售者故意在产品中掺杂掺假、以假充真、以次充好或者以不合格产品冒充合格产品，且销售金额大于5万元的行为。本罪为选择性罪名，即根据嫌疑人的行为特征，或生产、或销售，如果其先后实施两种行为，则以生产、销售定罪，但仍为一罪名，不存在并罚。其他8种同类犯罪其构成与犯罪形式均与此类似，可参照相关司法解释。

网络犯罪案件查处过程中，常见利用各种网络信息平台和交易平台，销售伪劣商品的犯罪行为。目前国内互联网应用发展迅猛，电子交易平台的使用普及迅速。在各地办理的案件中，常见在淘宝、拍拍、易趣等大型交易网站，或者自建小型网络交易平台上，销售伪劣商品的犯罪行为。

本罪证据要点：行为人销售标的物的性质，即是否为伪劣商品的认定或鉴定；销售标的物的金额或尚未销售成功的商品金额，此金额非获利金额而是销售金额，即销售伪劣商品所得和应得的全部非法收入；销售的具体过程及渠道，一般包括网络销售平台和宣传、议价的交易过程；购买者使用该商品产生的不良后果等。

司法实践中常见通过已售出伪劣商品，逆溯调查到生产销售源头的情况。而在清查源头的过程中，常见嫌疑人存有大量尚未来得及销售的伪劣商品的情况。根据2001年两高《关于办理生产、销售伪劣商品刑事案件具体应用法律若干问题的解释》的规定，对于尚未销售出的伪劣产品，其货值达到刑法140条规定数额三倍以上的，以生产、销售伪劣商品罪论处。知道或者应当知道他人实施生产、销售伪劣商品犯罪，而为其提供贷款、资金、账号、发票、证明、许可证件，或者提供生产、经营场所或者运输、仓储、保管、邮寄等便利条件，或者提供制假生产技术的，以生产、销售伪劣商品犯罪的共犯论处。

此类案件侦查中，由于网络交易的特殊性，其货物交割往往通过物流或快递，资金结算往往通过第三方支付平台，所以案件牵涉范围往往较广。也常见A在网上销售某伪劣商品给B，但B付钱后，A指示C（往往为生产者或销售代理商）发货给B。故此，调查行为务须彻底准确。此外，近两年在查处案件中，也发现了多起交易资金通过非法地下渠道进行收付的情况。这种类似地下钱庄的非法资金结算平台为国家的金融监管带来了巨大的隐患，甚至连带出现协助诈骗犯罪嫌疑人转账、洗黑钱、现金非法外流、地下外汇交易等危害严重的犯罪。

类似此类销售行为的网络犯罪，还有通过互联网销售假冒注册商标的商品、倒卖增值税发票、销售军用器材、销售其他专卖或者管制物品等多种性质的犯罪。各罪虽然性质不同罪名不同证据要点不同，但是嫌疑人的犯罪行为过程类似，故此侦查方法和思路也类似。以销售假冒注册商标的商品罪为例，侦查中除需掌握嫌疑人销售的具体物品性质数量外，其余工作重点内容均与本罪相似。

2. 信用卡诈骗罪

信用卡诈骗罪是指刑法第196条规定的，以非法占有为目的，违反信用卡管理法规，利用信用卡进行诈骗活动，骗取财物数额较大的行为。本罪的定罪起点为5000元。

犯罪构成：一般主体，主观上存在犯罪直接故意且以非法占有为目的。客观方面表现为行为人采用虚构事实或者隐瞒真相的方法，利用信用卡骗取数额较大的公私财物的行为。具体表现为以下4种情况中的一种或多种。

（1）使用伪造的信用卡。所谓伪造的信用卡，是指模仿信用卡的外观以及磁条密码等制造出来的信用卡。所谓使用，是指以非法占有他人财物为目的，利用伪造的信用卡，骗取他人财物的行为。包括用伪造的信用卡购买商品、支取现金，以及用伪造的信用卡接受各种服务等。

（2）使用作废的信用卡。所谓作废的信用卡，是指根据法律和有关规定不能继续使用的过期的信用卡、无效的信用卡、被依法宣布作废的信用卡和持卡人在信用卡的有效期内中途停止使用，并将其交回发卡银行的信用卡，以及因挂失而失效的信用卡。

（3）冒用他人的信用卡。所谓冒用是指行为人以持卡人的名义使用持卡人的信用卡而骗取财物的行为。我国信用卡使用规定仅限于合法的持卡人本人使用，不得转借或转让，这也是各国普遍遵循的一项原则。而嫌疑人则冒用他人信用卡，通过窃取到的持卡人个人信息或密码，到信用卡特约商户或银行购物取款或享受服务。

（4）使用信用卡进行恶意透支。所谓透支是指在银行设立账户的客户在账户上已无资金或资金不足的情况下，经过银行批准，允许客户以超过其账上资金的信用额度内支用款项的行为。所谓恶意透支，是指信用卡的持卡人以非法占有为目的，超过规定限额或者规定期限透支并且经发卡银行催收后仍不归还的行为。

银行发行的常见的银行卡可分为贷记卡（一般意义上的信用卡）和借记卡（一般意义的储蓄卡）。贷记卡的功能包括消费支付、信用贷款、转账结算、存取现金，并可根据银行给予的信用额度，在信用额度内透支消费。借记卡的功能包括消费支付、转账结算、存取现金。本罪所规定的"信用卡"包括以上两类卡，虽然实际叫法不同，但是按照法律规定，均为刑法所规定的"信用卡"。[①] 由此看出，目前人们所见到的银行卡，均涵盖在本法规定内。

信用卡的使用包括两种方式，一种是持有实体卡的使用方式，通过柜台服务或者自助设备完成交易；另一种是在网银系统或者网络支付系统中进行的信用卡无卡使用方式，即仅通过输入信用卡的卡号与密码完成交易。利用网络实施的信用卡诈骗犯罪中，后者为主要表现方式。

在实际工作中，直接针对真实持卡人经济利益侵害而涉及信用卡犯罪的网络案件，大多涉嫌盗窃罪和信用卡诈骗罪，二者存在交叠和区别。两罪均以非法占有为目的，以互联网终端登入网银系统或网络交易支付系统，通过输入卡号与密码，实现目标利益标的物的所有权转移。从行为方式上看，前者仅能为秘密窃取方式，而后者常表现为冒用的方式。虽然两种行为方式均是在被害人不知情的情况下实施完成，但是结合信用卡网络使用的最关键要件，即交易密码，可以从信用卡信息与密码的来源予以区分。窃取、收买、骗取或

---

① 2004年12月29日全国人大常委会关于《中华人民共和国刑法》有关信用卡规定的解释：刑法规定的"信用卡"，是指由商业银行或者其他金融机构发行的具有消费支付、信用贷款、转账结算、存取现金等全部功能或者部分功能的电子支付卡。

者以其他非法方式获取他人信用卡信息资料,并通过互联网、通信终端等使用,获取相应非法利益的,属于"冒用他人信用卡",以信用卡诈骗罪论处[①];盗窃信用卡信息资料及密码并使用,获得相应非法利益的,以盗窃罪论处[②]。由此可见,如果嫌疑人在网上使用他人的信用卡,其资料和密码来源属于收买、骗取、拾得、破解等形式的,为信用卡诈骗,而来源为窃取的,则存在二罪重叠的问题。盗窃的定罪起点远低于信用卡诈骗,按照择一而重的原则,实际案件工作中常以盗窃罪论处。

值得一提的是,实际案件中常见涉案金额动辄获取数万元乃至数十万元、数百万元的情况。嫌疑人通过网络终端实施上述犯罪行为后,由于金融机构的限制(每卡每日交易、提款、转账限额),往往需要经过两次、三次转账,最终化整为零通过自助设备完成提现。当嫌疑人一次转账,即将被害人资金划拨到自己控制的账户下后,由于银行提供的资讯服务或其他原因,被害人会及时掌握自己账户信息的变化,继而报案冻结嫌疑人账户资金,最终被追缴。这种情况下,由于在嫌疑人一次转账后,到被害人发现并报警,并银行核对冻结相应资金之前,这一时间段内被害人的资金已经脱离了自己的监管和控制,无法对其占有、使用、收益、处置,即财物所有权发生了转移。因此,网络侵财案件中,通过转账等方式获取电子资金的,当被害人的资金完成转移,脱离被害人控制起,即视为犯罪既遂。

此类网络案件侦查的证据要点:被害人提供的信用卡账户信息、透支额度和交易明细;通过信用卡诈骗行为获取的实际非法利益;信用卡诈骗行为涉及的全部涉案金额;被害人、被害单位、银行等发卡机构的财产损失核定;网购交易资金被追缴或冻结,给第三方造成的损失;嫌疑人操控的中间账户信息;转账、持卡提现的记录明细;嫌疑人网银或者网络交易支付的痕迹等。

互联网上有另一类与此相关联的犯罪。嫌疑人通过网站、论坛、QQ群,窃取、收买、非法提供他人信用卡信息资料,这些信息资料足以伪造可进行交易的信用卡,或者足以使他人以信用卡持卡人名义进行交易。如果涉及信用卡一张以上即可依照刑法第177条之一第二款的规定,以窃取、收买、非法提供信用卡信息罪定罪处罚。

3. 非法经营罪

非法经营罪是指刑法第225条规定的,未经许可经营专营、专卖物品或其他限制买卖的物品,买卖进出口许可证、进出口原产地证明以及其他法律、行政法规规定的经营许可证或者批准文件,以及从事其他非法经营活动,扰乱市场秩序,情节严重的行为。

本罪的犯罪构成:一般主体和单位均可成为本罪的犯罪主体,主观方面存在犯罪故意,且以谋取非法利益为目的。客观上实施了非法经营活动,扰乱了市场秩序,且情节严重的行为。本罪侵犯的客体是国家限制买卖物品、经营许可证的市场管理制度以及市场经济秩序的管理制度。

本罪的客观表现较为复杂,结合刑法225条的规定,以及后续的若干司法解释、单行条款等,计有以下多种表现的具体形式:①未经许可经营法律、行政法规规定的专营、专卖物品或者其他限制买卖的物品的;②买卖进出口许可证、进出口原产地证明以及其他

---

① 2009年两高颁布《关于办理妨害信用卡管理刑事案件具体应用法律若干问题的解释》第五条。
② 《中华人民共和国刑法》第196条、第264条。

法律、行政法规规定的经营许可证或者批准文件的；③未经国家有关主管部门批准，非法经营证券、期货或者保险业务，或者非法从事资金支付结算业务的；④在国家规定的交易场所外非法买卖外汇、扰乱市场秩序的；⑤违反国家规定，出版、印刷、复制、发行严重危害社会秩序和扰乱市场的非法出版物，情节严重的；⑥非法生产、销售盐酸克罗仑等禁止在饲料和动物饮用水中使用的药品，扰乱药品市场秩序，情节严重的；⑦擅自经营国际电信业务或涉及港澳台地区电信业务进行牟利活动，扰乱电信市场管理秩序的；⑧从事传销或变相传销活动，扰乱市场秩序，情节严重的；⑨违反国家有关盐业管理规定，非法生产、储运、销售食盐，扰乱市场秩序，情节严重的；⑩违反国家在预防、控制突发传染病疫情等灾害期间有关市场经营、价格管理等规定，哄抬物价、牟取暴利，严重扰乱市场秩序，违法所得数额较大或者有其他严重情节的；未经国家批准擅自发行、销售彩票，构成犯罪的。此外，还包括非法倒卖国家禁止或限制进口的废弃物、囤积居奇、垄断货源、哄抬物价、倒卖执照及有伤风化的物品、倒卖人体器官等。

通常认为本罪是"口袋罪"，本罪第四款提出了兜底条款，这也是为满足在市场变革、经济高速发展的今天，新型经济犯罪不断出现，而在缺乏相应的司法解释之前，及时打击严重经济犯罪保证市场经济的正常发展和秩序的需要。本罪所谓"非法"，是指该经营行为违反国家立法机关制定的法律和决定及国务院制定的行政法规、规定的行政措施、发布的决定和命令。通常是指违反国家法律、法规的禁止性或者限制性规范。本罪的"经营"一词，是指经济领域中的营业活动，即一种以营利为目的的经济活动，包括从事工业、商业、服务业、交通运输业等行业中，生产、流通到交换、销售等几乎所有的经济活动，均属经营活动。

因非法经营罪属于情节犯，此类案件的证据要点随案件形式和非法经营标的物不同而略存差异。国家法律和相关司法解释明确对前述各种非法经营行为的情节、数量、金额的定罪立案起点[①]，此处不再详述。一般涉网案件侦查中，涉嫌非法经营的行为方式多为销售，第一，就要捋清嫌疑人非法销售的网络平台，无论是使用共同交易平台还是个人建立的销售网站，要固定和查清其销售行为过程及销售结果的交易统计信息。第二，网上交易后，结算使用的电子支付的渠道和账户，查清其销售累计货款、非法所得。第三，大规模网络交易在调查过程中还可能会发现有上、下线关系人。第四，涉嫌非法销售的物品性质、数量、金额。第五，提供销售平台与电子支付者，是否明知为非法销售行为而予以协助等。

近年来，随着网络交易平台的迅速推广和人们经济意识的快速唤醒，不断出现新型的非法经营性网络犯罪，比较常见的有：网上贩卖违禁、管制、限制物品；非法电子结算与汇兑服务；网上销售"黑彩票"或"六合彩"等。而上述案件中，由于互联网络的覆盖范围广，所以涉案人员相应分布较广，这样就给调查取证带来很大的困难，也大幅度增加了办案成

---

① 《全国人大常委会关于惩治骗购外汇、逃汇和非法买卖外汇犯罪的决定》、《最高人民法院关于审理骗购外汇、非法买卖外汇刑事案件具体应用法律若干问题的解释》、《最高人民法院关于审理非法出版物刑事案件具体应用法律若干问题的解释》、《最高人民法院关于审理扰乱电信市场管理秩序案件具体应用法律若干问题的解释》、《最高人民法院关于情节严重的传销或者变相传销行为如何定性问题的批复》、《最高人民法院、最高人民检察院关于办理赌博刑事案件具体应用法律若干问题的解释》。

本。同时,由于嫌疑人本身明确自己经营行为的非法性,所以当出现经营效益下降、资金周转紧张、公安网上压力等问题时,嫌疑人随时可能中断交易并携资隐匿,进而由此转化为诈骗等其他性质的犯罪。

办理非法经营类的案件还需注意涉案标的物,虽然大部分违禁、限制、管制物品均在本罪覆盖范围内,但是像枪支弹药、增值税发票、国家一级文物、毒品和易制毒化学物、假币等,由于有若干其他法条另行规定,故不在此列。

2.4.5 其他网络犯罪

实际办理网络刑事案件过程中,还有大量其他性质的犯罪。像侵财类犯罪,如网络盗窃、网络诈骗、非法侵占、破坏生产经营等;侵犯公民人身权利的犯罪,如网上侮辱、诽谤、侵犯通信自由、出售或非法提供公民个人信息、非法获取公民个人信息等。后续专案侦查部分,将对多种网络高发的刑事犯罪的犯罪构成、证据要点、侦查方法等作详细介绍。

2.5 未成年人问题

涉网案件侦查过程中,嫌疑人和被害人多以网络用户为主。截至 2010 年,我国网民的数量已经跃居世界第一,而其中按照网民年龄分布密度看,15~30 岁这一区间为最高。结合近年来涉网案件侦查工作看,网络案件嫌疑人呈现明显低龄化的趋势。那么对于执法对象的年龄问题,也越来越被办案民警所关注。

我国当前的法律体系中,与涉网案件关联的,涉及具体年龄问题的主要有刑法、刑诉法所提出的相关内容和未成年人保护法提出的相关内容。

刑法和刑诉法把犯罪行为人按年龄分为三个段次:14 周岁以下——犯任何罪均不需承担刑事责任,即无刑事责任能力;已满 14 周岁不满 16 周岁——只有犯故意杀人、故意伤害致人重伤或者死亡、强奸、抢劫、贩卖毒品、放火、爆炸、投毒 8 种严重刑事犯罪的,需承担刑事责任,除此之外不予刑事处罚,即限制刑事责任能力;16 周岁以上——犯任何罪,均应承担相应的刑事责任,即完全刑事责任能力。

而未成年人保护法中,规定 18 周岁以下为未成年人,对于任何刑事犯罪,均构成法定从轻情节,且不得处以死刑。

从立法指导思想上,因为未成年人的身心发育尚未成熟,所以公安机关、人民检察院、人民法院办理未成年人犯罪案件和涉及未成年人权益保护案件,应当照顾未成年人身心发展特点,尊重他们的人格尊严,保障他们的合法权益,并根据需要设立专门机构或者指定专人办理。对违法犯罪的未成年人,实行教育、感化、挽救的方针,坚持教育为主、惩罚为辅的原则。

日常办案中,公安机关讯问未成年犯罪嫌疑人,或者询问未成年证人、被害人时,应当通知其法定监护人到场。一般情况下,应选择通知其父母到场陪同。如无法联系其父母,或父母无法到场的,可选择其成年近亲属代为行使监护权,对于在校学生,也可以选择请该校老师或领导代为行使监护权。如遇极特殊情况,上述人员均无法到场,同时确因案件需要及时开展工作,可邀请社区街道中,有责任心有爱心的同志代为看护和见证公安机关的工作过程。同时,对羁押、服刑的未成年人,应当与成年人分别关押。

在询问或讯问未成年人时,应尊重其人格尊严,同时照顾其身心发育状态、考虑其智力发育水平,采取适宜的态度和语言,通过良好的沟通,准确了解案件情况。某些刑事案件中,对于受到性侵害的未成年人,应保护其名誉。

此外,各地公安机关出于警示公民、预防犯罪、稳定治安、树立形象等目的,经常在侦破本地一些社会影响较大或类型较为特殊的案件后,通过报纸、杂志、广播、电视、网络等媒体对外宣传报道。这一做法确实在很大程度上取得了较好的效果。但是,当案件涉及未成年人时,法律明文规定不得披露该未成年人的姓名、住所、照片、视频图像以及可能推断出该未成年人的任何资料。

小 结

本章主要介绍了网络犯罪侦查工作中经常涉及的法律及执法程序等有关问题,包括网络犯罪案件的管辖分工、侦查程序和措施、网络犯罪案件常见的罪名构成与证据要点等内容。

网络犯罪案件从本质上讲,与普通刑事犯罪案件没有区别,那么从侦查的基本原则和宏观思路上与传统刑侦工作基本一致。但是,因为网络犯罪手段和技术的特殊性,在法律运用、案件定性、侦查技术方法、侦查途径选择等细节方面,与传统刑侦业务有一定的出入。

思 考 题

1. 网络犯罪案件常见侦查途径有哪些?选择时的依据是什么?
2. 网络犯罪案件适用属地管辖原则时,能否依据服务器所在地确定?
3. 总结网上摸排常用的技术方法。
4. 网上交易购物平台有哪些?其中具有第三方监管的有哪些?网上支付平台有哪些?
5. 熟悉《治安管理处罚法》中,与《刑法》规定涉网刑事犯罪相关条款的补充内容有哪些?
6. 回顾刑事案件侦查中对于办案程序、侦查措施部分的相关内容。

第 3 章 网络基础知识

网络是信息传输、接收、共享的虚拟平台,通过它把各个点、面、体的信息联系到一起,从而实现这些资源的共享。

人们现在所说的网络通常是指计算机网络。计算机网络就是用物理链路将各个孤立的工作站或主机相连在一起,组成数据链路,从而达到资源共享和通信的目的。凡将地理位置不同,并具有独立功能的多个计算机系统通过通信设备和线路而连接起来,且以功能完善的网络软件(网络协议、信息交换方式及网络操作系统等)实现网络资源共享的系统,可称为计算机网络。

从以上定义中,可以看出组成一个网络需要硬件支持和软件支持,还要按照一定的结构将各个终端连接起来。网络中的硬件主要有集线器(Hub)、交换机、路由器、传输介质、中继器等。软件支持主要是各个协议,所谓协议,就是在信息传输的工程中都要遵守的规范。例如,TCP、UDP、IPSec、SMTP、HTTP 以及 IP 地址分配等。不同的协议工作在 TCP/IP 体系结构的不同层,下面将分别具体介绍。

3.1 网络硬件设备介绍

3.1.1 传输介质

目前常见的传输介质有双绞线、同轴电缆、光纤、光缆。

1. 双绞线

由两根有绝缘保护层的铜导线逆时针缠绕而成的是双绞线(每根导线加绝缘层并标有颜色来标记),由多对双绞线构成的电缆称为双绞线电缆。双绞线分为非屏蔽双绞线(Unshielded Twisted Pairwire,UTP)和屏蔽双绞线(Shielded Twisted Pairwire,STP)两种。非屏蔽双绞线由双绞线和塑料外壳组成。屏蔽双绞线在非屏蔽双绞线的基础上增加了一层屏蔽防护层,起到屏蔽防护的作用。

非屏蔽双绞线是计算机中使用最为普遍的传输介质,它分为一类至五类。目前常用的就是五类双绞线,由 4 对双绞线构成,最高传输速率为 100Mb/s。

一般来说,双绞线的最大传输距离为 100m,也就是说,网络中任意一台和交换机相连的计算机的双绞线距离不应大于 100m。如果网络的距离过长,可以使用中继器设备,中继器将在下面介绍。中继器的作用是把接收到的信号按照原样放大,并继续向下传输。使用中继器可以使网络距离有较大延长,但也不能使用太多,否则会导致网络质量严重下降,甚至无法使用。

在使用双绞线的时候需要安装一个水晶插头,方便与计算机连接,这种插头称为水晶头(也叫作 RJ-45 接头)。使用时,将双绞线电缆(多对双绞线构成)的 4 对 8 芯铜线按一定规则插入水晶头即可。

2. 同轴电缆

随着以双绞线和光纤为基础的标准化布线的推广,同轴电缆已逐渐退出市场。下面对同轴电缆只做简单的介绍。

同轴电缆以硬铜线为芯,外包一层绝缘材料,绝缘材料外有一层密织的网状导体环绕,最外层覆盖一层保护性材料。根据传输频带的不同,同轴电缆可以分为基带同轴电缆和宽带同轴电缆;按直径的不同,可以分为粗缆和细缆两种类型。粗缆适用于比较大型的局部网络,它传输距离长、可靠性高。由于安装时不需要切断电源,因此可以根据需要灵活地调整计算机的入网位置。但粗缆网络必须安装收发器和收发器电缆,安装难度大,所以总体造价高。细缆安装则比较简单,造价低,但由于安装过程要切断电源,两头必须装上基本网络连接头(BNC),然后接在 T 型连接器两端,当接头多时容易产生接触不良的现象。为了保持同轴电缆的正确电气特性,电缆屏蔽层必须接地,同时两头要有终端器来削弱信号反射作用。

同轴电缆抗干扰能力好,能支持的网段距离比较长,但是价格比双绞线昂贵。由于同轴电缆的网络传输速率为 10Mb/s,现在已经很少使用了。

3. 光纤和光缆

光纤和光缆是目前为止传输速度最快的介质。

光纤即为光导纤维的简称。光纤通信是以光波为载频,以光导纤维为传输媒介的一种通信方式。光纤由单根玻璃光纤、紧靠纤芯的包层以及塑料保护涂层组成。

为了使用光纤传输信号,光纤两端必须配有光发射机和接收机,光发射机执行从光信号到电信号的转换。实现电光转换的通常是发光二极管(LED)或注入式激光二极管(ILD);实现光电转换的是光电二极管或光电三极管。

根据光在光纤中的传播方式,光纤可以分为多模光纤和单模光纤两种类型。单模光纤只能携带一种(某种频率)光波,这种模式的光纤的数据传输速度较快,有效传输距离也远,但是利用率低、成本高,普通网络很少使用。多模光纤可以在单根光纤上传输多种不同的光波,这样光波的带宽大大增加,提高了利用率、降低了成本,这种光纤在网络中被真正地应用。

光纤具有传输速率高、功能损失小、带宽大、抗电磁干扰能力强以及能够在长距离内保持很高的传输效率等特点,但其价格昂贵,并且连接技术比较复杂,一般用于组建大型局域网的骨干网、城域网以及广域网。

光缆可以包含一根光纤(有时称单纤)或两根光纤(有时称双纤),或者更多光纤(48 纤、1000 纤)。在普通计算机网络中安装光缆是从用户设备开始的,因为光缆只能单向传输,为了实现双向通信,光缆必须成对出现,一个用于输入,一个用于输出,光缆两端接光学接口器。

3.1.2 集线器

集线器的主要功能是对接收到的信号进行再生放大,以扩大网络的传输距离,但它不具备自动寻址能力,即不具备交换作用,所有数据广播到与集线器相连的各个端口,这样容易造成数据堵塞,以致整个网络速度均变慢。总之,集线器是对网络进行集中管理的最小单元。

按照端口数量来分类,集线器一般情况下分为 8 口、16 口或 24 口集线器;按照总线带宽分类,可分为 10Mb/s、100Mb/s 和 10/100Mb/s 自适应三种;按照配置形式,集线器可分为独立型集线器、模块化集线器和可堆叠式集线器。独立型集线器是最早使用的设备,它具有低价格、容易查找故障、网络管理方便等优点,在小型的局域网中广泛使用。模块化集线器一般带有机架和多个卡槽,每个卡槽中可以安装一块卡,每块卡的功能相当于一个独立型的集线器,多块卡通过安装在机架上的通信底板进行互连并进行相互间的通信,它在大型网络中得到了广泛的应用。可堆叠式集线器是利用高速总线将单个独立型集线器"堆叠"或短距离连接设备,其功能相当于一个模块化集线器。可堆叠式集线器可以非常方便地实现对网络的扩充。

3.1.3 交换机

交换机对传递过来的信息进行重新生成,并经过内部处理后转发至指定端口,具备自动寻址能力和交换作用。由于交换机能够根据所传递信息包的目的地址,将每一信息包独立地从源端口送至目的端口,真实地实现了点对点的数据传送,这样就摒弃了原来 Hub 的那种广播式的工作方式,从而避免了和其他端口发生冲突,互不影响地传送信息包,提高了网络的实际吞吐量。

按采用技术的不同来分类,交换机可以分为直通式交换机、存储转发交换机和无碎片转发交换机。直通式交换机一旦收到数据帧中的目标地址,就立即开始转发。由于不需要存储,延迟非常小,交换非常快,这是它的优点。由于数据包内容并没有被以太网交换机保存下来,所以无法检查所传送的数据包是否有误,而且由于没有缓存,容易造成丢包,这是它的缺点。当存储转发交换机收到完整的帧时,先将其存储起来,然后进行 CRC(循环冗余码校验),经过坏帧处理后再转发。正因如此,存储转发方式在数据处理时延时大,但是它可以对进入交换机的帧进行错误检测,有效地改善网络性能。无碎片转发交换机介于直通式交换机和存储转发机之间,比存储转发交换机快,比直通式交换机慢,但它能够避免残帧的转发,因此被广泛地用于低档交换机中。

按传输速率分,可以分为 10Mb/s 交换机、100Mb/s 交换机、10/100Mb/s 自适应交换机和 1000Mb/s 交换机。其中,10Mb/s 交换机已经被淘汰了,现在常见的是 10/100Mb/s 交换机。按照端口数量分类可以分为 4 口、8 口以及 16 口等。按传输介质可以分为有线交换机和无线交换机。

交换机与集线器的区别:

(1) 集线器属于物理层设备,交换机属于数据链路层设备。即集线器只是对数据的传输起到同步、放大和整形的作用,对数据传输中的短帧、碎片等无法进行有效的处理,不能保证数据传输的完整性和正确性;交换机不但可以对数据的传输做到同步、放大和整形,而且可以过滤短帧、碎片等。

(2) 集线器是一种广播模式,当集线器的某个端口工作的时候,其他所有端口都能够收到信息,容易产生广播风暴,当网络流量较大时,网络性能就会受到很大的影响;交换机工作的时候,只有发出请求的端口和目的端口之间相互响应而不影响其他端口,因此交换机能够隔离冲突域,有效地抑制广播风暴的产生。

(3) 集线器的所有端口共享一条带宽,工作在半双工模式下,即在同一时刻只能有两个端口传送数据,其他端口只能等待;交换机每个端口都有一条独占的带宽,各端口互不影响。交换机有半双工和全双工两种模式。

3.1.4 路由器

路由器工作在网络层,它的作用主要有两个:一是连通不同的网络,它支持采用不同的网络协议、不同子网之间的通信;另一个作用是选择信息传送的路径,它就好比一个路口,有好多条岔路,路由器负责为数据包选择最适合它的那条路。

按处理能力来分,路由器可以分为高端路由器和中低端路由器。通常将背板交换能力大于 40Gb/s 的路由器称为高端路由器,低于 40Gb/s 的称为中低端路由器。

按结构来分,路由器可以分为模块化结构路由器和非模块化路由器。通常,中高端路由器为模块化结构路由器,低端路由器为非模块化结构路由器。

按所处网络位置来分,路由器可以分为核心路由器和接入路由器。核心路由器位于网络中心,通常使用的是高端路由器;接入路由器位于网络边缘,通常使用的是中低端路由器。

按功能来分,路由器可以分为通用路由器和专用路由器。通常所说的路由器是指通用路由器,专用路由器通常为实现某种特定功能对路由器接口、硬件等作专门优化。另外,还有一种常见的分类就是有线路由器和无线路由器。

3.1.5 中继器

中继器(repeater)是局域网环境下用来延长网络距离的最简单最廉价的互连设备,操作在 OSI 的物理层。中继器对在线路上的信号具有放大再生的功能,是连接网络线路的一种装置,常用于两个网络节点之间物理信号的双向转发工作。

由于存在损耗,在线路上传输的信号功率会逐渐衰减,衰减到一定程度时将造成信号失真,因此会导致接收错误。中继器就是为解决这一问题而设计的。它完成物理线路的连接,对衰减的信号进行放大,保持与原数据相同。一般情况下,中继器的两端连接的是相同的媒体,但有的中继器也可以完成不同媒体的转接工作。从理论上讲,中继器的使用是无限的,网络也因此可以无限延长。事实上这是不可能的,因为网络标准中都对信号的延迟范围作了具体的规定,中继器只能在此规定范围内进行有效的工作,否则会引起网络故障。

3.1.6 网卡

网卡(NIC)是局域网中最基本的部件之一,有时也称为网络卡、网络接口卡或者网络适配器。

网卡主要有两大作用:一是负责接收网络上传送过来的数据包,解包后,将数据通过主板上的总线传输给本地计算机;二是将本地计算机上的数据包打包后送入网络。每块网卡有其世界唯一的地址,MAC 地址,以后会讲到。

按接口类型分类,有 ISA 网卡、PCI 网卡、PCI-E 网卡和 USB 网卡 4 种。目前,ISA 网卡在市场上已很少见到,PCI(Peripheral Component Interconnect,外部设备扩展接口)网卡是目前市场上最常见、使用最广的网卡。PCI 网卡采用并行传输模式,传输速率快,并且不占用 CPU 资源。PCI-E(Peripheral Component Interconnect Express,外部设备高速接口)是第三代互连技术产品,它采用串行传输数据的模式,相比于 PCI 网卡,它的最大优势就是传输速率快。目前的 USB 网卡多为 USB 2.0 标准的,USB 2.0 标准的传输速率可以高达 480Mb/s。

根据工作对象的不同,网卡可以分为普通工作站网卡、服务器专用网卡和笔记本专用网卡 PCMCIA。现在市场上最常见的普通网卡就是个人计算机网卡,其传输速率一般为 10~100Mb/s。这类网卡具有价格低廉、工作稳定、安装方便等优点。服务器网卡是专门为服务器设计的,由于这类网卡采用了专用的控制芯片,因此它能独立完成网络中的大量数据处理工作,并具有高传输率、低占用率等优点,非常适合网络服务器的工作要求。笔记本专用网卡具有体积小、功耗低、安装方便等优点。

按传输介质的不同可以分为有线网卡和无线网卡。有线网卡是通过连接有线传输介质来进行数据传输的。无线网卡近几年使用的越来越广泛,基本每个笔记本都会配备无线网卡,可方便笔记本移动。

按传输速率分可将网卡分为 10Mb/s 网卡、10/100Mb/s 网卡和 1000Mb/s 网卡。

3.1.7 终端设备

终端设备很好理解,就是指连接在网络中的计算机、服务器、输入设备、输出设备。具体又分为专用终端和通用终端,远程批处理终端和交互式终端等。

3.1.8 主流设备介绍

目前市场上比较有影响力的网络硬件设备生产厂家有华为、思科、中兴等。

华为 Quidway®S5300 系列全千兆交换机是华为为满足大带宽接入和以太网多业务汇聚而推出的新一代全千兆高性能以太网交换机,可为客户提供强大的以太网功能。产品特性:

S5300 基于新一代高性能硬件和华为统一的 VRP®(Versatile Routing Platform)软件,具备大容量、高密度千兆端口,可提供万兆上行,充分满足客户对高密度千兆和万兆上行设备的需求。S5300 可满足运营商园区网汇聚、企业网汇聚、IDC 千兆接入以及企业千兆到桌面等多种场合的需求。

华为赛门铁克 Oceanspace S6800E 路由器。高速缓存 32GB。系统支持 Windows、Linux、Solaris、HP-UX、AIX、FreeBSD。外接主机通道 12 个 4Gb FC 或 4 个 4Gb FC＋4 个 GE iSCSI 16 个 4Gb FC 或 8 个 4Gb FC＋4 个 GE iSCSI。RAID 支持 0、1、5、6、10、50 等。单机磁盘数量 24 个。内置硬盘接口 4 个 4Gb FC，8 个 4Gb FC。64 位多核处理器。硬盘保护功能有全局热备、预拷贝、硬盘坏道修复；掉电保护功能有数据保险箱、一体化 UPS 技术；Web GUI、CLI 等管理界面。

思科 Cisco Catalyst 2918 系列交换机是面向中国市场中小规模网络部署的入门级固定配置交换机。Catalyst 2918 采用简体中文的设备面板和图形化界面，以特优的性价比，为入门级配线间和小型分支机构提供桌面快速以太网和千兆上行网络连接。Cisco Catalyst 2918 系列通过提供完备的入门级安全策略、服务质量（QoS）和可用性功能，降低了企业网络总体拥有成本。该系列交换机还为中国企业用户提供了从非智能集线器和不可管理的交换机向便于扩展的可管理网络迁移的简便途径。

思科 Cisco 1900 系列集成多业务路由器集思科 25 年创新和产品领先的精髓。新平台的构建旨在继续推动分支机构的发展，为分支机构提供富媒体协作和虚拟化，同时最大程度地节省运营成本。第 2 代集成多业务路由器平台支持未来的多核 CPU，具有增强 POE 的千兆位以太网交换产品以及新能源监控和控制功能，同时提高整体系统性能。此外，全新 Cisco IOS 软件通用映像和服务就绪引擎模块，可将硬件和软件部署分离，从而奠定坚实的技术基础以及时满足不断发展的网络需求。总而言之，通过智能集成市场领先的安全、统一通信、无线和应用程序服务。

中兴 ZXR10 5900E 易维系列 MPLS 路由交换机采用高速 ASIC 交换芯片实现 L2～L7 数据线速转发，提供完备的以太网协议族支撑和高效的 QOS 优先级机制，具备灵活多样的管理手段。支持完整的三层路由协议。ZXR10 5900E 提供高密度的千兆以太网端口，为 IP 城域网或者园区网提供千兆以太网接口的汇聚功能，是组建园区网、IP 城域网、智能楼宇汇聚层的理想产品。

中兴 ZXR10 GER 通用高性能路由器是针对城域网、企业网、校园网等市场需求而推出的一款中高端路由器产品，可为用户提供安全、可控、可管理的高性能宽带网络解决方案。GER 采用模块化设计思想、高性能网络处理器和 Crossbar 交换结构，根据提供的用户槽位数不同，可细分为 GER08、GER04、GER02 三款，分别可提供 8、4、2 个用户槽位，满足用户不同场合的需求。中兴 ZXR10 GER 不仅能提供高端路由器的优异性能，更能提供丰富的基于硬件或软件的业务功能。

3.2 网络协议

网络中仅有硬件设备是不可以工作的，就像计算机只有硬件不能工作一样，计算机中要有操作系统，网络中要有网络协议，各个部件按照规定统一的网络协议有条不紊地工作。

3.2.1 TCP/IP 基础

1. OSI 开放系统互连参考模型

为使不同计算机厂家生产的计算机能相互通信,以便在更大范围内建立计算机网络,国际标准化组织(ISO)在 1978 年提出"开放系统互连参考模型"(Open System Interconnection/Reference Model,OSI/RM)。开放系统互连参考模型将整个网络的通信功能分为 7 个层次,每个层次完成不同的功能。这 7 个层次由低到高分别是物理层、数据链路层、网络层、传输层、会话层、表示层和应用层。

(1) 物理层(physical layer)。物理层传输数据的单位是比特。该层包括物理联网媒介,如电缆连线、连接器。在桌面 PC 上插入网络接口卡,就建立了计算机联网的基础。换言之,即提供了一个物理层。物理层的协议产生并检测电压以便发送和接收携带数据的信号。尽管物理层不提供纠错服务,但它能够设定数据传输速率并监测数据出错率。物理层的作用是尽可能屏蔽由于物理设备不同或传输媒介不同引起的差异,对它的高层即数据链路层提供统一的服务。

(2) 数据链路层(data link layer)。数据链路层传输数据的单位是帧。帧是用来移动数据的结构包,它不仅包括原始数据,还包括发送方和接收方的网络地址以及纠错和控制信息,数据链路层有纠错功能,其中的地址确定了帧将发送到何处,而纠错和控制信息则确保帧无差错到达。它控制网络层与物理层之间的通信,在不可靠的物理线路上进行数据的可靠传递,为它的上层即网络层屏蔽错误。有一些连接设备,如交换机,由于它们要对帧解码并使用帧信息将数据发送到正确的接收方,所以它们是工作在数据链路层的。

(3) 网络层(network layer)。网络层的传输单位是报文分组或包。其主要功能是将网络地址翻译成对应的物理地址,并选择最佳的路由,使发送端传输层的报文能够正确无误地按照目的地址找到接收端,并交付给接收端的传输层。网络层处理路由,路由选择的好坏在很大程度上决定了网络的性能,如网络吞吐量(在一个特定的时间内成功发送数据包的数量)、平均延迟时间、拥塞控制、资源的有效利用率等。路由器连接网络各段,并智能指导数据传送,属于网络层。

(4) 传输层(transport layer)。传输层传输的数据单位是报文。传输层正好是 7 层的中间一层,是通信子网(下面三层)和资源子网(上面三层)的分界线,它屏蔽通信子网的不同,使高层用户感觉不到通信子网的存在。传输协议进行流量控制,即基于接收方可接收数据的快慢程度规定适当的发送速率。除此之外,传输层按照网络能处理的最大尺寸将较长的数据包进行强制分割。例如,以太网无法接收大于 1500B 的数据包,发送方节点的传输层将数据分割成较小的数据片,同时对每一数据片安排一序列号,以便数据到达接收方节点的传输层时,能以正确的顺序重组,该过程即被称为排序。传输层完成资源子网中两节点的直接逻辑通信,实现通信子网中端到端的透明传输。TCP(传输控制协议)和 UDP(用户数据报协议)是传输层中最常用的协议。

(5) 会话层(session layer)。负责在网络中的两节点之间建立和维持通信。会话层的功能包括:建立通信链接,保持会话过程通信链接的畅通,同步两个节点之间的对话,决定通信是否被中断以及通信中断时决定从何处重新发送。

(6) 表示层(presentation layer)。在计算机与计算机用户之间进行数据交换时,不同的计算机可能采取不同的编码方法来表示数据的类型和结构,为了使计算机间能够进行交互通信,能相互理解所交换数据的值,采用抽象的标准法来定义数据结构,并采用标准的编码形式。表示层管理这些抽象数据结构,并且在计算机内部表示和网络的标准表示法之间进行转换。表示层也管理数据的解密与加密,如系统口令的处理。例如,在 Internet 上查询银行账户,使用的即是一种安全连接。账户数据在发送前被加密,在网络的另一端,表示层将对接收到的数据解密。除此之外,表示层协议还对图片和文件格式信息进行解码和编码。

(7) 应用层(application layer)。应用层是 OSI 网络协议体系的最高层,是用户与计算机沟通的窗口,负责对软件提供接口以使程序能使用网络服务,为网络用户之间的通信提供专用的程序。应用层提供的服务包括文件传输、文件管理以及电子邮件的信息处理。DNS(域名系统)、HTTP(超文本传输协议)、SMTP(简单邮件传输协议)等工作在应用层。

2. TCP/IP 体系结构

互联网是个复杂的系统,需要一个更加完善的网络模型,这个模型要更加适应网络的发展,TCP/IP 体系结构应运而生。在 TCP/IP 体系结构中,将网络模型分为 4 层:应用层、传输层、网络层和网络接口层。表 3-1 给出了 TCP/IP 结构和 OSI 结构的对应关系。

表 3-1 TCP/IP 与 OSI 结构的对应关系

TCP/IP		OSI
应用层	FTP、HTTP、Telnet、SMTP、POP3、SNMP、DNS	应用层
		会话层
		表示层
传输层	TCP UDP	传输层
网络层	IP ICMP ARP IGMP	网络层
网络接口层	Ethernet、FDDI、ATM、X.25	数据链路层
		物理层

(1) 网络接口层:这是 TCP/IP 网络模型的最底层,负责数据帧的发送和接收。这一层从网络层接收 IP 数据报并通过网络发送它,或者从网络上接收物理帧,抽出 IP 数据报,交给网络层。这一层涉及网络的物理组件,包括电缆、路由器、交换机和网络接口卡(NIC),也包含各种不同的硬件层协议,以太网就是其中一种广泛使用的协议。

(2) 网络层:网络层将传输层的数据报封装成 IP 分组,注入网络中,使用路由算法将数据报送到指定目的地。这一层对用户来说是透明的,用户不需要关心网络层具体是怎么转发数据报的。本层的中心工作就是 IP 分组的路由选择,这是通过路由协议和路由器进行的。本层还进行流量控制。

(3) 传输层：传输层在计算机之间提供端到端的通信。传输层负责打包数据以便数据能在主机之间发送。这一层将应用层的数据封装，形成称为"数据报"(packets)的逻辑单元。每一个数据包包含一个包头，其中包括说明使用的传输协议特点的各种域，数据包还可能有一个载荷，其中含有应用层数据。

(4) 应用层：这是 TCP/IP 的最高层，应用程序通过该层访问网络。该层与 OSI 模型中的上三层相对应，这一层使得应用程序可以在服务器和客户端之间传输数据。

3.2.2 应用在 TCP/IP 各层的协议

(1) 应用在网络接口层的协议：以太网协议(Ethernet)、光纤分布式数据接口(FDDI)、异步传输模式(ATM)、X.25 协议。

以太网协议建立在 MAC 地址的基础上。MAC 地址是被封装在网卡上的全球唯一的，由 6 字节十六进制数组成，例如，00-1B-38-9E-3A-99。MAC 地址也叫硬件地址，这个地址是永远不会改变的。

光纤分布式数据接口(FDDI)是由美国国家标准化组织(ANSI)制定的在光缆上发送数字信号的一组协议。FDDI 使用双环令牌，传输速率可以达到 100Mb/s。由于支持高宽带和远距离通信网络，FDDI 通常用作骨干网。

ATM(Asynchronous Transfer Mode)顾名思义就是异步传输模式，就是国际电信联盟 ITU-T 制定的标准，ATM 是一种传输模式。在这一模式中，信息被组织成信元，因包含来自某用户信息的各个信元不需要周期性出现，这种传输模式是异步的。ATM 信元是固定长度的分组，共有 53 个字节，分为两个部分。前面 5 个字节为信头，主要完成寻址的功能；后面 48 个字节为信息段，用来装载来自不同用户、不同业务的信息。话音、数据、图像等所有的数字信息都要经过切割，封装成统一格式的信元在网中传递，并在接收端恢复成所需格式。由于 ATM 技术简化了交换过程，去除了不必要的数据校验，采用易于处理的固定信元格式，所以 ATM 交换速率大大高于传统的数据网，如 X.25 等。

X.25 协议是 CCITT(国际电报电话咨询委员会)建议的一种协议，它定义终端和计算机到分组交换网络的连接。分组交换网络在一个网络上为数据分组选择到达目的地的路由。X.25 是一种很好实现的分组交换服务，传统上它是用于将远程终端连接到主机系统的。这种服务为同时使用的用户提供任意点对任意点的连接。来自一个网络的多个用户的信号，可以通过多路选择通过 X.25 接口而进入分组交换网络，并且被分发到不同的远程地点。一种称为虚电路的通信信道在一条预定义的路径上连接端点站点通过网络。

(2) 应用在网络层的协议：网络互联协议(IP 协议)、国际控制报文协议(ICMP)、地址解析协议(ARP)、互联网组管理协议(IGMP)、Internet 安全协议(IPSec)。

IP 协议是一个面向无连接的协议，主要负责在主机和网络间寻址并为 IP 分组设定路由。IP 协议不保证数据分组是否正确传递，在交换数据前它并不建立会话，数据在收到时，IP 不需要收到确认，因此 IP 协议是不可靠的传输。IP 地址经常被间接使用，当用户需要访问网络上某个资源时，通常会输入服务器的名字而不是 IP 地址。这个名字就是域名，并且通过 DNS 应用层协议被映射到 IP 地址，因为域名比 IP 地址更好记忆，而且域名一般不会变化，而 IP 地址则不一样(这个以后会讲到)，通过域名引用到主机，不管当前使用的是什么IP地址,用户总能访问到这台主机。

国际控制报文协议(ICMP)用于报告错误,传递控制信息。报告差错是指,当中间网关发现传输错误时,立即向信源主机发送ICMP报文,报告出错情况,以使信源主机采取相应的纠正措施;传递控制信息是指,用ICMP来传递控制报文,常用的ping、traceroute等工具就是利用ICMP报文工作的。

地址解析协议(ARP)用于获得同一物理网络中主机的硬件地址。主机在网络层用IP地址来标识。但在网络上通信时,主机就必须知道对方主机的硬件地址。ARP实现将主机IP地址映射为硬件地址的过程。

互联网组管理协议(IGMP)使IP主机能够向本地多播路由器报告多播组成员,以实现多播。

Internet安全协议(IPSec)是Internet工作组IETF提出的保护IP报文安全通信的一系列规范,它提供私有信息通过公用网的安全保障。因为传统的IPv4没有提供安全服务,缺乏对通信双方身份真实性的鉴别能力,而且没有提供传输数据的完整性和机密性保护,Internet的网络层面面临业务流监听、IP地址欺骗、信息泄漏和数据项篡改等多种安全威胁。IPSec是一族协议,用于在IP层提供机密性、数据源鉴别和完整性保护。

(3)应用在传输层的协议:传输控制协议(TCP)、用户数据报协议(UDP)。

TCP是一种可靠的面向连接的传输服务。TCP在主机之间建立连接,并尽最大努力确保数据在此连接上可靠传递。TCP在通信双方建立连接后,将数据分成数据报,为其指定顺序号。在接收端收到数据报之后进行错误检查,对正确发送的数据发送确认数据报,对于发生错误的数据报发送重传请求。TCP可以根据IP协议提供的服务传送大小不等的数据,IP协议负责对数据进行分段、重组,并在多种网络中传送。

UDP提供的是非连接的、不可靠的数据传输。UDP在数据传输之前不建立连接,而是由每个中间节点对数据报文独立进行路由。因此,当丢失一些数据对应用程序来说没有多大影响时,可以使用UDP。因为UDP是无连接的,它的开销和延迟比TCP小。一些应用层的协议,如DNS(域名系统)、DHCP(动态主机配置协议)、SNMP(简单网络管理协议)等都是使用UDP的。

(4)应用在应用层的协议:文件传送协议(FTP)、超文本传输协议(HTTP)、远程登录协议(Telnet)、简单邮件传输协议(SMTP)、邮局协议第三版(POP3)、互联网邮件访问协议第4版(IMAP4)、简单网络管理协议(SNMP)、域名系统(DNS)。

文件传送协议(FTP)是计算机网络中最常见的应用之一,用于完成不同计算机之间的文件传输的任务,同时FTP还有交互式访问、格式规定和认证管理等功能,允许用户查看远程服务器上的文件清单,允许用户规定所存储数据的类型和格式,并采用"用户名/密码"的形式对用户进行认证和管理。FTP的工作是基于TCP来完成的,其端口号为21。

超文本传输协议(HTTP)是互联网中使用最为广泛的应用层协议。浏览网页就是通过HTTP进行的。HTTP不仅支持WWW服务,它同时支持采用不同协议访问不同的服务,如FTP、NNTP、Archie、SMTP等。

远程登录协议(Telnet)允许一个地点的用户与另一个地点的计算机上运行的应用程序进行交互对话,提供一个相对通用的、双向的、面向字节的通信方法。该协议建立的基础是网络虚拟终端的概念、对话选项的方法和终端与处理的协调。

简单邮件传输协议(SMTP)是一组用于由源地址到目的地址的地址传送邮件的规则,用来控制邮件的中转传递方式。SMTP 能够提供通过一个或多个中继 SMTP 服务器传送邮件的机制。中继服务器将接收原始邮件,然后尝试将其传递至目标服务器,或重定向至另一中继服务器,最终把邮件寄到收件人的服务器上。

邮局协议第三版(POP3)是规定邮件接收节点如何连接邮件服务器进行邮件接收和管理的协议,能够远程从服务器上收取邮件到本地,同时根据客户端操作删除或保留服务器上的邮件。

互联网邮件访问协议第 4 版(IMAP4)是一种邮件获取协议,能够从远程邮件服务器上获取邮件信息,并能交互式地操作服务器上的邮件。与 POP3 相比,IMAP4 除了支持 POP3 协议的脱机操作模式外,还支持联机操作和断连接操作,无须像 POP3 那样把邮件下载到本地,可在客户端直接对服务器上的邮件进行远程操作,例如移动、删除、改名等。

简单网络管理协议(SNMP)是由互联网工程任务组(IETF)定义的一套网络管理协议。利用该协议,一个管理工作站可以远程管理所有支持这种协议的网络设备,包括监视网络状态、修改网络设备配置、接收网络事件警告等。

域名系统(DNS)是计算机网络中把 IP 地址和域名相互转化的系统。域名解析就是把域名转化为 IP 地址,反向域名解析就是把 IP 地址转化为域名。之所以要使用域名代替 IP 地址,是因为域名比 IP 地址要更好记忆,IPv4 使用 32 位 IP 地址,而新一代 IPv6 使用 128 位 IP 地址,记一个名字总比记一长串数字要容易得多。

3.2.3 IP 地址及其相关知识

IP 地址就是指 IP 层,即网络层使用的标识符,它被用来唯一地标识互联网上的每一个设备以确保所有设备的全球通信。IP 地址的编址方法共经历了三个历史阶段——IP 分类编址、子网划分和超网构成。IPv4 是使用 32 位的二进制地址来表示的。32 位的二进制太难记忆,故将 IP 地址按照 8 位二进制数为一组,用"."号隔开的×××.×××.×××.×××来表示,其中×××是 0~255 之间的一个十进制数,如 192.134.0.34,其二进制表示为 11000000 10000110 00000000 00100010。由于 IPv4 的地址空间已快被分配完,故提出了 IPv6 编址方法。IPv6 使用 128 位二进制表示,每 16 位二进制数为一组,用 4 位十六进制表示,中间用":"隔开,例如,2002:00D3:0000:0043:FA28:3E33:00DD:323A。

1. IP 分类编址

在 IP 分类编址中,IP 地址由网络 ID(net-id)和主机 ID(host-id)组成。网络 ID 就好比电话区号,主机 ID 就相当于 7 位或 8 位电话号码。网络中的计算机进行通信的时候,先按照网络 ID 查找目标主机所在的网络,将数据传到该网络,之后再按照目标主机 ID 找到该主机,将数据传到该目标计算机。网络 ID 是由互联网域名与地址管理机构(ICANN)分配的,主机 ID 是由各个网络的管理员分配的,这样就保证了 IP 地址的全球唯一性。由于连入 Internet 的各种网络的差异很大,有的网络中的主机数很多,有的则很少,为了便于管理,人们将 IP 地址按网络 ID 分为 5 类:A 类、B 类、C 类、D 类、E 类。在

IP 地址的二进制表示法中,左起数值 0、10、110、1110、11110 分别对应着 A 类、B 类、C 类、D 类和 E 类地址。

如图 3-1 所示,A 类、B 类、C 类地址的 net-id 的长度分别为 1 字节、2 字节和 3 字节,host-id 的长度分别为 3 字节、2 字节和 1 字节。D 类和 E 类地址不划分 net-id 和 host-id。

A类	0	net-id(7b)	host-id(24b)		
B类	10	net-id(14b)		host-id(16b)	
C类	110	net-id(21b)			host-id(8b)
D类	1110	组播地址			
E类	11110	保留			

图 3-1 IP 地址分类

(1) A 类地址。A 类地址占整个地址空间的 1/2,按网络号可分为 128 个块,每一块包含 16 777 216 个地址。第一块覆盖的地址范围为 0.0.0.0～0.255.255.255(net-id 为 0),最后一块覆盖的地址范围为 127.0.0.0～127.255.255.255(net-id 为 127)。除了三块地址(第一块、最后一块和 net-id 为 10 的块)为保留地址作为专用外,其余 125 个块可被分配。

(2) B 类地址。B 类地址占整个地址空间的 1/4,按网络号可分为 16 384 个块,每一块包含 65 536 个地址。第一块覆盖的地址范围为 128.0.0.0～128.0.255.255(net-id 为 128.0),最后一块覆盖的地址范围为 191.255.0.0～191.255.255.255(net-id 为 191.255)。除了其中 16 个块保留为专用地址之外,其余 16 368 个块可被分配。

(3) C 类地址。C 类地址占整个地址空间的 1/8,按网络号可分为 2 097 152 个块,每一块包含 256 个地址。第一块覆盖的地址范围为 192.0.0.0～192.0.0.255(net-id 为 192.0.0),最后一块覆盖的地址范围为 223.255.255.0～223.255.255.255(net-id 为 223.255.255)。除了其中 256 个块保留为专用地址之外,其余 2 096 896 个块可被分配。

(4) D 类地址。D 类地址是组播地址,主要留给互联网体系结构委员会(IAB)使用。D 类地址只有一个块,占整个地址空间的 1/16。

(5) E 类地址。E 类地址是保留块,只有一个块,占整个地址空间的 1/16。

上述 5 类地址总结如表 3-2 所示。

表 3-2 IP 地址总结

类型	划分依据	网络号比特数	主机号比特数	范围 开始	范围 结束	网络数量	主机数量	功能
A	0	7	24	0.0.0.0	127.255.255.255	128	16 777 216	巨型网络
B	10	14	16	128.0.0.0	191.255.255.255	16 384	65 536	中到大型网络
C	110	21	8	192.0.0.0	223.255.255.255	2 097 152	256	小型网络
D	1110	28		244.0.0.0	239.255.255.255			组播地址
E	11110	27		240.0.0.0	247.255.255.255			保留地址

在这些 IP 地址中,有一些是特殊的 IP 地址,如表 3-3 所示。

表 3-3 特殊 IP 地址

IP 地址	功　能
127.×.×.×	回送地址
0.0.0.0	默认路由
网络位全 0	本网络上的特定主机
主机位全 0	本网络的网络地址
主机位全 1	广播地址
10.0.0.0～10.255.255.255	预留 A 类地址
172.16.0.0～172.31.255.255	预留 B 类地址
192.168.0.0～192.168.255.255	预留 C 类地址
网络位全 1,主机位全 1	受限广播地址

回送地址：这个地址用来测试软件。这种地址只能用作目的地址,当使用时,分组永远都不会离开主机,而是简单地返回协议软件。这种地址是 A 类地址。

默认路由：这个全 0 的地址表示这个网络上的这个主机。当某个主机不知道自己的 IP 时,为了要发现自己的 IP 地址,以全 0 地址作为自己的源地址,向引导服务器发送 IP 分组。这种地址也是 A 类地址。

本网络上的特定主机：当某一台主机想向本网络中的其他主机发送分组时,将以这种 IP 地址为分组的目的地址,路由器可以阻拦这样的分组,分组将被严格限制在本网络上。这种地址是 A 类地址,不管网络是什么类。

本网络的网络地址：这种地址的主机号全为 0。表示本网络的地址,主要用在路由选择上,在路由算法中,常用这种地址作为判断条件,选择该往哪条线路上转发。

广播地址：主机号全为 1 的是直接广播地址。路由器使用这种地址将一个分组发送到一个特定网络（由 net-id 决定）上的所有主机,所有主机都会收到以这种目的地址的分组。

受限广播地址：这个地址全由 1 组成,用于定义在当前网络上的广播地址。路由器可以阻拦目的地址为这种地址的分组从而使广播仅局限在本地网络。这种地址属于 E 类地址。

2. 子网划分

从上述可以看出 A 类地址和 B 类地址都可容纳非常多的主机,但实际是,这样的大型网络很少,如果一个网络分配一个网络 ID 是非常浪费的,为了解决这个问题,从 1985 年起在 IP 地址中又增加了一个"子网号域",使二级 IP 地址变为三级 IP 地址,即 IP 地址由三部分组成：网络 ID、子网 ID(subnet-id)、主机 ID,如图 3-2 所示。

可见,子网划分只是将 IP 地址的本地主机地址进行了划分,不改变 IP 地址的网络部分。划分子网后,整个网络对外还是表现为一个网络。当采用三级 IP 地址时,IP 数据报的路由选择包含三个步骤,先找到网络 ID 所标识的网络,然后交付到子网,最后交付到主

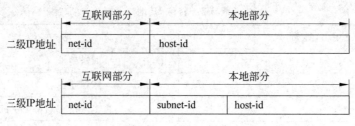

图 3-2 子网 IP 划分

机。从图 3-2 看到，子网号和主机号都是本地部分，如何区分呢？答案就是使用子网掩码。

子网掩码使用 32 位二进制数表示，表示的形式与 IP 地址相同。在子网掩码中用于标识网络地址位置的位为 1，主机地址位置的位为 0。A 类地址默认的子网掩码是 255.0.0.0，B 类地址默认的子网掩码是 255.255.0.0，C 类地址默认的子网掩码是 255.255.255.0。

例如，有一个 C 类地址 192.168.134.0，如果使用默认的 C 类子网掩码 255.255.255.0，则此 C 类地址包括的 IP 地址 192.168.134.1～192.168.134.254 属于同一个网段；如果子网掩码是 255.255.255.192，则此 C 类地址包括 4 个子网。具体区分方法是用 IP 地址与子网掩码逐位相与。现有一 IP 为 192.168.134.123，二进制表示为 11000000 10101000 10000110 01111011，子网掩码 255.255.255.192 的二进制表示为 11111111 11111111 11111111 11000000。如图 3-3 所示，前 24 位为 C 类网址的默认掩码，接下来的两位 1 代表该网络的子网，可见该网络被划分为 4 个子网 00、01、10、11。令子网掩码与 IP 地址逐位相与得到 11000000 10101000 10000110 01000000，十进制表示为 192.168.134.64。这说明该 IP 属于子网号为 01 的网络，其网络地址是 192.168.134.64。

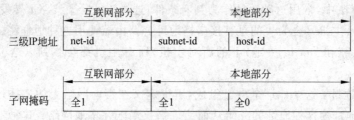

图 3-3 子网掩码

注意：子网能够容纳的主机个数等于 $2n-2$（n 是正整数），因为每个子网都有两个 IP 地址不能给主机用：子网的网络地址（主机号为 0）和广播地址（主机号为 1）。

现在互联网的标准规定，所有网络都必须有一个子网掩码，同时在路由器的路由表中也必须有子网掩码这一栏。如果一个网络不进行子网划分，那么该网络的子网掩码就使用默认掩码。另外，互联网允许一个网点使用变长子网划分。当某一个网点准备拥有几个子网，但各个子网所连接的主机数差异较大，使用定长的子网掩码不能很好地利用网络资源，使用变长的子网掩码可以解决上述问题，此时，路由器使用两个不同的子网掩码，在使用过一个之后再使用另一个。

3. 超网构造

A类和B类地址已经快被用完,但C类地址还可以申请到。但C类地址只能容纳256台主机,显然,在很多情况下C类地址是无法满足的。解决上述问题的方法就是进行超网构造。将若干个C类地址块合并为一个更大的地址范围。

能够合并的地址块是有具体要求的,不是随便几个地址块都能合并。要求1:地址块数必须是2的整数次方;要求2:这些地址块在地址空间中必须是连续的,即块和块之间没有空隙;要求3:超块的第一个地址的第3个字节必须能够被块数均匀地分割开,即如果块数为 N,则第3个字节必须能够被 N 整除。例如,下列4组C类地址:

第一组:198.47.32.0　198.47.33.0　198.47.34.0

第二组:198.47.32.0　198.47.42.0　198.47.52.0　198.47.62.0

第三组:198.47.31.0　198.47.32.0　198.47.33.0　198.47.34.0

第四组:198.47.32.0　198.47.33.0　198.47.34.0　198.47.35.0

第一组地址块数不是2的整数次方,不满足构造条件要求1;第二组地址块不连续,不满足构造条件要求2;第三组地址块的第一个地址的第三个字节,即31,不能被块数4整除,不满足构造条件3;第四组地址块满足所有构造要求,可以构造成超网。

当一个机构把分配到的几个地址块组合成一个超块时,必须知道这个超块的第一个地址和超网掩码。超网掩码中1的个数比默认C类地址掩码中1的个数少,令超网掩码和C类地址默认掩码相比较,它们相差的1的个数 N 是2的幂指数,即该超网被划分为 2^N 个子网。例如一个超网:

默认掩码为:11111111　11111111　11111111　00000000

超网掩码为:11111111　11111111　11111000　00000000

超网掩码中1的个数比默认掩码中1的个数少了3位,则该超网被划分为 2^3 个,即8个子网。

3.3 网络架构

Internet是个复杂的网络,由很多种网络构成。按照计算机网络的覆盖范围,计算机网络可以分为局域网、城域网和广域网三种类型;按照传输媒介可分为有线网络和无线网络。还有一种特殊的网络,虚拟网。

3.3.1 局域网、城域网和广域网

局域网(LAN)一般限制在较小的区域内,小于10km的范围。城域网(MAN)一般限定在一座城市的范围内,10~100km的区域。广域网(WAN)一般跨越国界、州界甚至全球的范围,广域网典型的代表是Internet。局域网是组成城域网和广域网的基础,通过局域网可以将计算机和各种网络设备连在一起,实现数据传输的资源共享。

局域网的拓扑结构是指局域网传输介质与节点(计算机网络或网络连接设备)的物理布局。常见的拓扑结构有:总线型结构、星状结构和环状结构。

1. **总线型拓扑结构**

在总线型拓扑结构中,文件服务器和工作站都连在一条公共的电缆线上。总线型结构使用的电缆一般为细同轴电缆。这种结构使用电缆较少,且容易安装,各工作站和文件服务器只需将网卡上的 BNC 接头与总线上的 BNC T 型连接器相连即可,但是在总线主干两端必须安装终端电阻器。总线拓扑结构的优点是结构简单、安装方便,节点的添加和删除都比较方便;缺点是总线故障诊断和隔离困难,总线上的任何一点出现故障都会导致网络瘫痪。

2. **星状拓扑结构**

星状拓扑的网络有一个中央节点,网络的其他节点如工作站、服务器等与中央节点直接相连。中央节点可以是文件服务器,也可以是无源或有源的连接器(如共享式 Hub 或交换机等)。一般使用共享式 Hub 或交换机作为中心节点。星状拓扑结构的优点是网络组建容易,容易检测和隔离故障;缺点是整个网络对中心节点的依赖性强,如果中心节点发生了故障,将导致整个网络的瘫痪。

3. **环状拓扑结构**

环状局域网中全部的计算机连接成一个逻辑环,数据沿着环传输。环状拓扑结构内始终存在一个"令牌传送"信号,它沿着整个逻辑环路传输,需要发送信息的源主机首先需要捕捉到这个"令牌传送"信号,然后将其状态标示变为"令牌忙",宣布占用网络的传输数据,然后将"令牌"原有的数据替换成想要传输的数据,再加上目标主机收到的网卡 MAC 地址发送出去,此数据包通过网络上的一台台主机传送到目的主机。目的主机收到数据后将"令牌"数据修改,表明其已经成功收到数据,当此"令牌"沿环状网络回到源主机时,源主机将"令牌"状态恢复为"令牌空闲",清除数据,并将"令牌"交给逻辑环路中的下一台主机。环状网的优点在于网络数据传输不会出现冲突和堵塞情况,可以构成实时性较高的网络;缺点是环中某一点故障将导致整个网络的瘫痪,而且网络节点的添加、退出以及环路的维护和管理都比较复杂。

3.3.2 有线网络和无线网络

1. **有线网络**

计算机有线网络的种类繁多,从连接不同大陆的海底光纤网络,到两台相邻计算机之间直接用交叉线序的网线相连,都属于有线网络的范畴。这里介绍三种常见的以太网、xDSL 接入网、EPON(以太无源光网络)有线网络以及主机接入互联网的方式。

以太网是一种流行的分组交换局域网(LAN),包括铜介质以太网、光纤以太网、无线以太网等。通常所说的以太网是指铜介质的,采用载波监听多路访问/冲突检测(CSMA/CD)机制来共享通信线路。目前的以太网多数采用交换机连接。交换机不是简单的广播信息,而是根据发送数据的目标主机,只发送给相应的端口。因此交换机网络的带宽不是共享的,而是主机收、发双发独占带宽,只有相同端口的数据才会共享带宽。

xDSL 是各种类型 DSL(数字用户线路)的总称,包括 ADSL(非对称 DSL)、RADSL

(速率自适应 DSL)、VDSL(甚高速 DSL)等。xDSL 的数字传输技术是使用专门的调制解调器(Modem),在现有的铜质电话线路上采用较高的频率及相应调制技术,即利用在模拟线路中加入或获取更多的数字数据的信号处理技术来获得高传输速率。各种 DSL 技术的区别体现在信号传输速率和距离的不同,以及上下行信道的对称性不同。电信公司利用 xDSL 技术,把原有铜质话音线路的电话接入网升级为计算机接入网。用户端和电信公司交换机房端各自部署 xDSL Modem,用户主机可接入到电信公司的数据网络中。该数据网络可以是专网,也可以与互联网相连。常用的是 ADSL 网络。

EPON(以太无源光网络)是一种光纤接入网技术,采用点对多点结构、无源光纤传输,在以太网上提供多种业务。它在物理层采用 PON(被动光网络)技术,在链路层使用以太网协议,利用 PON 的拓扑结构实现以太网的接入,从而综合了光网络和以太网的优点:成本低、高带宽、扩展性强、兼容性好、方便管理等。

每一台接入网络的计算机都会有一个 IP 地址,人们平时用自己的计算机上网时,IP 地址是临时分配的,这样可以有效利用 IP 地址,没有上网时,可以把 IP 让出来。这种动态的 IP 地址分配有一种常见的协议,就是动态主机设置协议(DHCP)。DHCP 基于 UDP,由 DHCP 服务器向接入网络的主机(客户端)提供无重复的 IP 地址。简单而言,一台未设置固定 IP 的主机接入到网络中,会以广播方式寻找 DHCP 服务器,正常情况是 DHCP 服务器分配给该主机一个未被占用的 IP 地址,从而主机能够在网络中进行通信。当主机退出网络后,DHCP 服务器就会收回 IP,以便分配给其他主机。所以,每次上网的时候 IP 地址都不一样。有些主机的 IP 地址则是固定的,比如实验室中的主机,IP 地址一般都是固定的。

2. 无线网络

计算机无线网络的种类有很多,而计算机的概念范围相当广,笔记本、手机智能终端、传感器、智能卡等都可称为计算机。

无线网络可以分为无线广域网、无线城域网、无线局域网和无线个人网络。

(1) 无线广域网(WWAN):主要是指通过移动通信卫星进行的数据通信,其覆盖范围最大。代表技术有 3G,以及未来的 4G 等。

(2) 无线城域网(WMAN):主要是通过移动电话或车载装置进行的移动数据通信,可以覆盖城市中的大部分区域。

(3) 无线局域网(WLAN):一般用于区域间的无线通信,其覆盖范围较小。

(4) 无线个人网(WPAN):无线传输距离一般在 10m 左右。

现在比较常见的 Wi-Fi 是一种可以将个人计算机、手机等终端以无线方式互相连接的技术,一般采用 CSMA/CA(载波侦听/冲突避免)协议。常见的 Wi-Fi 网络设备是无线网卡和无线访问节点(AP),有了 AP 如同有线局域网(LAN)有了集线器(Hub),可以进一步与有线网络相连。常见的简单组网方法是用无线路由器作为 AP,接入到有线网络中,则 AP 附近的计算机如果配有无线网卡,就能组成无线局域网(WLAN),并有机会通过 AP 与有线网络连接。

3.3.3 虚拟专用网

RFC 2764 对虚拟专用网(VPN)的定义是：利用公用网络将异地的站点或用户互连而形成的一个具有私有(专用)性的网络。这种私有性是指 VPN 可以保证其上通信的私有数据不被未授权访问，这可以通过认证、加密或路由隔离等机制实现。

VPN 使用的是公共网络基础设施传输私有数据，而不使用专用的私有线路。也就是说，VPN 没有自己的专用链路和网络基础设施，但通过 VPN 协议它可以提供与专用网络相同的安全服务，因此称为虚拟专用网。

实现 VPN 的典型技术有两种：隧道技术和虚拟路由技术。采用隧道技术实现 VPN 的基础框架如图 3-4 所示。在 VPN 设备之间建立 VPN 隧道，VPN 设备是实现 VPN 协议的对等实体，可以使用路由器、防火墙实现。VPN 隧道实际上是采用某种协议（即隧道协议）对网络数据包进行封装，从而提供安全特性。隧道技术将用户数据包采用隧道协议进行重新封装，并在公用网络中传输私有 VPN 数据。封装后的数据仍采用公共网络使用的协议（如 IP 协议）进行传输，传输过程对公共网络节点（如路由器）透明，即公用网络中的路由节点不会知道所传输的数据是否是用于专用网络。VPN 客户端使用 VPN 客户端软件接入 VPN 服务器，接入后即产生 VPN 隧道。

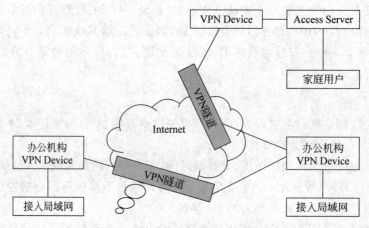

图 3-4　隧道技术的 VPN 基础构架

另一种实现 VPN 的技术是虚拟路由(VR)或虚拟路由器技术。虚拟路由器在软件层面上效仿物理路由器。虚拟路由器有其各自的 IP 地址和转发表，并且它们的路由是相互独立和隔离的。从用户的角度出发，虚拟路由器的功能和物理路由器是相同的。虚拟路由器正是利用路由信息隔离的特性为 VPN 用户提供数据私有性服务的。

如图 3-5 所示，VPN-1 连接在虚拟路由器 VR-1 中，而 VPN-2 连接在虚拟路由器 VR-2 上，VR-1 和 VR-2 的路由表是各自独立和相互隔离的。因此，VPN-1 和 VPN-2 之间相当于处在两个不同子网中。而 VR-1 的本地和远程网络之间可以通过因特网交换路由信息，相当于处在同一个子网中，可以互相访问。而无论是本地还是远程的 VR-2 连接的网络用户都不能访问 VR-1 网络的数据，因为它们没有该网络的路由信息。

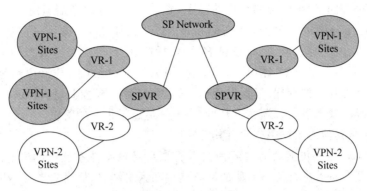

图 3-5 基于虚拟路由器的 VPN

3.4 基于网络的应用

3.4.1 计算机病毒

计算机病毒是一种小程序,能够自我复制,会将自己的病毒代码依附在其他程序上,通过其他程序的执行,伺机传播病毒程序,有一定潜伏期,一旦条件成熟,就会进行各种破坏活动,影响计算机使用。

计算机病毒的产生过程可分为:程序设计—传播—潜伏—触发、运行—实行攻击。

(1) 程序设计期。计算机病毒是程序代码,这些代码中通常都加入一些具有破坏性的内容来达到设计者的目的。

(2) 孕育期。在一个病毒制造出来后,病毒的编写者将其复制并传播出去。通常的办法是感染一个流行的程序,再将其放入 BBS 站点上、校园网或其他大型网络中。

(3) 潜伏期。病毒是自动复制的。一个设计良好的病毒可以在它发作前长时期里被复制。这使得它有了充裕的传播时间。这时病毒的危害在于暗中占据存储空间。潜伏期的病毒,它们会不断地复制与继续传染,一个比较完美的病毒会有很长的潜伏期。

(4) 病毒发作期。带有破坏机制的病毒会在遇至某一特定条件时发作,一旦遇上某种条件,比如某个日期或出现了用户采取的某特定行为,病毒就被激活了。没有感染程序的病毒属于没有激活,这时病毒的危害在于暗中占据存储空间。

3.4.2 木马

木马的全称是特洛伊木马,是一种秘密潜伏的能通过远程网络进行控制的恶意程序。攻击者可以控制被秘密植入木马的计算机,是攻击者进行窃取、破坏信息等行为的工具。

木马也同样是人为编写的程序,关键特征是秘密植入系统,能够接受远程控制。因此木马代码中必然带有指令部署(植入)和通信、系统控制的功能片段。为了隐藏自身,木马还可能使用各种技术来清除或伪装自身的各种存在痕迹。木马程序的原理是通过某种方式让其进程获得系统控制权,然后开启远程监控的服务端功能,随时准备接收攻击者的控制指令。而攻击者有远程监控的客户端程序,能够与木马的服务端通信。

木马根据其功能进行分类,有密码窃取、文件破坏、自动拨号、寄生 Telnet/FTP/HTTP 服务、蠕虫型、邮件炸弹、ICQ 黑客、IRC 后门、C/S 等类型。典型的木马有 BACK Orifice(简称 BO)、网络公牛、冰河、广外女生、网络神偷、灰鸽子、PC-share 等。这些木马功能强大,包括远程文件管理、远程进程控制、远程键盘鼠标控制、密码窃取等功能,并且变得越来越隐蔽,技术手段日渐完善,对网络安全造成了很大的隐患。

木马程序与其他恶意程序相比有其特殊性。

(1) 隐蔽性:木马可能会通过某种技术隐藏自身在文件系统中的文件、隐藏在内存中的进程、隐藏在对外进行网络通信的网络连接和网络端口,从而实现看不见的功能。

(2) 自启动特性:木马为了长久控制目标主机,希望随系统的启动而启动。因此,木马必须把自己添加在相关自启动项中。

(3) 具备自我保护特性:木马为了防删除,采用多线程保护技术、多启动机制、多文件备份技术,从而实现删不掉、删不尽的功能。

(4) 具有非法的功能:如键盘记录、口令获取等。

完整的木马程序一般由服务器程序和控制端程序组成。"中了木马"就是指安装了木马的服务端程序。若计算机被安装了服务端程序,则拥有控制端程序的人就可以通过网络控制计算机,为所欲为,这时目标主机上的任何文件、程序,以及使用的账号、密码就无安全可言。木马程序本质上不是计算机病毒,但杀毒软件可以查杀已知的木马。

作为服务端的主机一般会打开一个默认的端口并进行监听,如果控制端向服务器端发送连接请求,服务端上的相应程序就会自动运行,来应答控制端的请求。反过来,服务端也可以主动连接控制端,并响应控制端的请求。

3.4.3 防火墙

防火墙是一种保护计算机网络安全的技术型措施,它可以是软件,也可以是硬件,或两者的结合。它在两个网络之间执行访问控制策略系统,目的是保护网络不被他人侵扰。通常,防火墙位于内部网或不安全的网络(Internet)之间,它就像一道门槛,通过对内部网和外部网之间的数据流量进行分析、检测、筛选和过滤,控制进出两个方向的通信,以达到保护网络的目的。

防火墙基本上是一个独立的进程或一组紧密结合的进程,它有效地监控了内部网和 Internet 之间的任何活动,保证了内部网络的安全,本质上它遵循的是一种允许或阻止业务来往的网络通信安全。一个防火墙应具备如下特性。

(1) 防火墙通常位于内部网和外部网之间的连接处,它是一个网关型的设备,所有进出的流量都必须经过防火墙。

(2) 只有被允许或授权的合法数据,即符合防火墙安全策略的数据,才可以通过防火墙。

(3) 从理论上讲,防火墙本身不受任何攻击的影响。

防火墙的基本功能有以下几个。

(1) 强化安全策略,通过对数据包进行检查,保护内部网络上脆弱的服务。防火墙在一个公司的内部网络和外部网络间建立一个检查点,要求所有的流量都要通过这个检查点,防火墙就可以监视、过滤和检查所有进来和出去的流量。通过架设防火墙可以制定安全规则,仅允许"认可的"和符合规则的请求通过防火墙。例如,防火墙可以限定内外访问者只可以访问服务器的相应端口,防止黑客利用端口扫描、Ping 攻击、SYN Flooding Detection 等对服务器进行攻击。

(2) 对网络进行监控,有效地审计和记录内、外部网络上的活动。防火墙可以对内、外部网络存取和访问进行监控审计。如果所有的访问都经过防火墙,那么防火墙就能记录下这些访问并进行日志记录,同时也能提供网络使用情况的统计数据。发生可疑动作时,防火墙能进行适当的报警,并提供网络是否受到监测和攻击的详细信息。每天经过防火墙的信息和日志文件是非常大的,简单地通过观察日志文件是非常困难的,所以可以借助 IDS(入侵检测系统)和防火墙进行联动,由这类工具进行检查日志,看看有哪些攻击和非法的访问。

(3) 防火墙可以通过网络地址转换功能(NAT)方便地部署内部网络的 IP 地址,内部局域网可以部署私有地址,通过防火墙的 NAT 转换功能翻译成 Internet 上可以路由的真实 IP 地址,这样不仅可以避免地址空间短缺的问题,同时也可以隐藏内部网的结构,避免许多攻击性入侵,进一步提高网络的安全性。

(4) 隔离不同的网络,防止内部信息的外泄。这是防火墙最基本的功能,它通过隔离内、外部网络来确保内部网络的安全。防火墙可以阻塞有关内部网络中的 DNS 信息,这样一台主机的域名和 IP 地址就不会被外界所了解。

防火墙也有不足之处。

(1) 防火墙不能防备全部网络安全问题。防火墙一般作为一种被动的防护手段,主要用来防备已知的威胁,不能防备未知的威胁。

(2) 防火墙不能防范已感染了病毒的文件和软件在网络上进行传送。

(3) 防火墙会限制一些有用的网络服务。因为很多网络服务设计之初主要考虑到用户使用的方便性和资源共享,而对安全性考虑不周。这样一来,当防火墙限制这些端口和服务的同时,也带来了一些使用过程中的麻烦。

(4) 防火墙无法防范通过防火墙以外的其他途径的攻击。

3.4.4 入侵检测

入侵检测的目标就是通过检查操作系统的审计数据或网络数据包信息来检测系统中违背安全策略或危及系统安全的行为或活动,从而保护信息系统的资源不受拒绝服务攻击,防止系统数据的泄密、篡改和破坏。入侵检测是通过从计算机网络或计算机系统中的若干关键点收集信息并对其进行分析,从中发现网络或系统中是否有违反安全策略的行为和遭到袭击迹象的一种安全技术。入侵检测技术是一种网络信息安全新技术,它可以弥补防火墙的不足,对网络进行监测,从而提供对内部攻击、外部攻击和误操作的实时的检测及采取相应的防护手段,如记录证据用于跟踪和恢复、断开网络连接等。入侵检测技术是一种主动保护系统免受黑客攻击的网络安全技术。它帮助系统对付网络攻击,扩展了系统管理员的安全管理能力(包括安全审计、监视、进攻识别和响应),提高了网络安全基础结构的完整性。

入侵检测系统(IDS)是一种能够通过分析系统安全相关数据来检测入侵活动的系统。入侵检测系统的主要功能有：监测并分析用户和系统的活动；核查系统配置和漏洞；评估系统关键资源和数据文件的完整性；识别已知的攻击行为；统计分析异常行为；对操作系统进行日志管理，并识别违反安全策略的用户活动。

根据入侵检测系统的检测对象和工作方式的不同，入侵检测系统主要分为两大类：基于主机的入侵检测系统和基于网络的入侵检测系统。还有基于内核的高性能入侵检测系统和两大类结合的入侵检测系统，这些类别是两个主要类别的引申和综合。

1. 基于主机的入侵检测系统

基于主机的入侵检测系统用于保护单台主机不受网络攻击行为的侵害，需要安装在被保护的主机上。这一类入侵检测系统直接与操作系统相关，它控制文件系统以及重要的系统文件，确保操作系统不会被随意地删改。该类入侵检测系统能够及时发现操作系统所受到的侵害，并且由于它保存一定的校验信息和所有系统文件的变更记录，所以在一定程度上还可以实现安全恢复机制。

按照检测对象的不同，基于主机的入侵检测系统可以分为两类：网络连接检测和主机文件检测。

1) 网络连接检测

网络连接检测是对试图进入该主机的数据流进行检测，分析确定是否有入侵行为，避免或减少这些数据流进入主机系统后造成损害。网络连接检测可以有效地检测出是否存在攻击探测行为，攻击探测几乎是所有攻击行为的前奏。系统管理员可以设置好访问控制表，其中包括容易受到攻击探测的网络服务，并且为它们设置好访问权限。如果入侵检测系统发现有对未开放的服务端口进行网络连接，说明有人在寻找系统漏洞，这些探测行为就会被入侵检测系统记录下来，同时这种未经授权的连接也被拒绝。

2) 主机文件检测

通常入侵行为会在主机的各种相关文件中留下痕迹，主机文件检测能够帮助系统管理员发现入侵行为或入侵企图，及时采取补救措施。主机文件检测的检测对象主要包括以下几种。

(1) 系统日志：系统日志文件中记录了各种类型的信息，包括各用户的行为记录。如果日志文件中存在异常的记录，就可以认为已经或正在发生网络入侵行为。这些异常包括不正常的反复登录失败记录、未授权用户越权访问重要文件、非正常登录行为等。

(2) 文件系统：恶意的网络攻击者会修改网络主机上包含重要信息的各种数据文件，他们可能会删除或替换某些文件，或者尽量修改各种日志记录来销毁他们的攻击行为可能留下的痕迹。如果入侵检测系统发现文件系统发生了异常的改变，例如，一些受限访问的目录或文件被非正常地创建、修改或删除，就可以怀疑发生了网络入侵行为。

(3) 进程记录：主机系统中运行着各种不同的应用程序，包括各种服务程序。每个执行中的程序都包含一个或多个进程。每个进程都存在于特定的系统环境中，能够访问有限的系统资源、数据文件等，或者与特定的进程进行通信。黑客可能将程序的进程分解,致使程序中止,或者令程序执行违背系统用户意图的操作。如果入侵检测系统发现某个进程存在着异常的行为,就可以怀疑有网络入侵。

基于主机的入侵检测系统具有以下优点:检测准确度较高;可以检测到没有明显行为特征的入侵;能够对不同的操作系统进行有针对性的检测;成本较低;不会因网络流量影响性能;适于加密和交换环境。

基于主机的入侵检测系统也有许多不足:实时性较差;无法检测数据包的全部;检测效果取决于日志系统;占用主机资源;隐蔽性较差;如果入侵者能够修改校验和,这种入侵检测系统将无法起到预期的作用。

2. 基于网络的入侵检测系统

基于网络的入侵检测系统通常是作为一个独立的个体放置于被保护的网络上,它使用原始的网络分组数据包作为进行攻击分析的数据源,一般利用一个网络适配器来实时监视和分析所有通过网络进行传输的通信。一旦检测到攻击,入侵检测系统应答模块通过通知、报警以及中断连接等方式来对攻击做出反应。

基于网络的入侵检测可以侦听一个 IP,保护特定服务器的安全,也可以侦听整个网段。为了能够对整个网段进行侦听,系统会将本身的网卡设置为混杂模式以接收网段内的所有数据包。通常系统会使用位于网络层和传输层的网络侦听底层实现对网络的侦听,它们的主要任务就是获取其所见到的所有包并传给上一层。

基于网络的入侵检测系统可以执行以下任务。

(1) 检测端口扫描。在攻击一个系统时,一个入侵者通常对该系统进行端口扫描,从而判断存在哪些脆弱性。企图对 Internet 上的一台主机进行端口扫描通常是一个人要试图破坏网络的一个信号。

(2) 检测常见的攻击行为。访问 Web 服务器的 80 端口通常被认为是无害的活动,但是,一些访问企图事实上是故意在进行攻击,或者试图攻击。

(3) 识别各种各样可能的 IP 欺骗攻击。用来将 IP 地址转化为 MAC 地址的 ARP 通常是一个攻击目标。通过在以太网上发送伪造的 ARP 数据包,已经获得系统访问权限的入侵者可以假装是一个不同的系统在进行操作。这将导致各种各样的拒绝服务攻击,也叫系统劫持。入侵者可以使用这种欺骗将数据包重定向到自己的系统,并在安全的网络上进行中间人类型的攻击。通过记录 ARP 数据包,基于网络的入侵检测系统就能识别出受害的源以太网地址,并判断是否是一个破坏者。

(4) 当检测到一个不希望的活动时,基于网络的入侵检测系统将采取行动,包括干涉从入侵者处发来的通信,或重新配置附近的防火墙策略以封锁从入侵者的计算机或网络发来的所有通信。

基于网络的入侵检测系统有以下优点:可以提供实时的网络行为检测;可以同时保护多台网络主机;具有良好的隐蔽性;有效保护入侵证据;不影响被保护主机的性能。

基于网络的入侵检测系统的不足有:防入侵欺骗的能力通常较差;在交换式网络环境中难以配置;检测性能受硬件条件限制;不能处理加密后的数据。

3. 基于内核的入侵检测系统

基于内核的入侵检测是一种较新的技术,近来它开始流行起来,特别是在 Linux 上。

在 Linux 上目前可用的基于内核的入侵检测系统主要有两种：Open Wall 和 LIDS。这些系统采取措施防止缓冲区溢出，增加文件系统的保护，封闭信号，从而使入侵者破坏系统越来越困难。

4. 两种入侵检测系统的结合运用

基于网络的入侵检测系统和基于主机的入侵检测系统都有各自的优势和不足，这两种方式各自都能发现对方无法检测到的一些网络入侵行为，如果同时使用互补弥补不足，会起到良好的检测效果。

5. 分布式的入侵检测系统

这种模式的系统采用分布式智能代理的结构，由一个或者多个中央智能代理和大量分布在网络各处的本地代理组成。其中本地代理负责处理本地事件，中央代理负责统一调控各个本地代理的工作以及从整体上完成对网络事件进行综合分析的工作。检测工作通过全部代理互相协作共同完成。

小　　结

本章主要对网络的基础知识做了介绍，包括网络的硬件构造、软件支持及一些重要的协议。通过本章的学习可以为以后学习打好基础。

思　考　题

1. 常见网络中间设备有哪些？
2. IP 地址、MAC 地址在网络应用中可能存留的信息点有哪些？

第 4 章 网络犯罪现场勘查

网络犯罪现场勘查,是从传统刑侦业务体系中派生出来的一个分支。其基本原则、指导思想均与传统刑事犯罪现场勘查一致,但是由于网络结构与技术的特点,其具体的工作方法、技术规范、工作程序等,与传统勘查工作却有较大的区别。

4.1 网络犯罪现场勘查概述

网络犯罪现场与现场勘查是侦办涉网案件中最关键的一环,本节将简要介绍其主要内容,并就一些业务内容进行定义。

4.1.1 网络犯罪现场

网络犯罪现场,是指犯罪嫌疑人实施网络犯罪活动的物理空间地点、操控的计算机系统与相关附属设备、有计算机数据信息保留的网络传输节点,以及留有其他犯罪痕迹物证的有关场所。

网络犯罪案件发生后,由于案件本身与计算机信息系统的操作过程相关,所以无论案件性质如何、无论涉及对象是虚拟网络环境还是电子化的金融资产,被害人使用系统、嫌疑人使用系统或其他网络中间节点,所相关的场所、环境、计算机系统等必然保留有大量的证据线索,所以对上述内容的检查勘验,关系到案件侦查工作的成败。

多年的刑侦工作经验告诉我们,犯罪现场往往是案件线索最集中的来源,一起案件侦查工作的最终结果,很大程度上取决于对现场的处置。合理有效地处置犯罪现场,对于案件线索的保护、证据的提取有至关重要的意义。但是,网络犯罪现场与传统刑事案件现场有着极大的区别,其中之一便是更多的线索与证据存在于远程或者虚拟网络空间中。这也就决定了勘查网络犯罪现场时,工作流程、工作思路、工作方法的特殊性。

网络犯罪案件现场勘验检查,是指在犯罪现场实施勘验,以提取、固定现场存留的与犯罪有关的电子数据、电子设备、传统证物和其他信息。那么,其主要任务就是,发现、固定、提取与犯罪相关的电子数据、电子设备、传统物证及其他信息,进行现场调查访问,制作和存储现场信息资料,判断案件性质,确定侦查方向和范围,为侦查破案提供线索和证据。网络犯罪现场勘查的目的是发现案件的侦查线索、定位和排查嫌疑人、发现证明犯罪的具体事实,取得合法有效的法庭证据。同样,网络犯罪的现场勘查也包括组织指挥、现场调查访问、现场勘验检查、证据的发现与提取、勘查记录等方面的内容。

显然,由于计算机信息系统的复杂性,在确定现场、保护现场、勘查现场的过程中,比照传统的刑事犯罪现场勘查规则也有所不同。这里提到的网络犯罪案件,是指广泛意上的网络犯罪案件,即包括实施犯罪行为的侵害对象是计算机信息系统的案件、嫌疑人通过计算机系统完成实施主要犯罪行为的案件、被害对象的利益直接或间接体现在计算机系统上的案件,以及案件本身性质与计算机网络无关但在计算机信息系统中存在证据和线索的案件。那么各类案件相应涉及的计算机及外部设备、网络服务器等硬件设备及放置的物理空间、软件环境及相应的参数设置、网络中间设备及存储设备等,都是网络犯罪案件现场所涵盖的对象。

4.1.2 网络犯罪现场的特点

随着计算机与网络的快速普及,日常生产生活中所常见的计算机系统大部分以网络的形式存在,而极少见单纯独立工作的计算机。

而网络本身的特征也就决定了计算机系统的工作特性。对于网络犯罪案件而言,其现场的体现形式具有时间的严格连续性和空间的大跨度性。

时间的连续性体现在网络犯罪案件中尤为突出,犯罪行为人首先在其操作的计算机系统中实施犯罪行为,即第一时间现场,由此数据的传输会在某特定的计算机设备或网络节点形成结果并留下痕迹,即第二时间现场,以此类推,多个现场在时间上有严格的连续性,且一般间隔很小。时间属性也是网络犯罪线索和证据的一个重要属性,比如计算机文件生成时间、网络数据的上传下载时间、网络接入的 IP 地址时间等。

空间的大跨度通常在网络犯罪案件中体现尤为突出。计算机网络已经覆盖了地球上的大部分地区,数据资源的存储以及网络通信的节点散布于网络的各个角落。任何一个网络服务的请求都可能经过几次路由中转,使得数据在很大的区域内传输。以公安部门破获的利用电子邮件敲诈中国香港地区某富商的案件为例,作案人及其所使用的计算机所在地为武汉市,作案人所使用的电子邮件的服务器所在地为北京,经境外服务器转发,受害人读取邮件的所在地为中国香港。有些案件的服务器所在地甚至在国外,以国内某黄色网站案件为例,犯罪嫌疑人及其维护网站所使用的主机所在地为辽宁大连,其获得非法收入的账号为沈阳某银行,其网上银行服务器在上海,其客服联系使用的电子邮件服务器在北京,其网站服务器在美国,其网站镜像服务器在中国香港、韩国、日本,如图 4-1 所示。凡此种种,屡见不鲜。这种跨地区甚至跨国的大跨度犯罪现场,在网络犯罪中极为常见。

此外,由图 4-1 中服务器和相关计算机设备的分布可以看出,本案中很多涉案现场在大跨度区域之外,甚至在国外、境外,那么很容易发现另一个问题——远在国外、境外的服务器是无法勘查的,这是因为各国在淫秽色情方面的立法不同——也就是说某些网络犯罪案件的现场是无法勘查的。同时,以电子邮件的发送接收路径的角度来看,从发送者到接收者的计算机中,都留有该邮件的痕迹,但是就该邮件而言,从邮箱用户的计算机登录查看的内容与从侦查人员的计算机登录查看的内容是一致的——也就是说某些网络犯罪案件的现场是没必要勘查的。

同时,由于网络犯罪案件现场所涉及的重要案件线索、证据及其他相关信息多数是以电子数据的形式存储或体现于各类光电磁介质或输出设备中,所以网络犯罪案件的现场特性更多地体现为数字虚拟性和复杂性。以功能性程序代码为例,单纯的源程序代码是没有直接危害性的,只有经过编译运行了之后,其功能才会真正地发挥出来,所以很多网

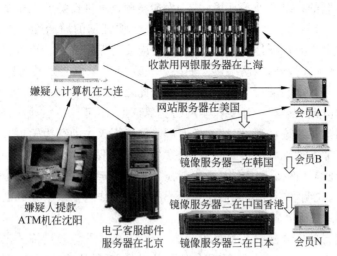

图 4-1　某黄色网站案件现场分布图

络犯罪案件现场的复杂性非常突出。

网络犯罪现场中,证据与线索的脆弱性和时效性也非常明显。比如现场计算机中内存数据和进程信息,只要机器掉电或死机,数据信息就彻底消失了。

4.2　网络犯罪现场勘查一般程序

网络犯罪现场勘查是涉网案件侦查过程中一项极为重要的内容,无论何种刑事案件,现场勘查过程中往往能够发现破案最为关键的线索和证据。因此,很多刑侦专家都有这样一句口头禅:"现场是一座金矿,看你有没有能力去发掘它!"

同时,网络犯罪现场勘查作为一项涉网案件侦办过程中的基础业务,虽然每起案件的现场都各不相同,但是从执法人员行为规范,到具体的工作方法,也都有一整套基本的原则和方法。

大致说来,涵盖以下几个方面。

4.2.1　现场保护

网络犯罪案件现场保护是指从案发时刻或接到有关公安机关指令后,对发生案件的地点(场所)、计算机系统及其附属设备、可能存有案件线索或证据的载体介质、犯罪证物、被害人、嫌疑人及其他相关人员,采取的警戒、保护和控制措施。现场保护工作的开始时间为案发时刻或接到有关公安机关指令后,截止时间为勘查人员抵达现场实施勘查,并释放现场之后。现场保护是现场勘查的前提基础,现场保护的成功与否,直接决定了勘查工作的效果,甚至影响整个案件侦查工作的成败。

1. 网络犯罪案件现场保护的基本要素

网络犯罪现场保护一般是针对本地现场而言,其原则和目的是最大限度地使现场保持离案发最近时刻的系统及外部环境状态,为现场勘查提供良好的工作基础,从而正确地分析犯罪事实、找出最真实的侦查线索,同时保证提取证据的原始性。由此可见,现场保护的内容就是在勘查人员抵达现场前,有关人员应妥善保护现场。简言之,就是控制在场人员,禁止犯罪嫌疑人接触,以防串供。如果案发现场为单位或公共场所,控制现场人员的目的就是防止多人之间交换想法,以免造成彼此之前相互影响形成错误认知,并进而导致勘查人员工作方向被误导。注意保全网络犯罪证据,不可轻易触动计算机设备,避免破坏机内信息和机上的痕迹物证,要杜绝任何可能使证据灭失的行为发生。

一般网络犯罪案件现场应由公安人员、案发单位的保卫人员实施现场保护。特殊情况下,可由案发地的社区街道工作人员或者公安机关指定的其他人员实施,但要注意对其进行必要的指示、说明和指导。通常现场保护的具体工作包括以下几方面内容。

1) 确认状态,正确处置

排除继续进行的安全威胁及损害扩大的可能,否则采取应急措施。也就是说,现场保护人员应该准确判断系统的工作状态,包括开关机状态、网络连接状态、系统运行内容、数据传递方式和内容等。如果系统正在运行的工作内容将导致系统受到安全威胁、损害进一步扩大,或者其他可能导致证据灭失等的严重后果,那么就需要现场保护人员视情况断开网络连接,甚至是直接断掉电源。特别注意的是,当需要断掉电源的时候,台式计算机要从主机侧直接拔掉电源(防止有连接未被发现的 UPS,即不间断电源),笔记本需要拆掉电池。

2) 保持现场"静态"

如果满足当前系统无危害的前提,则保持系统的原始状态,即到达现场之初的开关机状态、网络连接状态、系统运行状态。如果开机状态中屏幕有显示信息,则应不时晃动鼠标或按 Ctrl 键,在不改变系统状态的前提下,避免激活屏幕保护(有些设置系统登录密码的机器,一旦屏保被激活,无密码很难再次返回系统开机状态)。系统开机状态时,内存会保留有当前系统执行任务、进程、复制对象内容、临时文件等信息,很可能存在与案件相关的线索,而这些内容一旦系统断电,便很难甚至无法恢复,因此保持系统静态十分重要。此外,对于现场设备处于运行状态的情况,还要注意外围电源的控制,防止有人故意或无意拉动电闸造成意外的系统掉电。

3) 控制现场人员

无论是嫌疑人、被害人还是案件无关人员,任何人不得触碰计算机系统及外围设备,不得接触现场电源总成,防止系统状态被改变、文件和数据被增删改、取出或安放移动存储等,防止证据或线索的破坏和灭失。计算机系统所提供的线索和证据通常都是以电子数据的形式存在,而电子数据是极其脆弱的,对于计算机内的数据文件,很可能只需要几秒钟,甚至一次按键就可以销毁,所以无论是一般在场人员还是嫌疑人,无论处于何种目的,均应远离计算机系统。

在单位、网吧等公共场合,现场人员可能有几个甚至十几个。要注意隔离在场人员,防止相互交流。因为如果犯罪嫌疑人在场,他们很容易通过交流进行串供,建立攻守同盟等。还应该清楚意识到,在现场的每个人对计算机技术的理解和应用水平是不一样的,一旦出现问题,当找不到原因的时候,有些人很容易被别人的思想所左右。同时,人普遍存在从众心理,通过交流,容易改变个体对案发状态的初始印象。如果存在上述问题,很容易导致办案人员在现场访问时,获得虚假线索,使侦查工作多走弯路。

4) 保护原始物证

未经案件侦查人员同意,禁止任何人携带电子存储介质、纸张及其他证据离开现场。特殊情况,确需带出的,经办案人员许可,可带出,但是,必须将所带物品名称、特征、内容(数据)、带出者身份情况、时间等,详细登记在册。

2. 网络犯罪现场保护中容易忽略的问题

在实施网络犯罪现场保护的过程中,有些细节性问题,往往容易被忽略。首先是在开机状态下,一般现场保护人员往往认为在没有继续侵害或数据破坏的情况下,只要保持系统原状态就可以了。实际上,长时间开机的情况下,多数计算机都会设置系统及电源管理,当开机静止到一定时间后,自动进入休眠状态,所以,在勘查人员到达现场前,不时移动鼠标或按 Ctrl 键是很必要的。同时要注意,在极个别案件(尤其是涉及针对计算机系统本身的犯罪,通常嫌疑人具有较高的计算机使用水平并具有较强的自我保护意识)中,可能嫌疑人在系统中会设置类似自毁程序等内容,而这些程序的启动不仅可以"一键激活"还可以通过时间引擎激活来实现,所以,要严密注意系统的运行状态。

在计算机系统外部,呈离散状态的纸张、电磁介质也是容易被忽略的对象。通常人们对于现场中的计算机系统及其附属设备的关注程度较高,而对打印纸张、工作日志本、与系统呈离散状态的光盘或者一些不常见的设备及附件,如数据带、ZIP 盘等的重视程度不够。尤其在单位等公共场合的犯罪现场,因为人员混杂,现场容易混乱,所以容易造成以上现象。而嫌疑人很可能通过打印输出或者手工记录,而形成带有重要信息线索甚至证据的纸张。

控制现场人员时,尤其嫌疑人在场时,对嫌疑人的有效控制更为重要。现在的计算机系统与越来越多的电子设备产生关联,比如 MP3、MP4 等小型视听设备;MD、SD、CF 等各种存储卡;移动电话中使用的 MiniSD 卡;U 盘等。这些小型移动存储设备通常被嫌疑人随身携带,并且在紧急时刻,很容易被隐蔽地销毁(可以在衣服口袋中使用单手掰断,或者悄悄藏匿于桌椅地板及窗户夹缝、花盆等处)。特别要提醒的是,现在市场上出现了大量的饰物型移动存储设备,比如手表 U 盘、项链 U 盘、钥匙扣 U 盘等,如图 4-2 所示。所以对于嫌疑人而言,要严密监视其行为。

图 4-2 难以想象的形形色色的 U 盘

此外,这里要特别提示一个问题。在网吧内的涉网犯罪案件现场的保护,要切记保持相关计算机设备的原始状态。如果系统开机可能会提供较多的与当前用户相关的信息,便于侦查人员提取。而如果系统关机,那么切记禁止不经保护措施而重新启动,因为网吧内的计算机都装有还原软件或还原卡,其工作流程是在机器启动时,将硬盘数据及系统设置还原为初始状态,前一名使用者的信息就会被破坏,无形中增加了办案难度。

4.2.2 现场勘查的组织与指挥

因为网络犯罪案件的现场相比较传统刑事案件而言,更为复杂和脆弱,所需要的技术力量、法律支持及侦查思维更加复杂和全面。科学严密的组织和指挥是搞好网络犯罪案件现场勘查的大前提,尤其是涉及网络重特大案件时,工作量大、时间紧迫、系统自身更为复杂,更需要严密的人员组织、合理的安排警力和科学果断的指挥,以确保现场勘查工作准确、有效、高效地进行。

1. 现场勘查人员的组织

网络犯罪现场勘查的指挥员应当由具有网络犯罪案件现场勘验与电子证物检查专业知识和组织指挥能力的人民警察担任。重大、特别重大案件的勘验检查工作,指挥员由案发地公安机关负责人担任。必要时,上级公安机关可以直接组织指挥现场勘验和电子证物检查工作。

指挥员必须清楚,网络犯罪现场勘查,应当由县级以上公安机关公共信息网络安全监察部门或网安部门负责组织实施。对网络犯罪案件现场进行勘查不得少于两名干警,必要时,如系统涉及特殊技术、非标设备等情况,可以指派或者聘请具有专门知识的人员参加,提供技术支持。

执行现场勘查工作过程中,应当邀请一名或两名与案件无关的了解计算机技术的公民作见证人。公安司法人员不能充当见证人。邀请见证人的目的在于证明勘查人员对系统操作的性质、后果,对证据原始性以及真实性的保护,以利日后法庭证据的成立。所以,在整个勘查工作过程中,见证人不能对勘查工作参与任何意见,以保持完全的中立,同时,见证人必须承担相应的保密责任。

对于现场提取的电子证物的检验鉴定,应当遵循办案人员与检验人员分离的原则。检查工作应当由具备电子证物检验鉴定资格的专业技术人员实施,办案人员应当予以配合。对于重特大网络犯罪案件、涉及复杂计算机系统的案件的现场处置,可适当增加勘查技术人员,分组同步进行或分项顺次进行。

2. 现场勘查的指挥

由于网络犯罪案件的特殊性,在现场勘查的过程中科学合理果断的指挥具有非常重要的作用。

现场勘查是一项庞杂的系统工程内容,形形色色的案件、千变万化的现场,都需要现场勘查指挥人员能够冷静地分析、科学地指挥、果断地决定。同时,必须掌握科学的方法以及合法的程序。

对于一般网络犯罪案件而言,勘查人员组成简单,指挥人员基于对案情的准确分析,可以相对快速地确定勘查重点,划定范围、确定顺序和固定现场,适时合理地简化勘验检查步骤,提高办案效率。

对于重特大案件以及涉及复杂计算机系统的案件,现场勘查人员较多,指挥人员根据对案情的分析,并结合现场实际情况和特点,合理安排警力,分工合作。分配勘查人员或多头并进,分组同步进行,或单头递进,分工流水进行。例如,当现场存在多台计算机,可将勘查人员和勘查对象分组,分区域开展工作;当现场只有一台计算机,但连接较多的附属设备或网络连接情况较复杂时,可将勘查人员分组,分项目开展工作;当现场只有一台计算机,但案情复杂紧迫时,可将勘查人员分组,分步骤开展工作。只有这样,才能保证及时有效全面地找到案件线索和证据,抓住破案时机、提高破案率。

对于多数案件而言,由于案件性质涉及其他警种的管辖内容,在勘查过程中,非常可能出现各警种人员交叉混乱的问题。这就需要指挥员全面掌握各类刑事案件现场勘查工作内容和方法,准确地分析和判断案情,合理安排各警种勘查的顺序和步骤,协调各警种间的配合,以获取更多的线索证据,保证现场勘查工作的秩序和准确性。

网络犯罪案件现场勘查工作中,只有指挥员或组织者熟悉网络犯罪侦查的技术环节、了解更多案件具体情况,才能有的放矢,做好充分的准备,在勘查工作中取得更多、更准确的犯罪证据和线索。

4.2.3 网络犯罪案件本地现场勘查

网络犯罪案件本地现场,通常可以理解为一般意义上的可控的、可进入的、可操作的本地现场环境。一般本地现场包括计算机系统内部现场(简称"内部现场")和系统外部空间现场(简称"外部现场")两个组成部分。内部现场主要包括现场中的主机(或服务器)、打印及其他附属输出设备、网络连接设备等系统设备的机内电子数据。外部现场主要包括计算机系统所在的物理空间、硬件设备的物理状态及特性、打印或书写的纸张、系统周边的线缆和接口、独立存在的移动存储设备和介质等。

对于绝大多数案件来说,如果存在本地现场,那么对本地现场的勘查是查获线索、取得原始证据的重点工作,同时,由于本地现场勘查工作存在更多的未确定因素,所以勘查工作的难度也明显提高。通常提到的本地现场内容包括:本地存留的计算机及其外部附属设备;书写或打印的有关计算机系统信息的纸张;存有可疑文件的硬盘、光盘、U盘等存储介质;现场计算机的网络连接状态等诸多方面的内容。

1. 现场勘查前的准备

在进行现场勘查工作之前,组织者和指挥者应该比较全面地了解案情,准确把握案件性质,掌握嫌疑人所使用的计算机系统的特性、嫌疑人本身的技术特点等,以做好相应的准备。对于技术复杂或涉及专门技术领域的案件,可邀请计算机问题的专家参与案件的现场勘查工作,并承担相应保密责任。根据案件的具体情况,勘查人员需要准备调查所需的工具。包括可能用到的五金工具、线缆、软件、计算机设备、专用设备等(大部分工具,目前网安部门配发的勘查箱内都已经提供)。同时,特别需要注意的是,由于计算机系统所提供的电子证据非常脆弱,寻求法律支持的难度也较大,所以通常对于网络犯罪现场,应该尽量避免复勘的可能性。这就要求办案人员对于现场的勘查要在一次工作中完成,也就是说,勘查前的准备是重中之重。

具体地讲,准备工作包括以下4个方面的内容。

1) 对现场的预测性分析

对涉网案件的现场勘查,应事前对常见问题设置预案,例如单机环境、多机环境、楼宇网络环境等,不同的环境有不同的应对措施,保证临场的工作效率。进入现场之前,通过对案情的分析,应该形成针对具体案情的综合预测。一般可预测出嫌疑人所使用的操作系统、可能使用的软件环境。

对于不同性质的案件,勘查计算机系统应有所侧重。比如就嫌疑人使用的计算机系统而言,对于散布有害信息的案件,要对涉案文档进行分析,了解嫌疑人可能用到的图片及文字编辑软件;对于侵入或破坏计算机信息系统的案件,应该预先了解和分析嫌疑人可能会用到的扫描工具软件、口令破解软件,甚至根据其入侵方式,估测其可能用到的攻击软件和技术;对于涉及非法网站的案件,应该预先估测出其可能使用的网页制作软件等。通过对现场的预测性分析,可以从技术上做好充分的准备,做到勘查人员有的放矢、临场不乱,以尽量避免在现场出现无法解决的问题。同时,做好应急预案,一旦出现事先没有预料到的问题,有适当的应急处理办法。

2) 现场勘查设备、工具、用品的准备

对计算机系统的勘查,有特定的硬件需要。包括硬盘专用复制设备、各种存储介质的只读设备、接口转换线缆或工具、各种存储卡的兼容读卡器、计算机设备拆卸工具、各种防静电、防震包装物、封条、标签纸;笔记本、便携打印机、网络测试设备、照相机、摄像机等。目前很多地方使用网络犯罪现场勘查箱,将常用工具、转接线缆及设备集成在一个包装内,如图4-3所示。

图4-3 国内各地配发的几种网络犯罪现场勘查箱

3) 现场勘查软件工具的准备

干净的系统启动盘、杀毒软件、数据恢复软件、系统信息查看软件、动态数据查看工具包、磁盘文件快速浏览软件、应用程序安装信息、硬件设备驱动信息等,以及接口连接设备历史记录、反编译工具、十六进制查看工具等一些常用的工具软件。

4) 现场勘查方案的制订

现场勘查方案的制定对于提高现场勘查工作的效率、成果、准确率有着关键的决定作用。在有可能的情况下,制订勘查方案前应向举报人、受害人等有关人员详细询问案情。尽可能多地获取该计算机系统信息,考虑可能遇到的问题及解决办法;了解系统,包括网络结构、硬件及网络通信设备的类型性能指标,软件类型、名称及版本,是否有安全系统及安全系统的类型,是否能够获得系统文件的密码,如果试图做未经授权的访问,是否有陷阱会摧毁信息;系统的确切位置,可能存放证据的位置范围等。每一个独特的系统都有其独特的脆弱性和特殊性,在不能保证有适当的技能去进行勘查时,一定要向有专门技能的人员咨询,包括受害人、技术顾问、证人、计算机信息系统软件和硬件的供货商、计算机安全系统的设计者等。在充分调查研究的基础上根据犯罪行为属操作类或程序类,制订勘查方案,明确取证目标、勘查方向和勘查设备的使用,突出勘查重点的同时保证信息收集的全面性,统一指挥,明确分工,组织协调。

对于不同的涉网犯罪案件而言,就有不同的侧重内容。

(1) 对于非法编写、制作、散布、传播某些文档内容的,如 Word 文档、写字板文档、画图软件编辑制作的图片、Excel 表格、HTML 格式的超文本(网页)等,要针对对应软件进行详细调查。

(2) 对于使用计算机在网上与其他犯罪嫌疑人或非涉案人员勾连的,要重点对其网页浏览器(IE、TE、TT、NetScape 等)的历史记录、Cookies、临时文件进行调查;对电子邮件管理软件(Outlook Express、Foxmail 等)的收发邮件内容以及联系信箱和联系人进行调查;对即时通信软件(QQ、UC、MSN、Yahoo! 等)中的好友、登记信息、通信内容、时间等进行详细调查。

(3) 对于一般涉网犯罪案件,找到可以定位嫌疑人的 IP 地址、时间的相关内容,如电子邮件、网站更新记录,以及设备连接的通信线路等内容。

(4) 银行、证券等金融部门出现的电子资金盗窃案件,重点通过核查上一级支行的系统流水明细,以确定嫌疑账目产生的具体设备和操作员代码。

(5) 改变设备的正常运行状态,达到破坏或间接利用设备违法犯罪的,重点调查计算机的系统文件设置或应用软件的参数、属性等。

(6) 对于涉及网站、邮件等使用网络环境的犯罪案件,如果有条件可在进入现场之前,在客户端固定和分析相关信息,并总结规律信息(如关键字、重要链接等,以备关键字搜索)以提高进入现场后的勘查效率。

(7) 留心历史记录网页中的星号密码(如果有)可通过特殊软件读出内容,很多人在不同的软件、权限确认及网络环境中,使用相同密码。

现场勘查方案是对现场勘查工作的一个临时预案,而在实际进行的过程中会有很多的变数,这更要求指挥员具有灵活的侦查意识和较强的临场应变能力。

2. 外部现场勘查

外部现场勘查,包括除一般案件现场所需勘查内容外,检查现场各种磁记录物、书面材料、主机工作状态、显示器所显示的内容、系统外部设备的状态等内容,以及系统所固有的各种输出痕迹特征,各种线路(电源线、电话线、数据线、光纤等)接入的详细位置、状态。并做详细标记和记录,必要时用图示记录。本节中,对于传统刑事侦查中根据案情对现场勘查的内容不加叙述,仅就计算机部分内容进行论述。

第一,任何对环境的改变应在照相之后进行。要从全景到局部对整个现场照相。照片必须体现出计算机系统所在的空间环境及所处环境中的具体位置。然后,对计算机系统各个侧面及部件等细部特征拍照记录。注意设备序号等可识别特征,如图4-4所示。

注意拍摄各部件的连接情况,通常,可以采用在线缆两头贴标签、标明序号的方法。这一方法不仅可以明确地看出设备连接情况,还可以为日后重建现场提供可靠的依据,如图4-5所示(需要特别注意的是,对计算机设备的封存,除用封条封闭设备外壳固定点外,还要特别注意封闭设备各连接端口,确保封存以后的设备无法使用、拆解,并详细拍照记录封存状态)。

图4-4 照片要注意拍摄表明证物特征的细节

图4-5 将接口与线缆标记号码后拍照

在拍照完成后,应该以计算机为中心,展开现场搜查工作。在实施具体勘查工作的过程中,对必要的对象仍需补充拍照。

第二,要正确判断主机工作状态。需要注意的是,因为各种机型的不同,维护和维修过程的不同,不能单独靠显示器或指示灯判断开关机状态。而应该综合考虑显示器是否开机、机箱及显示器温度、风扇噪声等。而如果想尝试唤醒休眠状态的计算机,最安全的操作是按Ctrl键。这里特别要提示的是,如果目标系统处于关机状态,但是机箱及显示器温度高于室温,则表明嫌疑人刚刚离开。一般情况下,如果系统处于开机状态,往往能够给侦查人员提供更多有价值的动态数据,包括内存信息、进程、开放端口、日志、IP地址、网络连接信息、注册表信息等。同时,如果系统正在运行文档编辑软件、打开电子邮件、登录网络社区、运行即时通信软件等,勘查人员可以方便地提取和分析重要线索和证据,而免去了破解密码的麻烦,大大提高办案效率。所以,一旦发现系统处于安全的开机状态,切记保护好这些动态信息和易失数据,然后进行提取(详细内容后面介绍)。另一个重要提示是当发现系统开机后,可时常按Ctrl键,以避免屏幕保护程序被激活,因为很多机器一旦屏幕保护程序被激活,想要再次进入系统,需要密码认证,无形中增加了工作难度。以上信息和操作过程应详细记录。

第三,确定系统周围的电话线、网线、光纤等线路的工作状态。检查系统周边的外部线缆接口状态。需要注意的是,准确掌握上网用的电话线的号码,有些犯罪嫌疑人所使用的上网电话可能和住宅电话不是同一号码。了解网线等数据线的网络特性,如果是固定IP,要提取其IP地址;如果是动态IP,应了解其登记账号,并做详细记录。

第四,如果现场发现有调制解调器、交换机、路由器、集线器、打印机、扫描仪等系统外部设备,应分析其工作状态、了解和分析其性能、了解品牌和型号,封存扣押,并做记录。实战中,常能在现场发现无线路由器,要注意提取路由表,以掌握该节点处接入网络的无线上网设备。

第五,彻底搜查散在的移动存储介质,包括光盘、U盘等,注意,如果现场计算机处于关机状态,在光驱内,可能存留有光盘。对于搜查到的存储介质可以进行预览,注意,不能用现场遗留的计算机,而应该使用自带的笔记本,在保证存储介质处于只读状态时方可预览。对于有嫌疑的介质,应立即备份,并编号、封存、扣押。

第六,注意搜查现场的文书材料,是否有打印文档、书写记录、日常工作记录(记录系统操作人员的交接和重要操作内容)等。特别注意的是,有部分人习惯将难于记住的用户名和密码写在纸上,粘贴在显示器侧面、底座,以及键盘的下部等隐蔽位置,搜查中不得忽略。

第七,某些案件现场可能涉及光盘刻录设备(如散发反动宣传光盘等),比较常见的小型刻录设备俗称光盘塔,为一拖多(常见一拖十或十二,数量可以自己配置),勘查过程中,要留意其工作的数据来源是依靠母盘还是硬盘中的镜像文件,注意对相应证据进行查找固定和扣押。

第八,对于重要敏感单位的计算机系统,如银行证券及其他企事业单位等,通常单位会设置监控录像。一旦案件发生要注意快速调出查阅备份,以免超过保存期限而被销毁覆盖。

第九,搜查其他可能与案件有关联的证物,需要通过计算机系统对数据进行分析的,应立刻制作备份。原证物封存。对于某些特定案件,如网络侵财案件,常见涉及银行账号及银行卡,现场应予以搜查;对于涉及非法印刷品的案件,要对现场的打印、速印及其他印刷设备进行勘查,同时对现场出现的废旧纸张中的内容进行比对和分析;对于涉及网络赌博的案件,无论组织者还是参与者,现场常见账本和结算单等。

第十,对于手机的MiniSD卡、PDA、备份磁带、数码相机、数码摄像机、数码录音笔、智能卡、磁卡等,可根据案情进行搜查、检验和扣押。尤其要注意优先搜查嫌疑人身上携带的可移动存储设备。

第十一,发现非通用设备时,搜查与该设备相关的说明书、驱动程序、前端软件、配套硬件和光盘。

第十二,要特别留意涉案计算机的非常规用法。例如,使用两块硬盘,但其中一块不接电,通常作为安全数据备份使用,防止正常使用过程中病毒感染;再如,使用宽带和电话线拨号两种方式上网,分别做不同用途。如图4-6所示,A处即为从属硬

图4-6 特殊设置的计算机内部情况

盘，但只接数据线未接电源，B处为网卡和内置调制解调器，显示本机可通过两种方式上网，C处为内置调制解调器的外部接口。

提取和扣押的证物统一编号、封存、扣押，并填写扣押物品清单。扣押物品清单务必详细填写，以避免日后返还或提请鉴定时发生争议。封存的过程中，主机箱要使用胶带封条完全封闭主机各外部接口，同时将机箱盖与箱体固定一起；光电磁记录介质必须每样单独封装，一般使用防静电胶袋；盛放证物的外包装，必须防震防挤压。

要特别注意静电对计算机系统的影响，尤其是静电对电磁介质的影响。在空气干燥的季节，一定要消除静电后才能着手开始进行现场勘查工作。

对于扣押物品的运输和保存除注意消除静电外，还要注意粉尘、强磁场、震动、潮湿和高温对证物稳定性的影响等问题。证物的扣押、封存、运输、保存和移交环节，不得单人独立完成，全过程中必须有两人以上同时在场，并且在相关环节履行必要的法律手续。

外部现场的概要勘查项目可参考表4-1中的内容。

表 4-1 外部现场的概要勘查项目

检查内容	现象/条件	判断/处理方式
屏幕有显示信息	显示静止内容或多媒体	拍照或保持原工作状态并提取易失数据
	上传或删除信息、格式化	断网、停止运行内容、断电
	任务栏及快速启动项有未知内容	判断工作状态、记录其内容
电源、显卡、CPU风扇	风扇转动，显示器黑屏	开机状态，打开显示器，执行以上操作
	所有风扇均不转动	关机状态
机箱温度	温度高	开机状态或刚刚关机
	温度低	待定，结合以上内容判断
无线上网设备	机箱后部有无线网卡天线	寻找无线路由器及其他计算机
	笔记本用CDMA网卡	工作状态（指示灯是否闪烁）
显示器、键盘、主机周边	是否有纸质记录物	判断内容、记录、封存扣押
	是否有光、电、磁移动存储介质	复制原件信息、记录、封存扣押
拆卸主机硬盘（可能不止一块，但不同时使用）	案情紧急/具备设备条件	快速浏览关键信息，克隆硬盘，原件扣押
	一般案件需要技术分析	克隆硬盘，原件扣押
数码照相、摄像设备	存储介质为Flash卡	插入勘查用电脑读取并复制，原件扣押
	存储介质为磁带	原机播放，原件扣押
电话	移动电话有外存卡、来电显示	读取复制外存卡、记录来电去电和短信
	固定电话有来电显示	记录来电和去电信息
网线及电话线（可能有双网卡加调制解调器）	计算机有网卡	检查网线及其他网络附属设备
	计算机有调制解调器	核实附近的电话线真实号码

续表

检查内容	现象/条件	判断/处理方式
视频监控	有录像	浏览检查复制
	无录像	询问监控安管人员
打印机、扫描仪等外围设备	是否能正常工作	记录品牌型号特征,可能需要封存扣押
	确定不能正常工作	放弃/可能需要协助提取油墨碳粉样本
工作手册、打印纸张、随手贴等	字符串	记录封存,可能是用户名或密码
	程序代码	与案件关联分析
	打印缺陷、手写特征等	与其他线索结合比对
现场人员	单人	根据其身份进行询问或讯问
	多人	隔离人员,根据其身份进行询问或讯问
非标准设备	现场有匹配设备	现场读取分析,制造标准格式数据备份
	现场无匹配设备	封存扣押,请专家技术处理

3. 内部现场勘查

内部现场勘查主要针对机内数据展开调查和勘验分析。多数案件需要在现场对系统数据、文件等进行分析和处理,以便快速得到案件线索,推进侦查进度。对复杂的数据处理、大量文件恢复、复杂文件密码破解、全盘文件查找、剩余空间及未分配空间的数据查找等需要耗费大量时间的工作内容,可移后留待回到实验室继续进行。对于需要对代码特性分析、数据文件证据、特定操作过程痕迹认定等证据建立工作,可提交有资质的鉴定机构进行,生成鉴定报告。

对于计算机系统的勘查,通常包括计算机系统运行状态、参数、屏幕显示信息,内存信息、进程信息等各种易失数据以及存储介质中的数据以及系统中记录的近期使用过的文件信息。勘查过程中,必须严格遵守计算机设备的操作规程,了解操作的副作用,把采取的各步骤及遇到的情况记录成文、录像,并请见证人签字认可,以便在必要时能够准确地重建现场、在接受法庭质询时对操作结果做出合理解释。一般情况下,不要使用被调查的计算机信息系统的任何硬件或者软件工具。勘查人员要对所有与案件有关的计算机信息系统的硬件、文件资料、磁盘等做标记,注意搜寻包含用户标识和密码的文件资料。收集上机记录和工作日志,封存程序备份、数据备份和各种打印结果及一切相关证据;现场勘查中要清楚、完整地拷贝所获取的文件以及文件载体,如硬盘等,以保证复制合法有效、原始证据没有被破坏。对不能停止运行的计算机信息系统,要在短时间内完成现场电子数据的备份工作。

勘查过程中的所有操作,应保证机器内原始数据不被修改和覆盖。

首先,是易失数据的提取。所谓易失数据,是指存在于开机状态下的计算机系统中,包含当前系统信息、内存数据、临时数据、进程、网络端口、虚拟内存等信息的数据,在计算机休眠、关闭电源后,这些数据信息就有可能改变或丢失。在进行网络犯罪现场勘查时,如果系统开机,调查人员必须尽快收集这些数据,从中发现案件线索。

屏幕上显示信息的提取,必须用照相机(摄像机)拍摄计算机屏幕上显示的内容,同时记录拍摄的时间。拍摄的照片须全面反映当前系统中应用程序的运行状态,并能够清晰显示重要的证据信息。本地现场勘查过程中,一般情况下不应使用被调查计算机截图或屏幕录像的方式固定显示器屏幕信息。

勘查开始时,必须记录当前系统时间与北京时间的差。这是因为在线索分析的过程中,如果从他人计算机或服务器中提取的文件线索带有准确的时间属性,而嫌疑人计算机的时间设置与北京标准时间有差值,就会在本地文件筛选查找时被严重误导。

对计算机系统信息及内存信息等,可以通过特定指令查询输出。以 Windows 系统为例,提取计算机系统易失数据常用的工具有以下几种。

(1) cmd.exe:在调查嫌疑人或受害人计算机的易失数据时,必须用自己事先准备好的"干净的"cmd.exe 命令解释器,不要使用嫌疑人或受害人机器上的 cmd,避免造成数据丢失。

(2) ipconfig:该命令用于显示被调查计算机中所有当前的 TCP/IP 网络配置值、刷新动态主机配置协议(DHCP)和域名系统(DNS)设置。常用参数为 ipconfig /all。

(3) pslist:该命令可以查看被调查计算机中正运行的进程。

(4) fport:该命令可以查看被调查计算机系统进程与端口的关联,有哪些服务,开放了哪些端口,都采用的什么协议,程序在机器中存放的路径。

(5) arp:用 arp 命令可以查看被调查计算机 IP 地址和 MAC 地址的映射表。常用参数 arp - a。

(6) netstat:netstat 命令可以查看被调查计算机网络连接、路由表和网络接口信息,可以让调查人员得知目前都有哪些网络连接正在运作。常用参数 netstat -a,netstat -n。

(7) pclip 和 clipbrd:用 pclip 命令可以查看被调查计算机当前缓存里的文字内容。用 clipbrd 命令可以查看当前缓存里的文字、图片等内容。

(8) net:该命令是一个命令行命令,可以查看被调查计算机管理网络环境、服务、用户、登录等信息内容。常用的有 net start、net user 等参数。

(9) NTLast:如果被调查计算机对登录进行了审核,使用 NTLast 工具可以查看被调查计算机系统中所有成功和失败的登录,最近有哪些用户登录,登录是远程的还是本地的。如果 NTLast 后面没有参数,显示计算机系统中所有登录信息。

(10) psinfo:该命令可以查看被调查计算机或者远程计算机的一些系统信息、软件安装信息和其他信息,不加任何参数的 psinfo 就只显示本地计算机的系统信息。

(11) psloggedon:该命令可查看被调查计算机目前有哪些本地用户或其他网络用户登录。

(12) psloglist:该命令可以查看被调查计算机系统事件记录。

(13) reg:该命令可以添加、更改和显示注册表项中的注册表子项信息和值。常常用该命令导出注册表项中的注册表子项信息和值。常用参数 reg export。

(14) nbtstat:该命令使用 TCP/IP 上的 NetBIOS 显示协议统计和当前 TCP/IP 连接,使用这个命令可以得到远程主机的 NetBIOS 信息,比如用户名、所属的工作组、网卡的 MAC 地址等,主要参数 nbtstat -a 和 nbtstat -n。

(15) md5sum：MD5 全称是报文摘要算法(Message-Digest Algorithm 5),此算法对任意长度的信息逐位进行计算,产生一个二进制长度为 128 位的"报文摘要"。对文件用 MD5 算法进行校验,如果得到的报文摘要与原来的一致,则认为文件是完整的,没有被破坏或更改。例如,可以对调查结果文件、调查使用的命令批处理文件等均进行 MD5 校验,同时将该 MD5 值在现场勘验报告中记录下来,以保证调查结果的原始性。

(16) date 和 time：在 Windows 系统中,访问等时间不能通过资源管理器直接查看,否则有些时间信息将会改变。可以通过 date 和 time 命令查看被调查计算机的系统日期和时间。

(17) dir：可通过 dir 命令获得被调查计算机上所有文件的修改、创建和访问时间。例如,获得 E 盘创建、访问、修改时间的递归目录列表的命令分别如下：

dir e:\ /t:c/a/s/o:d 获得 E 盘创建时间的递归目录列表的命令

dir e:\ /t:a/a/s/o:d 获得 E 盘访问时间的递归目录列表的命令

dir e:\ /t:w/a/s/o:d 获得 E 盘修改时间的递归目录列表的命令

上述内容中,除 clipbrd 命令输出内容为特殊的图元文件格式,其他内容都可将运行结果生成于文本格式的报告文件中。具体操作过程如下：将计算机中运行的查询结果在当前目录下生成一个名为 rpt.txt 的报告文件：pslist＞rpt.txt,然后再将当前端口状态查询结果追加进去：Fport≫rpt.txt。

在实际工作中,可以简单地将上述命令打包,编制一个批处理文件,还可以制作一个 Autorun 文件,来自动执行(目前随着计算机安全软件的升级,相当多的计算机屏蔽了外部存储介质的 Autorun 功能)。批处理文件存放于勘查专用的 U 盘中,且将提取易失数据导出的文本报告保存路径也设置在 U 盘中。

尤其要注意的是：禁止将提取信息存储在目标系统原有的存储媒介中；必须有见证人在场,并详细记录提取过程和时间；必须使用哈希值对提取数据类信息校验并记录。如发现计算机上运行特殊应用软件时,搜查与该软件相关的使用说明书、软件狗、配套硬件设备和光盘等。

其次是现场复制磁盘。在计算机系统关机或者开机提取易失数据后断电的情况下,应该对目标机器硬盘做以备份。对硬盘的备份目的在于不破坏原始证据的前提下,开展后续的分析和鉴定工作。因为涉及数据恢复等内容,所以要求对原盘的所有空间和数据进行原样复制(位对位复制,包括残留数据碎片、坏道标识等)。显然一般的复制命令和工具软件无法满足这一要求。通常在实际工作中,可采用专用的硬盘复制设备,如国产的硬盘高速复制机等,制作至少两份磁盘副本,原始磁盘封存,留作原始证据。如有必要,一份送交检验鉴定部门,提取有效的证据；一份留办案人员分析和查找侦查线索。

最后,机内数据的现场勘验。涉网案件中,由于案件性质不同,其证据规格要求也不同。某些案件,如网上传播淫秽物品等,计算机本身存留着大量的证据,那么嫌疑人使用的计算机必须严格按照证据控制与固定程序执行封存扣押,在确保只读的情况下进行电子证据的提取,以保证案件证据载体和证据本身的证明力。而另外很多案件中,如网友见面发生性侵害案件中,被害人计算机中的数据信息,只起到侦查线索的作用,那么勘查人员在保证基本不破坏计算机数据的前提下,可以进行一般性的分析勘验。实际工作中,多数涉网案件并不涉及复杂的计算机技术,甚至不需要对机内数据做特殊的鉴定处理。部分涉及对计算机代码分析与性质认定、数据恢复的有效性认定、特殊软件的性能与操作性质认定、复杂数据的处理等需要提交电子物证鉴定部门,提供有效的鉴定报告从而形成法庭证据。或者现场侦查勘验没有发现或发现很少线索,提请检验鉴定部门协助分析和发掘更多的数据线索。

涉网犯罪案件的现场数据分析勘验,是常见的工作重点内容之一,主要是针对系统和存储介质的勘查。一味将现场提取的磁盘等存储介质交由检验鉴定部门做分析是不值得提倡的。这是因为:

(1) 延长了侦查工作开展的时间,很多的案件线索是有时效的,如果事隔多日后找到在逃嫌疑人网上订票信息或可能乘坐的火车车次、网络赌博案件嫌疑人的上网信息(而受到惊扰后其庄家主动关闭境外服务器)、网络色情案件中网站更新前的脚本(已经与原脚本内容不同)等,往往贻误了最佳的办案时机,增加了案件侦破的难度。

(2) 在检材移交的过程中,因为案件本身往往存在线索的不明确性,所以办案单位对鉴定部门提出的需求描述往往不够明确和全面。而检验鉴定部门本身是按照委托要求来进行相关的分析操作,而且技术人员本身对案件可能出现的情况了解更少,结果很可能造成重要线索被遗漏。

(3) 因为目前国内的电子物证检验鉴定部门都是独立于侦查办案部门的机构,所以在出具检验鉴定报告的同时要收取一部分费用,无疑增加了办案成本。

所以,网络犯罪案件的现场侦查勘验显得尤为重要。现场数据介质的侦查勘验如有必要,也可以分为两阶段进行:现场对关键信息的浏览分析;个别需要破解密码、数据恢复、海量数据分析等耗时相对长些的工作可留待回到工作地点进行。

网络犯罪案件的现场侦查勘验工作,首先侧重的是浏览机内关键信息。所谓的关键信息就是指与相应案件所关联的重点内容。

例如,某现场为在逃嫌疑人居所:重点查找本机中遗留的所有网上联系人信息,包括即时通信软件的联系人、电子邮件联系人、BBS社区等站内信息的联系人等;浏览器历史记录中体现特别关注与查询的省份、城市、地区、交通工具时间表、宾馆酒店的电话与地理位置等;其他网上兴趣点,如色情网站、网络游戏等。由此推断其逃跑方向和地点、网上容易出现的时间和地点。

又如网络侵财案件:重点查找本机中网上银行登录信息、网上交易的联系过程(网络联系方式与内容),通常包括QQ、MSN、E-mail、阿里旺旺等网络通信工具软件,以及交易过程所涉及的账号、地点等。

再如涉嫌制作传播危害国家安全或公共安全、淫秽、赌博、诈骗等信息网站的案件:重点调查网站制作工具软件、历史文件、网站脚本、网页素材等内容。

或如涉嫌组织参与网上赌博的案件:赌博网站的历史记录信息(历史记录、Cookies等)、电子记账软件或记账文本文件等。

除此以外,通过对现场遗留计算机及存储介质的分析勘验,除可能发现与案件直接相关的内容外,一般浏览机内信息往往可以刻画嫌疑人特征,例如:

（1）系统很干净，虽然安装了很长时间，但工作应用软件、娱乐软件很少安装，上网记录很少。显见该机器使用者应用简单，操作水平较低。

（2）系统很干净，但大量的内容被删除，包括 IE 历史记录、回收站内容等，隐蔽位置存有加密文件等。显见该机器使用者非常谨慎，习惯隐匿私密信息。

（3）机器中有大量的黄色网站浏览记录，或本地硬盘中下载保存有大量的黄色图片或黄色电影。显见该机器使用者好色，通过其下载的网址尝试了解其用户名，通过其下载的黄色图片内容，了解其偏好（可能在后期抓捕时有价值）。

（4）机器中无论 IE 记录还是安装下载的软件都与游戏、聊天有关。说明该机器使用者喜欢玩，可以提取其游戏账号、聊天的网名、ID 等。

（5）Cookies、历史文件、temp 文件中高频率出现的网站，其内容及关注程度往往与该机器使用者的兴趣爱好密切相关，尤其在 BBS、聊天室的遗留信息，可以深挖线索、扩大侦查范围。

（6）机器中很多黑客软件，或访问很多黑客网站、技术论坛等，往往表明该机器使用者对于黑客技术的爱好和尝试，甚至通过其有针对性的实验，表明其犯罪图谋。

4. 特殊情况的处理

案件的发生往往存在很大的随机性，其特征特点也是千差万别。这里所提出的特殊情况是指区别于前述内容，存在特殊问题或非常规操作的情况，包括很多方面内容。这里着重介绍两个较为突出的问题，也就是特殊现场和在线分析。

所谓特殊现场，是指如银行、商业网站等不能结束系统服务器运行的案件现场；计算机系统遭受严重外部破坏，如火灾、水浸等残毁现场；计算机系统除本身电子数据以外，携带有其他传统刑事物证，如指纹、血迹等。

对于特殊现场，勘查的时效性尤为重要，同时，对于突发现象的处理要及时果断。特殊现场的犯罪遗留痕迹往往已经在勘查人员到达之前，因各种因素被严重地人为破坏。对于不能结束系统服务器运行的案件现场，要在第一时间在线复制历史数据，同时根据案件性质，重点处理日志、数据库等重要信息；对于火灾、水浸等，遭受严重外部破坏的残毁现场，要会同专业人员对系统中残留的硬盘及其他存储介质进行提取，但是不要使用常规方法进行检验分析，而应在可控的专业实验室环境下处理，否则可能造成证物不可逆转的损毁；对于被生化污染的犯罪现场，必须对现场及相关设备、器件进行无害化处理后方可开始勘查检验；对于携带有其他传统刑事物证，如指纹、血迹、工痕等的计算机系统，应避免破坏其遗留物证，可使用探针等小接触面的器物代替手指操作。

除以上几点外，还有些特殊情况，如经高压水枪冲洗、经化学清洗、受水浸包括受到淤泥和污水污染、被海水浸泡后的磁介质应尽可能快地用流水冲去污染物和附着液体，而后完全淹没在蒸馏水或净水中密封保存，而后尽快在实验室条件下干燥。因为在非控环境下干燥磁介质可能产生矿物质残留物从而破坏介质。如果只是轻微受潮，可放在塑料袋内密封保存；如果完全湿了，则最好浸在水中，直至具备适当的干燥条件。这也适用于计算机硬件如电路板或磁盘驱动器。长期不使用或保管不当的磁带可能发生霉变或粘连，可以在正常条件下运输但未经专业处理不应尝试读取。

特殊现场的勘查往往具有更高更复杂的技术要求,需要勘查人员掌握相关的技术要领。对于无法确定勘查方法的情况,可遵循现场勘查的总体原则,对相关内容实施固定和保护,留待后续完成。

所谓在线分析是指在现场不关闭电子设备的情况下直接使用原设备和原系统,进行分析和提取电子系统中的数据的方法。因为在分析和提取的过程中,勘查人员对系统的操作必然会对原系统的初始状态产生影响,导致系统的数据、文件内容以及文件属性等发生改变,甚至可能会因原使用者的安全设置而影响到整个系统或关键信息的损毁,所以除以下情形外,一般不得实施在线分析。

(1) 案件情况紧急,如涉枪、涉爆、伤害杀人等急重大案件,第一时间不在现场实施在线分析可能会造成严重后果的。

(2) 情况特殊的单位,如银行、证券、期货、大型商业网站等,不允许关闭电子设备或扣押电子设备,而数据在实时更新的。

(3) 现场设备属于早期应淘汰产品、或专门开发的非标准设备,难以找到合适的适配转接设备,而不得不依托原系统进行勘验的。

(4) 在线分析不会损害目标设备中重要电子数据的完整性、真实性的。重要电子数据是指可能作为证据的电子数据。

实施在线分析的过程中,应尽量避免修改、写入、删除原系统信息。尽量使用关键数据的外围操作,比如对非标存储设备中的数据库,尽量不直接访问,而是通过原系统的其他输出端口(USB、串口等)输出到标准移动存储设备上,进行备份只读处理。在线分析由于破坏了系统的完整原始性,所以通过直接转化得到的证据效力必然下降,对于备份出的数据,可提请专业电子物证鉴定,以鉴定报告的形式出具证据。同时,为避免诉讼对证物的产生提出歧义,应全程照相、录像,对于关键操作进行记录。

在实施本地网络犯罪现场勘查过程中,应按照相关规定认真填写和制作现场勘验检查工作记录,内容依次包括《现场勘验检查笔录》、《封存电子证据清单》、《固定电子证据清单》、《勘查检验照片记录表》等法律文书,如图 4-7 所示。如有必要,还可制作现场图,记录系统动态参数和数据调用、交换关系等。

4.2.4 网络犯罪案件远程现场勘查

对于利用计算机网络实施的犯罪案件中,通常会在远程网站及服务器中遗留重要的案件线索和证据,对其勘查检验就成为一种必要。远程现场,通常可以理解为距离较远,跨地区、跨省甚至跨国的不易直接接近的网络现场环境。

网络犯罪案件远程现场勘查,是针对 4.1 节中提出的网络犯罪特有的远程现场所提出的,是指通过网络对远程目标系统实施勘验,以提取、固定远程目标系统的状态和存留的内容。

对于嫌疑人在网上的操作,形成的数据节点的信息收集,比如 E-mail 服务器、网站主机、即时通信服务器上的保留信息等,在可以寻求相应网站支持的前提下,通过公安部门的特定途径得到。而无网站协助的情况,只能单纯地靠技术尝试解决。同时,由于大多数情况下,侦查人员对远程现场的性质以及需要了解的涉案信息类型掌握的比较准确,通常

图 4-7 现场勘查所需的法律文书

不需要非常复杂的过程。常规侦查方法中,远程勘验多见于涉及非法网站、网页的案件,而勘验的目的是了解网站所有者的登记信息、域名注册信息、服务器所在位置、网站公开信息等。

使用 NIC、WHOIS 进行查询,可了解涉案网站的域名注册信息,有些涉及二级域名注册的,可进行对应查询。通过 TRACEROUT 或 SNIFFER 在浏览过程中进行追踪服务器的真实 IP,并可尝试对该服务器展开调查,包括服务器所有者和服务器登录方式,对于租用空间的网站有可能获取其非公开数据。

对于涉案的网站页面信息,可通过抓屏打印、屏幕录像软件、照相、录像等方式截取固定网站公开信息,因为网站信息本身是动态的,随时可能更新,所以该步骤要及时准确,同时,在固定页面的过程中要注意重要信息的体现如域名、涉案信息、网页底端提供的联系方式等。抓屏可使用 PrtSc 键(Print Screen 的简写)抓取整个屏幕显示信息,也可以使用 Alt+PrtSc 键,抓取当前活动窗口信息。之后使用任何一个图像编辑软件进行粘贴保存输出,即可得到图片文件。对网站页面的信息固定,如图 4-8 和图 4-9 所示。图 4-8 中抓取了浏览器窗口,窗口显示信息包括浏览器地址栏信息、标题栏信息、网站首页信息、中英文域名、联系方式等。图 4-9 固定了网站的注册和备案信息。

图 4-8　网站页面信息的固定——顶端

图 4-9　网站页面信息的固定——底端

需要注意的是,网页信息的固定可能始终贯穿在案件侦查过程中。因为网站的信息本身可能随时间推移而更新，所以网页信息的固定也相应要求具有连续性。通过网站信息还可能通过获取对方 IP 地址，得到嫌疑人的定位信息。但是，同样应避免盲目追求“全面”，忽视重点，收集大量的无用信息。

对于远程服务器的后台数据库获取，属于非常规技术，本章不过多介绍。对于网站、网页线索的获取和分析方法，将在后续内容中详述。

远程勘验过程中提取的目标系统状态信息、目标网站内容以及勘验过程中生成的其他电子数据，应当计算其完整性校验值并制作《固定电子证据清单》。应当采用录像、照相、截获计算机屏幕内容等方式记录远程勘验过程中提取、生成电子证据等关键步骤。

远程勘验结束后，应当及时制作《远程勘验工作记录》，如图 4-10 所示。其内容依次包括《远程勘验笔录》、《固定电子证据清单》、《勘验检查照片记录表》。表格格式与传统法律文书略有不同，远程勘验记录的结尾签名部分，增加了抓屏信息等。固定电子证据清单中包含数据、来源、完整性校验值等内容。其余部分与本地现场格式、要求基本相同。

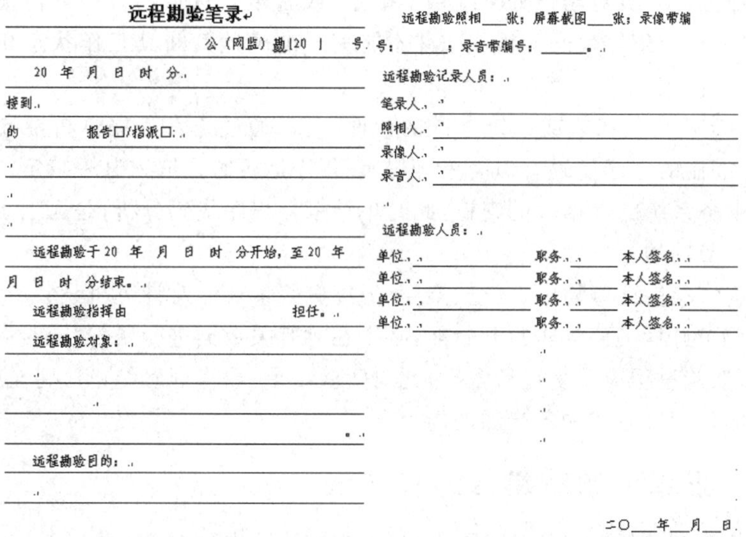
远程勘验笔录

公（网监）勘[20] 号

20 年 月 日 时 分

接到

的 报告□/指派□：

远程勘验于 20 年 月 日 时 分开始，至 20 年 月 日 时 分结束。

远程勘验指挥由 担任。

远程勘验对象：

远程勘验目的：

远程勘验照相___张；屏幕截图___张；录像带编号：______；录音带编号：______。

远程勘验记录人员：

笔录人：

照相人：

录像人：

录音人：

远程勘验人员：

单位：______ 职务：______ 本人签名：______

单位：______ 职务：______ 本人签名：______

单位：______ 职务：______ 本人签名：______

单位：______ 职务：______ 本人签名：______

二〇___年___月___日

图 4-10　远程勘查所需的法律文书

4.3　网络犯罪的侦查实验与现场重建

网络犯罪侦查实验和现场重建，是针对某些特定的较为复杂的疑难案件所采用的侦查方法。其工作目的、基本思路与原则与传统刑侦业务一致，只是在实施过程中，由于计算机网络的自身特性决定了细节步骤的不同。

4.3.1　侦查实验的目的和要求

网络犯罪案件中，侦查实验相当于对现场设备的二次异地勘验。一般情况下，不要轻易反复搬动或拆卸计算机设备，尽可能一次完成网络犯罪案件现场勘查工作，以保护证物的原始完整性。但在某些案件中,为了查明案情,必要时,经地市级以上公安机关负责人批准。可以由计算机专家模拟案发现场的系统环境,按照事物内在联系的客观规律,对计算机系统输入模拟的程序指令,再现已发生行为、事件或条件的可能性或结果,进行侦查实验。有下列情况之一的,可以在扣押涉案计算机系统设备后进行侦查实验。

(1) 在勘查过程中,发现计算机系统设备是非通用型或标准型,而又不便在现场操作的。例如,现场计算机环境为工业生产自动控制系统,那么对其运行状态与控制系统指令的关联关系往往无法直接通过数据文件本身来进行分析。

(2) 通过非标准计算机文件系统拷贝的数据,如果没有特殊专用的硬件和软件,就无法显示或无法执行特殊的程序的。如某些特殊的视频监控系统,其视频的流媒体压缩算法与通用格式不同,而是通过其视频服务器中固化在芯片中的私有密钥进行压缩,并只能通过其自带的播放器进行视频回放。

(3) 勘查分析人员对理论分析结果存在疑问或意见不统一的。某些复杂的计算机线索可能会造成办案人员对勘查分析结果不确定,或者多人意见不统一的情况。如某些恶意功能性程序,单纯依靠代码分析往往并不能完全准确地判断其工作状态和破坏功能的强弱。

(4) 对特定程序的植入或系统参数的修改,难以通过正常程序分析推导的。某些案件中,嫌疑人编制的程序代码看似简单,但是该程序运行时是嵌入某一特定的财务系统或者依托某一财务系统的数据库的支持,此时单纯依靠程序代码分析,是无法了解到程序段运行的实质性目的的。

开展侦查实验应注意静电、磁场、湿度、温度等因素可能对计算机设备造成的影响,并记录设备的监护过程。侦查实验开始前,必须在对有关数据进行备份,同时有充分准备的情况下进行,实验过程应反复进行多次,比对实验结果,取得准确结论。将全过程制作《侦查实验笔录》,详细记录实验各步骤的内容。

4.3.2 犯罪现场重建目的和方法

由于网络犯罪案件涉及的技术复杂,比如黑客攻击案件等,在侦查过程中乃至法庭举证阶段,都可能提出重建现场的要求。重建现场,就是根据现场勘查记录,将已勘查过的犯罪现场恢复到勘查前的原始状态。通过现场的重建可以准确地开展侦查实验,或者进行二次勘验。个别案件因为过于复杂或者管辖移交,可能需要多次勘验。

重建犯罪现场是一种手段,其目的在于研究犯罪活动的发生过程、产生的遗留痕迹、行为结果,也可以为侦查实验的准确开展提供前提条件。而重建的方法包括恢复系统设备及其附属设备的连接状态、工作状态,异地勘验还可能需要模拟某些参数的设置。

例如,2008年山东某商场发生一起微机系统管理员盗窃营业收入的案件,前期侦查和勘验人员对系统做了较为全面的检测分析,未发现其作案手段及盗窃金额。后提请有关专家对销售管理系统进行分析和检验,发现核心服务器的数据库表中确实存在异常调用和修改情况,核定涉案金额超过100万元,但对于嫌疑人的犯罪手段及实施过程无法确认。遂要求办案人员重建现场,经缜密勘查发现本认为无数据遗留的中间层服务器存有tti.exe程序,其功能为自动删除指定储值卡号的消费及记账明细,恢复卡原值。同时从该服务器的日志中找到远程登录信息,指定了 IP 地址、登录时间和操作员账号。由此推定该嫌疑人使用远程登录方法,在凌晨服务器空闲时间段内,登录该中间层服务器,运行 tti.exe 程序,修改涉案储值卡金额,从而达到盗窃的目的。经现场实际模拟操作,证实该推断。

由此可以看出,犯罪现场重建在某些复杂的网络犯罪案件的侦查工作中,是非常必要的。而重建现场的完整性和准确性,可能会影响案件侦破的成败。

网络犯罪现场重建,往往是在案件侦查工作已经开展的中后期进行的,原始案发现场早已被破坏或拆解,所以重建过程的基础是首次勘验检查现场时办案人员的原始记录信息。首次现场勘验检查的细致程度,获取信息的完整程度都决定了现场重建的准确性。

网络犯罪现场重建的形式分为物理架构重建、数据链路重建、逻辑结构虚拟重建。

计算机信息系统的运行状态和结果,往往与设备的摆放位置、朝向、距离等因素无关,物理架构重建往往是基于现场计算机关联到特殊的外接设备,比如系统中安装了某种刻章软件,外接了自控刻制印章机,只有软件与硬件响应关联才能保证系统的运行,那么此时就需要进行物理架构重建。

数据链路重建是根据需要将部分网络设备与远程网络节点、服务器按照案发现场的原始状态进行逻辑连接,建立与原始状态一致的数据通道,进而为提供案发现场的网络通信数据分析提供基础条件。

逻辑结构虚拟重建往往是针对特殊复杂的较大范围的案发现场情况,从网络拓扑结构开始,细化到服务器配置、网络中间设备设置、用户终端分布,再细化到用户终端的系统权限分布、终端使用者的权限分配。从而完整细致地从逻辑结构上虚拟重建案发是整个系统的状态。

4.4 涉网案件侦查中的询问与讯问

询问与讯问,是侦查办案过程中的一项必需的业务内容。现场勘查过程中,对报案人的询问、对证人的询问、对违法行为人的询问,以及对犯罪嫌疑人的讯问,都是涉网案件侦查人员必须掌握的基本技能。

询问与讯问并不是简单的问话与回答的过程,而是侦查行为的重要一步。如何尽量全面准确地让对方叙述案件过程和结果,是需要准确把握案情和工作对象的心理状态、综合运用心理学和侦查学的方法、灵活地控制问话内容的次序和节奏等一系列的工作技巧的。

4.4.1 侦查询问

侦查询问适用的对象包括报案人、被害人、证人、违法行为人等案件中除明确为刑事犯罪嫌疑人以外的其他案件关联人员。开展侦查询问的环境可以是报案人、被害人在报案初期在公安机关办公场所进行,也可以是在现场勘查过程中在现场附近进行。侦查询问是公安机关行使侦查权时,法律所赋予的一项侦查活动内容,涉案的任何公民都有责任和义务配合侦查人员的工作。

在进行侦查询问的时候，要注意以下几点。

（1）询问的程序。与一般刑事案件询问程序相同，在如实填写询问笔录的题头信息后，首先要告知被询问人的法律责任和义务，然后要了解被询问人的自然情况，之后是其陈述的案件情况以及侦查人员追问需要了解的案件细节情况，最后是被询问人签字捺印确认。

（2）询问被害人、证人时，必须考虑到当事人对计算机系统的了解程度，案发后心理紧张激动，因案件侵害而导致的愤怒或恐惧等主观情绪影响，其描述可能不准确甚至存在歧义。目前我国普通计算机用户中，绝大多数都仅限于对计算机及网络的一般性了解和简单应用的水平。这就需要办案人员了解被询问人的心理和知识水平，在对方叙述后，从多角度发问，从而确认有关事实。

例如，某公司财务部门计算机系统巨额资金账目出现严重异常，侦查人员对公司出纳进行询问时，其陈述如下：

"我是公司的出纳。今早上班我一到办公室，就开电脑了，准备把本月的收支账目做汇总，为月结做准备。签到上账后，过了一会，等我想把所有的收入账目调出来对凭证的时候，发现凭证好像不对，我查完凭证数过了一会，电脑就死机了，完了看电脑里的收入记录说啥调不出来，我就找领导想进服务器直接调，结果服务器里的也没有了。我们办公室里8台电脑都上网，服务器在科长办公室里。我们公司用的是'大管家'软件，但是不好用，前一段有几个数说啥录不进去，我还找个网友帮忙给整了一下呢。他也用了一个来小时才帮我搞定。现在肯定有问题，印象里凭证数少了二十多张，而且几个大额的也找不着了。电脑里账没法核，我估计可能差了得二十来万元。"

很明显，按照一般案件工作思路，该报案人的陈述已经用自然语言基本诉明了案件经过和当时的情况，但是对于网侦人员来说，这是典型的普通计算机用户对计算机信息系统现象的自然语言描述，貌似准确全面，实则模糊片面。作为案件侦查人员必须能够意识到其中尚有许多隐含于内部的重要信息需要获取。因此，必须进一步深入提示性发问，以保证办案人员获取信息的精确，下文通过原文补充的形式对各问话细节予以说明。

"我是公司的出纳。今早上班我一到办公室，就开电脑了【具体时间？】，准备把本月的收支账目做汇总，为月结做准备。签到上账后【该系统权限如何分配和管理？】，过了一会，等我想把所有的收入账目调出来对凭证的时候，发现凭证好像不对，我查完凭证数过了一会，电脑就死机了【当时电脑的具体现象和状态？发生的具体时间？】，完了看电脑里的收入记录说啥调不出来【是权限被取消？收入数据被删除？系统整体无法访问？】，我就找领导想进服务器直接调，结果服务器里的也没有了【收入数据没有了还是所有数据没有了？】。我们办公室里8台电脑都上网【什么方式接入网络？拓扑结构？】，服务器在科长办公室里。我们公司用的是'大管家'软件【正版盗版？有时盗版软件不稳定也可能造成数据消失】，但是不好用，前一段有几个数说啥录不进去，我还找个网友帮忙给整了一下呢【网友是谁？远程还是本地维护？维护时有没有人注意他的操作？维护的内容是什么？】。他也用了一个来小时才帮我搞定。现在肯定有问题，印象里凭证数少了二十多张，而且几个大额的也找不着了。电脑里账没法核，我估计可能差了得二十来万元【数据有没有备份？凭证谁来保管？现金和支票谁保管？】"

显然，补充内容是在对当事人陈述情况细致了解后，综合对该单位系统的推测判断，详细询问，逐一解决从硬件配置、网络拓扑、权限管理、运行状态、异常表现、单位财务管理、票据与资金管理流程等业务和技术细节问题。同时对相关人员、可疑人员、系统架构集成商等做详细询问，以求全面彻底了解案情相关信息。如果明确这是一起针对该单位的侵财案件，那么从技术条件、资金与凭证管理权限、系统操作条件，就可以圈定嫌疑人范围。所以这里要特别强调网络犯罪侦查人员应注意：由于被害人的叙述与网侦人员的理解之间存在歧义，极可能导致侦查方向的错误！

（3）对某些对于计算机只有一般了解的人进行询问时，应避免使用过于专业的词汇，可以使用描述性的语言，对计算机软硬件、计算机系统表现的内容和状态进行说明。这样，在证人无法有条理地阐述问题时，办案人员可以就某些重点问题，通过提供是与否的选择性提问，较为全面地了解案情。但是切不可诱导！

（4）询问被害人、证人时，要尽量多地想到对方可能掌握的信息，包括嫌疑人的某些习惯等往往容易被当事人忽略，包括网络应用内容、URL、导航入口、登录信息等要问细。

例如，某网吧中发生的激情杀人案件中，侦查人员询问被害人的同学，死者从到网吧后至被害之前行为是否存在异常。其同学回答："没有异常。"

如果此时侦查人员按照一般思维，就会形成一个错误判断：被害人的死亡与网吧应用环境及上网行为无关，应从其社会关系和日常矛盾关系入手！但事实上，死者从到达网吧就开始玩某大型网络游戏，在游戏角色战斗过程中与另一玩家发生矛盾，游戏中对话窗口吵架后，升级到语音聊天对骂。对方在激愤中向被害人发出死亡威胁，但被害人认为对方在网络中，可能实际存在成百上千千米的距离，继而接受对方挑战，说出了自己所在位置和姓名。巧合的是，嫌疑人与被害人恰好在同一城市且距离不过 5km，由此杀人案件发生。

那么，死者的同学为什么会告诉警方，死者行为无异常呢？这是因为"无异常"的判断标准是与他本人及网吧里相当多的人的行为模式。也就是说，陈述人与该网吧中大多数人一样，上网就是玩这个战斗游戏，决斗胜负，稍有不快便通过语音聊天对骂以发泄情绪。显然，这个"无异常"的异常，恰恰是本案侦破的关键。

（5）有些貌似非计算机相关的信息，可能恰好是真正与计算机系统相关的重要信息。比如网友之间熟悉交好后，互称的绰号或昵称等，很可能就是在网络环境下，调查对象的网上账户名称。

（6）尽量避免同时有多人在场，使对方看法互相干扰。多数人有从众心理，对自己不确定的信息内容，容易受到心理暗示，从而导致错误的认识和错误的叙述，进而导致侦查人员获得错误信息，甚至判断上的重大失误。

4.4.2 侦查讯问

侦查讯问实际上是侦查人员与犯罪嫌疑人面对面针锋相对的斗争过程。这一过程中，考验的是办案员的侦查智慧、心理素质、语言表达能力、耐力和应变能力。

一般侦查讯问适用地点为公安机关内部或羁押场所，但是由于网络犯罪案件的特殊性,比如网上定位抓捕嫌疑人时,往往是人与机器设备同时存在于同一物理位置,所以对嫌疑人的讯问有时可能发生在犯罪现场。对网络犯罪案件的嫌疑人进行讯问的方法和思路与传统刑事案件的工作方式并无本质区别,主要针对时间、地点、动机、目的、人物、事件、行为过程、其他涉案相关人和物、结果与后果、证据内容等方面进行了解,但是考虑到此类案件嫌疑人的特殊性,提出几点需要注意的地方。

网络犯罪,尤其是具备一定技术含量的网络犯罪嫌疑人心理特征通常比较明显。一般网络犯罪涉及的犯罪手段较为复杂,且嫌疑人的隐蔽性强,所以这类犯罪行为人群通常是受过较高层次教育的人,对法律后果有一定认识,同时存在侥幸心理,对技术方面的问题比较自信,自我保护意识强。但是往往又因为缺乏犯罪经验和与公安机关对抗的经验,所以通常对抗意志力较差,心理防线较易攻破。同时,因为讯问对象具备一定的计算机知识,这就决定了侦查机关在开展讯问时,与普通刑事案件侦查的讯问有较为明显的区别。

(1)讯问地位重要,讯问难度大。由于网络犯罪隐蔽性强,相对于暴力犯罪而言物证、书证较少,毁证灭迹简单,许多网络犯罪还是一对一的犯罪,没有第三人在场,这就使在网络犯罪案件侦查中,对犯罪嫌疑人供述的倚重程度较高,许多关键证据要靠侦查讯问获得,讯问人通常是也背负着巨大压力上阵。在这种情况下,犯罪嫌疑人往往有恃无恐,采取顽固到底的做法,致使侦查讯问陷入僵局。

(2)讯问对象反侦查能力强,不易突破。由侦查机关侦查的案件的犯罪嫌疑人通常都具有相当的学识,具有一定的计算机知识,有的还专门研究过相关法律,反侦查能力强,对侦查人员一般的讯问技巧、讯问模式都较为熟悉,这就为侦查机关突破犯罪嫌疑人增加了难度。

(3)讯问对象易翻供,易反复。由于网络犯罪的犯罪嫌疑人一般拥有一定的学历,在讯问初期,会产生极度焦躁、抗拒的心理。这种心理,实际上是有利用侦查的,正如兵法所说的"敌静则深若玄洪,敌动则虚实尽显"。在经过侦查人员的攻坚突破之后,犯罪嫌疑人由于害怕、猜忌或损耗太多精力而突破。然后,网络犯罪的犯罪嫌疑人有较高智能,在经过初期的慌乱后,即能调整情绪,开始构建防御体系,这时犯罪嫌疑人的心理就从焦躁不安的一味否定、一味抗拒转变为经冷静分析、理性思考后的否定、抗拒。这种否定和抗拒是建立在理性逻辑之后的,非并一味否定和抗拒,甚至会采取掉车保帅的策略。这时,犯罪嫌疑人极易翻供,产生反复。

(4)相关佐证少,诡诈技巧不易施展。侦查讯问的一个重要特点,即是它的诡诈性。审讯不只是法律行为更是一种侦查行为。由于侦查对抗双方目的的截然对立,使得诚信同审讯无缘,而诡诈同成功的审讯实践却犹如孪生姐妹。侦查的全部实践都贯穿着诡诈性是无可争议的事实。法律讲的是公平、公正和诚信。但审讯的诡诈性在审讯这种激烈的"活力对抗"中,诚信只能是程序性的,即所谓程序标准,也就是依法办案,而不是依"德"办案。否则就完全限制住了侦查人员施谋用谋时的积极性与灵感。然而,这种侦查中的诡诈不是凭空而就的,它实施的基础就是侦查机关已掌握的证据和事实,它可以是推断性的结论,但它的根基必须实实在在。这就像哈哈镜,人必须是真实的,而照出的影子是扭曲的。就侦查机关而言,它所侦办的网络犯罪案件往往难以获得更多的其他有效证据。较为客观真实的痕迹物证这一类证据少,伴随而来的即是鉴定结论、刑事科学技术难以发挥用武之地。侦查机关侦查中所依赖的证据除了言辞证据外,就是其他少量的书证。这种相关佐证少的局面,不利于讯问中的证据出示乃至诡诈的使用。

基于以上特点,作为侦查人员,首先要牢记第一次讯问是最重要的。一定要事前充分了解案情及已经掌握的证据线索,准备讯问提纲,做到有的放矢。在分析案情中,应就已掌握的,嫌疑人自认为最隐蔽的地方入手发问,作为一个个的突破口,当然讯问的过程应虚实结合,不能让对方察觉侦查人员对于案情不了解的地方。分析嫌疑人心理特征,了解其脆弱的一面,并据此掌握讯问节奏。对于很难用语言描述的计算机技术和现象,可迂回询问,用多个顺序操作的因果关系,了解其犯罪手段和过程,证明其犯罪事实。

(1) 抓准犯罪嫌疑人赖以抗拒的心理基础。影响嫌疑人认罪的心理因素很多,主要是侥幸、畏罪、对立情绪。在讯问过程中,由于侦查人员的问话都是间接或直接地涉及犯罪嫌疑人所犯的罪行,犯罪行为人都会本能地产生抗拒心理,而且逐步上升到顶点,有的公开对抗,有的则不理不睬,沉默不语。形成这些心理的原因,每一个犯罪嫌疑人又是千差万别的,具体到某一个嫌疑人,是一种还是几种心理影响其认罪;几种心理交织在一起,转变哪一种主要心理因素就能够使问题迎刃而解,或是转变哪些心理,就能引起其他心理的连锁反应,这是必须要搞清楚的。随着讯问的不断深入,罪行不断被揭露,犯罪嫌疑人赖以抗拒的心理也必然会由这一种心理转为那一种心理,或者是自以为罪行没有完全暴露,而抱着侥幸心理,或者是惧怕受到处罚,而产生的畏罪心理,这都要根据具体情况具体分析。同时,犯罪嫌疑人在被讯问过程中是非常敏感的,心理变化是快而复杂的,常常会因讯问人的一句话,一个行动或其他客观因素的影响而引起心理变化。因此,在讯问中不仅要抓准嫌疑人的心理状态,还应当掌握那些影响心理变化的客观因素,对犯罪嫌疑人的心理变化做到时时掌握,心中有数,才能正确运用审讯策略促使犯罪嫌疑人的心理向认罪的方向转化。

(2) 利用犯罪嫌疑人的判断错误。在讯问过程中,讯问人处于主动有利的地位,信息来源多且灵通,对案件材料是熟悉和了解的,而且可以利用各种手段扩大信息量,并对其做出估价。犯罪嫌疑人虽然对案情是清楚的,但当犯罪嫌疑人失去人身自由后,各方面受到限制,难于得到新信息,讯问人在多大程度上了解信息对犯罪嫌疑人来说是个谜,因此,犯罪嫌疑人可能做出过高或过低的判断。无论犯罪嫌疑人从哪种估计出发,做出的反应必将以供述或辩解的形式出现,一旦出现又为讯问人所了解,为讯问人认识犯罪嫌疑人的心理活动提供了依据。往往犯罪嫌疑人所供的是侦查人员尚未了解的,而不供的又恰恰是侦查人员掌握了的。侦查人员掌握了的而犯罪嫌疑人却不供,就可以其中某一点作为进攻的武器,这样又增加了犯罪嫌疑人的心理压力,可能再出现错误判断。犯罪嫌疑人之所以不供,是因为犯罪嫌疑人自认为是很秘密的,而讯问人竟连犯罪嫌疑人最秘密的情况都知道了,犯罪嫌疑人就会认为罪行都暴露了,或者认为犯罪嫌疑人最信任的朋友或同伙都将自己的罪行说出来了,因而产生即使不交代也蒙混不过去的心理。如果嫌疑人一开始就以守为攻,把嘴封的很死,这正是犯罪嫌疑人心中无数的表现,侦查人员可以对犯罪嫌疑人施加心理影响,以虚对虚,采取攻心的策略,结合逻辑论证,陷其于理屈词穷的境地,必要时再出示一点证据,打消其侥幸心理,使之产生不供会自食其果的心理压力。

(3) 善于利用嫌疑人的心理个性特点。个性特点是心理现象的另一个方面,包括人的能力、兴趣、气质、性质，也就是平时人们所说的脾气、秉性、爱好等方面。心理个性特点是嫌疑人犯罪前就有的，即有先天的因素，又是在后天客观因素影响下逐渐形成的，不易发生变化。犯罪嫌疑人的心理个性特点在讯问中不易被掩饰，容易被识别，因此，利用嫌疑人的心理个性特点进行讯问，是取得成功的一个重要办法。研究和利用犯罪嫌疑人的心理个性特点，要根据每个嫌疑人的个性差异进行，不同的人由于个性特点互不相同，犯罪嫌疑人对于讯问的速度、强度、问话的内容都会产生不同的反应，有不同的接受能力。因此，侦查人员在利用嫌疑人的个性特点时，应采取"因人而异，量体裁衣"的讯问方式，杜绝那种"千篇一律"的老套路。在讯问中应首先了解和研究嫌疑人有哪些个性特点和个性形成的因素，然后利用其个性特点中的积极和消极方面进行讯问。

（4）了解犯罪嫌疑人的心理活动，有的放矢。侦查讯问实际上就是侦查员与犯罪嫌疑人的一种心理对抗，侦查讯问的成功，很大程度上取决于对侦查对象心理活动的把握。一般而言，犯罪嫌疑人的心理活动会经历焦躁、对抗、反思、翻供、动摇、突破几个阶段，这只是一般的规律，不是说所有的犯罪嫌疑人都会经历这些阶段。不同的心理变化阶段，有不同的针对措施，有的放矢，才能尽快突破。

焦躁对抗阶段：正如前文所述，犯罪嫌疑人此时的心理状态是慌乱、惊恐，尚未构建成的心理防线，不知道侦查机关究竟了解什么内容。这个阶段，侦查人员宜从快、从狠，堵塞退路，使之措防不及，以期一举突破。

反思翻供阶段：若犯罪嫌疑人心理活动表现出由语辞激烈，情绪激动，突然转变为沉默，冷淡，甚至出现反复翻供的现象，就意味着犯罪嫌疑人已经开始构筑心理防线了。侦查对象一般会在试探侦查人员，甚至采用弃军保帅的伎俩试图了解侦查人员所掌握情况的多少，这时，侦查人员应保持冷静，采用刺激、用间，用诡诈的方法应付犯罪嫌疑人的对抗，让其陷入怀疑、猜忌的困扰，破坏犯罪嫌疑人自身对犯罪过程的回忆与认识，使其不攻自破，所谓上兵伐谋，其理于此。

动摇突破阶段：经过长期的斗解，犯罪嫌疑人这时表现欲供还拒，欲说还止的心理状态。这时，侦查人员不能面露喜色，一方面要晓之以理，动之以情；另一方面要强调隐匿真相的严重性，引导犯罪嫌疑人尽快做出真实供述或辩解。

施用谋略的要领：侦查活动是一项针锋相对的刑事诉讼阶段，侦查讯问更是面对面的交锋，知己知彼，百战不殆。侦查人员需要时时掌握犯罪趋势，反讯问的动态，以确保讯问活动能够立于不败之地。在具体案件讯问中，任务紧急，案情多变，侦查人员更需要在逐步了解案情的基础上，为犯罪嫌疑人画像，尤其要掌握其心理特点，采用侦查学中的"三到"思维方式，揣摩犯罪嫌疑人的活动及期背后的心理依据。谋略要奇。奇正相倚，正奇相对。所谓正，即是一般的讯问手段和方法，这是基础；所谓奇，则要求讯问突破常规方法，做到"奇者，攻其不备，出其不意"，这样才能隐蔽自我，以暗攻明。

如某网上非法贩卖枪支弹药件。嫌疑人以军品收藏为幌子，大量倒买倒卖20世纪40年代到20世纪90年代的军用子弹牟利。办案单位在抓获嫌疑人的同时，在其家中搜查到军用子弹数发。讯问伊始，嫌疑人对自己的犯罪行为予以确认，但是在问到交易记录时，嫌疑人从三年前的第一笔交易开始直到被公安机关抓获，与办案人员不假思索对答如流，且一口咬定累计交易只有十余发子弹。这是典型的"背课文"式抗拒审讯。这一类型的嫌疑人是通过事发前自己拟定的虚假供述信息,进行机械式的强制记忆的表现。但是,机械式强制记忆往往必须延续单一思路顺序,所以侦查人员根据前期掌握的线索(此人倒卖子弹近二十种但具体数量不明),从子弹的不同分类上作为突破口进行问话,依次提问各种旧式子弹与各种现代制式子弹有多少?各种步枪子弹与各种手枪子弹有多少?各种国外子弹与各种国产子弹有多少?按道理,上述每一组问题的累加和均应相等且与之前此人供述的子弹总数相符,但是由于机械式记忆思维顺序被打乱,嫌疑人无意中说出了犯罪真相。

又如某商场发生的系统管理员盗窃营业收入案,之前的两次提审因为嫌疑人自信自己犯罪技术手段高超、犯罪过程隐蔽,所以拒不交待,讯问工作未取得任何进展。而后的一次提审在傍晚进行,先对其先前交待的小问题简单提问,再根据掌握的 tti.exe 文件的情况,直接向其出示打印的源代码、讲述该程序的功能和工作流程,同时掌握好节奏,并不加任何提问,交代政策后本次提审即告结束。稍后于第二天早晨再次提审,由于前一次提审已经彻底攻破其心理防线,所以该嫌疑人一夜未眠,对抗意志完全崩溃,主动交代了其他同案,并如实交代了自己的犯罪金额。

由此可见,对于网络犯罪案件嫌疑人的讯问必须有对案情全面把握和相应的技术支撑为前提,从其认为最隐蔽最自信的关键点突破,取得决定性的进展。综合运用"以情动人、以德服人"、"打击自尊心与自信心"、"用证据事实说话"、"技术压制心理影响"等讯问方法,把握好节奏、态度,击溃嫌疑人的心理防线。

4.5 网络犯罪现场分析

网络犯罪现场分析,是在现场勘查的基本工作结束时,由全体参加勘查的人员根据勘查和访问所得的事实材料,在现场对事件的性质、有关实施犯罪的情况和犯罪人的情况等进行的初步分析、研究和判断。现场分析主要是通过勘查过程中发现的各种客观存在的线索和证据等各种现场获取的信息的总结、分析、提炼,对嫌疑人的作案时间、动机、手法等,得出相关的判断和推测,为侦查工作的开展提供方向。

犯罪现场分析可以在勘查结束后立即在现场进行,也可以另择时间地点进行。分析的结果可以提出确定性的结论,也可以提出某种线索存在的可能性。

对于网络现场勘查这一侦查活动而言,全面细致的观察和记录现场中直观可见的线索信息、规范提取和固定相关证据,不遗漏任何涉案的痕迹物品是最基础要求。

在此基础上,对于现场勘查人员更高的要求是寻找发现现场隐蔽线索的存在,甚至分析推理现场以外线索的存在。所谓隐蔽的线索,是指在现场内并未发现,但是根据现场的痕迹特征,可间接判定的信息。例如,某入室抢劫杀人案件中,勘查现场发现被害人家中有一部台式计算机,计算机外围发现宽带调制解调器和一台无线路由器,此外并无其他计算机设备。但是,侦查人员应该能够根据无线路由器的功能,判定出案发前现场内极可能有其他无线上网设备,然后通过查看路由表,确定被嫌疑人抢走的设备特征信息。从而寻找到后续侦查工作中发现和抓捕嫌疑人的极其重要的线索。

显然,现场分析是在细致观察现场各种痕迹特征、综合相关案情的信息、合理运用逻辑推理的基础上做出的主观性的判断。这一判断结果的准确性,同时基于工作中经验的积累和必要的专业知识的支撑。

网络犯罪现场分析的过程中,要注意计算机系统外部线索与计算机内部信息的结合,分析的主要内容和思路包括以下几个方面。

(1) 根据外部线索特点,引导查找机内关联信息。

对经常使用计算机的人员来说,外部现场的遗留痕迹很可能与计算机内留存的数据信息有关联。例如某案件中,搜检在逃嫌疑人租住地时发现数张高速公路收费票据,其中多数为同一区间段往返。但因该嫌疑人一直使用假身份证、预付费电话、假车牌等虚假个人信息与房东接触,无法核实其本人真实情况。尝试从其使用的电脑中查找相关城市信息,重点关注电子地图导航、目的城市及周边地区概况等内容,发现一批留存于电脑的图片,其中包括目标城市道路规划、某小区楼盘的沙盘及外景图、装修效果图,继而发现此人一年前于当地购买房产一套。由此提供了重要的追踪线索。

(2) 由计算机系统线索,核实查找外部隐藏线索。

某些案件中,外部现场的线索可能存在模糊性,甚至通常会被忽略。但是通过对计算机内部线索的梳理,可以从外部现场的某些细节上,验证线索的真实性。例如前述追逃案件中,侦查人员通过分析嫌疑人的 QQ 聊天内容,发现其与多名网友聊天时提到了吸毒的内容,怀疑此人有吸毒行为。但之前外部现场搜检中并未发现毒品或其他可疑物品。通过再次对房间进行全面搜检,发现厨房柜子里有大量可弯曲的吸管和烧烤用的锡纸,而厨房中并没有烤箱和带烧烤功能的微波炉,由此进一步分析推定嫌疑人可能为吸毒人员。一旦怀疑其为吸毒人员,那么他在潜逃期间的行动规律和特点、接触的人群便具有特殊性,追逃工作的目标也就更明确。

(3) 明确案件性质的,围绕核心要件分析现场行为过程;尚未明确的,分析犯罪动机、行为过程。

如果案件受理初期就已经明确案件的性质,那么该案的现场分析可以围绕犯罪的核心要件进行,直接梳理出嫌疑人的行为过程。例如,某政府网站服务器被攻击案件,很明显属于非法侵入计算机新系统,破坏计算机系统功能的案件。那么在对被害单位的现场服务器进行勘验之后,可直接针对第一次尝试攻击行为的开始时间、技术手段、相应安全设备报警记录,到正式攻击开始的时间、IP 地址、技术手段,再到攻击完成后对系统日志的破坏方式、手法,这一完整的犯罪过程展开分析。

某些案件性质并未直接明确的,那么就需要首先从犯罪嫌疑人的行为动机、行为过程进行分析。例如某入室杀人案件中,刑事技术人员在勘查中发现,被害人为 30 岁女性,在丈夫出差期间于家中被杀害。房间中柜子抽屉被翻动衣物散落地面(均留有血手套印记);死者提包中现金及随身首饰不见;死者上衣被拉高至乳房上方,下身赤裸躺于卧室床上;睡衣及内裤被扯坏置于地面;手臂搏斗刀伤一处,颈动脉刀伤一处,表象呈失血性休克死亡;死者姐姐反映当天晚上 8 时许被害人家中即无人接听电话;法医判断死亡时间为晚上 5 点到 9 点之间;小区监控录像发现案发次日凌晨二时许有一伪装过的形迹可疑人员从现场单元门走出。

犯罪现场的直观反映为入室抢劫强奸杀人案件。但是,对现场柜子、抽屉勘查发现,大部分虽然被翻动,但并未彻底翻动,家中尚有较大数额的现金和部分首饰没被抢走;法医鉴定虽然死者赤裸,但并未发现性侵害的确凿痕迹。所以抢劫和强奸两项犯罪行为存在较大疑点。此外,从初步掌握情况分析,嫌疑人在犯罪现场停留时间超过6小时,但即使嫌疑人实施上述犯罪行为,也不需要如此长的时间,所以其行为特征也存在疑点。

再次对现场进行细致搜检,发现被害人家中计算机里有两次系统还原操作,时间分别是案发当晚的十时和凌晨一时,于是现场勘查中最大的疑点被发现。因为一般的犯罪嫌疑人在实施杀人行为后,通常都会选择尽快离开案发现场隐匿踪迹,而本案的嫌疑人在杀人之后却在现场停留5小时,在被害人计算机上实施了某种特殊操作。由此,可以分析推定,嫌疑人实施杀人行为的目的很可能是在于被害人计算机中的某种信息,而不是以抢劫强奸为作案动机,为隐藏真实犯罪动机、转移侦查人员视线,才会布置抢劫强奸的假象。

所以本案的侦查重点,可以从该计算机入手做历史数据分析,以确定死者社会身份的利益关联人或者网络身份的特定联系人。

(4) 根据现场情况,分析心理痕迹特征。

每个人在进行某一项特定行为的过程中,其主观意志、兴趣偏好和心智能力,都会支配其行为过程的顺序、效率、效果。那么在刑事案件中,嫌疑人实施犯罪活动时,其行为过程也同样会受到其心理因素的影响,进而反映到现场存留的客观事物上。所以,在某些案件中,从犯罪现场的遗留痕迹,可以再现嫌疑人的大致行为过程,进而分析其心理痕迹特征。

例如,在某黑客攻击案件中,虽然服务器上的数据库被破坏,但是系统安全日志中却留下了嫌疑人实施攻击侵害行为发生的时间和IP地址。通常情况下,黑客在学习网络攻击技术的同时,都会注意掌握销毁攻击痕迹的方法,二者结合才是完整的黑客技术。而本案中的嫌疑人在攻击过程中,从进入系统到改变文件属性只用了短短三分钟,但是退出时却没有给自己留后门,也没有删除安全日志。由此可以推断出嫌疑人作案过程中精神慌张,而且尚处在技术不成熟阶段。

假如本案中,嫌疑人在退出系统时安装了隐蔽的后门程序或者给自己添加了一个超级管理员权限,而后修改日志中记录的攻击痕迹再退出,则表明嫌疑人有丰富的作案经验,留有后门和超级权限更表明此人心里有在系统恢复运行后再次实施攻击的意图。那么办案人员即使在没有其他线索的情况下,仍然可以使用蜜罐技术,架网守候。

一个人长期使用的计算机,可以让别人看到他的内心世界。因为一个人在互联网上的行为是很少受到客观世界道德、舆论、风俗等限制的,通常行为底线仅仅是法律的约束,所以他在网上的行为便会直接体现其内心本源性的特征。他的兴趣爱好、性格特点、知识水平、职业特征、心智能力等主观世界的信息,会通过计算机及网络数据痕迹体现在客观世界中。由此,通过嫌疑人计算机内部的信息,也可能在一定程度上刻画嫌疑人的心理特征。

例如,对某嫌疑人长期使用的计算机勘查发现,该计算机注册表文件很大、系统盘符下内容简单干净、回收站呈空白状态、浏览器历史记录无留存、上网临时文件被清理、表单信息为空白、Cookies文件夹为空白、E盘根目录下有大量隐藏文件、我的文档目录下有数个被加密的 Word 文档。由此判断,嫌疑人的计算机应用水平并不高明,但是安全意识很强,做事谨慎小心。对此人计算机线索的获取,只能通过全盘扫描,分析全部数据的途径入手。

再如,某嫌疑人计算机中 Cookies、历史文件、temp 文件夹中高频率出现某真人视频色情网站,硬盘中有超过 300GB 的淫秽表演视频的屏幕录像文件。通过查看相关文件的时间属性,以及视频图像上的 LOGO,发现此人近两年来几乎每天都会登录该色情网站,浏览和点击淫秽视频在线表演。那么可以由此推断,该嫌疑人耗费如此多的金钱(现场指令式色情表演收费很高),花费如此多的时间,显然其对此类色情信息已经到了痴迷、痴狂的程度,那么假如此人出逃某地,他很可能在当地色情场所出现或实施性犯罪。

根据心理的实质及心理与行为的关系,不难获得犯罪现场心理痕迹分析的基本途径:犯罪现场痕迹——犯罪行为过程——行为时的心理状态——犯罪嫌疑人的基本情况。

首先是涉网犯罪现场痕迹的收集与整理。检查各软件日志,找出近期使用该系统的情况;根据操作系统的文件管理办法,有条理地搜查每个目录、子目录及文件;对可疑文件的内容及属性做进一步检查;检查隐藏文件(主要是计算机信息系统提供的隐藏文件)。在高级阶段,从存储介质上搜寻相关信息,采用专用软件工具,按关键字检索。在这一步工作中,应着重注意搜查隐藏的、不可见的、加密的及已删除的证据,并将所有证据的内容和状态归档。然后,再从大量数据中抽取与被调查案件有关的那部分数据。内部搜查与提取,搜寻在存储介质上的相关信息及隐藏信息。隐藏信息包括存储在硬盘上不可访问部分的信息。如果在未分配或未格式化的区域,就是用密写术隐藏的信息以及加密的信息。在存储介质上检查使用者入侵活动的证据,以确定计算机设备使用者在机上活动的时序,在损坏的存储介质上恢复数据。现场勘查中要清楚、完整地拷贝所获取的文件,并打印介质中的文件目录、属性、后缀等特征。了解并记录案发现场的计算机信息系统的型号及运行状态、操作系统以及数据库的类型和版本号、网络应用环境以及应用系统是否具有审计功能等。

其次是从心理分析的角度分析犯罪现场痕迹与犯罪心理痕迹的关系。犯罪行为人"人体"痕迹与犯罪行为人作案时的心理痕迹的关系。犯罪行为人的人体痕迹是犯罪行为人作案时身体造成的痕迹,如手印、足迹、气味等。这是传统犯罪中的人体痕迹,而在计算机犯罪中的人体痕迹就是:在计算机中留下的某些痕迹,如入侵系统中被记录的日志,在使用过程中的临时文件等。这些痕迹不仅能反映作案者的某些生理特征,而且能反映当时一定的心理状态。如 2003 年 11 月发生在甘肃省首例利用邮政储蓄专用网络,进行远程金融盗窃的案件。一名普通的系统维护人员,轻松破解数道密码,进入邮政储蓄网络,盗走 83.5 万元。有关工作人员疏忽大意,从案件的发生到报案,中间有 23 天的时间,这给案件的侦破带来了很大的阻碍。最后在技术人员的努力下,从系统的最底层找到了犯罪嫌疑人入侵系统并进行违法操作的日志,从而找到了犯罪嫌疑人。犯罪嫌疑人是出于报复心理,对单位的系统进行改动,而且没有删除相关的日志。从这里看出,犯罪嫌疑人的技术水平并不是很高,而且犯罪时,可能是出于兴奋或紧张,忽略了犯罪后删除犯罪痕迹的工作,从而也可以判断这个犯罪嫌疑人是初犯或是技术不成熟的犯罪嫌疑人。

最后是分析犯罪现场遗留物与犯罪行为人作案时的心理痕迹的关系。犯罪现场遗留物证种类繁多,其中常见的有犯罪行为人常浏览的网页的相关信息、犯罪喜欢使用哪些软件工具等。这些遗留物品不仅能反映犯罪行为人的身份、身体特征,还能反映出犯罪行为人当时的心理状态等。它们是案件证据的直接来源,办案人员一般都会引起重视。那种没有证据作用的现场遗留物,是否可以置之不理呢?实际上,有的案件的侦破,恰恰是办案人员对一些看似无用的遗留物进行认真的心理分析,从而找准了案件的突破口而一举破案。例如,在震惊全国的马加爵杀人案中,侦查人员在马加爵的计算机里发现了马加爵浏览过的海南省的相关地图信息和交通信息,说明了犯罪嫌疑人在预谋犯罪后畏罪潜逃,肯定会为犯罪嫌疑人的逃亡做一定的工作,恰好在马加爵的计算机里发现发案发前一段时间,浏览了广东海南等地的地图网页。这从表面上看不能说明什么问题,但这也许就是马加爵为自己选好的逃亡的路线,也就充分地证明了犯罪嫌疑人是有预谋的杀人后潜逃。由此,侦查人员制定了进一步详细的追踪计划,破案后,马加爵承认了他在实施完犯罪后就想逃亡的心理,利用网络找到了一条自认为好的逃亡路线。这一未删除的 Cookies 里的文件为侦查人员确定侦破范围提供了至关重要的信息。所以,侦查人员在收集、分析现场物质痕迹的时候,既要重视有证据作用的痕迹,又要注意无证据作用的痕迹,这样才有可能找到犯罪嫌疑人真实、全面的心理痕迹。常言道,"雁过留声,人过留迹。"人的行为必然留下一定的物质痕迹。而人的行为是在一定心理支配下发生的,犯罪行为的发生离不开犯罪行为人的心理活动的作用。所以犯罪现场的任何痕迹物证,都在一定程度上折射出犯罪人一定的心理痕迹。只有在重视物质痕迹的同时,注意认真研究分析犯罪人的心理痕迹,才能扩大视野,扩大信息来源,使侦查人员在办案中少走弯路,从而提高办案效率。

(5) 嫌疑人的行为特征分析。

一个人在相对长的时间里,在相同或相近的环境下,重复相同或相似的行为,会形成其固有的行为模式,即行为习惯。行为习惯一旦养成,除非其本人有所察觉故意克服,否则在相当长的时间内都是一成不变的。行为习惯中特异的部分,即是其行为特征。作为现实中既定的个人,其行为与心理都有相对固定个体特征。对于涉网案件的嫌疑人来说,大多数都长时间活动在互联网中,按照自己的喜好和需求进行相应的网络操作,尽管他们以虚拟身份出现在互联网上,但是因为虚拟身份毕竟从属于现实中的自然人,所以其网络行为与心理,必然形成相同或相近的特征。

人的个体行为特征是多样的,本书把涉网案件的嫌疑人行为特征分为一般行为特征和技术行为特征。

① 一般行为特征是指计算机用户在使用、操作计算机的过程中,在上网浏览、收发邮件、文字输入、使用软件等操作过程中,表现出的特有的、相对固定的模式。

网上行为特征产生的原因在于人对于上网过程中重复性动作的习惯。比如上网浏览,有人喜欢浏览固定的网站(历史记录可以体现出),有人喜欢把经常登录的网站添加到收藏夹中,有人喜欢在浏览器中添加某个或某些特定的插件(工具栏),有人习惯使用 TT 或者 Firefox,并设置其属性为总在新标签页中打开链接等;在收发邮件的过程中,有人喜欢使用客户端软件,并建立自己的文件夹分别存放各类邮件,有人喜欢要求对方发送接收回执,有人回复邮件喜欢把原文删除(默认回复邮件带原文)等;文字输入方面体现个体习惯规律最明显,有人习惯于在某个常见词上出现错别字,有人习惯于连续多打标点符号

(在 QQ 聊天中最明显常看到出现连串逗号的)，个别常用词出现同音不同字(两个字都是常用字但绝少组合成词，这是因为现在的输入法有词汇记忆功能，错一次以后就会反复出现，而有些经常网上聊天的人懒得改正)等。方言在日常生活中正常使用的时候，有语音和语调的差别，反映在网络应用上，虽然无法听到语音语调，但是很多方言中的字并不是常用字，使用者不得不用同音或近音字替代，同时有些词即便单字的使用并无错误，却是明显的地区性方言。如图 4-11 所示，很明显，虽然两个网络身份的注册资料性别年龄不同，但是从连用逗号、"着实"这个词的使用、RMB 表示人民币的习惯等，怀疑极可能为同一人所为。此外，排版习惯也是如此，有人在网上发帖时，习惯用换行将语句间隔而从不使用标点符号。

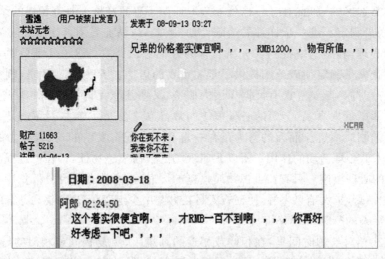

图 4-11　论坛和 QQ 群中两处发言的对比

　　寻找、总结和分析网络行为的规律性特征，对于网络侦查工作中出现的虚拟身份的人的同一识别，有一定的帮助。如果能够准确地汇总嫌疑人的各种计算机使用习惯，那么对应发现的相似特征越多，目标的准确度越高。而行为的规律性，并不仅限于前文中的提示，作为侦查人员应注意观察和思考，总结和分析。如在某段 QQ 聊天记录中发现，嫌疑人提到"没事去灌水"、"怎么聊聊就水到这话题了呢"、"你们聊，我沙个发"，可初步判断该人经常使用 BBS 论坛。因为"灌水"、"水贴"、"沙发"是论坛中的常用词。

　　再如，某人在发帖过程的文字内容中出现："……这是国家的悲衷……"，把"悲哀"错误输入为"悲衷"，最为合理的解释就是此人使用五笔字型输入法。

　　② 技术行为特征是指某些特定用户，如软件开发人员、系统管理员、IT 从业人员以及具有较高计算机水平的少数用户，在程序开发(代码书写习惯、算法使用习惯等)、系统参数设置(端口的使用)、系统启动程序设置等方面有与众不同的习惯。再如某些硬件安装维护人员在机箱中的卡板安装习惯、线缆连接习惯等均可能体现出习惯性的不同。

　　以代码书写习惯为例。长期从事软件开发的人员，有人习惯于用缩进量的不同表示程序中层次的不同，有人习惯在程序段中加以说明方便日后修改和调试，甚至有人在大程序段的注释中写入自己的名字(也可能是绰号、网名等，因为程序编译后执行过程名字不可见,不影响程序运行,而反编译后可看到自己的名字,标示其著作权)。

再以硬件中卡板的安装习惯为例。有人在批量组装计算机时,为操作方便,将 PCI 卡插到最靠主板中间的位置;而有的人从系统的性能考虑,插到靠近机箱边缘的位置(靠近主板中间虽然方便,但是离电源和 CPU 近,周围温度高且散热不好可能影响组件性能。而靠近机箱边缘便于散热),并将机箱内电线整理固定。

总之,人的行为习惯一旦养成,除非其本人有所察觉故意克服,否则在相当长的时间内都是一成不变的。这样,对于办案人员从网络上、从硬件上查找嫌疑人的认定线索,都会有很大的帮助。

在 2006 年某网吧系统被攻击案中,案发现场的计算机是网吧新近购得不足一个月的,经营过程中发现该批机器不规则掉线,而其他机器运行正常。网吧机修人员因此怀疑是机器的硬件问题,遂开箱检查,未发现异常,之后报案。侦查人员到达现场后,首先分析了网吧服务器的日志,发现被植入恶意程序。追踪日志发现可以 IP 地址,并定位于一出租房。经搜查,只有一台计算机,而房东无法提供租住人的自然情况。对系统安装应用程序进行简单浏览查验,发现其安装的软件及版本与网吧机器相同;开箱检验该计算机,无意中发现机箱内 PCI 显卡的安装位置与网吧勘查过程中发现的掉线机器位置相似,经反复比对,更奇怪的是,箱内电线被整理后,线的绕行方向同为左手法则而且都是在绕过 IDE 排线,用扣索扎紧固定。初查后,确定为该网吧组装计算机的施工人员有重大嫌疑。后经证实,该人与公司领导有矛盾,离职后伺机报复。攻击该网吧的目的就是想让网吧业主向其原公司提出退货或索赔。随着案件的侦破,终于粉碎了该人的企图。案件中,机内程序、软件证明了侵害行为确实发生于该计算机;行为习惯为侦查人员圈定了嫌疑人范围;提取照片后房东予以指认,至此,嫌疑人供认不讳。

③ 心理因素对行为特征有明显的强化作用。长期使用互联网的人会形成诸多上网的行为习惯和心理依赖,当这些上网的习惯逐渐形成一种类似条件反射的状态后,便会转化为一种固有的心理模式,也就是平时所说的"网瘾"。这些心理因素回馈于行为人本身,便会对其行为特征有明显的强化作用。我国某地曾出现一例大学生网上雇凶杀害自己的父母,其动机却是因为父母限制他上网玩游戏。再如 2011—2012 年,国内网民玩腾讯游戏"偷菜"成风,很多人甚至定闹钟在凌晨三点起床,为了"收菜和偷菜",很多从不愿意和陌生人接触的网民,每天发送上百的好友请求,目的明确,就是为了"偷菜"。

那么,当网络人群的心理因素存在如此特殊性的时候,这也就为侦查人员开展线索调查提供了新的视角。在某强奸案中,嫌疑人张某人称"张瘸子",在强奸一名大学生后负案在逃。张某因患小儿麻痹自幼残疾,常年自卑少与人沟通,形成口吃毛病。张某靠在路边摆地摊维修自行车为生。通过查勘张某居住地,发现其家中有一旧计算机,在计算机中发现他 QQ 中伪称现役上校团长,与数名女网友常年聊天,广博好感。其中,有三名来自江西、河南等地的女网友几乎每天与他聊天,信息内容显示此三名女子均为社会白领,对张某充满爱慕之情,均先后多次提出与张见面,但张某以各种借口推辞。以虚构身份上网并拒绝网友见面,在普通网民中较为常见,但本案中张某为性暴力侵害犯罪的嫌疑人,而女网友主动送上门来他却拒绝见面,显然不符合张某特定的心理特征,可视为反常。分析可以得知,嫌疑人张某之所以做出这样的反常行为,是因为他自幼得不到社会的尊重和认同,而当他以一种虚拟的身份在网上出现的时候,却得到了社会白领阶层的认可和尊重,他以一种变态的方式获取心理上的需要,而这种变态心理可以强烈到足以让一个性犯罪者克制住他的性犯罪欲望。据此,本案可以此为突破口开展侦查抓捕工作。

4.6 网络犯罪现场特殊情况的处置

案件的发生往往存在很大的随机性,其特征特点也是千差万别。这里所提出的特殊情况是指区别于前述内容,存在特殊问题或非常规操作的情况,包括很多方面内容。这里着重介绍两个较为突出的问题,也就是特殊现场和在线分析。

4.6.1 特殊现场

所谓特殊现场,是指如银行、商业网站等不能结束系统服务器运行的案件现场;计算机系统遭受严重外部破坏,如火灾、水浸等残毁现场;计算机系统除本身电子数据以外,携带有其他传统刑事物证,如指纹、血迹等。

对于特殊现场,勘查的时效性尤为重要,同时,对于突发现象的处理要及时果断。特殊现场的犯罪遗留痕迹往往已经在勘查人员到达之前,因各种因素被严重地人为破坏。对于不能结束系统服务器运行的案件现场,要在第一时间在线复制历史数据,同时根据案件性质,重点处理日志、数据库等重要信息;对于火灾、水浸等,遭受严重外部破坏的残毁现场,要会同专业人员对系统中残留的硬盘及其他存储介质进行提取,但是不要使用常规方法进行检验分析,而应在可控的专业实验室环境下处理,否则可能造成证物不可逆转的损毁;对于被生化污染的犯罪现场,必须对现场及相关设备、器件进行无害化处理后方可开始勘查检验;对于携带有其他传统刑事物证,如指纹、血迹、工痕等的计算机系统,应避免破坏其遗留物证,可使用探针等小接触面的器物代替手指操作。

除以上几点外,还有些特殊情况,如经高压水枪冲洗、经化学清洗、受水浸包括受到淤泥和污水污染、被海水浸泡后的磁介质应尽可能快地用流水冲去污染物和附着液体,而后完全淹没在蒸馏水或净水中密封保存,而后尽快在实验室条件下干燥。因为在非控环境下干燥磁介质可能产生矿物质残留物从而破坏介质。如果只是轻微受潮,可放在塑料袋内密封保存;如果完全湿了,则最好浸在水中,直至具备适当的干燥条件。这也适用于计算机硬件如电路板或磁盘驱动器。长期不使用或保管不当的磁带可能发生霉变或粘连,可以在正常条件下运输但未经专业处理不应尝试读取。

特殊现场的勘查往往具有更高更复杂的技术要求,需要勘查人员掌握相关的技术要领。对于无法确定勘查方法的情况,可遵循现场勘查的总体原则,对相关内容实施固定和保护,留待后续完成。

4.6.2 在线分析

在线分析是指在现场不关闭电子设备的情况下直接使用原设备和原系统,进行分析和提取电子系统中的数据的方法。因为在分析和提取的过程中,勘查人员对系统的操作必然会对原系统的初始状态产生影响,导致系统的数据、文件内容以及文件属性等发生改变,甚至可能会因原使用者的安全设置而影响到整个系统或关键信息的损毁,所以除以下情形外,一般不得实施在线分析。

（1）案件情况紧急,如涉枪、涉爆、伤害杀人等急重大案件,第一时间不在现场实施在线分析可能会造成严重后果的。

（2）情况特殊和单位,如银行、证券、期货、大型商业网站等,不允许关闭电子设备或扣押电子设备,而数据在实时更新的。

（3）现场设备属于早期应淘汰产品、或专门开发的非标准设备,难以找到合适的适配转接设备,而不得不依托原系统进行勘验的。

（4）在线分析不会损害目标设备中重要电子数据的完整性、真实性的。重要电子数据是指可能作为证据的电子数据。

实施在线分析的过程中,应尽量避免修改、写入、删除原系统信息。尽量使用关键数据的外围操作,比如对非标存储设备中的数据库,尽量不直接访问,而是通过原系统的其他输出端口（USB、串口等）输出到标准移动存储设备上,进行备份只读处理。在线分析由于破坏了系统的完整原始性,所以通过直接转化得到的证据效力必然下降,对于备份出的数据,可提请专业电子物证鉴定,以鉴定报告的形式出具证据。同时,为避免诉讼对证物的产生提出歧义,应全程照相、录像,对于关键操作进行记录。

小　　结

本章详细介绍了网络犯罪侦查工作中关于犯罪现场勘查的业务内容。从勘查前的现场保护、准备工作,到远程现场勘查、本地现场勘查;从勘验检查规范、文书撰写,到现场分析、案情把握;从对相关人员的询问、讯问,到犯罪现场重建;从分析现场痕迹特征,到特殊现场情况的处置等多方面的工作要点和技巧,立足实战的角度进行了讲解。

网络犯罪现场勘验检查,是侦查工作中极为重要的一项业务内容,勘查行为和笔录是否规范、勘查过程是否全面细致、勘查分析结果是否合理准确,很大程度上决定了一起案件侦查工作的成败。在实际工作中,除了做到规范细致以外,还要不断地总结和积累经验,提高办案能力。

思　考　题

1. 如何认定涉网案件的犯罪现场?
2. 通过网关接入互联网的局域网内部服务器发生人为数据毁损,现场范围如何确定?
3. 用 prt-sc 方式截屏,是否适用所有涉案计算机勘查?
4. 对路由器、交换机等网络中间设备勘验时需要注意哪些问题?
5. 网络犯罪现场分析侧重解决哪些问题?
6. 网络犯罪现场虚拟重建可以解决哪些问题?
7. 尝试通过观察 QQ 群聊天记录、微信朋友圈、天涯论坛中,文字信息发布者的错字情况,分析其可能使用的输入法。

第 5 章 本地主机数据文件线索查找

在办理各种涉计算机犯罪案件的过程中,侦查人员常常需要查找犯罪嫌疑人或者受害人使用过的计算机中的网页浏览记录、即时通信工具使用记录、特定文件等电子数据文件线索。本章从本地主机数据文件的线索查找思路和线索查找方法两方面进行介绍。

5.1 本地主机数据文件线索查找思路

犯罪嫌疑人或者受害人使用过的计算机,可以参照下面的思路对本地主机线索进行查找。

(1) 了解案情,确定要查找的主机。

结合不同案情,在实际办案过程中,除了重点调查受害人和犯罪嫌疑人居住地的主机,还要进行走访,调查受害人和犯罪嫌疑人在单位、亲属家、朋友家、网吧、登录过的网站等所有被调查人可能使用和留有操作痕迹的计算机。

(2) 在上述主机中,筛选和确定出要进行进一步深入调查的其他涉案主机,同时确定这些主机所在的地理位置。

(3) 到达现场后,如果主机是开机状态,首先提取和固定易失数据,从易失数据中提取与案件有关的相关信息。

(4) 遇到案件情况紧急,允许在现场直接查看计算机中的内容时,可直接搜查计算机中与案件有关的信息。

否则,需要将被调查主机按要求进行封存,送到电子物证鉴定中心进行鉴定取证。送检时,结合不同案情向鉴定单位提出要查找的主机线索和检验要求。

受害人和犯罪嫌疑人查找主机线索的思路有所不同,如表 5-1 所示。

表 5-1 本地主机线索的查找思路

本地主机归属	查找重点
受害人主机	1. 受害者浏览恶意或诈骗等网站的网页历史记录 2. 机器是否中了木马 3. 与犯罪嫌疑人通过网络即时通信工具聊天的聊天记录和接收的文件 4. 查看计算机系统日志,掌握系统登录、本机操作的各种痕迹 5. 受害者登录的电子邮箱及接收的文件,邮件客户端遗留的邮件线索 6. 查找注册表中恶意程序信息 7. 搜索与案件直接相关的照片或视频文件等信息 8. 涉案银行账号等信息

续表

本地主机归属	查找重点
犯罪嫌疑人主机	1. 搜索与案件密切相关的账目清单、涉案文档、恶意程序、照片和视频文件等特定涉案信息 2. 查看计算机系统日志，掌握系统登录、本机操作的各种痕迹 3. 与受害人通过网络即时通信工具聊天的聊天记录和发送的文件 4. 查找注册表中历史记录、恶意程序等信息 5. 搜索与案件有关的浏览网页和本机文档的历史记录、收藏夹、登录的邮箱和用户名，本机最近打开和编辑的文档、图片等历史记录信息 6. 嫌疑人登录的电子邮箱及接收的文件，邮件客户端遗留的邮件线索 7. 考虑到嫌疑人有可能将涉案文件或有关操作痕迹进行删除，要将其所用计算机送到电子物证鉴定中心进行鉴定，让检验人员对其中加密的涉案文件进行解密、发现和还原与案件相关的伪造文件、对磁盘中的电子数据进行数据恢复，找到与案件有关的被删除的数据

5.2 查找本地主机数据文件线索的适用范围

如果找到了涉案主机，到了案件现场，被调查主机处于关机状态时，通常不能将计算机开机直接查找本地线索。因为，如果该计算机上安装了自毁软件、还原卡等，计算机重新启动后会丢失大量数据；此外，计算机在系统启动过程中，也会自动运行大量的软件，有可能覆盖硬盘上的一些信息。

这时，针对处于关机状态的被调查主机，应该把涉案计算机或硬盘等电子存储设备进行封存，送到电子物证鉴定中心，鉴定人员会将待调查计算机硬盘只读接入取证专用机，对里面是否有特定涉案文件进行查找、对删除的涉案数据进行数据恢复、对加密的涉案电子数据文件进行解密、对伪造的文件进行解析，以及从磁盘空间中检查出各种涉案信息等，并出具检验报告。

因此，本地主机数据文件线索查找方法，主要是应用在案件现场被调查主机处于开机状态的情况下，对该主机内涉案线索的查找方法。

5.3 本地主机数据文件线索查找方法

由于计算机主机中存在着各种不同类型的电子数据文件，它们在形式上和办案中发挥的作用是不同的，能提供的案件线索及查找方法也是不同的。

本地主机线索具体查找方法如下。

5.3.1 特定涉案文件的查找

公安机关在办理网络赌博、网络传播淫秽色情、网络诈骗、走私、侵犯公私财物等案件时，需要调查赌博金额、色情照片和视频、诈骗网站、走私物品清单、修改的程序和数据文件、木马程序等特定涉案信息,这些涉案信息往往存在于犯罪嫌疑人或受害人主机中,通常以文档、数码照片、视频等各种文件形式存在于硬盘中。

1. 直接浏览查看

查看被调查主机是否有特定涉案文件,主要是采用直接浏览查看的方法,即依次打开各个盘符及文件夹,仔细浏览查看,找到涉案的特定文件。

例如,某网络盗窃案件中的涉案文件"卡.xls",即是通过直接浏览查找的方式,在嫌疑人 D 盘"新建文件夹"下找到的,如图 5-1 所示。同时,要注意,与查找到的特定文件存放在同一个文件夹下的其他文件也是很重要的。

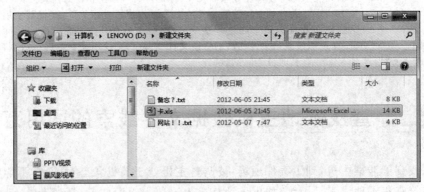

图 5-1　直接浏览查找特定涉案文件

2. 利用操作系统自带的搜索功能查找

此外,还可以利用操作系统自带的搜索功能查找特定文件。设置好关键词,依次对计算机各个盘符进行搜索。

例如,某木马攻击案件中,事先从被攻击计算机日志中得到了木马名称为"jinri.asp",依次在各个盘符中进行搜索,结果在 D 盘搜索到了该文件,如图 5-2 所示。

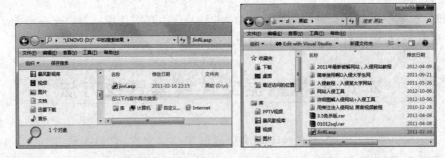

图 5-2　通过搜索找到的特定涉案文件及其所在的文件夹中的内容

3. 注意事项

在进行特定文件搜索之前,一定要提前设置好文件显示方式,设置系统显示隐藏文件和系统文件。

本文以 Windows 7 为例,打开桌面"计算机",依次选择"工具"→"文件夹选项"→"查看"命令,就可以进行设置了,具体操作如图 5-3 所示。

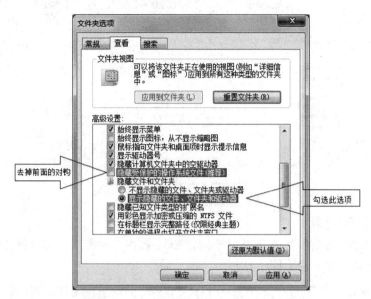

图 5-3 注意提前设置好文件显示方式

5.3.2 网络即时通信工具相关信息的查找

随着互联网的发展,QQ、阿里旺旺、YY、MSN 等网络即时通信工具层出不穷,使用的人越来越多。在办理各类涉网案件时,从这些网络即时通信工具聊天记录、发送文件中常常会发现有价值的案件线索。只要被调查主机中安装了网络即时通信工具,都要细致查找相关线索,各种网络即时通信工具的线索查找方法大体相同,具体如下文。

1. 登录被调查主机网络即时通信工具

在被调查主机处于开机状态时,要重点查看该主机安装了哪些网络即时通信工具,是否都处于登录状态,具体如下。

(1) 当网络即时通信工具处于登录状态时,可以直接查找线索。

(2) 当网络即时通信工具未登录时,可以单击被调查主机桌面或程序中的相关程序链接,如果该程序设置为"记住密码"或自动登录状态,即可登录并查看;如果该程序没有设置保存密码,可以询问被调查人或相关知情人员密码是多少;实在无法获取密码,可以过后送到电子物证鉴定中心,利用专用取证工具获取相关线索。

登录被调查主机网络即时通信工具后,就可以调查如下各种涉案网络即时通信工具线索了。

2. 查看被调查主机曾登录过的 QQ 号码

查找被调查主机曾登录过哪些 QQ 号码,对于办理很多案件都是十分重要的。计算机曾登录过的 QQ 号码默认保存到"C:\Users\用户名\Documents\Tencent Files"下,如图 5-4 所示。

图 5-4　主机曾登录过的 QQ 号码

3. 查看聊天记录

查看网络即时通信工具的聊天记录，如图 5-5 和图 5-6 所示。其他网络即时通信工具的聊天记录的查看方法大同小异。

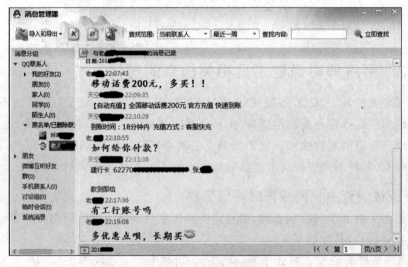

图 5-5　QQ 聊天记录

4. 查找聊天过程中发送和接收的文件

在用户利用网络即时通信工具聊天的过程中，在进行文字交流的同时，还常常互发一些图片、文档等各种类型文件，这些图片等文件有时就是重要的涉案线索。因此，在获取聊天记录的同时，查找被调查人发送和接收的文件也十分重要。

首先，可以从被调查人网络即时通信工具的聊天内容中，发现曾经接收或传送的文件，如图 5-7 所示。

其次，可以从被调查计算机网络即时通信工具安装目录下进行查找。

以 QQ2013 为例（其他网络即时通信工具查找方法类似），QQ 发送和接收的文件所存放的路径如下：

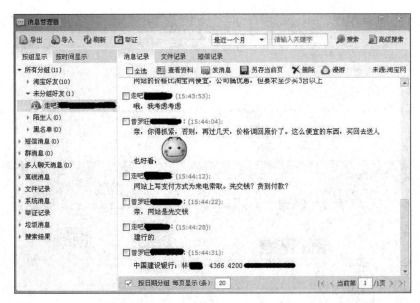

图 5-6　阿里旺旺聊天记录

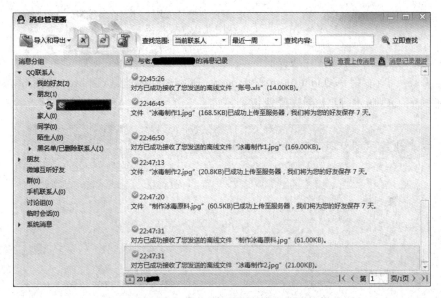

图 5-7　QQ 聊天记录中发送和接收的文件信息

1) 接收文件的默认存放路径

C:\Users\当前用户\Documents\Tencent Files\ QQ 号码\FileRecv，如图 5-8 所示。当然，不同的 QQ 版本，默认存放位置也会不同。

2) QQ 截图默认存放路径

C:\Users\当前用户\Documents\Tencent Files\ QQ 号码\Image，如图 5-9 所示。当然，不同的 QQ 版本，默认存放位置也会不同。

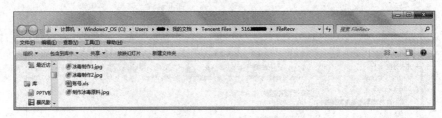

图 5-8　QQ 接收文件的默认存放路径

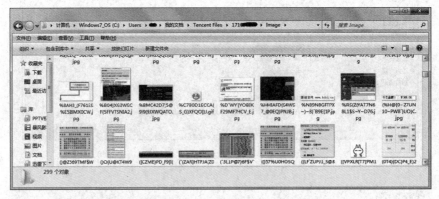

图 5-9　QQ 截图默认存放路径

3）QQ 视频拍照的默认存放路径

C:\Users\当前用户\Documents\Tencent Files\ QQ 号码\Photo，如图 5-10 所示。当然，不同的 QQ 版本，默认存放位置也会不同。

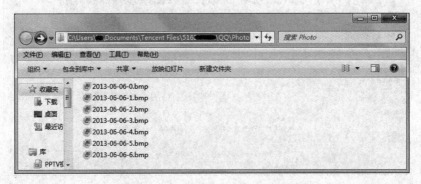

图 5-10　QQ 视频拍照的默认存放路径

5. 查找好友列表、最近联系人、所加入的群

如果被调查主机是受害人的，其网络即时通信工具好友列表、最近联系人、所加入的群中有可能有嫌疑人或知情人；如果被调查主机是嫌疑人的，其网络即时通信工具好友列表、最近联系人、所加入的群中有可能有其同伙或其他受害人。查找被调查人好友列表、最近联系人、所加入的群等信息如图 5-11 和图 5-12 所示，其他网络即时通信工具查看方法类似。

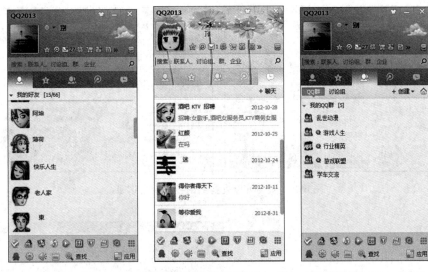

图 5-11　QQ 的好友列表、最近联系人、所加入的群信息

图 5-12　阿里旺旺的好友列表、最近联系人、所加入的群

6. 查找交易记录

目前很多网络即时通信工具都可以进行手机充值、银行卡充值、缴水费、缴固话费、缴电费等多种交易,从中可以查找到网络即时通信工具缴费的手机号、银行账号、家庭住址、上网账号等线索,如图 5-13 和图 5-14 所示,其他网络即时通信工具的查看方法类似。

7. 查找电子邮箱、空间、短信等信息

除了前面能查到的线索外,不同的网络即时通信工具,有时提供的线索是不同的。例如,通过 QQ 可以查看 QQ 电子邮箱、QQ 空间、腾讯微博、QQ 圈子、朋友网等信息,如

图 5-13　QQ 可以查找到的各种交易记录

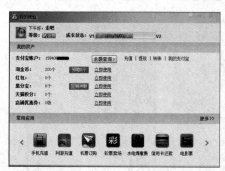

图 5-14　阿里旺旺可以查找到的各种交易记录

图 5-15 所示;通过阿里旺旺,可以查看发过的短信息,如图 5-16 所示;YY 可以查看空间;百度 Hi 可以查看百度空间、百度贴吧里发的帖子、注册的邮箱;等等。

8. 注意事项

（1）查找网络即时通信工具相关信息时,考虑到其中一方有可能把聊天记录删除了,因此,在查找此类案件线索时,应该同时调查嫌疑人和受害人双方的计算机。

（2）如果在现场的被调查计算机中,已经登录的网络即时通信工具聊天记录中没有涉案信息,除了聊天记录可能被删除外,还有可能当时聊天时,被调查人用的是另外一台计算机。

（3）当然,有的犯罪嫌疑人为了逃避侦查,会将聊天记录等重要信息删除。这就需要调查人员在将必要信息进行现场取证后,将涉案计算机扣押封存,送到电子物证鉴定中心,让鉴定人员采用技术手段恢复删除的内容。

5.3.3　各种主机历史记录的查找

IE、Firefox、360 浏览器、百度浏览器、TT 浏览器等网络浏览器能够记录浏览历史,如收藏夹、最近访问的网站、最近浏览的网页文件、登录的邮箱和用户名等信息。同时,计

图 5-15　QQ 电子邮箱、QQ 空间中的信息

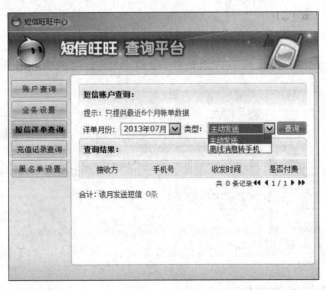

图 5-16　阿里旺旺发过的短信息

算机也能够记录本机最近打开和编辑的文档、图片等信息。通过一些方法和软件可以查看这些历史记录内容,从中得到嫌疑人最近访问过的网站、浏览过的网页、编辑的文档、登录的邮箱和用户等信息,从而获得有价值的案件线索。被调查主机中的历史记录主要有以下几种。

1. 浏览器历史记录信息

不同浏览器历史记录查找方法略有不同。IE浏览器历史记录,包括IE下拉地址栏、收藏夹、浏览过的网站和本地主机数据等历史记录信息,如图5-17所示。

图5-17　IE下拉地址栏、收藏夹、浏览过的网站和本地主机数据等历史记录信息

Firefox浏览器历史记录,包括Firefox下拉地址栏、书签、浏览过的网站和本地主机数据、访问日期、访问次数等历史记录信息,如图5-18所示。

图5-18　Firefox下拉地址栏、书签、浏览过的网站和本地主机数据、访问日期、访问次数等历史记录信息

360浏览器历史记录,包括下拉地址栏、收藏夹、浏览过的网站等历史记录信息,如图5-19所示。

图5-19　360浏览器下拉地址栏、收藏夹、浏览过的网站等历史记录信息

2. 主机最近访问的文件

本地主机最近访问过或者编辑过的各种文档、下载的文件等,有可能与案件关系密

切,需要仔细查找。主机最近访问过的各种文档的历史记录,Windows 7 默认保存在"C:\Users\当前用户\Recent"下,如图 5-20 所示。不同操作系统,默认保存位置略有不同,需仔细查找。

图 5-20　主机最近访问或编辑过的文件

Windows 7 下,Office 办公套件软件 Word、PowerPoint、Excel 等本地主机最近访问过或者编辑过的历史记录,如图 5-21 所示。

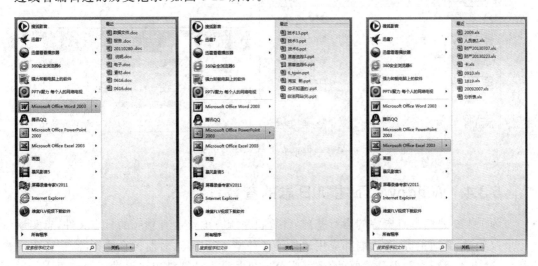

图 5-21　主机最近访问或编辑过的 Office 文件

本地主机最近用系统自带的画图软件打开或者编辑过的图片文件的历史记录,如图 5-22 所示。

本地主机最近下载文件的历史记录,一方面要查看本地主机安装的迅雷、QQ 旋风等专用下载软件的下载记录,另一方面还要查看一些浏览器的下载记录,如图 5-23 所示。

图 5-22　画图访问过的图片

图 5-23　主机最近下载文件的历史记录

5.3.4　Windows 下主机日志的查找

为了维护系统自身资源的运行状况,计算机系统一般都会有相应的日志文件,忠实地记录服务器、普通主机、防火墙和应用软件等各种操作痕迹,这对监控系统资源、审计用户行为、确定入侵行为是十分重要的,也可为公安机关打击计算机犯罪提供证据来源。

由于不同计算机系统日志发挥的作用不同,其日志的记录内容也会有所不同。Windows 操作系统是目前使用最广泛的操作系统,也是在办案过程中最容易遇到的操作系统。本章仅讨论常见的 Windows 7 下的计算机主机日志。

1. Windows 下主机日志的种类

Windows 7 下的计算机系统日志主要分为 Windows 日志、应用程序和服务日志两种。其中,Windows 日志包括应用程序日志、安全日志、Setup 日志、系统日志、转发事件日志;应用程序和服务日志包括 Internet Explorer、Key Management Service、Microsoft Windows PowerShell、硬件事件等。

在办理案件的过程中,查找涉案线索常用的日志主要有 Windows 安全日志、系统日志、应用程序日志三种。

2. 日志查看方法

在 Windows 7 下,打开控制面板,依次单击"系统和安全"→"查看事件日志",即可看到上述日志。

3. 安全日志

Windows 操作系统的安全日志提供了 7 种类别的审计事件组:系统(如系统启动、关机、清除安全日志)、登录/退出(如成功登录或用错误的用户名登录)、对象访问(如删除受保护对象)、特权使用(执行授权的系统服务操作,如远程关机)、细节跟踪(如创建进程、退出进程)、策略更改(如分配或撤销用户权限、更改审核策略)和账号管理(如创建账号、删除账号)。事件具体属性有 9 种(类型、日期、时间、来源、类别、事件 ID、用户、计算机、描述),可提供失败审核和成功审核两种类型。如果定义了审核这些事件的策略并且启用了审计系统,则这些事件就会被记录在安全日志中。

通过 Windows 的事件查看器可以查看安全日志。例如,可以看到计算机系统是什么时间登录的,登录的用户账号是什么,是否登录成功等信息。双击某条记录可以看到详细描述,如图 5-24 所示。

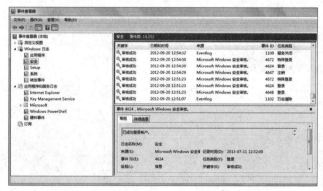

图 5-24 Windows 安全日志

4. 系统日志

Windows 操作系统的系统日志具有多种类型,而且被保护在操作系统内核中,它们不容易被修改或损坏,包含对磁盘、打印机、服务、设备、外壳、网络、系统 7 种类别事件的记录。系统日志记录系统进程和设备驱动程序的活动,它审核的系统事件包括启动失败的设备驱动程序、硬件错误、重复的 IP 地址,以及服务的启动、暂停和停止等信息。

通过 Windows 的事件查看器可以查看系统日志。例如,可以看到计算机系统是什么时间进入睡眠状态的,系统曾运行了哪些服务,系统时间什么时候进行过修改等信息。双击某条记录可以看到详细描述，如图 5-25 所示。

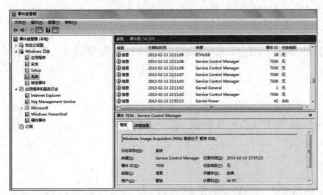

图 5-25　Windows 系统日志

5. 应用程序日志

顾名思义，Windows 操作系统的这种类型的日志应记录应用程序产生的日志，如果系统运行了 MS SQL Server 或 MS Exchange Server 时，会产生大量的应用程序日志。应用程序日志包括关于用户程序和商业通用应用程序的运行方面的错误活动，它审核的应用程序事件包括所有错误或应用程序需要报告的信息，以及由应用程序或一般程序记录的事件等。

通过 Windows 的事件查看器可以查看应用程序日志。例如，可以看到计算机系统什么时间进行过碎片整理，哪些程序出现过错误，错误原因是什么等信息。双击某条记录可以看到详细描述，如图 5-26 所示。

图 5-26　Windows 应用程序日志

5.3.5　邮件客户端的线索查找

许多人喜欢用 Foxmail、网易闪电邮、Outlook Express、Koomail 酷邮等邮件客户端软件来管理自己的邮箱和收发电子邮件。邮件客户端软件可以将接收的邮件、发送的邮件、进行了部分编辑但尚未发送的邮件等，保存在计算机该邮件客户端软件自带的收件箱、发件箱、草稿箱中。侦查人员可以在计算机硬盘邮件客户端软件相应存放文件的位置，找到并查看信件内容，获得涉案线索。

例如，被调查主机安装了 Foxmail，可以运行 Foxmail 邮件客户端，来查看收件箱、草稿箱、已发送邮件、已删除邮件中，有无与案件相关的电子邮件，如图 5-27 所示。

图 5-27　Foxmail 邮件客户端

在 Outlook Express 中，对要分析的那封邮件，用鼠标右键单击，在快捷菜单中，依次选择"属性"→"详细信息"命令，即可看到该封邮件的电子邮件头信息。

在最新版本的 Foxmail 中，对要分析的那封邮件，用鼠标右键单击，在快捷菜单中，依次选择"更多操作"→"查看邮件源码"命令，即可看到该封邮件的电子邮件头信息。

对电子邮件邮件头的分析，详见第 9.3 节部分的阐述。

5.3.6　其他本地主机线索

除了上述常见的本地主机案件线索外，在查找线索时，还要注意查找其他与案件相关的线索。

1. 回收站

回收站是一个特殊的文件夹，在查找被调查主机涉案线索时，常常容易被忽略。回收站中保存了被调查主机最近删除的文件、文件夹、图片、视频等各种文件。这些文件会一直保留在回收站中，直到清空回收站。里面往往可能有与案件直接相关的线索，如图 5-28 所示。

2. 正在浏览的网页

被调查主机如果有正在浏览的网页，要查看打开的网页上的用户名和个人资料等信息，收集与案件有关的线索。

特别要注意的是，如果打开的网页是需要密码才能进去的页面，例如电子邮箱、赌博网站账户页面、网站的后台管理页面等，要尽可能地将这些页面的关联页面逐一打开浏览，查找案件线索和固定证据，如图 5-29 所示。

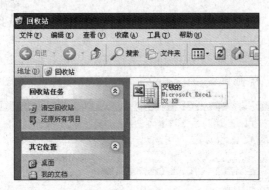

图 5-28　回收站中的文件

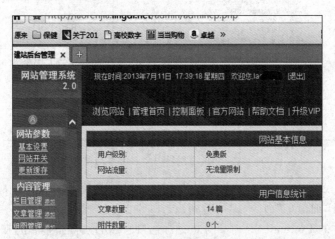

图 5-29　正在打开的网站后台管理界面

3. 同伙的照片视频

在网络诈骗等一些案件中,如果被调查主机是嫌疑人的主机,考虑到嫌疑人有可能有作案同伙,除了查找各种网络即时通信工具中的联系人外,还要注意查找主机内的同伙的照片或视频。例如,在某汽车被盗案中,在嫌疑人计算机里查找到了嫌疑人和同伙喝酒聚会的照片,如图 5-30 所示。

图 5-30　嫌疑人被调查主机中和同伙聚会照片

小　　结

本章详细介绍了侦查人员办理各种涉计算机犯罪案件过程中,找到涉案计算机时,如何从本地主机中查找到案件线索的方法。重点讲述了到达案件现场,当被调查主机处于开机状态时,应从哪些方面有序地开展调查工作,查找哪些案件线索;当被调查主机处于关机状态时,又应该怎么做。

思　考　题

1. 到达案件现场,当被调查主机处于开机状态时,应从哪些方面有序地开展调查工作,查找哪些案件线索?
2. 到达案件现场,当被调查主机处于关机状态时,又应该怎么做?
3. 应从哪些方面查找本地主机的网络即时通信工具相关线索?具体如何查找?
4. 查找本地主机中特定涉案文件和网络即时通信工具相关线索时,需要注意什么?
5. 本地主机中历史记录主要有哪些?如何查找?
6. Windows 7下主机日志有哪几种类型?如何查看本地主机中的日志?
7. 常用的邮件客户端软件有哪些?本地主机中的邮件客户端软件可以查找到哪些线索?

第6章 局域网线索调查

本章重点介绍某些网络犯罪案件中,涉及局域网线索的调查方法,包括线索的表现形式、技术分析方法、线索的价值体现。

6.1 网络连接设备线索调查

在局域网中,主要包含交换机、路由器及防火墙等连接设备。局域网内部以交换机为主,规模大一些的局域网,通常是几个核心的三层交换机再连接一些二层交换机。在局域网环境进行案件调查时,根据连接设备在局域网中所起的作用及案情,可从这些设备中提取出与案件相关的有价值信息。

6.1.1 交换机调查

交换机是局域网络中的重要连接设备,它可以为接入交换机的任意两个网络节点提供独享的电信号通路。交换机转发数据帧时,首先根据数据帧中目的 MAC 地址查找交换机缓存中的 CAM 表,找到其所对应的端口号,然后再将数据帧从对应端口中转发出去。CAM 表其实就是存储在交换机缓存中的端口号与所连接设备的 MAC 地址对应关系表,交换机能够主动学习客户端的 MAC 地址,并建立和维护 CAM 表以此建立交换路径。对交换机进行调查时,其缓存中的 CAM 表是需要重点调查的对象。

1. CAM 表提取

目前市面上主流的交换机有很多品牌,如 Cisco、华为、锐捷等,各个品牌之间的概念及命令都是大同小异,下面以 Cisco 交换机为例,介绍读取 CAM 表的步骤。

(1)与交换机建立连接。

在进行任何操作之前,必须建立起到交换机的连接。访问交换机最好的方法就是从控制台端口访问,如果通过 Telnet 或者 Web 方式连接交换机,那么局域网内正在嗅探的攻击者可能会看到侦查人员的流量并意识到调查正在进行。

交换机本身没有键盘、显示器等输入输出设备,所以通常用一台笔记本作为控制台,使用专门的配置线,将配置线的 RJ-45 端口接入交换机的 Console 端口,com 端口接入笔记本的 com1 或 com2 端口,如图 6-1 所示。

(2)控制台内启动超级终端。

大多数的 Windows 操作系统都自带"超级终端"程序,在计算机中单击"开始"→"所有程序"→"附件"→"通讯"→"超级终端"菜单,打开"超级终端"窗口,在该窗口内新建连接并取一个方便记忆的名字,确认该连接所使用的串口号(要对应配置线接入计算机的 Com 口),并进行端口设置(波特率:9600;数据位:8;奇偶校验:无;停止位:1;流量控制:无)。在"超级终端"窗口内出现"Switch>"提示符即表明连接正常。

(3) 进入特权模式,提取 CAM 表,命令及结果如图 6-2 所示。

图 6-1　笔记本作为控制台连接交换机　　　　图 6-2　交换机 CAM 表

2. CAM 表线索分析

CAM 作为线索为侦查员提供了各个端口与其所连接的上网终端的 MAC 地址信息的对应关系。

1) CAM 表字段解析

在如图 6-2 所示的交换机 CAM 表中包含 4 列信息:

"Vlan"字段表明该端口所连接机器位于哪个虚拟局域网,Vlan 号相同的机器表明位于同一广播域内。

"MAC Address"字段表明该端口所连接设备的 MAC 地址,为 16 进制表示的 48 位机器物理地址。

"Type"字段为表项类型,其中 DYNAMIC 为动态 MAC 地址表项,有老化时间,超过老化时间该 MAC 地址与端口号对应关系消失,由交换机重新进行学习,而 STATIC 为静态 MAC 地址表项,没有老化时间,通常是由管理员进行设置的。

"Ports"字段表明交换机端口类型及编号,其中 Fa 是 FastEthernet 的缩写形式,表明快速以太网类型。

2) CAM 表内容解析

从图 6-2 中第一条数据可看出,交换机的 Fa0/2 端口连接的计算机网卡的 MAC 地址是 0001 63a0 0d24,在现场,侦查员可以顺着网线很容易定位到上网计算机,在该机器内开启 DOS 窗口,运行 ipconfig /all 命令,如图 6-3 所示,其中的 physical address 项内容即为网卡的 MAC 地址,可验证与 CAM 表中的记录内容是否一致。

3) 异常 CAM 表线索分析

当局域网用户个人私密信息被盗或者网内通信不正常甚至瘫痪时,有可能是交换机

```
C:\Documents and Settings\xp>ipconfig /all

Ethernet adapter 本地连接:

        Connection-specific DNS Suffix  . :
        Description . . . . . . . . . . . : Realtek RTL8168/8111 PCI-E Gigabit E
thernet NIC
        Physical Address. . . . . . . . . : 00-01-80-76-1B-12
        Dhcp Enabled. . . . . . . . . . . : Yes
        Autoconfiguration Enabled . . . . : Yes
        IP Address. . . . . . . . . . . . : 210.47.131.89
        Subnet Mask . . . . . . . . . . . : 255.255.255.0
        Default Gateway . . . . . . . . . : 210.47.131.254
        DHCP Server . . . . . . . . . . . : 210.47.128.135
        DNS Servers . . . . . . . . . . . : 210.47.128.135
                                            210.47.128.4
        Lease Obtained. . . . . . . . . . : 2013年5月7日 12:28:43
        Lease Expires . . . . . . . . . . : 2013年5月8日 0:28:43
```

图 6-3　ipconfig /all 命令结果

被攻击。在侦查时，只需提取交换机缓存中的 CAM 表，分析其中异常情况，从而找到可疑的交换机端口。假设 CAM 表内容如图 6-4 所示，从中可看出交换机的 Fa0/2 端口连接着多个不同 MAC 地址的计算机，这时，在现场应首先排查 Fa0/2 端口是否连接了另外一台交换机，如果是交换机级联，那么可能是底层交换机连接了多台计算机，导致上层交换机缓存中 CAM 表出现了 Fa0/2 端口对应了多个不同的 MAC 地址；若未进行交换机级联，就可能是该交换机遭受了 CAM 泛洪攻击。可断定交换机的 Fa0/2 端口为嫌疑端口，其连接的计算机即为嫌疑计算机或傀儡机。攻击者发送大量的伪造源 MAC 地址的数据包，快速填充交换机内存中 CAM 表，使交换机变成集线器，导致交换机对所收到的数据包均进行广播转发，从而攻击者可监听广播域内任意一台机器，但是此类攻击会让网速变慢，甚至瘫痪。

Vlan	Mac Address	Type	Ports
1	0001.63a0.0d24	DYNAMIC	Fa0/1
1	0001.9774.45b2	DYNAMIC	Fa0/2
1	0006.2aa3.88eb	DYNAMIC	Fa0/2
1	0009.7c34.1b57	DYNAMIC	Fa0/3
1	00d0.585c.1c7b	DYNAMIC	Fa0/4

图 6-4　CAM 表异常情况

6.1.2　路由器调查

路由器(Router)，又称为网关，用于连接多个逻辑上分开的网络。在局域网中通常有以下两种情况会用到路由器。

一种情况是为了提高通信效率，通常要在局域网内划分若干个子网，不同子网之间要进行通信，需借助路由器或者是具有路由功能的交换机(三层交换机)来连接，此类路由器被称为“中间节点路由器”。

另外，大多数局域网不是独立的，需要与互联网通信，在局域网的出口处，通过路由器来连接互联网，此类路由器也被称为“边界路由器”。

路由器作为网络层的互连设备，将根据数据帧的目的 IP 地址，通过路由表为其选择最佳的传输路径，在路由表中保存着各种传输路径的相关数据。因此，侦查员在对路由器进行调查时，路由表是需要重点调查的线索。

1. 提取路由表

以 Cisco 路由器为例，通过控制台连接路由器与交换机连接方法相同，默认情况下不需要使用密码就可以自动获取较低级别的访问权。在调查时可使用 show ip route 命令查看路由表,如图 6-5 所示。

```
Route> show ip route
Codes: C - connected, S - static, I - IGRP, R - RIP, M - mobile, B - BGP
       D - EIGRP, EX - EIGRP external, O - OSPF, IA - OSPF inter area
       N1 - OSPF NSSA external type 1, N2 - OSPF NSSA external type 2
       E1 - OSPF external type 1, E2 - OSPF external type 2, E - EGP
       i - IS-IS, L1 - IS-IS level-1, L2 - IS-IS level-2, ia - IS-IS inter area
       * - candidate default, U - per-user static route, o - ODR
       P - periodic downloaded static route
Gateway of last resort is not set
     10.0.0.0/24 is subnetted, 1 subnets
R    10.10.7.0 [120/1] via 202.1.1.2, 00:00:04, FastEthernet0/1
C    192.168.10.0/24 is directly connected, FastEthernet0/0
C    202.1.1.0/24 is directly connected, FastEthernet0/1
```

图 6-5　提取路由表

2. 路由表线索分析

从路由表中可以分析出各逻辑子网的划分、连接情况,甚至可绘制出部分局域网络拓扑结构图。

1) 路由表内容解析

在如图 6-5 所示的"show ip route"命令结果信息中,前半部分是代码说明,其中后面三行为重要的子网转发路径信息,其中:

"C 192.168.10.0/24 is directly connected,FastEthernet0/0"信息表明 192.168.10.0 网络通过 FastEthernet0/0 端口与路由器直接相连,即路由器对所有目的 IP 地址为 192.168.10.* 的数据包直接将其转发到 FastEthernet0/0 端口进行处理。

"C 202.1.1.0/24 is directly connected,FastEthernet0/1"信息表明 202.1.1.0 网络通过 FastEthernet 0/1 端口与路由器直接相连,即路由器对所有目的 IP 地址为 202.1.1.* 的数据包直接将其转发到 FastEthernet0/1 端口进行处理。

"R 10.10.7.0 [120/1] via 202.1.1.2,00:00:04,FastEthernet0/1"信息表明若接收到目的 IP 地址为 10.10.7.* 的数据包,路由器通过 FastEthernet0/1 端口将其进行转发,将数据包送到另外一个路由器的特定端口,其 IP 地址为 202.1.1.2,该规则是通过 RIP 学习到的。

2) 绘制局域网络拓扑结构图

根据以上的路由表信息,可推断出该路由器通过 0 号端口连接 192.168.10.0 子网,通过 1 号端口连接 202.1.1.0 子网,通过 1 号端口间接连接 10.10.7.0 子网。但还不知路由器各个端口的 IP 地址,可进一步通过路由器的"show ip interface brief"来获取路由器各个端口的 IP 地址信息,如图 6-6 所示,FastEthernet0/0 端口 IP 地址为 202.1.1.1,FastEthernet0/1 端口 IP 地址为 192.168.0.140。

依次对局域网内所有路由器内的路由表及接口信息进行提取分析,可绘制出局域网内拓扑结构如图 6-7 所示,为办案人员了解分析整个局域网络结构提供帮助。

```
Router>show ip interface brief
Interface        IP-Address      OK?  Method   Status   Protocol
FastEthernet0/0  202.1.1.1       YES  manual   up       up
FastEthernet0/1  192.168.0.140   YES  manual   up       up
```

图 6-6　路由器接口 IP 地址信息

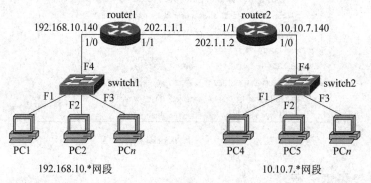

图 6-7　局域网拓扑结构

3. 路由器内其他相关调查

1) 记录系统时间

Router>show clock
* 0:43:5.901 UTC Tue Mar 2 2011

2) 路由器当前登录用户

通过 show users 命令可以显示当前所有终端与路由器的连接情况。

Router>show users
　　Line User Host(s) Idle Location
　* 0 con 0 idle 00:00:00
　　　　　　　　　　　1 vty 0 idle 00:00:00 10.10.7.1

以上内容表明当前有两个用户登录到路由器：
第一行表示有人从控制台(con)登录,即侦查人员的连接；
第二行说明有人从 IP 地址为 10.10.7.1 的主机通过虚拟终端线路(vty)登录到路由器。

3) 查看 ARP 缓存

路由器的 ARP 缓存中存储着本地广播域中部分设备 MAC 地址和 IP 地址。通过查看路由器 ARP 缓存信息可基本排除黑客通过 ARP 欺骗攻击入侵路由器的可能性。

```
Router#show arp
Protocol  Address          Age (min)  Hardware Addr    Type   Interface
Internet  192.168.10.1     25         00D0.D30E.4519   ARPA   FastEthernet0/0
Internet  192.168.10.140   -          0009.7C85.5001   ARPA   FastEthernet0/0
```

Internet	202.1.1.1	—	0009.7C85.5002	ARPA	FastEthernet0/1
Internet	202.1.1.2	25	0010.11A5.A002	ARPA	FastEthernet0/1

4) 路由器日志详细状态

路由器在运行过程中通常会产生大量的日志信息，有些企业级路由器会专门配备大容量硬盘存储日志信息，大多数情况下，管理员会在局域网内为路由器配置专门的日志服务器来保存运行日志。在调查时，可以通过 show logging 命令来查询日志详细状态。

```
Router>show logging
Syslog logging enabled(11 messages dropped, 0 messages rate-limited,0 flushes, 0 overruns, xml disabled, filtering disabled)
Logging Exception size(4096 bytes)
Trap logging: level alerts, 123 message lines logged
Logging to 210.47.128.11(global) (udp port 514, audit disabled, link down), 4 messages lines logged, xml disabled, filtering disabled
```

分析可发现，路由器日志服务器的 IP 地址为 210.47.128.11，接下来就可以在 IP 地址为 210.47.128.11 的机器上检查是否装有日志接收软件（如 Kiwi Syslog Service Manager，如图 6-8 所示）对日志信息固定分析，进一步查找黑客攻击者留下的痕迹。

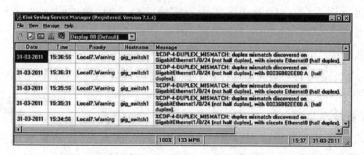

图 6-8　Kiwi Syslog Service Manager 固定日志

6.1.3　无线路由器调查

在一些小型或是家庭内的局域网环境中，为了方便机器之间进行资源共享，常使用无线路由器来进行组网，其中 TP-LINK 品牌路由器在目前市场上低端路由器中占有率比较高，主要用于 3～20 人的小网络，该类无线路由器通常也称为一体机，即综合了无线路由、ADSL 接入、交换机等多种功能。一般家庭所用无线路由器有 5 个接口，如图 6-9 所示，1 个 WAN 口（蓝色），4 个 LAN 口（黄色），从 ADSL 宽带调制解调器出来的网线接入 WAN 口，物理上保证该局域网能够接入到互联网。

图 6-9　TP-LINK 路由器

1. 上网接入方式

在该局域网内,上网终端主要通过以下两种方式接入到无线路由器,实现与其他机器互连或者访问因特网。

1) 无线接入

路由器正常开启后,会不断发射无线信号,配备无线网卡的计算机、笔记本、手机等任何上网终端,在开机后都可以自动搜索到无线信号连接上网。如果无线路由器启用了安全的无线网络,则上网终端在第一次接入无线网络时需要输入正确的网络密钥。

2) 有线接入

无线路由器可保证无线和有线两种上网方式同时进行。如图6-9中TP-LINK路由器还提供了4个黄色的LAN接口,计算机、笔记本等上网终端也可直接通过网线与LAN接口直接相连实现有线接入路由器进行上网。

2. 无线路由器线索调查

侦查员在无线局域网现场进行案件调查时,通常需要明确该局域范围内有多少上网终端,尤其是被犯罪分子藏起来的上网终端。另外,家用路由器可能遭受"蹭网"攻击,即一些犯罪分子选择高档小区,通过无线信号接收器搜索,发现小区内有无线局域网信号后,便在附近租赁房屋,与小区内居民实现局域网共享上网,通过网络进行诈骗,达到隐藏身份的目的。

1) 上网终端接入情况

通过查看无线路由器内存中的运行信息,即可确定哪些上网终端正通过该路由器接入互联网。

首先侦查员需要与路由器建立连接,家用无线路由器没有Console接口,通常只提供通过Web方式对路由器进行管理设置。为方便起见,在调查时,通常可选择带有无线网卡的笔记本作为控制台与路由器进行无线接入,连接时需要访问IP地址、用户名及密码,可通过询问嫌疑人或通过现场查找密码。在现场可检查无线路由器的反面,通常会贴一个标签如图6-10所示,其中包含默认路由器IP地址为192.168.1.1,用户名为admin,密码为admin。

图6-10 TP-LINK路由器标签

打开浏览器,在地址栏里输入路由器IP地址回车,如果地址正确会弹出小窗口提示输入路由器的用户名和密码,正确输入后即可进入路由器设置管理界面,如图6-11所示,包含运行状态、设置向导、网络参数等重要内容。

图 6-11　TP-LINK 设置管理主页

在该主页内单击"无线参数"→"主机状态",会显示出当前连接到路由器的所有主机的 MAC 地址、当前状态及接发数据包数目信息,如图 6-12 所示,显示当前无线局域网内有三台主机并列出相应的 MAC 地址,侦查员可对局域网内所有可见上网终端(包括计算机、手机、平板电脑等)的 MAC 地址逐一进行排查,进而发现网内一些比较隐蔽的无线上网终端。

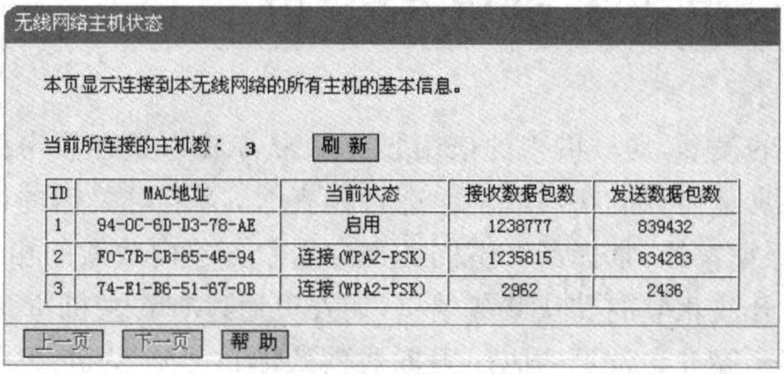

图 6-12　无线网络主机状态

2) 动态域名信息固定

随着个人和小型网站的不断涌现,越来越多的用户希望自主管理自己的网站,而不是采用传统的主机托管方式,但是他们大多数的上网方式是通过 ADSL 虚拟拨号上网,其得到的 IP 地址是动态变化的,但是他们可以通过动态域名解析服务申请域名,在因特网内通过固定域名来访问维护局域网内的 Web 主机。

所谓动态域名解析,就是把一个域名解析到一个动态的 IP 地址上(比如用 ADSL 虚拟拨号上网得到的),不管服务器的 IP 地址如何变化,客户端都可以使用特定域名访问到服务器上的网站内容。目前,能够提供动态域名解析服务的软件有很多,以花生壳为例,申请动态域名解析服务流程为:首先通过 www.vicp.net 网站注册账号,然后申请标准域名,最后得到域名形如 test.vicp.net。另外,需要在 Web 主机下载安装花生壳客户端,填写所注册的账号及密码进行登录。这样主机就可以和所申请的动态域名进行绑定,其他人就可以在因特网上通过 test.vicp.net 域名来访问你的主机。

现在很多路由器里都集成了花生壳客户端,侦查员对路由器进行调查时,可以在路由器管理界面内单击"动态 DNS"菜单,查看路由器是否设置了动态域名解析服务,若使用了动态 DNS 服务,则可见域名信息"1234qwer-55.oicp.net"及所使用的动态域名服务提供者信息"花生壳"(www.oray.net)、用户名及密码等重要信息,如图 6-13 所示。

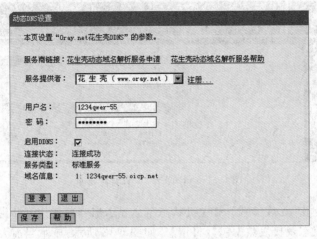

图 6-13　动态 DNS 设置

6.2　应用服务器线索调查

随着网络技术的发展,局域网内的应用服务器常常成为黑客攻击的主要目标或者是犯罪分子的谋利工具。侦查员在局域网内进行调查时,除了对关键的网络互连设备线索进行勘查外,还要根据案情,掌握调查不同类别应用服务器内线索的相应方法。

不同应用服务开放相应的默认服务端口,侦查员通过查看主机所开放的端口,可初步断定该主机运行哪些服务。常见的应用服务器默认端口号有 Web 服务器(网站服务器)默认开放端口为 80;SQL Server 数据库服务器默认开放端口为 1433;MySQL 数据库服务器默认开放端口为 3306;Oracle 数据库服务器默认开放端口为 1521;FTP 服务器(文件服务器)默认开放端口为 21;邮件服务器的默认端口为 25 端口(SMTP)和 110 端口(POP);VPN 服务器的默认端口为 1723。

6.2.1　网站服务器调查

网站服务器是局域网内的一个重要信息发布平台,部分犯罪分子自己在局域网内架设网站服务器,通过相关网络技术,为互联网用户提供非法服务,如赌博、淫秽色情等。除了通过架设网站服务器提供非法服务器外,有些黑客对一些中小企业网站服务器进行攻击,如网站钓鱼、网页挂马等,来获取账号、密码等个人信息,并将网站服务器作为中间跳板,实施网络盗窃行为。

对于提供非法服务的网站进行调查时,通常是利用取证工具对网站服务器硬盘及后台数据库中的涉案信息(赌博金额、会员总数、淫秽色情视频、图片等)进行搜集、取证;而对于网站服务器攻击案件进行调查时,一般在网站运行日志中查看攻击痕迹特征。侦查员可通过"netstat - an"命令查看当前主机所正在监听的端口,若出现 80 端口,可断定该主机为网站服务器。目前市场上占有主导地位的两种网站服务器软件是 Apache 和 Microsoft 公司的 Internet Information Server(IIS),本节以 Windows 2003 Server＋IIS

6.0 网站服务平台为例,介绍网站应用服务器的线索调查分析方法。

1. 确认网站服务器中发布了哪些网站

一个网站服务器可同时发布运行多个网站,单击"开始"→"所有程序"→"管理工具"→"Internet 信息服务(IIS)管理器"命令菜单,弹出"Internet 信息服务(IIS)管理器"窗口,在"网站"子菜单下可见该网站服务器上发布的网站名称,如图 6-14 所示该服务器上同时发布了 dvbbs、qq、shop、WW 共 4 个网站,其中 dvbbs、qq 为运行状态,shop、WW 为停止状态。

图 6-14 "Internet 信息服务(IIS)管理器"窗口

2. 网站源码文件所在位置

对于提供非法服务的网站进行调查取证时,需要搜集非法网站源码,侦查员只需在 IIS 管理器界面中选择所要查看的网站,如 dvbbs,单击鼠标右键,在弹出的快捷菜单中选择"属性"命令,将打开"dvbbs 属性"对话框,如图 6-15 所示,在网站属性对话框中可见该

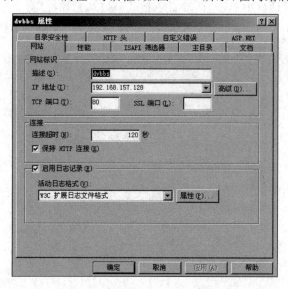

图 6-15 "dvbbs 属性"对话框

网站的重要标识信息，如 IP 地址、端口等，切换到主目录窗口如图 6-16 所示，可见该网站的源码文件在"c:\website"文件夹中。

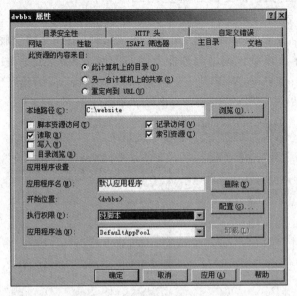

图 6-16 "主目录"选项卡

3. 网站访问日志所在位置

网站在运行过程中，网站服务器的运行访问日志会记录到客户端的信息，每次访问者向网站发送一个请求，不管这个访问是否成功，运行日志都会进行记录。每个网站的访问日志的保存名称、位置及途径可能都不一样，可在网站属性对话框中判断该网站是否启用了日志记录功能，IIS 默认该项是启用的，并且默认活动日志格式是"W3C 扩展日志文件格式"，在网站属性对话框中单击"活动日志格式"对应的"属性"命令按钮，打开"日志记录属性"对话框，如图 6-17 所示，可见日志文件目录为"C:\WINDOWS\system32\

图 6-17 "日志记录属性"对话框

LogFiles",文件名为"W3SVC722942227\exyymmdd.log",其中"ex"为固定前缀,"yy"为年的后两位,"mm"为月份的后两位,"dd"为日期的后两位。

4. 网站访问日志内容解析

网站服务器运行日志主要包括下列信息:谁访问了站点,访问者查看了哪些内容以及最后一次查看信息的时间等。IIS 日志扩展名默认为"log",用任何文本编辑器均可打开日志文件,如图 6-18 所示,用记事本打开 ex120203.log 文件,前 4 行以"#"开头的为注释信息,包括 Web 服务器软件版本信息,HTTP 版本、日志文件生成时间,以及各个字段名称。

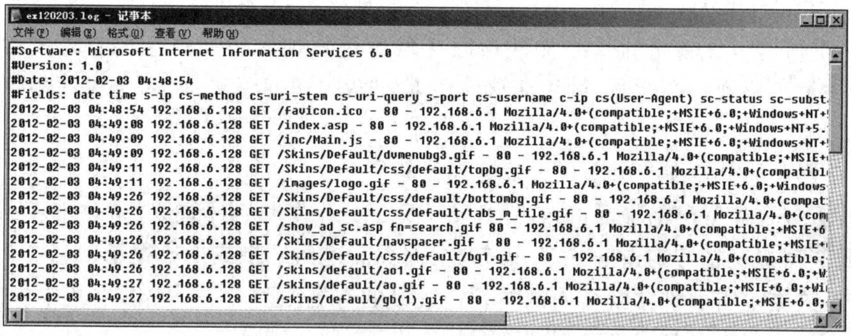

图 6-18 ex120203.log 文件部分内容

其中一条日志信息为:

```
2012-02-03 05:46:54 192.168.6.128 GET /post.asp action=new&boardid=5 80 - 192.
168.157.3
Mozilla/4.0+(compatible;+MSIE+7.0;+Windows+NT+5.1;+Mozilla/4.0+(compatible;
+MSIE+6.0;+Windows+NT+5.1;+SV1)+;+.NET+CLR+2.0.50727;+.NET+CLR+3.0.04506.
648;+.NET+CLR+3.5.21022;+360SE) 200 0 0
```

表明客户端 IP 地址为 192.168.157.3,在 2012-02-03 13:46:54 时刻通过服务器上的80 端口访问了该服务器上的 post.asp 页面,服务器 IP 地址为 192.168.6.128,客户端所使用的浏览器信息为:

```
Mozilla/4.0+(compatible;+MSIE+7.0;+Windows+NT+5.1;+Mozilla/4.0+(compatible;
+MSIE+6.0;+Windows+NT+5.1;+SV1)+;+.NET+CLR+2.0.50727;+.NET+CLR+3.0.04506.
648;+.NET+CLR+3.5.21022;+360SE)。
```

需要注意的是 W3C 扩展日志文件定义日志采用 GMT 时间(即格林尼治标准时间),而中国在 GMT+8 时区,相差 8 个小时,其中 sc-status 列 HTTP 状态码为 200,表明访问成功。

在网站日志属性的高级选项卡窗口中可见每个日志字段的对应解释,大多数日志字段含义一目了然,只有 HTTP 状态码(sc-status 字段)有些规律,一般来说,在 200~299 之间的 HTTP 数字状态代码标志着成功。通常情况下 HTTP 数字状态代码 200 表示客户端的请求得到满足。300~399 之间的不同数字状态代码代表客户端要完成请求所必须采取的行动,这意味着需要自动重定向到其他地方,例如,在 Web 站点的内容移到了另一个位置的情况下就必须如此。400~499 以及 500~599 之间的数字状态代码分别标志客户端以及服务器端的各种错误。400~499 之间数字状态代码中最常见的是 404 和 403,其中 404 代表请求的资源在服务器中找不到,而 403 代表请求的资源被禁止访问。

5. 网站访问日志线索分析

当网站服务器遭受攻击时,通常情况下会在运行日志中留下大量的异常日志信息,不同的攻击方式,在日志中所产生的痕迹特征不同,对网站服务器进行调查前,侦查员需要对网站常见攻击类型、方法及过程进行全面的了解,若发生以下情况,可显示被攻击线索。

1) 日志文件增大

侦查员可将以往备份的日志文件与服务器遭受攻击时段所产生的日志文件进行对比,若文件大小出现大幅增长,则说明该时段对网站的访问量激增,可能是黑客对网站服务器进行了扫描测试。

2) 日志文件中附加资源出现大量有规律的信息

网站服务器经常容易遭受的攻击,比如 SQL 注入攻击,实际上就是攻击者通过网站漏洞向服务器提交精心构造的 SQL 语句,根据页面返回结果或出错提示信息进行的一种猜解攻击,这类攻击软件常常会向网站发送大量的有规律的 SQL 语句,在攻击的同时,这类攻击 SQL 语句也会被记录在网站运行日志中。

3) 日志中附加资源信息过长,出现 SQL 关键词

网站程序在开发过程中,程序员为了保证安全性,各个页面之间要传递的重要信息大都采用 post 方法,该方法传递的信息是不会显示在浏览器的地址栏中的,只有通过 get 方法传递的信息才会显示在浏览器地址栏中,称为附加资源,也同时被运行日志所记录。某些攻击往往就是通过修改浏览器地址栏里面的附加资源信息进行的,如在日志中发现如下信息:

2011-05-16 01:10:24 192.168.109.128 GET /lookcomment.asp
id=53'%20and%20(select%20top%201%20unicode(substring(isNull(cast(pass%20as%20varchar(8000)),char(32)),13,1))%20from%20 (Select%20Top%201%20 [username],[pass]%20from%20[admin]%20where%201=1%20order%20by%20[username],[pass])%20T%20Order%20by%20[username]%20desc,[pass]%20desc)%20%20between%2030%20and%2055%20and%20"=' 81 -192.168.109.134
Mozilla/4.0+(compatible;+MSIE+6.0;+Windows+NT+5.0) 200 0 64

上面的日志表明在 2011-05-16 09:10:24 时刻,有人访问了网站(IP 地址为 192.168.109.128,端口为 81)主目录下的 lookcomment.asp 文件,所带的动态参数为 id=53'％20and％20(select％20top％201％20unicode(substring(isNull(cast(pass％20as％20varchar(8000)),char(32)),13,1))％20from％20(Select％20Top％201％20[username],[pass]％20from％20[admin]％20where％201=1％20order％20by％20[username],[pass])％20T％20Order％20by％20[username]％20desc,[pass]％20desc)％20％20between％2030％20and％2055％20and％20"=',很显然附加资源是不正常的,从中可以看见"select""from""where"等关键词,表明 SQL 语句出现在浏览器的

地址栏中,很显然为 SQL 注入攻击,那么发出攻击的客户端的 IP 地址为日志中"c-ip"字段对应的内容,即 192.168.109.134。

6.2.2 数据库服务器调查

在网站服务平台中,为了保证数据的安全及系统的稳定性,网站所发布的信息是存储在数据库中的,比如赌博网站系统中的会员信息、下注记录及下注方式等,因此,在局域网调查时,一方面数据库内容是进行调查封存的重点对象;另一方面如果数据库遭受攻击,需要固定数据库运行日志信息,从中查找相关线索。常见的数据库有 SQL Server、MySQL、Oracle、Sybase 等,不同数据库内容及日志信息调查方法大同小异,下面以 SQL Server 2000 为例,介绍调查数据库服务器时需要注意的事项。在现场勘查时,如果数据库服务器正开启,而且某客户端机器正通过企业管理器软件连接管理被调查数据库,需要及时固定被调查对象的主要数据库文件及日志文件。

1. 数据文件位置

数据文件是数据库的起点,指向数据库中文件的其他部分。每个数据库都有一个主要数据文件。主要数据文件的文件扩展名是 MDF,保存固定后可自行搭建 SQL Server 运行环境将 MDF 文件附加到当前服务器,还原原有数据内容。

在 SQL Server"企业管理器"窗口中,展开控制台根目录下面的所有菜单子项,找到相关数据库,通过鼠标右键打开数据库属性对话框,在"数据文件"选项卡可见该数据库文件名称及保存路径,如图 6-19 所示表明当前数据文件为"C:\Program Files\Microsoft SQL Server\MSSQL\data\dvbbs_Data.MDF"。

图 6-19 dvbbs 数据库文件位置

2. 事务日志文件位置

每个数据库必须至少有一个事务日志文件,但可以不止一个。日志文件的推荐文件扩展名是 LDF。事物日志文件是用来保存数据库修改记录的,如增加、删除表;增加、删除表字段或数据等。同样也是在数据库属性对话框中的"事务日志"选项卡中可见其文件名及保存位置,如图 6-20 所示当前事务日志文件为"C：\Program Files\Microsoft SQL Server\MSSQL\data\dvbbs_Log.LDF"。

图 6-20　dvbbs 事务日志文件位置

3. 错误日志文件位置

SQL Server 将某些系统事件和用户自定义的事件记录到 SQL Server 错误日志中,包括数据库的启动、关闭、暂停及登录认证等记录,若数据库服务器遭受攻击,可重点通过错误日志调查攻击痕迹。默认情况下,假设 SQL Server 安装在 C 盘中,则错误日志位于 C:/Program Files/Microsoft SQL Server/MSSQL.n/MSSQL/LOG/ERRORLOG 和 ERRORLOG.n 文件中。若错误日志没有存放在默认路径下,可通过以下操作步骤找到错误日志。

(1) 在 SQL Server"企业管理器"窗口中,展开控制台根目录下面的所有菜单子项。

(2) 在右窗格中,右键单击 SQL Server(〈实例名〉),在弹出的快捷菜单中单击"属性"命令,打开"SQL Server 属性(配置)"对话框,如图 6-21 所示。

(3) 在"常规"选项卡中单击"启动参数"按钮,打开"启动参数"输入框,如图 6-22 所示,在现有参数中有一个以"-e"开头的参数,该参数后面的路径,就是错误日志文件所在目录。

图 6-21 "SQL Server 属性(配置)"对话框

图 6-22 "启动参数"输入框

SQL Server 默认保留有 7 个 SQL Server 错误日志文件,分别是:ErrorLog, Errorlog.1～Errorlog.6,当前的错误日志(文件 ErrorLog)没有扩展名。每当启动 SQL Server 实例时,将创建新的错误日志 ErrorLog,并将之前的 ErrorLog 更名为 ErrorLog.1,之前的 ErrorLog.1 更名为 ErrorLog.2,以此类推,原先的 ErroLog.6 被删除。使用 SQL Server Management Studio 或文本编辑器都可以查看 SQL Server 错误日志。

4. 数据库内容恢复

可根据 MDF 文件及 LDF 文件,通过附加数据库的方式,还原原有的数据库内容,包括数据表、字段以及所有数据等信息。通过企业管理器连接本地数据库服务器,展开控制台根目录下面的所有菜单子项,选择"数据库"→"所有任务"→"附加数据库"菜单,打开"附加数据库"对话框,选择要附加数据库的 MDF 文件,单击"确定"按钮,即可完成恢复数据库操作,如图 6-23 所示。

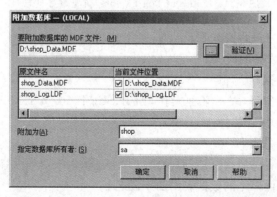
图 6-23 "附加数据库"对话框

5. 查看数据库事务日志

SQL Server 错误日志文件可用任何一种文件编辑器，如记事本即可打开查看，而事务日志必须使用专门的日志查看分析工具，如 Lumigent Log Explorer 等，下面以 Lumigent Log Explorer 软件为例，介绍事务日志的查看方法。

由于 Lumigent Log Explorer 软件是 C/S 模式，首先必须在客户端和服务器端都安装相应软件后，才能够在客户端通过该软件查看分析数据库服务器的事务日志。

然后，在客户端启动 Lumigent Log Explorer 软件，在打开的软件操作窗口中选择 Attach Log File，在弹出的 Log File Selection 窗口中填写正确的数据库服务器 IP 地址、数据库连接用户名及密码信息后，单击 Connetion 按钮后，软件会连接到数据库服务器，列出服务器上所有的数据库，请选择要调查的数据库名称，单击 Attach 按钮后，即加载该数据库上的事务日志信息，单击左侧菜单 Browser 下的 View Log 子菜单，即可浏览事务日志，如图 6-24 所示。

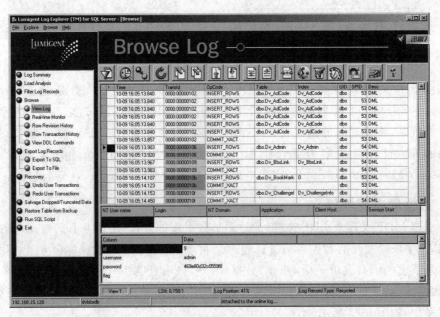

图 6-24　Lumigent Log Explorer 浏览事务日志

事物日志的关键字段含义如下。

（1）Time：操作发生的时间。

（2）Transid：事务 ID 号。

（3）OpCode：操作码，表示某种操作，如 INSERT_ROWS、MODIFY_COLUMNS、DELETE_ROWS、COMMIT_XACT 等。

（4）Table：操作的表名。

选中某一条事务日志后，在最下面的窗口中会显示以下两列内容。

（5）Column：具体操作的数据表中的字段名。

（6）Date：操作数据，例如，对于 INSERT_ROWS 操作，则显示插入的内容。

6.2.3 FTP 服务器调查

FTP 服务器是共享文件和信息所使用的应用程序服务器。用户在机器内正确安装 FTP 服务器软件后,就能够将任何一台个人计算机设置成一个 FTP 服务器,这样,局域网内的其他用户就能够使用 FTP,通过同一网络上的任何一台计算机与 FTP 服务器连接,进行文件或目录的复制、移动、创建和删除等。侦查员对 FTP 服务器进行调查时,应注意以下几个方面。

1. 一般嫌疑人什么情况会架设 FTP 应用服务器

FTP 应用服务器通常出现在局域网内,多个人之间需要经常性地共享文件。比如犯罪嫌疑人制作维护赌博网站,那么他们之间会需要经常性共享一些数据、程序文件等,嫌疑人就可能在局域网内架设一台 FTP 应用服务器,方便互相共享文件。

2. 若计算机开放了 FTP 应用服务,会有什么特征

FTP 服务所对应的默认开放端口为 21 号,所以说,最主要的特征就是计算机正在监听 21 号端口,表明该机器正在运行 FTP 应用服务,即为 FTP 应用服务器。那么,如何判断计算机正在监听哪些端口呢?如果是 Windows 操作系统,则单击"开始"→"程序"→"附件"→"命令提示符",打开命令窗口,在该窗口内输入"netstat-an"命令,结果即可见计算机正开放哪些端口;如果是 Linux 操作系统,则在命令终端中输入"netstat-tnl"命令来查看。

3. 如何查看 FTP 应用服务器的登录用户

确认某台计算机为 FTP 服务器后,说明该计算机上安装了某种 FTP 服务器软件。目前常见的 FTP 服务器软件有很多,如果是 Windows 操作系统,可以使用 IIS 自带的 FTP 服务器程序、FileZilla_Server 或 Server-U,UNIX/Linux 操作系统下常用的 FTP 服务器软件主要是 Wu-ftpd 和 Proftpd。下面以在 Windows 操作系统下通过 Serv-U 软件构筑的 FTP 应用服务器为例,说明查看 FTP 登录用户的方法。

1) Serv-U 配置级别

Serv-U 文件服务器有 4 个相关的配置级别:服务器、域、群组和用户,其中群组级别是可选的,其他级别是文件服务器的必要组成部分,在对 Serv-U 文件服务器进行调查前,首先须清楚该服务器的基本配置级别概念。

第一个配置级别是服务器,也是最高的配置级别,它代表了文件服务器整体,并管理所有域、组及用户,由于服务器是最高级别,域、组和用户从服务器继承它们的默认设置,在每个较低级别可以覆盖继承的设置;第二个配置级别是域,一台服务器可包含一个或多个域,通过域这个接口用户连接文件服务器并访问特定用户账户,域的设置是从服务器继承而来,它定义了其所有群组和用户账户所能继承的设置集;第三个配置级别是群组,是可选级别,通过它可以方便地对分享许多相同设置的相关用户账户进行管理,通过群组,管理员可以快速更改多个用户账户,而不必手动配置各个账户。它定义了所有群组成员用户继承的设置集;第四个配置级别是用户,处于等级底部。它可以从多个群组继承其默认设置或是从父域继承默认设置。用户账户标识了与文件服务器的物理连接,并定义了该连接的访问权限。在用户级别被覆盖的设置在他处不能被覆盖,将永远应用于使用该用户账户进行验证的连接。

2) 查看 Serv-U 服务器的登录用户

要查看 Serv-U 服务器的登录用户,首先需要通过菜单栏打开 Serv-U 提供的管理控制台页面,如图 6-25 所示,该页面主要提供两部分功能:管理服务器和管理域。通过"管理域"链接,可选择服务器内所定义的任意域对其进行设置。

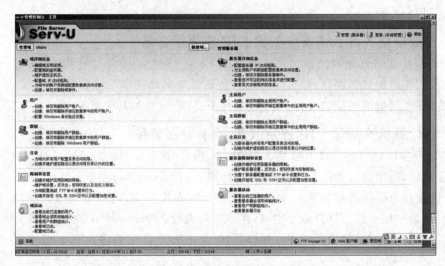

图 6-25　Serv-U 管理控制台主页

在"管理服务器"栏目内,选择"服务器活动",在进入的页面中可查看当前哪些用户正在访问该 FTP 服务器,具体信息包括:用户名、客户端 IP 地址、服务器 IP 地址,以及用户所访问空间在服务器内的位置,如图 6-26 所示表明目前有两个用户正在登录该 FTP 服务器:一个用户是 user1,IP 地址为 192.168.1.101,所访问服务器 IP 地址为 192.168.1.103,端口是 21,访问目录为服务器上的 D:\lamp 文件夹,上一个使用过的命令是 LIST;一个用户是 user2,IP 地址为 192.168.1.101,所访问服务器 IP 地址为 192.168.1.103,端口是 21,访问目录为服务器上的 F 盘根目录,上一个使用过的命令是 LIST。

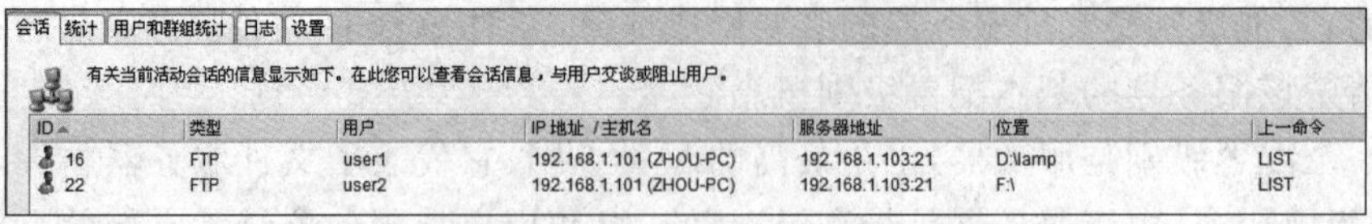

图 6-26　Serv-U 服务器活动-会话窗口

4. 如何查看 FTP 应用服务器上登录者的操作信息

在 Serv-U 服务器配置级别看不到登录者的操作信息,必须要切换到域配置级别进行调查。在如图 6-25 所示的 Serv-U 管理控制台主页中,在"管理域"栏目下,首先选择正确的域,然后选择"域活动",在进入的页面中可查看当前哪些用户正在访问当前域,具体信息包括:用户名、客户端 IP 地址、服务器 IP 地址,以及用户所访问空间在服务器内的位置,如图 6-27 所示。

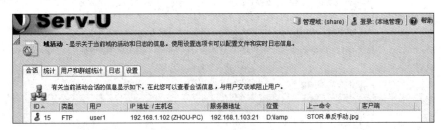

图 6-27　Serv-U 域活动-会话窗口

切换到"日志"选项卡,可见当前域的日志信息如图 6-28 所示,其中包括每个登录者的具体操作信息,如登录、注销、上传文件、下载文件等。

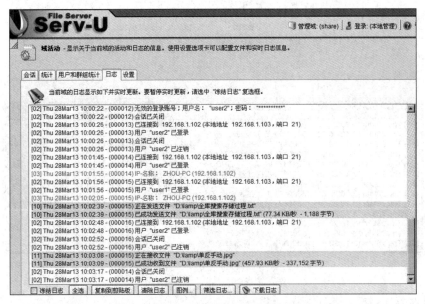

图 6-28　"日志"选项卡

在"域活动"窗口中切换到"设置"选项卡,可见当前域的日志信息除了在控制台实时显示外,还可能存储在某个具体的日志文件中,如图 6-29 所示,其中日志文件路径名称使用了标记,根据标记说明得出,日志文件以年月日的方式命名,每天生成一个日志文件,位于服务器内的 F 盘下。

在服务器 F 盘内搜索到当天的 2013Mar28.txt 日志文件,部分内容如图 6-30 所示。

其中"正在发送文件'D:\lamp\hello.asp'"指的是服务器正在发送该文件,可以理解为 user2 用户正在从服务器硬盘"D:\lamp"文件夹中下载 hello.asp 文件;同理,"正在接收文件'D:\lamp\Version.txt'"指的是服务器正在接收该文件,可理解为 user2 用户正在向服务器硬盘"D:\lamp"文件夹内上传 Version.txt 文件。

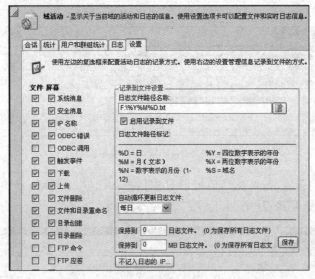

图 6-29 "设置"选项卡

图 6-30 2013Mar28.txt 文件部分内容

6.2.4 无盘工作站调查

无盘工作站是指连入局域网、无硬盘、无光驱的计算机。由于无盘工作站的购买成本低廉却易于进行日常管理、升级维护,常被用于网吧、游戏厅、各种计算机培训中心等地方。无盘工作站本身不含硬存储设备,机器引导时需要借助网络上的服务器来传输操作系统启动文件到本地内存,才可以完成启动,用户在无盘工作站操作任何软件,如 IE、QQ 等所产生的临时文件等都存放在无盘网络服务器中的特定目录中,因此对无盘网络进行调查时,服务器是调查的重点。常见的无盘网络系统有很多,如锐起、创天等,下面以"锐起网络系统 5.0"为例,介绍如何调查无盘工作站的接入情况。

若局域网内某台服务器中安装了"锐起无盘网络系统",那么在程序启动项菜单中就会默认安装"锐起无盘管理器"子菜单,打开管理器窗口如图 6-31 所示,可见无盘网络中共有多少个工作站及已经启动的工作站个数,并列出了每个工作站的名称及网卡地址等重要信息。选择一个工作站条目,单击"编辑"按钮,选择"高级选项"选项卡,如图 6-32 所示，可见该工作站的路径，其中本地目录"C:\WUPAN\client\WKS002"指的是工作站在服务器内的信息存储目录。

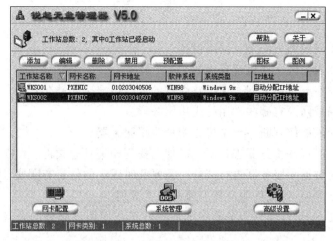

图 6-31 锐起无盘管理器窗口

图 6-32 "高级选项"选项卡

无盘网络服务器内的其他信息调查与 FTP 应用服务器类似，这里不再详细说明。

小　　结

本章详细介绍了网络诈骗案件中可能出现的局域网线索的调查方法。对于常见的网络中间设备如交换机、路由器，以及网络应用服务器等，从线索的表现形式、分析技术、线索的价值体现等几方面加以阐述。

思 考 题

1. 请列举出局域网内的常见网络设备。
2. 请说明读取固定交换机缓存内的 CAM 表的步骤及命令。
3. 请说明如何查看局域网内无线路由器的上网终端接入情况。
4. 请说明局域网内有哪些常用的应用服务器。
5. 在局域网内如何判断一台主机为哪种应用服务器。
6. 请列举出对网站服务器进行调查时如何找到相关日志文件。
7. 请说明对数据库服务器进行调查时需要及时固定的信息有哪些。
8. 请列举出 Serv-U 文件服务器有哪些配置级别。
9. 请说明在 Serv-U 文件服务器中如何查看正在使用该服务的登录用户，以及登录者的操作信息。

第 7 章 数据库系统线索查找与分析

随着计算机技术与网络技术的发展,数据库系统已经应用到了证券、银行、保险、医院、商场、公司、企业、政府等诸多部门。由于数据库系统中存有大量的重要数据,也就使其成为犯罪分子的主要攻击、侵入、修改对象,从而达到违法犯罪的目的。因此,搜集、查找、分析数据库系统中遗留的各种痕迹、线索也就成为侦破此类犯罪的主要途径之一。数据库系统的痕迹线索主要有数据库连接线索、数据库用户权限线索、数据库日志线索、异常数据线索等。

7.1 数据库系统概述

7.1.1 数据库技术

数据库技术是数据管理的最新技术,是计算机科学技术中发展最快的领域之一,也是应用最广的技术之一。自从计算机诞生以来,人们就不断地利用计算机进行数据处理,逐渐产生对数据的管理。利用计算机进行数据收集、整理、组织、编码、存储、维护、检索、传输等操作,推动了数据库技术的产生与发展。与此同时,随着数据库技术的广泛应用,网络犯罪里也经常出现数据库方面的内容,尤其是涉及金融、商贸等领域的网络犯罪,此类犯罪大都是以入侵数据库、修改数据库内容为主,从而达到获取现实社会利益的犯罪目的。

数据库技术的发展先后经历了利用卡片、纸带、磁带等设备存储数据的人工管理阶段;利用操作系统存储磁盘文件管理数据的文件系统阶段;利用数据库管理系统存储、管理数据的数据库系统阶段。数据库系统阶段很好地解决了数据冗余与数据共享的问题,采用结构化数据方法提高了数据的独立性,很好地处理了数据与程序之间的关系,如图 7-1 所示,使得数据管理占据了主导地位,更好地发挥出数据管理的作用。通过对数据库系统中数据连接方法的观察,可以在不同的数据连接、修改、管理、存储等环节获取相应的痕迹,为涉及数据库的网络犯罪寻找到新的侦查线索。

随着数据库技术的发展,数据库的应用领域也不断扩大,无论是公司、企业、事业、政府机关,以及国防军工、科技发展等诸多领域,都在使用数据库来存储数据信息。传统数据库应用大部分用于金融、商务领域,如银行、证券、金融、保险、医院、公司或企业单位等,但随着计算机的普及,数据库技术已经应用到了各行各业,几乎所有的重要数据都存储在

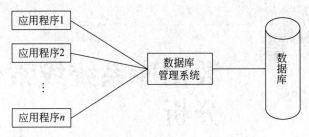

图 7-1　程序与数据之间的关系

数据库之中。由于数据的重要,也就使得网络犯罪分子攻击对象增添了数据库的内容,达到相应的犯罪目的。

7.1.2　数据库系统

侦查涉及数据库的网络犯罪必须要对数据库系统有所了解,这样才能更好地开展相应的侦查活动。数据库系统是由数据库及其管理软件组成的系统,是在计算机系统中引入数据库后的系统构成。数据库系统是一个实际可运行的存储、维护和应用系统提供数据的软件系统,是存储介质、处理对象和管理系统的集合体。

数据库系统主要由数据库、数据库用户、计算机硬件系统和计算机软件系统4部分组成。有时人们也常将数据库系统简称为数据库,它的主要组成如图 7-2 所示。

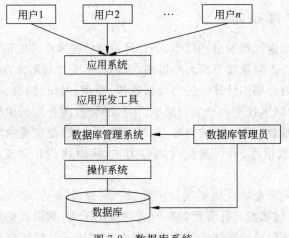

图 7-2　数据库系统

数据库是指长期存储在计算机内的,有组织,可共享的数据的集合。数据库中的数据按一定的数学模型组织、描述和存储,并且可为各种用户进行数据库共享。从数据库中的数据进行分析异常数据,观察异常数据的特点、规律,与现实实际中对应的关系,反映出形成异常数据的原因,寻找案件侦查的突破口。

硬件是构成计算机系统的各种物理设备,包括存储所需的外部设备、网络传输设备等。在相应的存储设备之中往往会留有数据库系统相关文件,例如,用户密码文件、连接文件、数据备份文件等,这些内容对于案件侦查工作的顺利开展起到重要作用;在网络传输设备中会留有程序连接痕迹,对于寻找数据连接的来龙去脉非常有效。

软件包括操作系统、数据库管理系统及应用程序。数据库管理系统是数据库系统的核心软件,是在操作系统的支持下工作,解决如何科学地组织和存储数据,如何高效获取和维护数据的系统软件。数据库管理系统中包含着大量侦查数据,例如,数据库日志数据、数据库权限控制数据、数据库连接访问数据等,可以说熟练掌握数据库管理系统对于案件侦查活动起到至关重要的作用。

用户主要由系统分析员和数据库设计人员、应用程序员、终端用户、数据库管理员等4种用户构成。每种用户都有不同的数据控制权限,对于数据库现实应用人员与数据库管理系统的用户进行逐一比对,确立多余用户、可疑用户、嫌疑用户非常有意义,与常规的案件侦查思路相结合,从中寻找案件突破口。

7.1.3 数据库系统类型

根据数据库系统的运行环境不同可以将数据库系统分为单机数据库系统和网络数据库系统,由此而产生具体的侦查方向有所不同,根据具体的数据库类型制定相应的现场勘查计划。

1. 单机数据库系统

单机数据库系统就是只能运行在单机上,不提供网络功能的数据库系统,也称为桌面型数据库系统。例如,利用小型数据库产品 Access、FoxPro 等单机数据库管理系统开发的数据库系统。由于这些应用系统只能运行在单机上,无须网络环境环境做支持,所以此类涉案数据库系统勘查活动就只能在单机上进行,对于数据库系统的线索主要从操作系统和异常数据勘查入手,寻找案件侦查的突破口。

2. 网络数据库系统

网络数据库系统是指跨越计算机在网络上创建、运行的数据库系统。例如,利用大型数据库产品 Oracel、SyBase、Informix、SQL Sserver 等数据库管理系统开发的网络数据库系统。网络数据库系统涉及网络操作系统、数据库系统管理工具、前端开发工具、后台数据库等多种软件;涉及网络服务器、终端机器、网络设备等多种硬件。因此,涉及网络数据库系统案件勘查起来非常烦琐,需要认真梳理侦查思路才能完成现场勘查。

网络数据库系统的工作模式可以分为 B/S 模式和 C/S 模式两种。

1) C/S(Client/Server)模式

C/S 又称 Client/Server 或客户/服务器模式。后台服务器通常采用高性能的 PC、工作站或小型计算机,并采用大型数据库系统,如 Oracle、Sybase、Informix 或 SQL Server。前端客户端需要安装专用的客户端软件。C/S 模式的优点是速度较快,功能完备,主要为具体行业数据库应用。C/S 模式的网络数据库的原理如图 7-3 所示,寻找 C/S 模式数据库系统线索的时候就要从客户机、数据库服务器入手。

2) B/S(Browser/Server)模式

B/S 又称 Brower/Server 或浏览/服务器模式。此种模式包括客户机、Web 服务器、数据库服务器三层结构。客户机上只要安装一个浏览器软件,如 Netscape Navigator 或

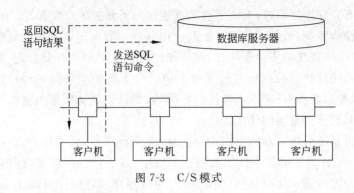

图 7-3　C/S 模式

Internet Explorer，无须开发前端应用程序；中间层的 Web 应用服务器，如 Microsoft 公司的 IIS 等是连接前端客户机和后台数据库服务器的桥梁；后台数据库服务器主要完成数据的管理。B/S 模式的优点就是可以在任何地方进行操作而不用安装任何专门的软件，系统扩展容易，客户端使用方便。C/S 模式的网络数据库的原理如图 7-4 所示，寻找 C/S 模式数据库系统线索的时候就要从客户机、Web 服务器、数据库服务器入手。

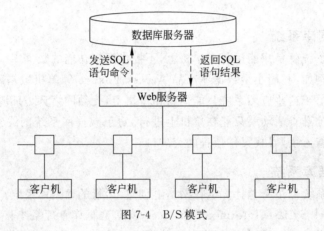

图 7-4　B/S 模式

7.1.4　涉及数据库犯罪的现状

随着互联网应用越来越广泛，网络犯罪的数量呈逐年递增的趋势，网络犯罪所涉及的罪名也越来越多，涵盖了刑法分则十大类罪名中的 5 项，具体罪名涉及三十多个[1]。在众多涉及罪名中可以涉及数据库犯罪的主要有非法经营罪、盗窃罪、诈骗罪、传播淫秽物品罪、传播淫秽物品牟利罪等，此类犯罪的主要特点是规模大、范围广、危害重、侦办难等。

1．规模大

涉及数据库犯罪从犯罪成员组成上看是有组织团伙犯罪，这里边既有主犯也有从犯，既有组织犯罪者也有具体行为者，组织犯罪者负责犯罪的手段、方法、目标等方面的总体筹划，具体行为者根据在犯罪过程中所从事的角色不同而完成具体的犯罪行为，例如，构

---

[1] 李赞. 苏州市 2007－2010 年网络犯罪调查分析. 中国刑事法杂事，2011，10.

建数据库网站等。涉及数据库犯罪从犯罪手段上看现代化技术手段应用的越来越多,新型设备应用规模越来越大,根据网络数据库系统模型可以看出涉及的不是简单计算机而是网络服务器和数据库服务器等,网络拓扑结构往往架设在互联网之上,网络数据库系统结构越来越复杂,规模越来越庞大。

2. 范围广

涉及数据库犯罪都是建立在数据库系统之上实施的犯罪行为,这里所涉及的犯罪行为既可能是构建数据库系统,也有可能是针对他人构建的数据库系统实施犯罪,无论怎样因为数据库系统的庞杂性,而使得数据库系统的受众群体非常广泛,有可能会涉及全国乃至全世界。因此,涉及数据库犯罪受众范围是广泛的,与此同时带来的侦查难度也是很大的。

3. 危害重

数据库系统的应用已经不再专属于金融、商务领域,各行各业已经陆续应用上了数据库系统解决实际问题,在这些数据库系统里面大多存放着该单位的重要数据,对单位的发展起着至关重要的作用,正因为如此,涉及该数据库系统犯罪的影响也是巨大的,小则使该企业蒙受损失,大则使该企业濒临破产。另外,利用数据库系统进行的犯罪危害也是巨大的,构建赌博网站、淫秽色情网站、非法营销网站等,从而使受害者受众面积广,影响危害大,可以说每一起涉库案件都对社会造成了严重的危害。

4. 侦办难

涉及数据库系统案件由于应用上了现代化犯罪手段,因此也就给该案件的侦办带来了不少麻烦。在现实侦办此类案件过程中,案件事实清楚,案件性质明确,就是由于侦查手段的不足,不能寻找到好的案件突破口,使案件的侦办陷入僵局,造成此类案件的侦办比较困难。公安机关面对新型的犯罪手段,必须掌握更加敏锐的利器,运用科学的方法手段侦办案件,向科技要警力要效率,完成保卫国家安全、维护社会稳定、保护合法权益的职责。

7.2 数据库连接线索

在刑事案件侦查过程中,犯罪现场勘查的基本原则是合法、及时、全面、细致、客观、科学、安全[①]。所谓全面,就是要求勘查人员在勘查现场时必须做到凡是与犯罪有关的场所都要勘验。在涉及数据库系统案件侦查过程中现场勘查同样要做到全面,从微观上看,这里的全面是指涉及的数据库系统现场要勘查全面。要想全面勘查数据库系统,首先掌握数据库系统的拓扑结构,从数据库系统的连接入手,由点到面,做到全面细致的现场勘查。

---

① 郝宏奎.论犯罪现场勘查的原则.中国人民公安大学学报.2004,3.

7.2.1 单机数据库系统连接线索

单机数据库系统是指只能在单机上运行的数据库系统。涉及单机版数据库系统案件往往针对于个体或单位犯罪为主,主要针对现有单机数据库系统进行入侵、修改,以此来达到犯罪分子的犯罪目的。犯罪分子通常对单机数据库系统比较了解。

常见的单机数据库管理系统有 Access、FoxPro 等,以及一些大型数据库管理系统的个人版与免费版如 MSDE、个人版 Oracle、My SQL、Interbase、SQL Anywhere、DB2 个人版等。单机数据库管理系统对应的开发工具可以说是多种多样,例如 Visual Basic、Visual FoxPro、Access、Java、Delphi、PowerBuilder 等。开发工具所编写的应用程序负责连接、访问、查询、修改数据库,勘查单机数据库系统时,既要在单机计算机中寻找到应用程序,也要在单机计算机中找到数据库。

单机数据库系统连接线索查询基本步骤如下。

(1) 判断是否为单机版数据库系统。

首先,观察计算机是否具有联网设备。例如,网卡、调制解调器、无线网卡、无线数据终端等。如果具有该类联网设备将其卸下或停止使用,判断数据库系统是否可以继续使用,可以使用即为单机数据库系统。也可以利用 Sniffer 之类的工具侦听数据库系统运行时是否具有网络数据流量,从而判断是否为单机数据库系统。

(2) 寻找数据库应用程序。

首先,寻找数据库应用程序。数据库应用程序的快捷方式往往存放在桌面或应用程序组中,查找到快捷方式之后查看属性,从而寻找数据库应用程序。

(3) 寻找数据库连接。

应用程序连接数据库的方法有多种,从生成的单机版可执行应用程序来看,通常数据库连接部分都存储在可执行程序之中,无法完全观察到连接数据库。但是由于单机数据库系统数据库和应用程序存储在同一台计算机之中,因此在本机进行寻找即可。

(4) 寻找数据库。

通过查找本机安装的数据库管理系统查找数据库。例如,查找本机是否安装 Access 数据库管理系统,如果有在数据库管理系统中查找数据库文件所在地。有些本机没有安装数据库管理系统,这时可以通过修改数据库内容,单机查找文件修改时间,判断数据库文件所在地。也可以通过数据库文件的扩展名查找数据库。

7.2.2 C/S 模式网络数据库系统连接线索

C/S 模式网络数据库系统主要应用于商场、酒店、超市、公司、企业、事业、政府机关等局域网上所使用的应用系统,重在解决企业内部数据处理。涉及 C/S 模式网络数据库系统的犯罪,主要表现为入侵、修改数据信息,以损害社会、集体利益为主,换取犯罪分子需要的个体或小群体的利益。也有利用 C/S 模式网络数据库从事其他违法犯罪活动的,比如利用网络数据库系统进行数据信息管理。此类犯罪技术手段相对较高,现场勘查具有一定的难度。

常见的 C/S 模式网络数据库管理系统有 Oracle、SyBase、DB2、Informix、SQL Server

等。开发工具可以说更是多种多样,例如,Visual Basic、Visual Foxpro、Access、Java、Delphi、PowerBuilder、VB.NET 等。开发工具所编写的应用程序和数据库管理系统工作站共同负责连接、访问、查询、修改数据库。勘查 C/S 模式网络数据库系统时,在客户计算机中寻找到应用程序和工作站平台,在数据库服务器上查找数据库。在实际勘查过程中可以很容易地发现前端客户机,必须利用客户机确定数据库服务器的网络位置,并实际勘查、发现、核实数据库服务器,做到现场勘查全面、细致,不遗留任何网上犯罪场所。

C/S 模式网络数据库系统连接线索查询基本步骤如下。

(1) 判断是否为 C/S 模式网络数据库系统。

由于 C/S 模式网络数据库系统大多为局域网络系统,首先观察计算机是否具有局域网联网设备,例如,网卡、无线网卡、交换机、路由器等。其次从应用软件角度进行,观察应用程序是否在浏览器中运行,以此来区分 C/S 模式和 B/S 模式系统;断开网络环境观察应用程序是否可以继续运行,以此来区分网络系统和单机系统。

(2) 寻找 ODBC 连接数据库。

通常 C/S 模式网络数据库系统连接方式有多种,常用的方法之一就是利用本机的 ODBC 连接网络数据库。寻找的方法是打开控制面板,在管理工具中查找数据源 (ODBC),运行该快捷方式,寻找 DNS 连接,如图 7-5 所示,观察是否具有应用程序所使用的 ODBC 连接,选择该数据源进入配置选项,寻找数据库服务器所在的网络位置(名称或/IP)。

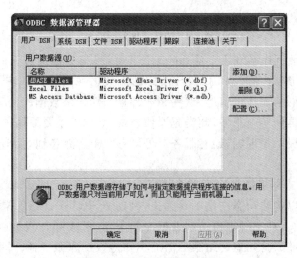

图 7-5 ODBC 数据源管理器

(3) 通过数据库管理系统工作站寻找连接。

有些 C/S 模式网络数据库系统是通过数据库管理系统工作站连接的,通常计算机能够寻找到工作站应用程序,如图 7-6 所示,可以看出 SQL Server 配置连接参数,数据库服务器网络地址为 210.47.128.14,服务器的连接端口为 4399。

(4) 应用程序直接连接数据库。

在有些 C/S 模式网络数据库系统中,连接数据库是通过应用程序直接连接,可以通

图 7-6　配置参数

过应用程序相关联文件查找,例如 PB 连接数据库的 INI 文件,具体文件内容如图 7-7 所示,在关联文件中会记录数据库服务器网络位置为 172.16.8.184;也可以通过网络嗅探器 Sniffer 来监听网络上的数据,从而判断数据库服务器网络位置。

```
[Profile con_mes]
DBMS=OLE DB
LogId=sa
LogPassword=xctq@))^
DBParm=PROVIDER='SQLOLEDB',DATASOURCE='172.16.8.184',
PROVIDERSTRING='database=xc_database'
AutoCommit=TRUE
```

图 7-7　INI 文件样例

7.2.3　B/S 模式网络数据库系统连接线索

B/S 模式网络数据库系统主要应用于动态网站上,客户端通过访问动态网站,从而调用后台的数据库服务器内容。利用 B/S 模式网络数据库系统实施犯罪的类型主要有网络盗窃、网络赌博、网络淫秽色情等,这些犯罪都是利用网络数据库构建网站实施犯罪,通过网站的广泛受众群体实施犯罪,此类犯罪侦查难度较高,主要原因是网站服务器与数据库服务器可以分离成两个现场,还有服务器可以存在于世界各地,无形之中大大提升了侦查难度。

常见的 B/S 模式网络数据库管理系统有 Oracle、SyBase、DB2、Informix、SQL Server等。开发工具主要以构建动态网站工具为主,例如 ASP、JSP、PHP 等。客户端访问网站服务器上的动态网页,动态脚本再访问数据库服务器,形成静态网页以后反馈给客户端,整个过程对于客户端只是知道网站服务器而不知道数据库服务器。因此,勘查 B/S 模式网络数据库系统时,很容易发现客户机,必须利用客户机确定网站服务器的网络位置,并在网站服务器上寻找数据库服务器的网络位置,做到现场勘查全面、细致,不遗留任何网上犯罪场所。

B/S 模式网络数据库系统连接线索查询基本步骤如下。

(1) 网站服务器的寻找。

(2) 由于应用程序是通过浏览器访问实现的,因此可以通过查询域名确定服务器所在的网络位置。

(3) 数据库服务器的寻找。

(4) 通过查询网站的动态网页脚本程序,确定数据库服务器网络位置;或者通过网站服务器的数据源管理器确定网络位置。

7.3 数据库用户权限线索

通过对客户端外围现场的勘查,寻找到数据库所在之处,进入数据库系统的中心现场。对于中心现场的勘查首先要勘查好数据库的数据出入口通道,也就是数据库的权限控制情况的勘查,勘查出数据库用户、角色以及对应的权限,勘查出数据库允许访问的方式等。数据库控制权限勘查也就是数据库的数据通道勘查,从中核实真实身份,排查可疑用户,寻找案件侦查线索。

2009年6月9日,福彩双色球第2009066期摇中心中奖号码传真后,进行数据文件中奖数据检索时发现报错,摇奖程序无法正常对文件进行处理。结果显示,深圳83021022站中出5注一等奖,为一张机选、单注5倍的彩票,深圳福利彩票中心随即将生成中奖检索结果上报中福彩中心,以发布当期中奖信息。中奖结果公布后,为了核验那5注中奖彩票的真实性,工作人员对上传中福彩中心的数据备份文件进行对比校验,发现备份数据中该彩票的投注号码并非中奖号码,即该彩票未中一等奖。因此判断,有人非法入侵深圳福彩中心销售系统,篡改彩票数据,人为制造一等奖。经审讯,犯罪嫌疑人程某如实交代了作案过程:程某利用系统实施工作之便,提前获知数据库口令。通过植入木马程序,待中奖号码公布后,立即启动木马程序,修改数据库中自己购买彩票的号码[①]。

7.3.1 数据库管理系统验证模式勘查

数据库系统中心现场的勘查要由外到内、由表及里、逐步进行,首先要勘查数据库管理系统的验证模式,也就相当于勘查中心现场的防护门窗勘查,勘查中心现场的外围安全情况。具体步骤如下。

(1) 核实数据库管理系统网络位置。

(2) 查看数据库服务器网络地址,以此来核实前面外围现场勘查的服务器地址是否吻合,验证服务器的正确性。最简单的方法是利用 ipconfig/all 命令显示网络配置,核实网址。

(3) 勘查数据库管理系统身份验证配置。

大型数据库管理系统都有身份验证功能。身份验证是使合法的用户通过验证登录到数据库管理系统中来,不合法的用户拒之门外,以此来保证数据库管理系统的安全性。以SQL Server 2005 数据库管理系统为例,勘查身份验证设置,在 SQL Server 企业管理器当中,连接当前运行的数据库,查看其属性,观察安全性,如图 7-8 所示。

在服务器身份验证模式中有 Windows 身份模式验证和 SQL Server 身份验证两种。Windows 身份验证由操作系统来完成,SQL Server 身份验证由自己设置的用户授权方式

---

① 廉小伟,类延春,刘晓韬. 数据泄密事件浅析. 保密科学技术,2011,9.

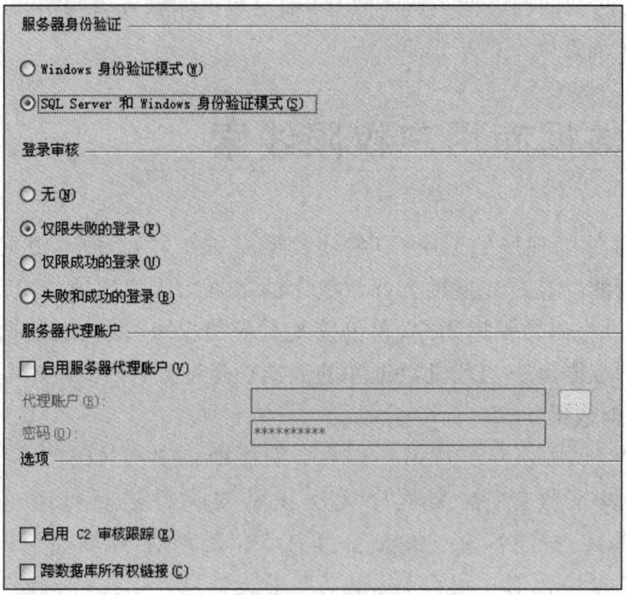

图 7-8 SQL Server 验证设置

进行管理,本部分只以 SQL Server 身份验证为例,寻找相应的用户权限分配情况。

7.3.2 数据库用户、角色及权限的勘查

大型数据库管理系统的安全性管理是建立在认证和访问许可两者的机制上的。认证是指确定登录用户的登录账号和密码是否正确,以此来验证其是否具有连接权限,但是通过认证阶段并不代表能够访问数据。用户只有在获取访问数据库的权限之后才能够对服务器上的数据库进行权限许可下的各种操作。

数据库用户、角色及权限的勘查就是指对数据库管理系统中的登录认证账号、角色账号、数据访问许可权限分配等进行现场勘查。通过对数据库的用户的勘查能够查询出登录该数据库的用户个数及名称,再对其用户名与现实拥有者进行核查,能够查询出哪些用户是正常用户,哪些是非法用户。再对正常用户登录使用 IP 地址与现实使用人物理地址进行比对,排查出哪些合法用户有可能被非法使用。因此,勘查数据库用户也许能够发现重要侦查线索。

下面以 SQL Server 数据库管理系统为例讲解数据库用户权限管理,登录账号存放在 master 数据库的 syslogins 表中,与之相关的信息主要有登录名、口令、固定服务器角色、默认数据库、安全标识码 SID 等。利用 select * from syslogins 命令查询,可以得到如图 7-9 所示的登录账号信息。用户账号存放在数据库的 sysusers 表中,与之相关的信息主要有数据库固定角色和自定义角色、与 SID 对应关系、类别等。利用 select * from sysusers 命令查询,可以得到如图 7-10 所示的用户账号信息。

数据库权限是指数据库用户或角色的数据库操作权利,既包括数据库管理系统的操作权利,也包括数据库具体内容的访问权利。利用 execute sp_helprotect 显示当前数据库中所有已经授予或拒绝的权限,结果如图 7-11 所示。

	createdate	updatedate	name	password
1	2003-04-08 09:10:35.460	2012-08-20 09:58:47.157	sa	乱码
2	2005-10-14 01:52:53.910	2005-10-14 01:52:53.910	##MS_SQLResourceSigningCertificate##	NULL
3	2005-10-14 01:52:53.927	2005-10-14 01:52:53.927	##MS_SQLReplicationSigningCertificate##	NULL
4	2005-10-14 01:52:53.927	2005-10-14 01:52:53.927	##MS_SQLAuthenticatorCertificate##	NULL
5	2005-10-14 01:56:18.613	2005-10-14 01:56:18.620	##MS_AgentSigningCertificate##	NULL
6	2012-08-20 09:58:46.920	2012-08-20 09:58:46.937	BUILTIN\Administrators	NULL
7	2012-08-20 09:58:46.950	2012-08-20 09:58:46.960	NT AUTHORITY\SYSTEM	NULL
8	2012-08-20 09:58:46.950	2012-08-20 09:58:46.960	CHINA-292715DB3\SQLServer2005MSS...	NULL
9	2012-08-20 09:58:46.967	2012-08-20 09:58:46.977	CHINA-292715DB3\SQLServer2005SQLA...	NULL
10	2012-08-20 09:58:46.967	2012-08-20 09:58:46.973	CHINA-292715DB3\SQLServer2005MSFT...	NULL

图 7-9　数据库登录账号

	uid	status	name	createdate	sid
1	0	0	public	2003-04-08 09:10:19.630	0x010500000000...
2	1	0	dbo	2003-04-08 09:10:19.600	0x01
3	2	0	guest	2003-04-08 09:10:19.647	0x00
4	3	0	INFORMATION_...	2005-10-14 01:36:06.923	NULL
5	4	0	sys	2005-10-14 01:36:06.923	NULL
6	5	0	##MS_AgentSign...	2005-10-14 01:56:18.613	0x010600000000...
7	6	4	CHINA-292715D...	2012-08-20 09:58:47.013	0x010500000000...
8	16384	0	db_owner	2003-04-08 09:10:19.677	0x010500000000...
9	16385	0	db_accessadmin	2003-04-08 09:10:19.677	0x010500000000...
10	16386	0	db_securityadmin	2003-04-08 09:10:19.693	0x010500000000...
11	16387	0	db_ddladmin	2003-04-08 09:10:19.693	0x010500000000...
12	16389	0	db_backupoperator	2003-04-08 09:10:19.710	0x010500000000...

图 7-10　数据库用户账号

	Owner	Object	Grantee	Grantor	ProtectType	Action	Column
1	dbo	spt_fallback_db	public	dbo	Grant	Select	(All+New)
2	dbo	spt_fallback_dev	public	dbo	Grant	Select	(All+New)
3	dbo	spt_fallback_usg	public	dbo	Grant	Select	(All+New)
4	dbo	spt_monitor	public	dbo	Grant	Select	(All+New)
5	dbo	spt_values	public	dbo	Grant	Select	(All+New)

图 7-11　获取权限

通过对数据库管理系统验证模式和用户权限的勘查，也就相当于完成了中心现场的通道勘查，保证了中心现场的继续勘查发现线索。

7.4　数据库日志线索

数据库日志是数据库管理系统进行各种操作的事物记录，相当于现实生活中的监控摄像和行为记录账单，通过数据库日志能够反映出数据库管理系统曾经做过的操作命令，在现场勘查过程中分析数据库日志至关重要，能够分析出登录者的账号及相关进行的操作，也可以说能够反映出犯罪分析实施犯罪的犯罪行为，得到重要的侦查线索。

2010 年的 3·15 晚会上暴露出电信行业内鬼泄密事件。事件的过程是内部维护人员利用工作中的便利途径，获取客服操作员的职工号、口令；利用该操作员身份登录客户应用系统；利用修改客服口令不需要旧口令的业务逻辑漏洞，直接修改用户客服密码；以用户的身份和修改后的新客服密码直接登录业务系统，导出短信、通话记录等信息，以此为私家侦探提供线索累计获利三百多万元[①]。该起案件就在数据库日志中应该留有大量线索。

7.4.1 数据库错误日志分析

数据库日志文件是对数据库连接、运行、操作等方面的记录，本章主要以 SQL Server 为例进行讲解将数据库日志文件分为错误日志和事物日志两种。

错误日志主要是记录着记账请求、身份验证、周期状态等有关 SQL 服务器数据库连接运行情况，可以寻找到在运行过程中已经发生的隐形错误，并检查使用 SQL 服务器的状态等。对于数据库服务器进行的攻击情况往往都会记录在数据库的错误日志中，在错误日志中可以寻找到实施数据库服务器入侵时留下的蛛丝马迹，为案件侦查提供新的侦查线索。

1. 错误日志文件的提取

错误日志文件存放的位置为 SQL Server 数据库管理系统的安装目录下，通常存放在 C:\Program Files\Microsoft SQL Server\MSSQL.1\MSSQL\LOG 目录下，如图 7-12 所示，列表中的 ERRORLOG 文件就是错误日志文件，其中含有 1~6 数字的为历史日志记录文件，没有数字的为当前错误日志文件，默认情况下保留最近 6 个记录文件。如果进行现场勘查证据提取时，错误日志文件证据固定主要就是针对这些文件进行。

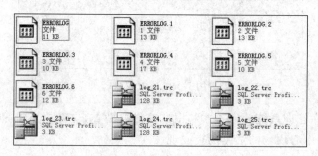

图 7-12　数据库错误日志文件

2. 错误日志的分析

日志文件的打开可以通过 SQL Server Management Studio 中，打开"管理"中的 SQL Server 日志，此处看到的就是当前数据库所记录的错误日志，双击具体的日志就可以打开如图 7-13 所示的日志文件查看器，同样也可以利用日志文件查看器打开现场提取的日志文件，然后进行数据分析。

错误日志主要包括如下信息。

1) SQL 服务器版本信息

日志中的第一行内容为 SQL 服务器版本信息，下面就为第一行内容：

---

① 廉小伟,类延春,刘晓韬.数据泄密事件浅析.保密科学技术,2011,9.

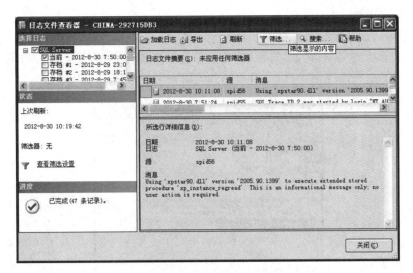

图 7-13　日志文件查看器

```
Microsoft SQL Server 2005 - 9.00.1399.06 (Intel X86)
Oct 14 2005 00:33:37
Copyright (c) 1988-2005 Microsoft Corporation
Developer Edition on Windows NT 5.1 (Build 2600: Service Pack 3)
```

从上面的信息能够明显地反映出服务器系统是 SQL Server 2005 SP3。

2) SQL 服务器进程身份验证(Server Process ID)信息

在错误日志中有很多源为 spid 的信息,它们主要反映的是进程信息,下面为一行进程信息:

`Starting up database 'tempdb'.`

表示数据库 tempdbz 正在运行起来。

3) 身份验证模式信息

在 SQL 服务器错误日志中注意的第三类信息是身份验证模式信息。这类信息可展现其所操作的 SQL 服务器运行的登录情况,下面为一行登录信息:

`Login failed for user 'mzf'. [客户端:<local machine>]`

表示登录数据库失败的用户 mzf 及机器信息。通过此信息可以查询出访问数据库的用户名称及机器的具体情况,从而可以为案件侦查寻找线索。

4) 启动参数信息

用户应当在 SQL 服务器错误日志中注意的第 4 类信息是启动参数信息。

`-d C:\Program Files\ Microsoft SQL Server\MSSQL.1\MSSQL \DATA\master.mdf`

参数-d 所标注的是主数据库文档所在的位置信息。

对于涉及数据库服务器的案件侦查工作过程中,在错误日志文件中最值得关注的信息就是身份验证模式信息,该信息能够反映出数据库登录成功与失败的用户,结合具体的时间点可以进行综合案情分析。

利用日志查询分析器可以进一步进行信息查询,可以单击图 7-13 中的筛选按钮,弹出如图 7-14 所示的"筛选设置"对话框,通过筛选设置源为登录,结合需要查询的开始日期与结束日期,进行筛选结果,以此寻找案件的侦查突破口。

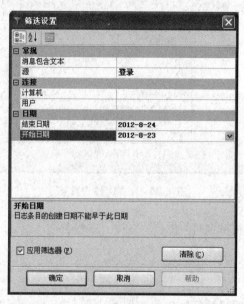

图 7-14　筛选设置

7.4.2　数据库事物日志分析

事物日志文件主要是一个与数据库文件分开的文件。它存储对数据库进行的所有更改,并全部记录插入、更新、删除、提交、回退和数据库模式变化。通过事物日志可以观察数据的变化情况,对数据库中的异常数据进行捕捉,寻找数据更改时间及内容,对寻找数据库的侦查线索起到帮助作用。

1. 事物日志文件的提取

事物日志文件是与数据库文件相伴同行,保存着数据库文件内容更改的重要信息。日志文件存放位置是通过 SQL Server Management Studio 中的数据库属性进行寻找,如图 7-15 所示,数据库名称为 jwcxtgl,存放在 D:\data,数据库日志文件为 jwcxtgl_log,存放在 D:\data。但在事物日志文件提取不是将文件进行复制,根据实际情况而定,分为三种情况进行数据提取。

1) 在线数据库提取

在有些情况下,数据库服务器不能停止工作,需要数据库服务器时刻工作,这也就需要对数据库文件及日志文件进行备份,将备份文件提取,在后期进行现场重现。具体方法就是在 SQL Server Management Studio 中对数据库及数据库日志文件备份,将备份文件进行数字签名,提取文件。将提取文件在检验室中进行数据恢复,恢复到现场情况,再进行数据分析。

图 7-15　数据库属性

2) 离线数据库提取

在有些情况下,数据库可以短暂停止服务,但由于种种原因数据库硬件不能移动,这时可以对数据库文件进行分离,然后对数据库文件和日志文件进行数字签名,提取文件。再对提取文件在检验室中进行附加,恢复到现场情况,再进行数据分析。

3) 数据库服务器扣押

在条件允许的条件下,也可以对数据库服务器进行扣押,进行数据分析。

2. 事物日志的分析

数据库事物日志的分析主要借助于 Log Explorer 工具软件,该工具可以浏览日志、导出数据、恢复被修改或者删除的数据。如果出现数据丢失,它能够提供在线快速的数据恢复,最大程度上保证恢复期间的其他事务不间断执行,并对数据修改进行分析。同时也可以对数据库进行过滤、查看、监控等操纵,发现数据库异常操作情况,提供侦查线索。

Log Explorer 事物日志分析具体步骤如下。

1) 附加日志文件

运行已经安装的 Log Explorer 软件,如图 7-16 所示,首先要进行的就是附加日志文件,单击"附加日志文件"按钮或选择"文件"菜单中的"附加日志文件"选项,选择相应的现场重现服务器和登录用户,连接重现数据库服务器。

图 7-16　Log Explorer 界面

2）数据库的选择

根据实际现场提取情况选择数据库名称以及在线日志或备份日志文件，如图7-17所示。

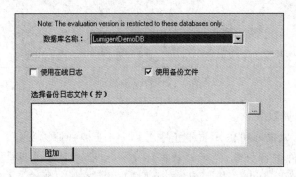

图7-17　选择数据库

3）日志摘要的观察

在选择完数据库以后，左侧就出现了日志摘要、载荷分析、过滤日志记录、浏览、出口日志记录、恢复、运行脚步、退出等具体的操作内容。在日志摘要中可以看到具体的日志描述信息。

4）日志过滤

在进行数据分析时，可以设定日志的过滤，筛选出需要查询的数据，日志过滤如图7-18所示，设置相应的时间范围、表、用户名等内容，以此来达到特定内容的分析。

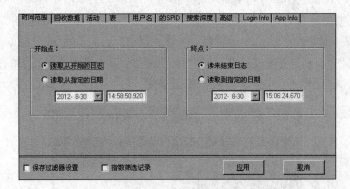

图7-18　日志过滤

5）查看日志

对设定过滤的日志可以通过各种方法查询。对特殊数据表的查询，观察数据的变化情况，查询异常情况；对特殊用户的查询，观察用户的操作情况；对特殊时间的查询，观察时间内所做的事物操作，如图7-18所示。通过不同角度的查询，寻找可能存在的侦查线索，构建新的侦查思路、开展新的侦查活动。

7.5 异常数据线索

涉及数据库的案件往往都是受害者受到侵害之后进行报案,从受害人角度出发通常会感觉到数据库系统有异常数据,这些数据不是系统应该具备的数据,属于非正常存在的数据,因此可以将异常数据作为案件突破口,寻找案件的侦查线索,构建侦查思路。

2005年3~8月间,被告人程某多次通过互联网,经由西藏移动通信有限责任公司计算机系统,非法侵入北京移动通信有限责任公司充值中心,采取将数据库中已充值的充值卡数据修改后重新写入未充值数据库的手段,对已使用的充值卡进行非法充值后予以销售,非法获利人民币377.5万元[①]。本案的报案线索就是通过日常业务数据审核,发现异常数据,对其造成的巨额损失后发现的。

7.5.1 特殊数据线索

特殊数据线索主要是指在案件侦查过程中有特殊重要意义的线索,主要包括受害人数据线索、特殊金额线索、特殊时间线索等。

1. 受害人数据线索

涉及数据库的案件可以分为侵入数据库、修改数据库、构建数据库等犯罪行为实施的犯罪。侵入数据库的犯罪行为会在数据库日志中留有痕迹,通过连接和日志寻找案件的突破口;构建数据库的犯罪行为主要针对数据进行统计分析,从而对犯罪行为进行定罪量刑;修改数据库都是为了实现犯罪分子的最终目的而修改数据,篡改数据都是为了实现犯罪目标修改数据,而受害人或举报人往往也是通过这些篡改或异常数据才进行报案。因此,这些异常数据既是嫌疑人的犯罪行为所产生的数据,也是受害人的受害数据,通过这一线索可以寻找到犯罪分子留下的蛛丝马迹。

受害人、举报人的异常数据首先要经过核实,判断是否真地违背业务真实数据,判断违背数据的规模大小,从而判定是否构成犯罪。在案件侦查过程中可以通过异常数据的修改日志痕迹和用户连接痕迹,寻找犯罪嫌疑人的网络位置;同时,从异常数据形成的获利者入手,按照常规的案件侦查思路开展侦查工作。总之,受害人数据线索在案件侦查工作过程中具有重要作用。

2. 特殊获利数据线索

修改数据库内容最终都是为了实现犯罪分子的犯罪目的,而犯罪目的往往就是从数据库系统中获取利益,实现获利目的,那么这些获利修改数据也就成为重要的案件侦查线索。获利数据不仅是单独的涉及金钱数据,也有可能是其他的数据,例如,学籍管理系统中的学生成绩数据、人事管理系统中的政审数据等。通过获利数据查询到真正的获利者,以此为突破口开展侦查活动;通过获利数据查询数据修改日志,以及数据库登录身份,开

---

① 廉小伟,类延春,刘晓韬. 数据泄密事件浅析. 保密科学技术,2011,9.

展侦查活动。

3. 特殊时间数据线索

特殊时间数据是指非数据库系统工作时间所产生的数据,这些数据也是异常数据,不是数据库系统应该具有的数据。一般情况下,侵入数据库系统的犯罪行为大多发生在系统工作不忙或休息状态下,在此特殊时间实施犯罪行为就有可能留下特殊时间数据痕迹,以此线索为案件突破口,也可以开展侦查活动。

7.5.2 业务数据审查线索

数据库系统是解决具体实际工作信息系统,是符号实际工作流程的数据系统。在数据库系统中处理的数据必须符合实际工作。因此,可以通过对数据库中的数据与实际工作数据及流程进行比对,审查出与实际工作不符的数据信息,对违背业务数据进行追根溯源,查询数据来源的出处,寻找数据相关线索,开展侦查活动。

7.5.3 数据完整性线索

数据库中的数据是需要满足相应数据完整性的数据,通过对数据完整性的审查,寻找可疑数据,为案件侦查提供线索。数据完整性的审查可以分为数据取值范围审查、数据相关性审查、数据项目审查。

数据取值范围审查主要是审查数据内容是否超出数据的限定范围,并审查实际工作内容与数据范围的结合审查。例如,"金额"属性为货币类型,但实际交易时金额没有超过1000元的,可以对金额与实际工作内容结合起来审查数据的合理性。

数据相关性审查主要是数据项目之间的相关联性审查,保持数据的关联与实际相结合。例如,网络交易时的具体金额与实际分配比例的相关性审查,如果没有实际关联性,也就分析出了异常数据,可以以此为突破口,进行开展侦查活动。

小 结

本章主要通过对数据库系统的分析,提出了数据库系统线索的查找和分析方法。主要有通过数据库系统的拓扑结构,寻找数据库系统的连接线索;通过数据库用户权限分配,寻找可疑用户线索;通过数据库日志文件,寻找历史操作痕迹线索;通过数据内容的异常表现,寻找可疑数据线索。

思 考 题

1. 数据库系统连接线索有哪些类型?
2. 数据库用户、角色权限分配可疑线索有哪些?
3. 数据库日志文件线索筛选方法有哪些?
4. 异常数据的查询方法有哪些?
5. 常见数据库系统文件类型有哪些?

第 8 章 网站线索查找与分析

相当多的涉网案件线索表现为网站。无论是网络诈骗、网络色情、网络盗窃等类型的案件，嫌疑人都可能通过网站的形式发表相关信息，这样，网站就是涉网案件线索中非常重要也是非常常见的一种类型。

8.1 网站的构建

8.1.1 常见的 Web 页面信息

网络犯罪案件的主要线索和证据来自于网页。随着 Web 服务的迅速发展，其用户的信息发布与获取变得越来越广泛。从网站为用户提供的功能来看，有以下几种常见的 Web 页面信息。

1. 搜索引擎

网络搜索引擎是很多网络信息使用者常用的一种网络服务，用于在网络海量数据中查找自己需要的有用信息。常用的网络搜索引擎有很多，如百度（www.baidu.com）、谷歌（www.google.com）等专门的搜索引擎。同时也还有网易、搜狐公司提供的网络搜索服务，如网易搜索引擎（so.163.com）、搜狗（www.sogou.com）等。

2. 电子商务平台

电子商务是利用计算机技术、网络技术和远程通信技术，实现整个商务（买卖）过程中的电子化、数字化和网络化，是利用互联网为工具，使买卖双方不谋面地进行的各种商业和贸易活动，实现消费者的网上购物、商户之间的网上交易和在线电子支付以及各种商务、交易活动等新型的商业运营模式。目前国内有很多电子商务网站，比较著名的有淘宝、易趣、当当、拍拍等专业网站。在这些网站的交易平台上，通过申请账号，就可以建立一个网上专卖店来推销自己的商品。其中，有用户自发交易的，也有专业的网络销售公司等。

3. 电子公告板

电子公告板就是通常所说的 BBS，它提供一块公共电子白板，每个用户都可以在上面书写，可发布信息或提出看法。BBS 是互联网交互功能的集中体现，也是网民交流讨论最活跃的场所。目前国内很多著名的论坛聚集了数以千万计的网民。这些论坛或者以各种专业、专项内容为出发点，或者以地区、地域为出发点，或者以综合内容为出发点，并以此聚敛人气,提高网站的点击率。特别是时政类论坛,在网上参与者多,阅读者众多,影响面非常广。

4. 聊天网站

现在很多网民喜欢网络聊天,除了 QQ、MSN、POP、UC 等即时通信软件聊天外,聊天网站也颇受欢迎。在网站的聊天室中,可以进行语音或视频聊天,可以一对一或一对多地进行聊天。一些大型网站也都提供聊天频道。

5. 视频网站

视频网站是指在完善的技术平台支持下,让互联网用户在线流畅发布、浏览和分享视频作品的网站。在视频网站上,可以在线观看视频、上传发布视频、分享视频和搜索视频。国内知名的视频网站有土豆、优酷、酷六、乐视网等。

6. 网络游戏网站

网络游戏是以互联网为传输媒介,以游戏运营商服务器和用户计算机为处理终端,以游戏客户端软件为信息交互窗口的具有可持续性的多人在线游戏。目前,网络游戏的使用形式可以分为两种,一种是基于浏览器的游戏,不用下载客户端,上网就能玩的游戏;另一种是客户端形式,由公司所架设的服务器来提供游戏,玩家由公司所提供的客户端来连上公司服务器以进行游戏。大多数游戏类型为后者。

7. 博客、微博网页

博客就是以网络作为载体,简易迅速便捷地发布自己的心得,及时有效轻松地与他人进行交流,再集丰富多彩的个性化展示于一体的综合性平台。一个博客其实就是一个网页,它通常是由简短且经常更新的帖子所构成,这些张贴的文章都按照年份和日期倒序排列。

微博,即微博客的简称,是一种通过关注机制分享简短实时信息的广播式的社交网络平台,是一种可以即时发布消息类似博客的系统。它最大的特点就是集成化、开放化、微型化,每次只能发送 140 个字符,是一种互动及传播性极强的工具。

8. 个人网站

根据自己的需要,创建个人网站用于创建展示自己、与人交流的个人主页平台,或用来创建个人贸易平台来销售自己的商品,或创建为个人以及企业用户获取各种产品信息、商家资料、导购资讯的个人资讯平台。

犯罪嫌疑人利用以上几种类型的网页或网站进行各种违法犯罪活动,主要包括通过建立网站传播色情、邪教、反动以及其他违法犯罪信息,通过建立网站实施网络诈骗、盗窃、赌博等犯罪行为,在常规合法网站中张贴非法信息构成违法犯罪等。

8.1.2 网站构建过程

网站由域名、网站源程序和网站空间三部分构成。域名俗称网址;网站空间由专门的服务器或租用的虚拟主机等承担;网站源程序(通常包括主页和其他具有超链接文件的页面)则放在网站空间(即网站服务器)里面。用户在客户端通过网络浏览器输入网站的域名地址,就可以访问该网站的网页。

1. 域名申请

域名注册可以到域名服务商处申请。目前,提供域名申请服务的机构非常多,如中国万网(www.net.cn)等,在它们的站点就可以找到"域名注册"入口,填写相应的资料进行申请。一般是先查询希望申请的域名是否已经被别人注册,如果还没被注册就可以向有关机构申请注册这个域名了。

域名申请有收费域名和免费域名两种。域名注册申请收费标准不一样,一般按年度收费。

域名分为两类,后缀为.com/.net/.org/.cc/.biz/.tv/.mobi/.us 等的,称为国际顶级域名。后缀为.cn/.com.cn/.net.cn/.gov.cn 等,都以中国国家代码 cn 结尾,这类域名称为国内顶级域名。除此之外,国际互联网还出现了".中国"这样的非英语域名后缀的中文域名。

按《互联网信息服务管理办法》中的规定,所有提供互联网信息服务的都需办理 ICP 许可证。互联网信息服务又分为经营性和非经营性两种。

经营性互联网信息服务指通过互联网向上网用户提供有偿信息的活动,如网上广告、电子商务及其他网上应用服务等。非经营性互联网信息服务指通过互联网向上网用户无偿提供具有公开性、共享性信息的服务活动。

国家对经营性互联网信息服务实行许可制度;对非经营性互联网信息服务实行备案制度。未取得许可或者未履行备案手续的,不得从事互联网信息服务。

2. 网站空间的申请

网站空间是存放网站网页的地方,由实体主机、服务器托管或虚拟主机托管等方式实现。服务器托管、虚拟主机托管等可以到专门提供该服务的网络服务提供商处申请。目前,国内众多网站提供服务器托管或虚拟主机托管等服务。网站空间通常由以下几种方式构建。

(1) 实体主机:自行购买和建设服务器主机,然后申请接 Internet 的专线和网址,自行构建和管理网站。这种方式费用非常高。

(2) 服务器托管:是指客户自行采购主机服务器,放在具有与 Internet 实时相连的网络环境的托管公司,或向其租用一台服务器,客户也可以通过远程控制将服务器配置成 WWW、E-mail、FTP 服务器,也可以由托管公司负责对服务器进行软件的安装与调试。通过安装相应的系统软件及应用软件以实现用户独享专用高性能服务器,实现 Web+FTP+MAIL+DNS 全部网络服务功能。托管公司还负责为托管服务器提供固定的带宽及维护服务。服务器托管所花费的费用与实体主机方式相比,可以节省很多,避免了高昂的专线及网络设备费用。

(3) 虚拟主机托管:是将一台 UNIX 或 NT 系统整机的硬盘划细,细分后的每块硬盘空间可以被配置成具有独立域名和 IP 地址的 WWW、E-mail、FTP 服务器,这样的服务器,在被人们浏览时,看不出来它是与别人共享一台主机系统资源的。在这台机器上租用空间的用户可以通过远程控制技术,如文件传输 FTP,全权控制属于他的那部分空间,如信息的上下载,应用功能的配置等。通过虚拟主机托管这种方式拥有一个独立站点,其性价比远远高于自己建设和维护一个服务器,目前这种建立站点的方式被越来越多的企事业单位所用。虚拟主机托管方式也是收费的,根据申请的空间大小、网页语言和数据库类型等不同配置而不同。

(4) 免费空间:现在很多网站都提供了免费空间,也称免费个人空间,其域名通常也是依赖免费域名指向。免费空间提供免费 ASP、PHP、SQL 数据库等免费服务。

有些网络服务提供商在提供网站空间服务的同时,也提供域名申请服务,即域名空间服务。

3. 制作网页

网页制作工具主要有 FrontPage 和 Dreamweaver。FrontPage 操作简便,属于傻瓜式的制作工具,而 Dreamweaver 能够制作出专业级的网页,操作上比较复杂,一般被专业网页设计师所首选。

采用的网页制作语言主要有 ASP、PHP、JSP 三种动态网页语言。

(1) ASP 是微软公司推出的网站开发语言,在 HTML 代码中嵌入 VBScript 或 JavaScript 语言,形成 ASP 文件(*.ASP)。利用 ASP 可以产生和执行动态的、互动的、高性能的 Web 服务应用程序。ASP 只能运行于 Windows 操作系统下,在 Web 服务器端需安装 IIS 服务器软件,支持 MS Access、MS SQL Server 等数据库。

(2) PHP 是一种跨平台的服务器端的嵌入式脚本语言。它大量地借用 C、Java 和 Perl 语言的语法,并融合 PHP 自己的特性,使 Web 开发者能够快速地写出动态产生页面,形成 PHP 文件(*.PHP)。PHP 支持目前绝大多数数据库,PHP、MySQL 数据库和 Apache 服务器组合被认为是 Linux 操作系统下构建网站的黄金组合。

(3) JSP 是 Sun 公司推出的跨平台的新一代网站开发语言,是将 Java 程序片段(Scriptlet)和 JSP 标记嵌入到普通的 HTML 文档中,形成 JSP 文件(*.JSP)。Sun 公司借助自己在 Java 上的不凡造诣,在 Servlet 和 JavaBean 的支持下,完成功能强大的站点程序。JSP 需要安装 Java2 软件开发工具(JSDK)。Java 程序能访问绝大多数数据库,在服务器端需安装 Tomcat、Apache 等服务器软件。

4. 网站发布

网站空间不管是采用实体主机服务器的方式,还是服务器托管或虚拟主机托管的方式,只要是作为网站服务器,就要事先在服务器上安装 IIS、Apache 或 Tomcat 等 Web 服务器软件才能发布网站。

一般建设网站时都在本地盘上建设一个站点,网页文件放到本地站点上,建好后发布到网站服务器上。如果网站服务器采用实体主机服务器的方式,直接设置 IIS 等 Web 服务器就可以发布站点。但网站服务器采用服务器托管或虚拟主机托管的方式,网站建立者或维护者还要将本地计算机上的网页文件通过 FTP、E-mail 或在线上传等方法上传到网站空间,即托管的服务器或虚拟主机上进行网站发布。用 FTP 上传要下载相应的 FTP 上传软件,如 FlashFXP 等;在线上传要到域名空间提供商的系统网页上上传。无论何种方式上传,都需要上传的账号、密码等信息。

5. 网站推广

为了扩大网站的知名度或点击率,常通过做广告或向搜索引擎推荐的方式推广网站,扩大网站的影响。

6. 网站维护

网站建好后,还要定期进行站点的更新与维护,主要包括丰富内容、弥补漏洞、网站安全、内容更新等。

图 8-1～图 8-3 是在广州虚拟主机网上申请虚拟主机服务的部分过程。

图 8-1　注册信息

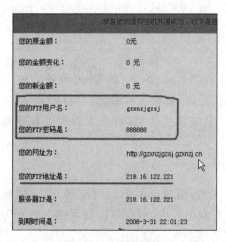

图 8-2　注册成功

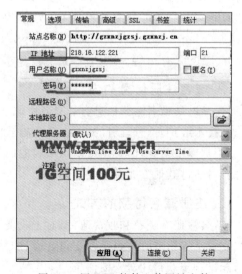

图 8-3　用 FTP 软件上传网站文件

8.2 网站线索的查找与分析

对网站的调查,除了在网页上浏览查找线索外,还要对其域名信息、服务器、网页代码等方面进行调查。涉网案件最常见的线索之一就是网页,网页依托于网站存在,所以对网页的调查也包含在对网站的调查中。

在发现涉及非法网站、网页的线索后,首先要了解网站所有者的登记信息、域名注册信息、服务器所在位置、网站公开信息等,对掌握的线索进一步查找和分析,确定具体的犯罪嫌疑人及其所在的具体地理位置,从而抓捕犯罪嫌疑人。

对一般网站的调查方法如下:在发现嫌疑网站后,可获得该网站的域名信息,通过一些域名查询网站可查到域名注册信息,获得网页存放的服务器 IP、地理位置及服务商联系方式。对境内服务商请求协查或调查维护者相关信息(IP 地址等),对境外的服务商要对嫌疑网站中的网页进行全面搜索,查找维护者的其他信息,如电子邮件等,以确认维护者为境内违法犯罪分子,跟踪网站更新情况发现嫌疑人活动规律。

8.2.1 网站域名注册信息的查找与分析

对于涉案网站或网页,首先掌握的线索是网站域名。对网站域名分析,主要是对网站域名注册信息进行分析,从而查找注册人信息,找到申请人的真实情况。

1. 域名注册信息的查找

网站域名注册信息一般通过网络到域名注册商处查询。国际顶级域名的域名信息,可以通过 ICANN 授权的域名注册商来查询,也可以直接到 INTERNIC 网站 http://www.internic.com/whois.html 查询。国内顶级域名的域名信息,可以在 CNNIC 的官方网站 http://www.cnnic.cn 查询。国内大多域名服务商也提供各种各样的查询服务,或使用 whois 查询系统进行查询,好多网站提供此功能,如 http://www.whois.sc、http://whois.chinaz.com/Default.aspx、http://www.nic.com 中的 whois、http://www.123cha.com 等。

2. 域名注册信息的内容

通常网站域名注册信息有:域名所属注册公司的名称、地址(城市、邮编等)、域名注册人、技术维护者、管理者的姓名、联系方式(电话、传真、邮箱等)、域名到期日等信息。

根据以上信息,即可判定出该域名的所属人,但域名注册时,申请人的信息有可能是假的,可通过其他方式调查。

3. 注册域名付款的方式

域名注册有免费和收费两种,对于收费域名注册,通常会采取银行汇款、网上银行汇款、支付宝等第三方支付平台支付。通过对付款方式的调查,可获得注册人银行账号等信息,能进一步获得注册人的信息。

8.2.2 网站 IP 地址及网站服务器的定位

调查网站 IP 地址,从而确定网站的服务器所在地理位置。

1. 获取网站 IP 地址的方法。

(1) 通过一些网站提供的域名转换 IP 功能实现。在 http://www.123cha.com、http://www.ip138.com 等网站上均有此解析功能。图 8-4 为在 www.ip138.com 网站上转换的结果。

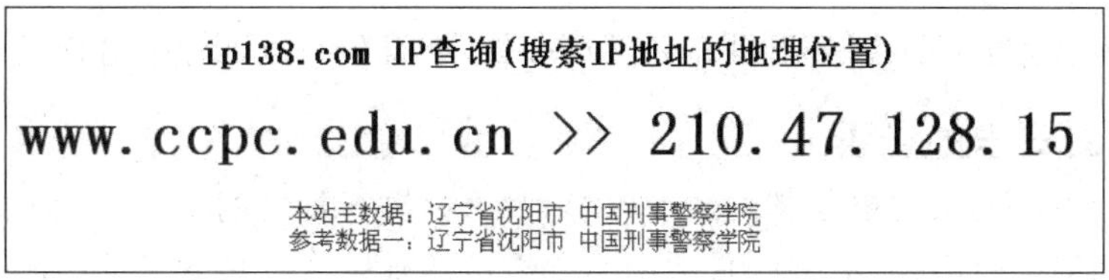

图 8-4 域名转换 IP

(2) 通过 ping 命令的方法。

ping 命令是通过 ICMP 进行检测网络连通性的一个工具,通过使用 ping 命令返回的信息,可以得到域名对应的 IP 地址。有些网站由于受防火墙或路由器访问规则的限制,不允许使用 ping 命令。

(3) 通过 nslookup 命令的方法。

nslookup 是一个用于查询域名信息或诊断 DNS 服务器问题的工具,它的简单用法就是查询域名对应的 IP 地址,其用法是:nslookup 域名,从执行命令返回的信息中可以看到域名对应的 IP。该命令也可用于从 IP 地址到域名的反向查找。

(4) 如果网站使用了代理服务器,通过上述方法无法获取它的真实 IP。这种情况下,可尝试使用 Tracert 命令。Tracert 命令的作用是跟踪路由,也就是从源主机到目标主机经过的路径,根据返回结果可查出目标主机的真实 IP 地址。也可以使用 Sniffer 嗅探器类软件,监听本机访问目标网址的所有数据包,找到目标的真实 IP 地址。

(5) 通过浏览器直接访问该 IP 地址,可了解网站所在服务器的情况。租用服务器空间建立的网站,通过域名与 IP 地址访问时,返回结果通常是不同的。

2. 定位网站服务器所在地理位置

通过网站的域名或 IP 地址,可确定网站服务器所在的地理位置。一些网站提供这样的查询功能,如 http://www.123cha.com,http://www.ip138.com 等,输入要查询网站的 IP 地址或域名,就会查询出网站的服务器所在的地理位置。图 8-5 为用 www.123cha.com 网站查询的结果。

8.2.3 网站服务提供商的调查

确定网站服务器 IP 地址只是线索查找的一个中间环节,并不是最终目的,真正的目的在于了解网站服务器的具体情况。如果服务器在境内,根据案情的需要,可以到为网站

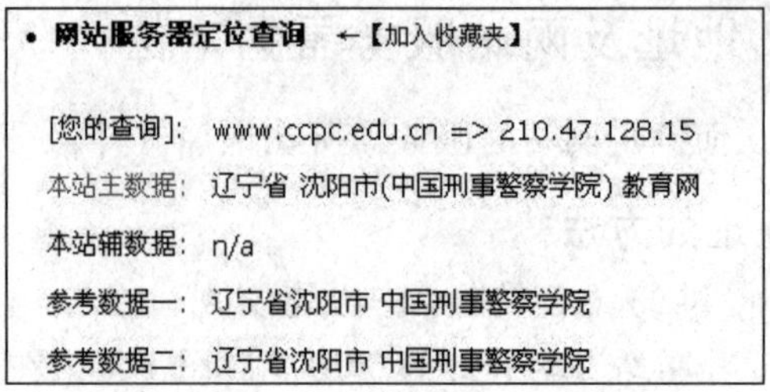

图 8-5 网站服务器地理位置的查看

提供网站空间服务的网络服务提供商处进行调查,主要包括以下几个方面的内容。

1. 服务器日志的查看

犯罪嫌疑人需要经常更新其网站的内容,对网站进行日常的维护,当犯罪嫌疑人登录到提供服务的网站时,该服务器的日志中会记载犯罪嫌疑人登录和访问该服务器的信息,可以获取嫌疑人访问服务器的 IP 地址和时间,还有可能获得嫌疑人建立网站的历史脚本。通过登录的 IP 地址和时间信息,可以定位到嫌疑人具体的地理位置。

也可以通过查找网络服务提供商的对应服务器的地址,找出服务器的场所,并对服务器进行封查,再对该服务器进行细致的调查、鉴定来确定犯罪嫌疑人。

2. 网站空间注册等信息的查看

通过查看网站空间申请人的申请资料,服务器托管或虚拟主机托管的各种付款方式、维护网站时与网络服务提供商的联系方式等,也可以进一步确定犯罪嫌疑人。

3. 网站脚本文件的查找与分析

在对利用网站进行犯罪的案件进行调查时,网站的网页文件、日志文件等都是非常重要的证据,要及时保存证据,免得嫌疑人有察觉删除文件,毁灭证据。在对服务器进行调查时,主要查找网站脚本文件、数据库文件、日志文件等。

(1) 网站脚本文件的查找

查找网站脚本文件,首先要知道动态脚本文件的类型,除了静态网页文件外,动态网页文件是 ASP、PHP 还是 JSP 类型,通常有以下两个方法来查找。

通过浏览器访问网站时,在 URL 地址栏或状态栏中会显示链接网页的名称,由此可以判断网站脚本文件的类型。例如,在 http://www.newasp.cn 网站浏览一网页时,URL 地址栏里显示:

http://www.newasp.cn/search.asp?m=0&word=%B9%DC%C0%ED&x=20&y=13,能看出该网站动态网页文件的类型是 ASP,调用的文件为 search.asp。这样,在网站服务器中,利用文件搜索功能,对 search.asp 文件进行查找,该文件所在的位置可能为网站脚本文件文件夹。

也可以通过查看 IIS 等服务器设置的方法来查找网站脚本文件。以 IIS 为例,打开 Internet 信息服务,在默认网站的属性中查看主目录,查看连接到资源时的内容来源,看它的设置,如果为"此计算机上的目录",那么显示的本地路径即为该网站脚本文件所在的文件夹。如图8-6所示,网站脚本文件文件夹应为"D:\wz"。

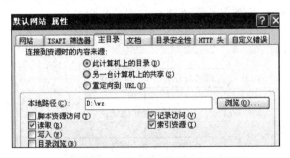

图8-6 通过IIS设置查看网站主目录脚本

(2) 网站日志文件

网站服务器日志文件记录了用户访问该网站的一些信息,包括登录网站的时间、IP、登录的方式等,这对判定作案时间和寻找案件线索、定位犯罪嫌疑人都有很大帮助。日志文件的查看也要先清楚网站Web服务器的类型是什么,这样才能知道日志文件存储的默认位置、日志文件类型等。以IIS为例,日志默认存放在System32\LogFiles目录下,使用W3C扩展格式,文件名为*.log。如果默认路径下找不到,可以查看IIS设置,在默认网站的属性中查看网站项中的活动日志格式,单击"属性"按钮,即可看到日志文件的位置,如图8-7所示。

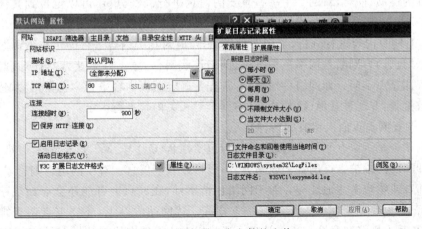

图8-7 服务器日志文件的查找

4. 维护网站人员计算机的调查

如果网站空间为服务器托管或虚拟主机托管,有时还涉及网站维护问题。如果网站内容是建站者自己维护和管理,网站维护人员会通过FTP等方式上传更新的网页内容,原始的网页脚本等内容在网站维护人员的计算机中,对其计算机也要进行调查,主要查找网页制作工具、网页上传工具及上传痕迹、网站脚本文件等。上传工具及痕迹参看图8-3。

如果服务器在境外,常见于网站服务器建在境外的网络色情、网络赌博等案件。可尝试在网站上注册会员登录该服务器,试探能否取得服务器后台信息,取得管理权限查看关键信息。

综上所述,对网页线索追查的简要流程如图 8-8 所示。

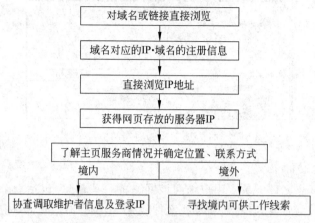

图 8-8　网页线索的一般勘查流程

8.2.4　网页内容上的线索与分析

通过直接浏览网站的网页,可以获得在网页上公开发布的涉案信息,根据其内容可以确定案件的性质;同时,对网页上一些重要的信息进行调查分析,可以定位到具体的犯罪嫌疑人。对于一般的网页而言,通常包括以下几个方面的线索。

(1) 对网页内容进行分析,了解案件性质,及时对相关内容进行固定作为证据。

根据网页内容判断是网络色情案件、网络诈骗案件,还是网络赌博案件等,对不同的案件调查侧重点不同。如网络色情案件,首先要确定网页内容是否为色情内容、传播色情信息的数量等,并通过录像、照相或抓屏打印,对相关内容进行固定。

(2) 调查网页页面上留有的各种联系方式。

重点调查是否留有联系人的联系方式,包括姓名、QQ 号、MSN、E-mail、手机、固定电话、阿里旺旺等;维护人员的各种联系方式;银行账号等信息。对于网络诈骗犯罪案件,还要注意邮寄或物流送达地址等。对于网络色情案件,在网页上可能还会有在线交谈或在线服务信息,也要调查在线人员的联系方式等。从网站内容上,还要重点调查嫌疑人照片、其他联系人姓名和联系方式等信息。通过以上线索的查找与分析,可能定位到具体的犯罪嫌疑人。

(3) 付费方式的调查。

在网页上,通常会留有汇款的银行账号,也有在网上通过手机、网上银行、支付宝等第三方支付平台、手机等在线支付的。对于网络色情案件,在线支付的情况非常多,通常单击"在线支付"链接,在网上支付后就能观看网站淫秽内容。

对于在线支付的情况,不能直接得到涉案账号线索。可对嫌疑人进行讯问、获得该网站的第三方支付平台的登录账号、密码等信息,进入第三方支付平台页面,可查看涉案账号和交易历史记录。或通过对该网站提供在线支付平台的网站或公司进行调查,可获得该网站在线支付的涉案账号、交易明细等。对于手机支付平台进行在线支付的,是从手机话费中扣除支付费用。这种情况下,可到与该网站签署了在线支付服务协议的电信运营商处进行进一步调查。

(4) 网页的其他外延信息拓展。

除了上述网页上直接看到的重要信息外,还有一些非嫌疑人发布的辅助性的信息,对于核实其身份、定位抓捕有很大作用。比如,色情网站上搭载的成人性用品网店的广告,追查广告商就能获得其对色情网站付款的账户及联系方式;而搭载的其他色情网站广告链接,可作为侦破网络色情案件的线索和证据。网页上的留言簿有时会留有其他人的反馈信息,如对某网络色情服务场所的评价、某卖淫小姐的评价等。根据网站的 ICP 备案号,可从备案登记中找到网站所有者的个人信息。非网页自身信息,而由其他网站及网页中发生的关联信息,如在某网站购物过程中被骗,然后再在某论坛中公布被骗经过,可对被骗人的描述用搜索引擎对涉案网页进行网上搜索。

(5) 被"挂马"或"打包"的网页信息分析。

所谓的"挂马"是指网页中被隐藏了木马,利用系统的漏洞,植入访问者的系统中。挂马的方式有很多,有利用现在流行的 Web 2.0 的安全漏洞直接在网页中隐藏木马,通过浏览器的漏洞植入访问者系统的,有利用视频播放软件的漏洞,让木马通过流媒体方式感染系统的,有利用 Flash 的漏洞让木马通过视频文件感染系统的。所谓的"打包",是指在网页提供的下载信息中将木马与下载对象捆绑隐藏,使下载者在获得需求信息的同时感染木马。对于这类网页信息,可将源代码完整下载,对其内容进行全面分析。目前常见的涉案挂马网站,是通过木马窃取被害人的特定账号和密码,包括游戏、QQ,以及网银等。所以对源码的分析不仅要确定木马的性质,还要找到木马收集到的信息发送的目的地、接收人。

8.2.5 BBS 论坛的线索查找与分析

BBS,也称为论坛,是目前行政治安案件和刑事案件的高发区域,常见于散布危害国家安全的谣言、侮辱诽谤与恐吓、网络诈骗、网络色情、教唆等犯罪。例如,在 BBS 论坛上进行色情犯罪活动,除了发布色情内容外,还组织相关的色情活动,为色情交易提供平台。

1. BBS 论坛的线索调查

BBS 是一个发布信息的平台,人们可以在上面发表自己的意见和看法。绝大多数 BBS 的内容都是以用户发表的帖子为主,涉案的主要事实也大都蕴含在用户所发表的帖子内容中。有些论坛必须经过注册才能发帖,也有的论坛可采用匿名方式进行交流的。这种匿名的开放性使得案件事实信息难以查找确认。

在 BBS 网页上常见的涉案信息有发帖的内容、发帖人的网名、发帖时间、发帖 IP 等。有的论坛不显示发帖 IP,或最后一组数字用 * 显示。但上述涉案信息、发帖的真实 IP 及发帖人的注册信息等都保存在后台网络服务器中,查看的权限仅限于超级管理员。

在互联网电子公告服务管理规定中,第十四条规定:电子公告服务提供者应当记录在电子公告服务系统中发布的信息内容及其发布时间、互联网地址或者域名。记录备份应当保存 60 日,并在国家有关机关依法查询时,予以提供。第十五条规定:互联网接入服务提供者应当记录上网用户的上网时间、用户账号、互联网地址或者域名、主叫电话号码等信息，记录备份应当保存60日，并在国家有关机关依法查询时，予以提供。因此，在侦查过程中可以通过司法渠道或者技术手段取得该权限，必要时也可以采用社会工程学方法取得。公安机关可以通过网络运营商、服务商查询在BBS上所发布的与案件事实相关的信息。通过查找该人的注册信息，可能找到该嫌疑人的有关线索。但最主要的是，通过发帖的IP、发帖时间及该时段主叫电话号码等信息，可以定位到具体的发帖人。涉及单位的，根据时间线索，排查出符合时间、动机或有证人证明的作案嫌疑人。涉及网吧的，可以根据时间线索，通过日志记录、上机实名登记和监控录像等查明嫌疑人。

2. BBS论坛的关联分析

多数BBS论坛的发布信息为转帖，也就是从其他论坛转载而来。当侦查工作中需要寻找发帖的源头时，可用搜索引擎或在各大论坛搜索相同的帖子，以时间为依据追查到源帖。

对于BBS用户来说，也可以利用其上网习惯来关联分析。经常上BBS的人通常会经常性地访问几个相对固定的论坛，会经常访问其感兴趣的论坛和栏目，并在其中注册、发帖。这样，就由人的个体属性建立了数个BBS的关联。利用搜索功能，通过比对内容和用户名，排查和搜索涉案人员的情况。

8.3 网站服务器日志

Web服务器，是一台在Internet上具有独立IP地址的计算机，可以向Internet上的客户机提供WWW、E-mail和FTP等各种Internet服务，也称为WWW服务器。

任何网站都会有自己的服务器，服务器日志会记载网站系统运行的情况以及用户访问网页的情况，这些信息对获取案件线索、定位犯罪嫌疑人都有着至关重要的作用，也是证实犯罪不可或缺的证据之一。

目前，在全球Web服务器市场中，有Microsoft IIS、Apache、Tomcat、BEA WebLogic、IBM WebSphere等服务器。但长期以来，Microsoft IIS、Apache、Tomcat一直统治着Web服务器市场最大的份额。本书只对Microsoft IIS、Apache、Tomcat这三类Web服务器做介绍。

服务器日志是指网站服务器所记录的、关于网站系统运行的情况以及网页内容访问情况的日志记录，主要包括的内容有：网站的访问情况，有用户的IP地址、所访问的URL、访问的日期和时间、访问的方法（get或者post）、访问的结果（成功/失败/错误）等各种信息。

一般网站服务器对登录的用户都有日志记录，记录登录机器的时间、登录机器的IP地址、访问的时间等信息；支付网关都记载有支付资金的记录等。通过对服务器日志进行分析，能够找到很多与网站案件密切相关的信息。例如，如果一个IP只要曾经登录过某台服务器，可以查出他的登录时间、登录的方式、浏览了哪些内容，从而推测被调查者的意图和性格，对进一步刻画嫌疑人形象有很大的帮助。再例如，对于网络色情案件，在色情网站服务器上对服务器日志进行分析,可查出哪些人访问了会员可访问的页面,从而确定哪些人是会员,以及会员的数量;如果网站是利用该服务器托管或租用该服务器空间的,当犯罪嫌疑人更新维护网站时,服务器日志中也会记载他的登录方式、登录时间和登录IP,然后通过网络服务商找出对应时段IP地址对应的电话号码(在我国提供色情犯罪嫌疑人大都通过拨号或宽带上网,网络服务提供商都记录每一个IP租用与对应的主叫号码之间的关系),通过电话号码便能确定犯罪嫌疑人的住所,从而确定犯罪嫌疑人。

在对服务器日志进行调查分析时,要确定安装的Web服务器类型,并从默认的日志文件存放路径中获取所需要的日志文件。如果日志文件的存放路径不是默认的,则可以查找日志文件或通过询问服务器管理员或了解日志存放位置。在涉及互联网网站的各类案件中,Web服务器日志和FTP服务器日志是分析的重点。

8.3.1 IIS 服务器日志

Microsoft 的 Web 服务器产品为 Internet Information Server(IIS),IIS 是允许在公共 Intranet 或 Internet 上发布信息的 Web 服务器,是目前最流行的 Web 服务器产品之一,很多著名的网站都是建立在 IIS 的平台上。IIS 提供了一个图形界面的管理工具,称为 Internet 服务管理器,可用于监视配置和控制 Internet 服务。本书所用的 IIS 服务器版本为 IIS 5.1,操作系统版本为 Windows XP SP2。Microsoft IIS 服务器主要提供 Web、FTP、SMTP 三种服务,本书重点介绍 Web 日志和 FTP 日志。

1. IIS 的 Web 服务器日志的类型

Microsoft IIS 的 Web 服务下的日志分为扩充日志(W3C 格式)、公用日志(NCSA 格式)、IIS 日志(Microsoft IIS 日志格式)三种,其文件名分别为 exyymmdd.log、ncyymmdd.log、inyymmdd.log。该日志文件的默认存储路径为 \%systemroot%\System32\LogFiles\W3SVC1,如图 8-9 所示。这里以 W3C 格式为例进行介绍。日志文件每天生成一个,包含这一天所有的访问记录,并以 ex+年份的末两位数字+月份+日期.log 命名。

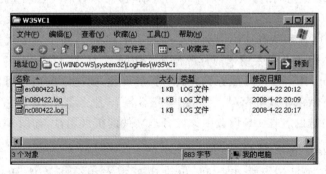

图 8-9　日志文件的默认存储路径

2. IIS 的 Web 服务器日志的格式

(1) 在默认情况下,Microsoft IIS 的 Web 服务日志中的 exyymmdd.log 日志格式是:

[日期][时间][客户端IP地址][服务器端口][请求方式][客户端请求的URI][返回结果]

例如,摘取图 8-10 中最后一行的日志做分析:

图 8-10　ex080422 日志内容

2008-04-22　12:10:42 192.168.1.183 - GET /111.asp　200
　　①　　　　②　　　　③　　　　④　　⑤　　⑥　　⑦

其中每个字段的解释如下:

①是日期;②是时间;③是客户端IP地址;④是服务器端口;⑤是请求方式;⑥是客户端请求的URI;⑦是返回HTTP状态代码。

其中:

⑤ GET,表示获取网页的方法是访问。

请求方式为 GET 是从服务器上获取数据,若是 POST,则是向服务器传送数据。

⑥ 111.asp:表示客户访问的网页。

⑦ 200:表示浏览成功。如果此处为 304,表示重定向;如果此处为 404,则表示错误未找到网页。

一般来说,HTTP 状态代码在 200~299 之间的 HTTP 数字状态代码标志着成功,通常情况下数字状态代码 200 表示客户端的请求得到满足。300~399 之间的不同数字状态代码代表客户端要完成请求所必须采取的行动,这意味着需要自动重定向到其他地方。400~499 以及 500~599 之间的数字状态代码分别标志客户端以及服务器端的各种错误。400~499 之间数字状态代码中最常见的是 404 和 403,其中 404 代表请求的资源在服务器上找不到,而 403 代表请求的资源被禁止访问。

(2) Microsoft IIS 的 Web 服务日志具有扩展属性,要记录的内容可以根据需要来添加,如在日志文件默认格式的基础上添加"服务器名"、"服务器IP地址"、"服务器端口"等信息,这些项是可选的。在 IIS 设置中添加日志文件的扩展属性,如图 8-11 所示。

3. IIS 的 Web 服务器日志的分析

IIS 日志可以通过记事本来打开,也可用日志专用分析软件 WebTrends Tools、AWStats 等进行分析,或者将该日志导入到 Excel、Access 或 SQL Server 数据库中,利用上述软件自带的筛选、分类汇总、关联等功能进行深入分析。

在 IIS 的 Web 日志中,通过访问日期和时间、客户端 IP、访问的方式、访问的网页等信息进行分析,可以得到有关的案件线索和证据。

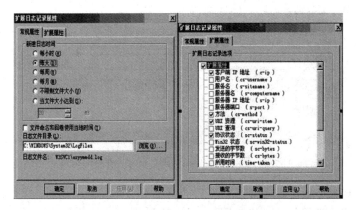

图 8-11　exyymmdd.log 文件的扩展属性列表

在日志分析过程中,时间和日期字段是日志中最为重要的字段之一。这个字段使得侦查人员能够检查在发生可疑攻击事件时间范围内发生的事件。而如果发现了任何可疑的访问活动,要注意该活动各方面的特征:访问的来源地址、请求的资源类型等。随后查找日志文件中具有相近特征的条目,这样就可以总结出攻击活动的规律,进而发现攻击来源。

通过对请求方式、客户端请求的 URL 进行分析,可以看出用户对网站是访问网页还是向服务器传送文件。如色情网站的维护人员,要经常性地有规律地向网站服务器上传文件,日志中就可以对请求方式为 POST 的记录进行统计分析,查出可疑的网站维护人员,通过该用户的 IP 地址就可以定位到具体的犯罪嫌疑人。

通过返回的 HTTP 状态代码来查看一些到网站不安全的操作。如在 400～599 范围的状态代码都标志着客户端或服务器的错误。任何一种用于扫描已知网页漏洞的漏洞扫描器在扫描时,都会不可避免地导致许多次的 404 状态代码("file not find"(文件未找到))产生,同时源 IP 地址保持不变。

在侦查办案过程中,还要注意租用虚拟主机的问题。对于具有多个虚拟服务器的 Web 服务器来说,服务商一般都会分离各个虚拟服务器的访问日志,以便对各个虚拟服务器进行访问统计和分析。当遇到使用虚拟服务器情况时,要向计算机系统管理员讯问日志存放的位置。

4. IIS 的 FTP 服务器日志

1) IIS 的 FTP 服务器日志的种类

IIS 服务器下的 FTP 日志分为扩充日志(W3C 格式)、IIS 日志(Microsoft IIS 日志格式)两种,其文件名分别为 exyymmdd.log、inyymmdd.log。该日志文件的默认存储路径为%systemroot%\System32\LogFiles\MSFTPSVC1,如图 8-12 所示。这里只介绍扩充日志(W3C 格式)。日志文件每天生成一个,并以 ex＋年份的末两位数字＋月份＋日期 ex＋日期.log 命名。

2) IIS 的 FTP 服务器日志的格式

默认情况下 FTP 日志中的 exyymmdd.log 日志格式是:

[时间][客户端 IP 地址][服务器端口][用户名][请求方式][客户端请求的 URI][返回结果]

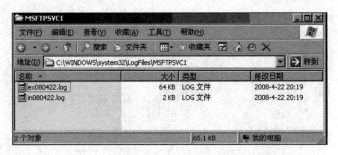

图 8-12　MSFTPSVC 文件夹下的两种日志类型

IIS 的 FTP 服务器的扩充日志（W3C 格式）文件具有扩展属性，与上面提到的 Web 服务器日志文件的扩展属性定义相同，这里省略。

图 8-13 为 FTP 服务器日志文件截取的一段记录，通过记录来分析每个字段的含义。

```
#Fields: time cip csmethod csuristem scstatus
11:15:20 210.47.128.* [1]USER administator  331
(IP地址为210.47.128.*用户名为administator的用户试图登录)
11:16:12 210.47.128.* [1]PASS - 530  （登录失败）
11:17:20 210.47.128.* [1]USER lxp 331
(IP地址为210.47.128.*用户名为lxp的用户试图登录)
11:18:16 210.47.128.* [1]PASS - 530  （登录失败）
11:20:20 210.47.128.* [1]USER lzy  331
(IP地址为210.47.128.*用户名为lzy的用户试图登录)
11:21:14 210.47.128.* [1]PASS - 530  （登录失败）
11:22:16 210.47.128.* [1]USER lhx 331
(IP地址为210.47.128.*用户名为lhx的用户试图登录)
11:23:04 210.47.128.* [1]PASS - 230  （登录成功）
```

图 8-13　服务器日志文件

其中，331 表示试图登录，530 表示登录失败，230 表示登录成功。这段日志记录了 IP 地址为 210.47.128.＊的机器分别以用户名为 administrator、lxp、lzy 试图登录，均登录失败，最后以用户名 lhx 试图登录，登录成功。通过这段 FTP 日志文件的内容看出，来自 IP 地址 210.47.128.＊的远程客户从 11:15 开始试图登录此服务器，先后换了 4 次用户名和口令才成功，最终以 lhx 的账户成功登录。这时 administrator 账户极有可能泄密了，为了安全考虑，应该给此账户更换密码或者重新命名此账户。

此外，在更新网站内容和维护网站的时候，需要使用 FTP 上传和修改有关信息，FTP 日志会记录这些行为，可以通过网站的系统管理员得到 FTP 日志，以确定和寻找涉案线索。

3）IIS 的 FTP 服务器日志的分析

IIS 的 FTP 服务器日志的分析方法与对 IIS 的 Web 服务器日志分析相同，此处省略。

8.3.2　Apache 服务器日志

Apache 源于 NCSAhttpd 服务器，经过多次修改，成为世界上最流行的 Web 服务器软件之一。Apache 服务器的特点是简单、速度快、性能稳定,并可作代理服务器来使用。世界上很多著名的网站都是 Apache 的产物,它的成功之处主要在于它的源代码开放、有一支开放的开发队伍、支持跨平台的应用(可以运行在几乎所有的 UNIX、Windows、Linux 系统平台上)以及它的可移植性等方面。

1. Apache 服务器日志文件的种类

默认的 Apache 配置提供两个日志文件,放置在安装目录下的日志目录里面。这两个文件是 access_log(在 Windows 上是 access.log)和 error_log(在 Windows 上是 error.log),在 Linux 系统下,这些文件保存在/usr/local/apache/logs 中;对于 Windows 系统,这些日志文件保存在 c:/apache/apache2/logs 中。表 8-1 介绍了 Apache 服务器下 logs 文件夹中的各个日志文件及其用途。

表 8-1　Apache 服务器下 logs 文件夹中的日志用途

日志名称	用　　途
access.log	访问日志,记录访问者的相关信息
error.log	错误日志,记录服务器的运行错误
install.log	安装日志,记录服务器的安装信息及维护信息日志

2. Apache 服务器日志的格式

Apache 服务器较有价值的日志文件是 access_log 日志和 error.log 日志,在这里只介绍这两种日志。Apache 支持多种日志文件格式,最常见的是 common 和 combined 两种模式,这里介绍 common 类型的日志。

(1) access_log 日志格式是:

[远程主机地址] [浏览者标识] [用户名] [请求时间] [访问方法/请求的资源/连接协议所用版本] [HTTP 状态编码] [传输的字节数]

例:

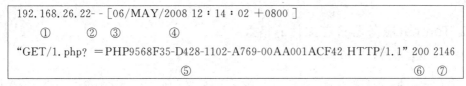

其中每个字段的解释如下:

①是远程主机地址。

②是浏览者标识,上例日志记录中是空白,用一个"-"占位符替代。

③是浏览者进行身份验证时提供的名字,上例日志记录中仍是空白,用一个"-"占位符替代。

④是请求时间,+0800 表示服务器所处时区位于 UTC 之后的 8 小时。

⑤是请求的方法、资源、协议,上例表示浏览者请求的是 1.php。

⑥是状态编码,200 表示服务器已经成功地响应浏览器的请求。

⑦是发送给客户端的总字节数。

(2) error_log 日志格式。

error_log 日志格式是：

[时间] [类型] [操作记录]

例：

```
[Tue May 06 12：07：41 2008] [notice] Server built：Oct  9 2005 19：16：56
            ①                      ②                    ③
```

其中每个字段的解释如下：

①是时间。②是错误日志的类型为"注意"级别。③是操作记录，即服务建立的时间。

(3) Apache 服务器日志的分析。

日志文件可直接通过记事本打开，也可以用 AWStats 等专用日志分析软件进行分析，也可将该日志导入到 Excel、Access 或 SQL Server 数据库中，利用上述软件自带的筛选、分类汇总、关联等功能进行深入分析。

8.3.3 Tomcat 服务器日志

Tomcat 服务器是一个免费的开放源代码、运行 Servlet 和 JSP Web 应用软件的基于 Java 的 Web 应用软件容器。Tomcat Server 是根据 Servlet 和 JSP 规范进行执行的，因此可以说 Tomcat Server 也实行了 Apache-Jakarta 规范且比绝大多数商业应用软件服务器要好。目前许多 Web 服务器都是采用 Tomcat。

1. Tomcat 服务器日志文件的种类

默认情况下，Tomcat 日志文件夹下的日志文件有很多，但不记录访问日志文件 Localhost_access_log，而该日志所记录的内容却是极其重要的，也是需要着重分析的日志文件，通过配置 Tomcat 的安装目录下的 conf/server.xml 文件，可以添加该日志。该日志文件默认存储在 \%systemroot%\Apache Software Foundation\Tomcat 5.5\logs 中。

2. Tomcat 服务器日志文件的格式

access_log 访问日志的格式是：

[远程主机地址] [浏览者标识] [用户名] [请求时间] [访问方法/请求的资源/连接协议所用版本] [HTTP 状态编码] [传输的字节数]

例如：

```
192.168.26.57   -  -  [08/May/2008 09：43：31+0000 ]"GET/tomcat.gif HTTP /1.1"304
      ①        ② ③            ④                              ⑤                  ⑥
```

其中每个字段的解释如下：

①是远程主机地址。

②是浏览者标识，上例日志记录中是空白，用一个"-"占位符替代。

③是浏览者进行身份验证时提供的名字,上例日志记录中是空白,用一个"-"占位符替代。

④是请求时间,表示服务器所在时区。

⑤是请求的方法、资源、协议,上例表示浏览者请求的是"/",即网站的主页或根。

⑥是状态编码。

3. Tomcat 服务器日志文件的分析

日志文件可直接通过记事本打开,也可以用 AWStats 等专用日志分析软件进行分析,也可将该日志导入到 Excel、Access 或 SQL Server 数据库中,利用上述软件自带的筛选、分类汇总、关联等功能进行深入分析。

小 结

本章讲述了网站的构建、网站线索的查找与分析、网站服务器日志三个方面的内容。

在网站的构建内容中,介绍了网站从域名申请、网站空间的申请、网页制作、网站发布、网站维护到网站宣传等环节的内容。通过网站构建过程的介绍,为后续内容中网站的调查与取证打下基础。

网站线索的查找与分析是本章的重点,讲述网站线索的主要类型,以及如何对线索进行进一步分析的方法。讲述了从发现嫌疑网站的域名线索开始,怎样对网站的服务器、网站创建者等信息进行调查取证的方法。

最后,对网站服务器日志进行了介绍。重点介绍了常见网站服务器的种类、其日志文件的类型和格式,以及如何查看分析日志的方法。

思 考 题

1. 简述网站构建的过程。
2. 已知一嫌疑网站的域名,如何获取网站创建者的身份?如何获取服务器的地理位置?
3. 若嫌疑网站服务器采用服务器托管或租用虚拟主机方式,如何获取网站创建者的身份?如何获取维护网站的犯罪嫌疑人计算机的地理位置?
4. 在网站服务器或嫌疑人维护网站的计算机上,主要调查哪些内容?
5. 常见网站线索有哪些?如何对已知线索进一步分析?
6. 简述常见网站服务器的种类及其日志文件的类型和格式。
7. 如何查看并分析常见网站服务器的日志文件?

第 9 章 网络通信工具线索查找与分析

目前网络通信工具主要有网络即时通信工具、电子邮箱、网络电话等，本章主要介绍如何从这些网络通信工具中查找到案件线索，但是出于保密，有些采用技术手段取得线索的方法，本章不予介绍。

9.1 利用网络通信工具和社会工程学查找线索

9.1.1 利用网络通信工具和社会工程学查找线索的目的

有很多时候，办理的案件需要经营一段时间，需要对特定对象进行进一步深入了解，了解其目前的工作状况、居住地、爱好、婚否等信息，这时需要干警能熟练掌握常用即时通信软件的使用方法，提高网上沟通能力，根据网上人群上网行为习惯和心理习惯，掌握主动与特定对象进行网络沟通的方法和技巧，使对方产生好感并建立信任，快速获取特定对象个人信息，包括对方具体所在地、年龄、爱好、职业、姓名、电话、婚否、照片、视频等各种信息。

而且，利用网络通信工具与对方加为好友后，一些加密空间、隐私资料等信息也都很容易看到了。

9.1.2 人们使用网络通信工具进行交流的原因

随着互联网的不断发展，基于网络的各种通信工具层出不穷，给广大网民提供了交流、沟通和交友的平台。掌握人们使用网络通信工具进行交流的原因，可以更主动地与特定对象进行沟通和交流，获得信任，尽快查找到案件线索。

人们使用网络通信工具进行交流的原因主要有以下几点。

1. 交流便捷

经常使用网络通信工具进行交流的人群，最主要的原因是因为这些工具使用方便、快捷，无论对话双方身在何地，什么时间，需要交流的文字、图片、视频、声音、表情等各种信息可以随时随地地通过网络即时通信工具、电子邮箱、网络电话、移动社交工具等这些网络通信工具传递和分享。

2. 排除寂寞，找朋友交往

经常使用网络通信工具进行交流的人除了工作需要外，还有个重要原因是因为寂寞，想找人说说话。虚拟世界、距离遥远、不见面等特点,容易让人觉得很安全,敢于说出自己真实的想法,和对方进行真正的心灵沟通和交流,可以彼此安慰和互相鼓励。当然,有些时候,只是为了暂时排遣寂寞无聊的时光,抱着娱乐的心情,在网上开开玩笑,说些趣事,引起众多网友追捧,也是放松自己的好办法。

3. 求助

随着使用网络通信工具的人群越来越多,人们利用网络通信工具进行求助的现象也屡见不鲜。一旦有人在 QQ 群中、移动社交工具中、电子邮箱中发布求助信息,会有很多网友施出援手,及时给予帮助。

4. 进行犯罪

由于网络通信工具是虚拟世界中使用的交流工具,留的资料信息可以是虚假的,使用网络通信工具的双方可能是陌生的,根本不知道对方真实住在哪里。很多犯罪分子就利用了这一点,进行网络诈骗等犯罪活动。

9.1.3 利用网络通信工具和社会工程学查找线索的方法

1. 事先准备好各种网络通信工具账号

根据具体案件涉及的网络通信工具,需要事先准备好各种网络通信工具账号,以供使用。同时,这些网络通信工具账号,要事先把各种信息填写好,注册资料、空间照片、头像、日志等信息要事先准备完整,要写得吸引人。

同一种网络通信工具,可以申请不同的账号,注册不同的信息。跟不同的对象交流时,要使用不同的字体、不同的字体颜色、不同的字体大小,以备跟不同的特定对象沟通时用。

2. 利用网络通信工具和社会工程学查找特定对象信息的步骤

1) 加为好友

首先,让对方接受你。因此,问候语是必要的,当然要跟别人不一样了,要有新意,让对方在打了招呼后,能愉快地和你聊下去。例如,用"帅哥"、"美女"、"我们一起……吧,我请客"、"知道我为什么要加你好友吗"等打招呼,一般人是不会拒绝的,再发张可爱的、有意思的图片配合就更好了。

其次,如果对方不理你,可以采取发泄或求助的方法。例如,说自己这两天不高兴了,遇到了什么问题,而不想和周围的朋友们说,只好找一个陌生人说说等。或者,可以聊聊你的烦恼和心情。例如,"我总是觉得我与人交往的能力很差,到了陌生的场合身边有一些自己认识的人还可以放松点,但是当身边有一些陌生人的时候,总感觉很紧张,说话有时候老说错放松不了,还有不敢抬头看和我说话的人,去陌生的地方自己老是一个人待在一起,自己平时的人际交往关系也不是很好,我老感觉自己根本没人在乎,想主动跟人聊天,但不知道聊些什么,好无奈。请帮我出出主意,怎么样才可以成为一个健谈开朗的人啊",等等。

2）聊一些彼此都感兴趣的话题，加深感情

可以聊一些彼此都感兴趣的话题，例如音乐、文学、体育运动、电影、游戏、最新笑话等，还可以交流下生活经历和感受，慢慢地有了共同兴趣和爱好，就可以加深感情。

话语要幽默，事先准备一些可能用到的搞笑表情或图片，无论对方处于什么精神状态，都要让对方觉得和你聊天是很愉快的事情，想方设法吸引对方。

3）询问一些与案件相关的问题

从对方年龄、家是哪里的、职业、做什么的、平常喜欢干什么、对方的现实状况等，开始聊；接着问喜欢什么、爱好什么、什么特长、什么星座啊等；如果你对对方的家乡或是工作有所了解，那么你会马上有话可说的。然后，再旁敲侧击地引出重点要问的问题，但不要太过明显，可以用一些比较幽默或是含蓄的话去问，一直到问出真实姓名、电话号码、视频、照片等信息。

3. 注意事项

（1）要用事先准备好的专用账号，不要用自己平时和朋友用的、工作用的网络通信工具账号。

（2）注册资料和昵称等信息要有特点、吸引人，例如"只为等你"。当然，最好根据你的聊天对象有针对性地起名。

（3）一开始，刚认识，不要向别人要手机号，易令人产生反感。

9.2 网络即时通信工具线索查找与分析

第5.3节中"网络即时通信工具相关信息的查找"部分，重点介绍的是侦查人员办理各种涉计算机犯罪案件过程中，找到涉案计算机时，如何从本地主机中查找到案件线索的方法。

本章重点介绍的是，仅知道嫌疑人网络即时通信工具（如 QQ、阿里旺旺、Baidu Hi、MSN、微博、微信、陌陌等）账号，如何深入进行线索查找及扩线，找到嫌疑人使用过的计算机及嫌疑人所在地，将网络上的虚拟身份与现实生活中的人对应起来。

9.2.1 网络即时通信工具昵称查找与分析

得到了嫌疑人的网络即时通信工具账号，首先可以查找并分析其账号昵称中可能包含的含义，因为昵称中往往包含着性别、地域、年龄、爱好等信息。

如果网络即时通信工具为QQ，可以登录自己的QQ，利用"查找"按钮，打开"查找联系人"窗口，将被调查的QQ号输入查找即可看到该账号对应的网络昵称，如图9-1所示。例如，如果查到被调查人QQ昵称中含有"折耳根"，这个昵称带有明显的地域特色，"折耳根"是云南、四川和贵州等地的方言，可以判定被调查人可能是我国西南一带的人，或者曾经在西南一带生活过，或者曾和云南、四川和贵州等地的人接触过。这样就缩小了案件的线索范围。

如果网络即时通信工具为阿里旺旺，可以登录自己的阿里旺旺账号，利用"添加"按

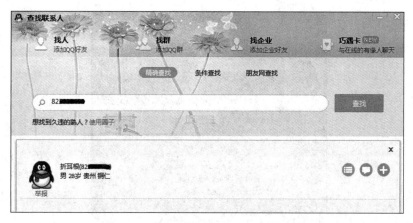

图 9-1　QQ 昵称中可能包含地域特征

钮,打开"查找/添加"窗口,将已知的阿里旺旺账号输入查找即可看到该账号对应的网络昵称,如图 9-2 所示。例如,如果查到被调查人阿里旺旺昵称为"881028 勇哥",可以怀疑被调查人可能是 88 年 10 月 28 日出生(或者某大学 88 级 1028 班,或者手机号后 6 位为 881028 等)、姓名中可能含有"勇"字。这样能为案件侦破提供一些线索。

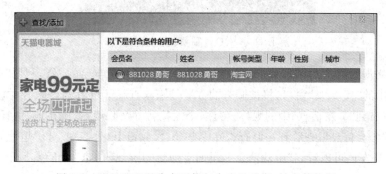

图 9-2　阿里旺旺昵称中可能包含出生日期、姓名等特征

类似地,其他网络即时通信工具中也可以同样地从网络账号的昵称中分析出各种线索。

9.2.2　网络即时通信工具注册信息资料查找与分析

得到了嫌疑人的网络即时通信工具账号,还要查找并分析其账号注册资料中可能留有的信息,里面可能有真实的工作单位、住址、性别、年龄、爱好等信息。

如果网络即时通信工具为 QQ,可以登录自己的 QQ,利用"查找"按钮,打开"查找联系人"窗口,将被调查的 QQ 号输入查找即可看到该账号对应的注册资料。除了可以看到昵称、备注、个人说明、性别、年龄、所在地、电话、邮箱、姓名等信息外,还可以看到相册、动态、标签印象等信息。例如,如图 9-3 所示,被调查 QQ 除了上述信息外,其个性签名中展开部分还包含一个其经营的卖枪网站的网址。因此,从注册资料中,有时可以获得很多有价值线索。

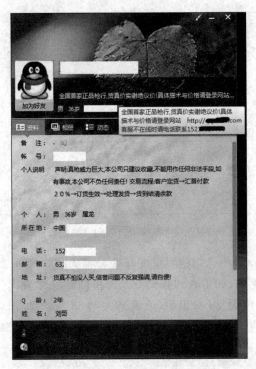

图9-3　QQ注册资料中的信息

如果网络即时通信工具为YY语音（歪歪语音），可以登录自己的YY，利用"查找"按钮，打开"查找"中的"找Y友"窗口，将被调查的YY号输入查找即可看到该账号对应的注册资料，除了可以看到"Y友信息"中的昵称、备注、个性签名、性别、年龄、所在地、生日等信息外，还可以看到"公会信息"，查看到被调查人在哪些公会、频道ID是多少、身份是什么，如图9-4所示。有的Y友还可以看到"游戏信息"，里面有他玩的游戏和扮演的角色。

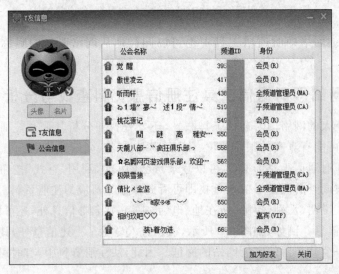

图9-4　YY语音的部分注册资料信息

类似地，其他网络即时通信工具也可以同样地从网络账号注册资料中分析出各种线索。

9.2.3 网络即时通信工具空间资料查找与分析

得到了嫌疑人的网络即时通信工具账号，还要查找并分析其账号空间中可能留有的信息，里面可能有真实的照片、日志、好友留言、实名朋友、收到和送出的礼物、时光轴等信息。

1. 空间没有密码时的查看方法

目前，许多网络即时通信工具都有对空间近期访客的记录。正常情况下，空间访客大都是好友，还有少部分的陌生人。如果侦查人员登录了自己的网络即时通信工具账号，并访问过被调查空间，里面空间近期访客就会留下侦查人员的账号痕迹，一方面有可能会暴露自己，另一方面容易混淆了调查线索，因为空间近期访客正常情况下应该是被调查网络即时通信工具账号的好友。

因此，在被调查网络即时通信工具账号的空间没有密码时，尽量采用不登录自己账号的方法来进行查看。

1) QQ空间

例如，得到了嫌疑人的网络即时通信工具账号是QQ，在不登录自己QQ的情况下，打开浏览器，输入"http://user.qzone.qq.com/被调查QQ号码"，即可查看被调查QQ号的空间了。

图9-5为某办假证QQ账号的空间相册中的各种假证件的照片，该账号表明其能制作大约37种假证件；而且，该空间中的日志"为什么办证前一定要交定金"的发表日期为2009年7月16日，说明该账号很可能从2009年即开始办假证件了。图9-6为另一个办假证QQ账号的空间说说中的部分信息，从中可以看出，该账号共换了三个手机号码。

图9-5 某办假证QQ账号的空间相册中的照片

图 9-6 某办假证 QQ 账号的空间说说中的信息

2) YY 空间

例如,得到了嫌疑人的网络即时通信工具账号是 YY,由于某账号的 YY 空间是一个类似于"http://z.yy.com/zone/myzone.do?puid=75148beaeccefb6499e35a67df1736d2"的带有加密信息的网址,因此难以采用不登录自己 YY 的情况下,打开浏览器输入被调查 YY 号码的方法查看被调查 YY 号的空间了。而且,目前 YY 空间没有类似于空间访客的记录信息,因此可以登录自己的 QQ 号,在不加对方为好友的情况下,查看对方的 YY 空间,具体方法如下。

首先登录自己的 YY 账号,利用"查找"按钮,打开"查找"中的"找 Y 友"窗口,将被调查的 YY 号输入查找即可看到该账号对应的注册资料,如果被调查 YY 账号仅有"Y 友信息",那么在不加为好友的情况下就难以直接进入其 YY 空间了。

但如果被调查 YY 账号"公会信息"里有其常去的公会名称,就可以用鼠标右键单击该公会名称,选择"进入公会频道",即打开了该公会频道窗口,如图 9-7 所示。

图 9-7 进入 YY 公会频道

在所有公会频道窗口的左上方,都会有一个"找人"按钮,将被调查YY号输入搜索,如果该YY号正好在线,左侧列表中就会出现该YY账号,如图9-8所示。用鼠标右键单击该YY账号,选择"查看空间",即可进入到该YY账户的空间,可以看到全部、活动、声音、图片、个人资料、粉丝、关注等信息,如图9-9所示。如果该YY号此时不在线,就会显示"未搜到该用户"字样。

图 9-8　从 YY 公会频道进入 YY 空间

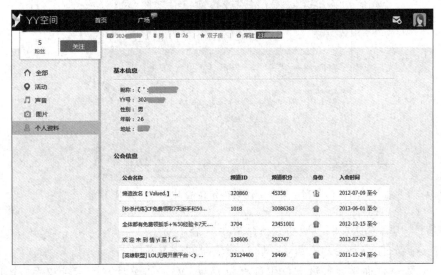

图 9-9　YY 空间中的个人资料信息

类似地,其他网络即时通信工具也可以同样地从网络账号空间中分析出各种线索。

2. 空间有密码时的查看方法

如果被调查网络即时通信工具账号的空间是加密的,此时在不采取技术手段的情况下，通常都是采用9.1节所提到的社会工程学的方法，即想方设法将对方加为好友，这样各种被调查网络即时通信工具账号的空间就都可以查看了。

9.2.4 网络即时通信工具的IP定位

在不采取技术手段的情况下，对被调查网络即时通信工具账号进行IP定位的前提条件是将对方加为好友。然后，利用一些专有软件或方法，就可以查找到对方的IP地址了。具体方法如下。

1. 利用专用软件查IP地址

对网络即时通信工具进行IP定位的专用软件，主要是针对QQ的，这与QQ在我国网络即时通信工具的市场占有率及总有效运行时间占有率都达到了将近90%有关，造成了针对其他网络即时通信工具进行IP定位的软件很少有人研发。

如图9-10所示，即为一款目前比较好用的QQ的IP定位软件，只要将对方加为好友，给对方发个图片过去，即可显示出聊天的当时对方的IP地址。

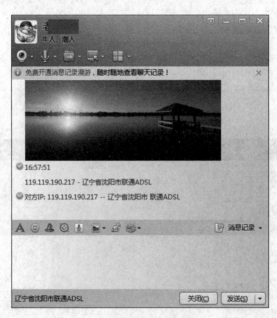

图9-10 利用某款专用软件定位的对方QQ的IP地址

但是，使用这类软件的时候需要注意以下几点。

（1）这类软件需要经常更新，否则，过一段时间就不好用了。

（2）这类软件通常要求对方仅用计算机登录QQ。如果对方计算机和手机同时QQ登录，或者对方手机与QQ账号捆绑的微信一直在线，这种软件还是难以定位的，这时就需要想方设法让对方关掉手机里的微信和QQ。

（3）考虑到对方有可能在家上网，使用的是动态IP地址，因此在查IP的时候，还要同时记录当时的时间，例如"2013年7月13日20：34"，以备过后核查该时间该IP地址分配给了哪个具体用户，从而可以查到该用户具体的家庭住址的门牌号。

2. 用操作系统自带的网络监视功能查 IP 地址

只要计算机上网,有了网络活动,Windows 7 自带的网络监视功能即可帮助查看本机各个网络服务的运行状态。利用此功能,从原理上讲,可以查看本机运行的各类网络即时通信工具的网络运行状态,并能查出与本机某个网络即时通信工具进行对话的对方的 IP 地址。

以网络即时通信工具 QQ 为例,在 Windows 7 下,运行并登录自己的 QQ 账号,启动任务管理器,打开其中"性能"中的"资源监视器"对话框,选择其中的"网络"选项卡,即可看到里面有现在正在运行的 QQ 程序,如图 9-11 所示。

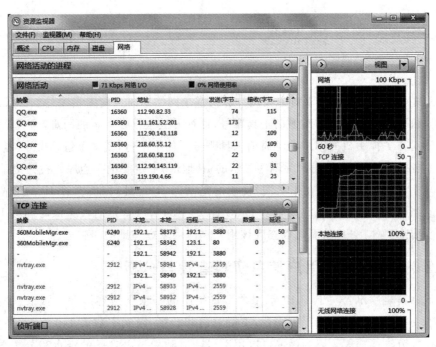

图 9-11 监看正在运行的 QQ 程序

此时向被调查 QQ 发送一张图片,文件大小选择尽可能大一些的。一般来说,此时"网络"窗口中"发送/字节"最大的那个 QQ 程序对应的 IP 地址即为对方的 IP 地址,如图 9-12 所示。

对图 9-12 中捕捉到的 IP 地址"76.244.184.123.broad.sy.ln.dynamic.163data.com.cn"进行分析,可以分析出该 IP 应该来自于 sy.ln.dynamic 即辽宁沈阳动态 IP 数据库,而"xxx.163data.com.cn"形式的 IP 地址,是每个中国电信上网用户的 IP 反向解析。

但是,需要特别注意的是:此时如果直接查 IP 地址"76.244.184.123"所在地为"美国"就错了,被调查 QQ 的 IP 地址应该为其倒序的 IP 地址,即"123.184.244.76",这个 IP 才是其真实的 IP,为辽宁沈阳市电信的动态 IP。

使用这种方法的时候需要注意以下几点。

(1) 这种 IP 定位的方法,理论上可以很好地应用到任意一种网络即时通信工具的定位。但是有的时候,还会遇到一些比较复杂的情况,需要结合进程来一起分析。

网络活动的进程					
网络活动		61 Kbps 网络 I/O		0% 网络使用率	
映像	PID	地址	发送(字节)	接收(字节)	总数(字节)
PPAP.exe	8516	119.167.230.144	4	0	4
PPAP.exe	8516	119.147.174.160	3	0	3
PPAP.exe	8516	119.147.174.159	3	0	3
PPAP.exe	8516	124.95.140.180	1	0	1
PPAP.exe	8516	124.95.140.178	1	0	1
QQ.exe	16360	76.244.184.123.broad.sy.ln.dynamic.163data.com.cn	2,582	0	2,582
QQ.exe	16360	lxl-PC	0	124	124
QQ.exe	16360	192.168.1.103	46	0	46
QQ.exe	16360	111.161.52.201	46	0	46
QQ.exe	16360	112.95.240.108	24	0	24
QQ.exe	16360	113.108.89.152	3	0	3
QQ.exe	16360	183.60.18.111	2	0	2
QQExternal.exe	16608	reverse.gdsz.cncnet.net	48	54	102
QQExternal.exe	16608	112.90.83.67	18	61	79
QQExternal.exe	16608	112.90.83.101	55	12	66

图 9-12　捕捉到的对方 QQ 的 IP 地址

（2）这种方法通常也要求对方仅用计算机登录网络即时通信工具账号。如果对方计算机和手机同时登录网络即时通信工具账号，这种方法也存在一定的困难，这时就需要想方设法让对方关掉手机的网络即时通信工具账号。如果不行，就多定位几次，反复分析。

（3）捕捉到的 IP 地址通常为倒序显示的 IP 地址，一定要记得逆序查找并记录。

（4）考虑到对方有可能在家上网，使用的是动态 IP 地址，因此在查 IP 的时候，还要同时记录当时的时间，例如"2013 年 7 月 13 日 20：34"，以备过后核查该时间该 IP 地址分配给了哪个具体用户，从而可以查到该用户具体的家庭住址的门牌号。

9.2.5　腾讯微博用户信息资料查找与分析

腾讯微博是腾讯公司于 2010 年 4 月 1 日推出的一项微博客服务。腾讯微博有"私信"功能，支持网页、客户端、手机平台，支持对话和转播，限制字数为 140 字，并具备图片上传和视频分享等功能。因为微博可以用手机随时随地发表自己的观点和分享图片，方便快捷。2012 年，腾讯微博注册用户突破 4 亿，每天活跃用户数近 7000 万。

为了避免因身份混淆而带来的误解和混乱，腾讯微博客采用身份认证措施。当在任何一位用户的名字或头像旁看到一个黄色的"√"的标志，意味着该腾讯微博客已经验证核实过这位用户的身份。身份认证条件要求有清晰的头像、不少于 5 条的发言、绑定手机等。而且，为营造健康诚信的互联网环境，根据国家要求，新注册微博还需要进行身份信息验证，填写真实的身份证号、姓名等信息。因此，一旦发生与这类经过认证的微博相关案件，相对比较容易调查到该微博的持有人。

目前，在基层公安机关实战部门实际办理利用微博散布不良信息或谣言、侮辱诽谤他人、诈骗等案件的过程中，通常只是知道对方的微博账号，在不采取技术手段的前提下，需要通过其所发的微博，分析出 QQ 号，并采用前面讲到的方法，进一步分析其 QQ 的各种信息，扩大案件线索。

这里，仅对目前能够从腾讯微博分析出 QQ 号的情况加以阐述，笔者结合计算机百事网技术人员提供的一些方法,在不加对方为好友的情况下,能很好地查看到被调查微博的 QQ 号。

1. 找被调查微博对应的微博账号

想看到被调查的腾讯微博的内容并分析出其对应的 QQ 号码,首先要在计算机上登录自己的 QQ 号码,然后选择微博界面,单击"广场"按钮,在出现的搜索窗口中,输入举报人或者被害人提供的被调查人发布的内容或微博账号,即可找到被调查人,并看到被调查人的微博页面,如图 9-13 所示。

2. 查看被调查微博空间中的内容

单击图 9-13 中被调查人微博名字下方的微博空间网址"http://t.qq.com/微博账号",即可进入被调查人的微博空间,可以看到其全部广播的内容、别人的评论、微博相册、基本资料、收听的人和听众等信息,如图 9-14 所示。

图 9-13 找到被调查人的微博

3. 监听并扫描 QQ 进程

运行内存修改编辑工具,开始监听,并设置为监听 QQ 进程,在监听窗口的十六进制数值处输入如图 9-13 所示的该微博收听数"133"(或者输入广播数 37,或者听众数 67),开始扫描,即可得到如图 9-15 所示的扫描结果。

图 9-14 被调查人微博空间中的内容

4. 分析出被调查微博对应的 QQ 号

依次右击如图 9-15 所示的数值为 133 的地址列表,在鼠标右键弹出菜单中,选择"浏

图 9-15 监听软件的扫描结果

览相关内存区域",光标会停到收听数"133"所对应的十六进制"85"处,在其之前的一般为 4 组数字的数字即为所查找 QQ 号码的十六进制形式,如图 9-16 所示。将这组十六进制数字"04**7905"(**为保护个人隐私)使用进制转换器转为十进制,即可看到该微博对应的 QQ 号"772***25"了,如图 9-17 所示。

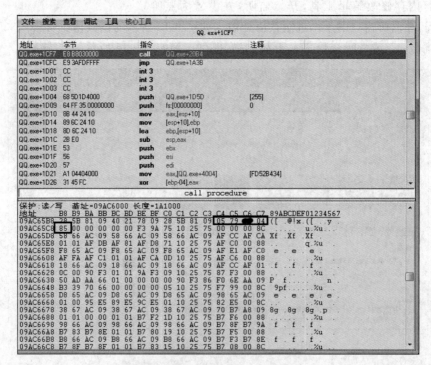

图 9-16 QQ 号码的十六进制形式

图 9-17 转为十进制的 QQ 号码

5. 注意事项

在浏览相关内存区域时,如果应该是 QQ 号的地方内存值为 0,一般都为假值,继续依次查找即可。同时,还要注意如果查到了对应的 QQ 号,还要查看 QQ 的注册资料等信息,比对是否为所查找的微博用户的 QQ 号。

9.2.6 朋友网资料查找与分析

朋友网,原名 QQ 校友,是腾讯公司打造的真实社交平台,为用户提供行业、公司、学校、班级、熟人等真实的社交场景。2011 年 7 月 5 日,腾讯公司正式宣布旗下社区腾讯朋友更名为朋友网。据有关资料,2012 年朋友网第二季度月活跃用户数 2.48 亿。

朋友网中的相册、说说等内容可以设置为与 QQ 空间不同步,QQ 昵称和朋友网中的用户名也可以是完全不同的,因此对朋友网中信息的调查也是十分重要的。

目前,在基层公安机关实战部门实际办理利用朋友网散布不良信息或谣言、侮辱诽谤他人、诈骗等案件的过程中,通常只是知道对方的朋友网账号,在不采取技术手段的前提下,很难通过其朋友网资料,分析出其 QQ 号,以达到进一步分析其各种 QQ 信息、扩大案件线索的目的。

这里,仅对目前能够从朋友网分析出 QQ 号的情况加以阐述。能够分析出其对应的 QQ 号的前提是被调查人在朋友网有公开的日志,否则在不采取技术手段的前提下,就难以分析了。

首先,在朋友网中找到被调查人的空间,并查看和分享其在朋友网空间中公开的日志,如图 9-18 所示。之后,回到自己的 QQ 空间里,即可在"好友动态"(其实没有加对方为好友,不会永久保留)里看到转发的这条日志,如图 9-19 所示。

此时单击图 9-19 中该用户名"天空那么**",即可打开被调查 QQ 的空间。无论其空间是否加密,网址栏处都会清楚地出现"http://user.qzone.qq.com/QQ 号"字样,就能轻松地找到该昵称对应的 QQ 号码了。

图 9-18　分享朋友网中日志

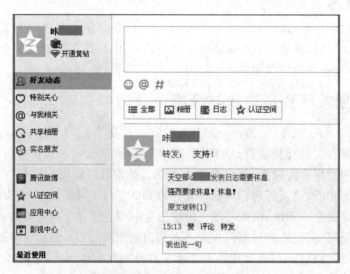

图 9-19　自己 QQ 空间里转发的日志

9.3　电子邮箱线索查找与分析

　　电子邮箱(E-mail)是通过网络为广大网络用户提供各种网络多媒体信息交流的电子信息空间。电子邮箱具有存储和收发电子信息的功能,作为网络中最早发展起来的网络应用,功能也十分强大,是因特网中最重要的信息交流工具,电子邮件已成为目前网络上用户使用频率很高的一种应用。据 2013 年 1 月中国互联网络信息中心(CNNIC)《第 31 次中国互联网络发展状况统计报告》显示,电子邮件用户规模 2.5 亿,网民使用率 44.5%。因此,电子邮件涉案线索查找与分析十分重要。

　　第 5.3 节中"邮件客户端的线索查找"部分的内容,重点介绍的是侦查人员办理各种涉计算机犯罪案件过程中,找到涉案计算机时,如何从本地主机中查找到电子邮箱涉案线索的方法。

本章重点介绍的是,受害人接到犯罪分子发来的邮件或者举报人收到犯罪分子发来的邮件后,如何对此深入进行线索查找及扩线,找到嫌疑人使用过的计算机及嫌疑人所在地,将网络上的虚拟身份与现实生活中的人对应起来。

9.3.1 常见的电子邮箱及涉案种类

1. 常见的电子邮箱

目前,我国广大网民常用的电子邮箱有网易163邮箱、网易126邮箱、网易188邮箱、新浪邮箱、QQ邮箱、TOM邮箱、搜狐闪电邮、雅虎邮箱、Gmail邮箱、Hotmail/Live Mail、35邮箱、中华邮、中国网邮箱、移动139邮箱、21cn邮箱、189邮箱、269企业邮箱等。

2. 利用电子邮件实施犯罪案件的种类

(1) 网络诈骗。网络诈骗是以非法占有为目的,利用互联网采用虚拟事实或者隐瞒事实真相的方法,骗取数额较大的公私财物的行为。

这几年,随着电子邮件的广泛应用,利用互联网和电子邮件进行诈骗的案件越来越多。例如,有的诈骗团伙利用国际互联网向全国各地的客户发送电子邮件,声称某公司经销低价的走私进口汽车、计算机配件、进口塑料造粒等货物,并开出优越的成交条件。采用此方法,以骗取数额较大的公私财物。利用电子邮件兜售高考试卷和四六级试卷、以假电子邮件骗取银行卡账号密码、发送假电子邮件伪称中奖等案例在互联网上更是层出不穷。

(2) 侵犯商业秘密。侵犯商业秘密是指采取不正当手段,获取、使用、披露或者允许他人使用权利人的商业秘密,给商业秘密的权利人造成重大损失的行为。在网络飞速发展的今天,越来越多的案例表明,一些不法分子利用电子邮件获取、使用、披露或者允许他人使用权利人的商业秘密,以谋取个人巨大利益。

例如,2002年上海市第一例因为利用计算机侵犯商业秘密案中,犯罪嫌疑人项某和孙某无视和公司所签的保密条款,二人合谋将公司开发的软件源代码通过电子邮件发送给另外一个公司,个人谋取了一定的财物,同时也为下一步跳槽到另外一个公司以谋取更多利益做准备。作为计算机软件的核心内容,具有秘密性,一旦公开,软件就失去应有商业价值。此番泄密,致使他所在公司遭受到了巨大的经济损失,二人的行为构成了侵犯商业秘密罪。

(3) 敲诈勒索。敲诈勒索是指以非法占有为目的,对被害人使用威胁或要挟的方法,强行索要公私财物的行为。随着电子邮件的日益普及,一些不法分子利用电子邮件传送快捷、方便、费用低、支持群发等特点,大肆利用电子邮件敲诈勒索,强行索要他人的公私财物。

例如,2006年6月,北京市某宾馆保卫部员工在查阅单位的电子邮箱时,发现了一封恐吓内容的电子邮件。发件者称这封信关系到宾馆以及所有员工的生死,请看信者务必通知酒店负责人,于6月16日前分三次向邮件中提供的两个银行账户分别汇款10万元,否则就要炸毁宾馆。经警方进一步调查得知,这是一起全国性系列敲诈勒索案。嫌疑人利用电子邮件向全国多个地区的三十多家酒店以扬言实施爆炸相威胁,进行敲诈勒索。后经警方对电子邮件进行深入分析和跨省侦查,很快便将嫌疑人王某和苏某抓获。

(4) 网络盗窃。网络盗窃是指以非法占有为目的,利用互联网秘密窃取数额较大的公私财物或者多次窃取的行为。

此类案件中,不法人员主要利用木马和黑客技术窃取用户信息后实施盗窃。例如,一些不法分子通过发送电子邮件方式传播木马程序,当感染用户进行网上交易时,木马程序即将受害人账号、密码发送至指定电子邮箱。或者通过电子邮件钓鱼,利用伪装的电子邮件,引导收件人连接到钓鱼网页,令登录者信以为真,输入信用卡或银行卡号码、账户名称及密码等而被盗取。

(5) 散布违法和不良信息。这类案件十分常见,几乎所有人在邮箱中都收到过散布违法和不良信息的电子邮件。例如,不法分子往网络用户的邮箱中发送宣扬反动言论、传播色情淫秽信息、传播网上赌博信息,传递非法贩卖迷药、假药、私自贩卖烟草信息,提供非法代开发票等信息的电子邮件。

此外,还有通过电子邮件传播病毒等行为。

9.3.2 电子邮件常见编码

在互联网上,E-mail 只能传送 US-ASCII 格式的文字信息,ASCII 是 7 位的,而非 ASCII 格式的档案,在传送过程中若不先经过编码编成 7 位再传送,则在传送过程中会因为这 7 位元的限制而遭到拆解,拆解之后只会让收信方看到一堆乱七八糟的东西。经过编码后的资料,在传送过程中才可顺利传送,但是收信方必须具有解码程序,将这份经过编码的东西还原,看到寄信人要传送的真实信息。

常见的编码有以下几种。

(1) MIME/Base64:用得最多的邮件编码格式,它与 Quoted-Printable 都属于 MIME。Base64 是现今在互联网上应用最多的一种编码,几乎所有的电子邮件软件都把它作为默认的二进制编码,它已经成了现今电子邮件编码的代名词。

(2) Quoted-Printable:简称 QP,属于 MIME,一般用在 E-mail 系统中。它通常用于少量文本方式的 8 位字符的编码,例如,Foxmail 就用它作为主题和信体的编码。这种编码很好辨认,以它为编码的字符有很多"=",如"=a1=b6=c2=d2=c2=eb=cb=e3="。

(3) Unicode:对 HTML 的编码。

(4) BinHex:Macintosh 计算机上用可打印字符表示/传输二进制文件的一种编码方法。

(5) Uuencode:将二进制文件以文本文件方式进行编码表示,以利于基于文本传输环境中进行二进制文件的传输/交换的编码方法之一。Uuencode 在邮件系统/二进制新闻组中使用频率比较高,经常用于 attach 二进制文件。它的特征是:每一行开头用"m"标志。

(6) GB 2312:国标码,为处理简体中文产生的编码,收录了 7445 个字符,GBK 则是

GB2312 的扩展,收录了 2186 个符号。此类编码常会在邮件主题中存在。

9.3.3 电子邮件的组成及电子邮件头各部分含义

通常一封完整的电子邮件(E-mail)包括正文、附件和邮件头三个部分。

(1) 电子邮件正文:指邮件撰写者撰写的邮件内容。从电子邮件正文的内容中,直接可以分析出案件线索。

(2) 电子邮件附件:指跟随邮件正文一起发送的各种文件。从电子邮件附件的各种文件中,也可以直接或间接地分析出案件线索。

(3) 电子邮件邮件头:是电子邮件原始信息中的一个重要组成部分,能够描述出邮件在网络中的传输情况,包含邮件传输路径和起始位置,对侦查取证有着重要的意义。从电子邮件头中可以分析出邮件传送各个节点的时间、各个节点的 IP 地址、发送的方式等信息。

电子邮件头常用字段及各部分含义如表 9-1 所示。

表 9-1 电子邮件头常用字段及各部分含义

字段名称	描述
Received	信件 MTA 轨迹。MTA 为邮件传送代理,从各种来源接收邮件,再确定邮件要传送到哪里以及如何传送。处理一个信件的所有 MTA 必须在邮件头的开始部分增加一个 Received 字段,该字段要求符合特定的顺序,以提供信件跟踪信息。一般都有一个或多个 Receive 记录,每经过一个邮件服务器,便在邮件头上方增加一条 Receive 记录。 假设某封邮件从发送到接收经过 4 个邮件服务器,它的邮件头应该是这样的: 　　　　　Received:from B by A 　　　　　Received:from C by B 　　　　　Received:from D by C 这串记录表明,该封邮件由 D 发送给 A
MIME-Version	MIME 协议信息
Message-ID	信件的唯一标识符
Date	建立信件的时间 如"Sun, 14 Jul 2013 07:24:40 +0800 (CST)",表示 2013 年 7 月 14 日 星期日 7 时 24 分 40 秒,邮件服务器采用的时区为北京时间
From	发信人电子邮箱
To	信件主收信人电子邮箱
Cc	信件辅收信人(抄送)电子邮箱
Subject	信件主题 如"=? gb2312? B? 1/fStQ==? ="(GBK 编码格式),可用乱码查看器等软件查看其内容
X-Priority	信件优先级

续表

字 段 名 称	描　　述
X-Originating-IP	发件人 IP 地址
X-Mailer	发信人发送邮件的方式 如果是 Coremail Webmail Server，表示从 Coremail 的 Webmail 发出的信件（如 163.com），即通过网页方式发的。如果是 Microsoft Outlook Express 5.50.4807.1700，表示采用的邮箱客户端软件为 Outlook Express 和其版本号
References	本邮件的相关邮件 ID 列表
In-Reply-To	本邮件是针对哪个邮件所做的回复。在回复的时候可能存在，通常指向原邮件的 Messgae-ID
Content-Type	邮件内容的格式
Return-Path	一般邮件如果没有发送成功，会返回到 Return-Path 后的邮箱
Content-Transfer-Encoding	例如 base64，表示电子邮件编码为 base64

9.3.4　电子邮件头的查看及分析

在不采取技术手段的前提下，可以和受害者或者报案者一起登录电子邮箱进行查看。在有条件的案件中，知道了嫌疑人的邮箱和密码，也可以登录嫌疑人邮箱查看。不同邮箱查看邮件头的方法是不同的。本文以常见的 163、126、新浪、搜狐、QQ 邮箱为例进行说明。

1. 163、126、新浪邮箱邮件头的查看及分析

进入邮箱后，打开要调查的那封邮件，依次选择"更多"→"查看信息头"命令，即可看到邮件头，如图 9-20 所示。

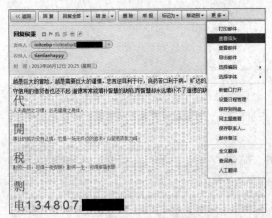
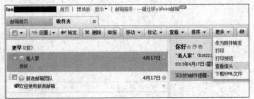

图 9-20　163、126、新浪邮箱的邮件头查看方法

例如，某封电子邮件头如下：

```
Received: from m13-138.163.com (unknown [220.181.13.138])
        by mx17 (Coremail) with SMTP id xcmowEDJVVG44eFR7fVkEQ--.16457S2;
        Sun, 14 Jul 2013 07:24:40 +0800 (CST)
DKIM-Signature: v=1; a=rsa-sha256; c=relaxed/relaxed; d=163.com;
        s=s110527; h=Received:Date:From:To:Subject:In-Reply-To:
        References:Content-Type:MIME-Version:Message-ID; bh=Z920AbZfxoKp
        qRdrdEJWyqG1pJ1MS8yHfoQemRfM67I=; b=1AX1Tt43Rb0B4ZIv6GaQ/oDLy5tb
        PrhCAlys8w5RILi4KJhKrLTTnmXoy1M8U7TVDHU7YnBPwrjXg17+Pfo/+p4mqHtR
        1WzPUopIej/5iqu5YOuDigeCL077xsAooXlmc7NaLfh3rJS1mH29+Ky3brHg8mEO
        LQvxXX3KFUD89x9Y=
Received: from zm1013$163.com ( [182.207.202.42] ) by ajax-webmail-wmsvr138
 (Coremail) ; Sun, 14 Jul 2013 07:24:40 +0800 (CST)
X-Originating-IP: [182.207.202.42]
Date: Sun, 14 Jul 2013 07:24:40 +0800 (CST)
From: zm1013  <zm1013@163.com>
To: =?GBK?B?wfXf2MD2?= <tiantianhappy@126.com>
Subject: =?GBK?B?UmU6sb7W3Mj91tjSqQO6vNnHsLGoz/qhosru?=
 =?GBK?B?vNmhote8sbjPwtGnxtrN4r6vv86horzZxtq77ravtcg=?=
X-Priority: 3
X-Mailer: Coremail Webmail Server Version SP_ntes V3.5 build
 20130613(22460.5432.5432) Copyright (c) 2002-2013 www.mailtech.cn 163com
In-Reply-To: <6b2b3235.102a9.13fa37a0973.Coremail.tiantianhappy@126.com>
References: <6b2b3235.102a9.13fa37a0973.Coremail.tiantianhappy@126.com>
X-CM-CTRLDATA: 5n8v72Zvb3Rlcl9odG09MzAzOjgx
Content-Type: multipart/alternative;
        boundary="----=_Part_107061_900165913.1373757880053"
MIME-Version: 1.0
Message-ID: <1435dd52.6fa6.13fda59b6f5.Coremail.zm1013@163.com>
X-CM-TRANSID:isGowEBJd0a54eFR6DR5AA--.5784W
X-CM-SenderInfo: t2priiqt6rljoofrz/1tbi0QFY-VEAGDjIJQABsA
X-Coremail-Antispam: 1Uf129KBjDUn29KB7ZKAUJUUUUU529EdanIXcx71UUUUU7v73
        VFW2AGmfu7jjvjm3AaLaJ3UbIYCTnIWIevJa73UjIFyYuYvj4RG7KIDUUUU

------=_Part_107061_900165913.1373757880053
Content-Type: text/plain; charset=GBK
Content-Transfer-Encoding: base64

x006w606yu682br0yrG/qtGn0b2jv8frx0045svfztKjoa0ho6GjoaOh
------=_Part_107061_900165913.1373757880053
Content-Type: text/html; charset=GBK
Content-Transfer-Encoding: base64
```

这里仅分析只能从邮件头中分析出的内容。从上可以分析出：

(1) X-Originating-IP：[182.207.202.42]

该邮件的发件人 IP 为 182.207.202.42(中国辽宁省沈阳市电信)。

(2) Date：Sun, 14 Jul 2013 07：24：40 +0800 (CST)

该邮件的发信时间为北京时间 2013 年 7 月 14 日(周日)7 点 24 分 40 秒。

(3) X-Mailer：Coremail Webmail Server ……www. mailtech. cn 163com

该邮件的发信方式为通过网页方式发送，没有用电子邮件客户端软件。

(4) In-Reply-To：6b2b3235.102a9.13fa37a0973.Coremail. tiantianhappy@126.com

该邮件是一封回复邮件，回复的是 tiantianhappy@126.com 邮箱发送的邮件。

(5) Content-Transfer-Encoding：base64

该邮件的邮件编码格式为 base64。

2. 搜狐邮箱邮件头的查看

进入邮箱后，打开要调查的那封邮件，在这封信的下方，选择"源文件"即可看到邮件头，如图 9-21 所示。邮件头的分析方法同上。

3. QQ 邮箱邮件头的查看

进入邮箱后，打开要调查的那封邮件，在这封信的右侧，单击向下展开符号 ∨，如图 9-22 所示。之后，就可以出现一排功能选项，如图 9-23 所示，选择其中的"显示邮件原文"，即可看到邮件头。邮件头的分析方法同上。

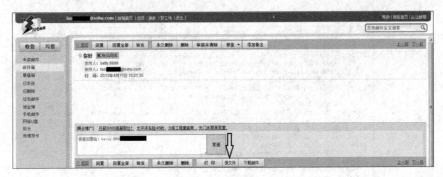

图 9-21　搜狐邮箱的邮件头查看方法

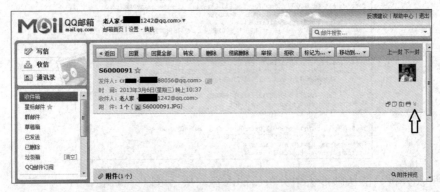

图 9-22　QQ 邮箱的邮件头查看步骤 1

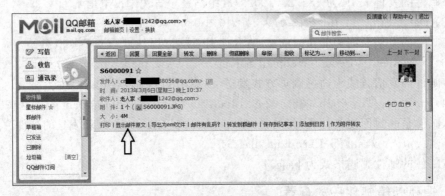

图 9-23　QQ 邮箱的邮件头查看步骤 2

9.3.5　邮箱登录详情查看

在有条件的案件中,如果知道了嫌疑人的邮箱和密码,除了可以进入邮箱直接分析嫌疑人邮箱中的邮件,查找和分析其同伙、联系人等各种信息外,还可以登录嫌疑人邮箱查看其登录信息。

1. 近期登录信息详情查看

以 126、163 邮箱为例,进入邮箱后,在首页的右侧,单击"功能"下的"最近登录:

2013/07/14/ 22：00 详情"字样中的"详情"，如图 9-24 所示。即可出现该邮箱近期登录详情列表，包括近期每次登录的 IP 地址、登录具体时间等信息，如图 9-25 所示。

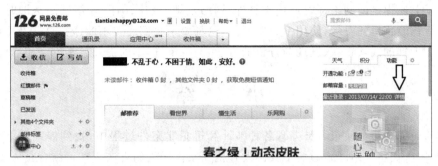

图 9-24　126、163 邮箱登录详情查看方法

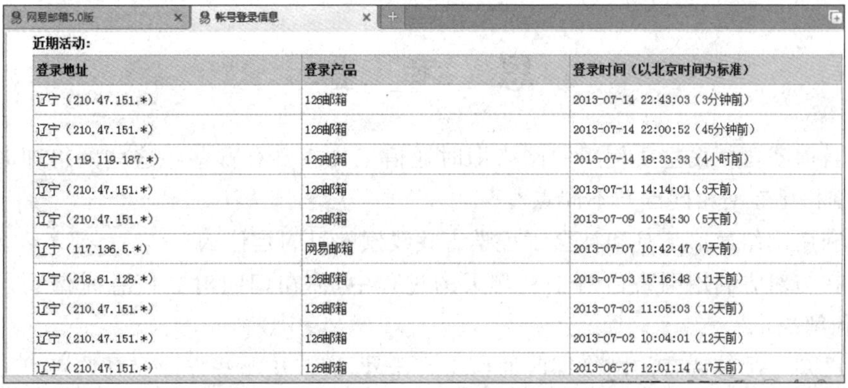
近期活动：

登录地址	登录产品	登录时间（以北京时间为标准）
辽宁（210.47.151.*）	126邮箱	2013-07-14 22:43:03（3分钟前）
辽宁（210.47.151.*）	126邮箱	2013-07-14 22:00:52（45分钟前）
辽宁（119.119.187.*）	126邮箱	2013-07-14 18:33:33（4小时前）
辽宁（210.47.151.*）	126邮箱	2013-07-11 14:14:01（3天前）
辽宁（210.47.151.*）	126邮箱	2013-07-09 10:54:30（5天前）
辽宁（117.136.5.*）	网易邮箱	2013-07-07 10:42:47（7天前）
辽宁（218.61.128.*）	126邮箱	2013-07-03 15:16:48（11天前）
辽宁（210.47.151.*）	126邮箱	2013-07-02 11:05:03（12天前）
辽宁（210.47.151.*）	126邮箱	2013-07-02 10:04:01（12天前）
辽宁（210.47.151.*）	126邮箱	2013-06-27 12:01:14（17天前）

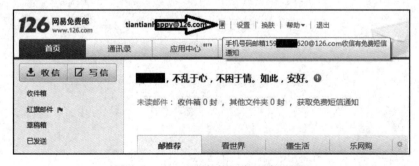

图 9-25　126、163 邮箱登录的详情

2. 邮箱捆绑的手机号码查看

以 126、163 邮箱为例，如果被调查的电子邮箱捆绑了手机，进入邮箱后，会在电子邮箱地址旁出现一个手机图标，这时只要将鼠标移动到该手机图标上，立即会显示出捆绑的手机号码，如图 9-26 所示。

图 9-26　126、163 邮箱捆绑的手机号码

除了 126、163 邮箱外，很多邮箱也都提供了近期登录信息查询，甚至有的邮箱还提供

了近期曾删除的邮件信息查询功能,这都为侦查案件查找线索提供了帮助。同时,这也要求我们要不断研究和掌握电子邮箱的线索的查找方法。

除了上述提到的网络即时通信工具外,网络电话、微信、陌陌等新型网络即时通信工具也随着智能手机的发展,使用率越来越高,这都要求我们还要不断研究这些新型的网络即时通信工具的线索查找、发现与分析的方法,与时俱进,不断提高打击网络犯罪的能力。

小　结

本章详细介绍了侦查人员办理各种涉计算机犯罪案件过程中,找到涉案网络通信工具时,如何从一些常用网络通信工具出发查找到案件线索的方法。本章结合具体操作,并配备大量相关图片,重点讲述了QQ、阿里旺旺、YY、微信、朋友网、电子邮箱等案件线索调查与分析的方法,以及网络通信工具IP地址定位、近期登录信息详情查看等方法。

思　考　题

1. 目前我国网民主要使用的网络即时通信工具主要有哪些?这些网络即时通信工具和QQ相比有何相同点和不同点?
2. 利用网络通信工具和社会工程学查找线索的目的是什么?
3. 在与对方利用网络通信工具聊天的过程中,你在询问对方信息时遇到了哪些困难?如何解决的?
4. 已知一个被调查的网络即时通信工具账号,应该从哪些方面展开调查?
5. 在不加对方好友的情况下,如何查看未加密的被调查QQ和YY账号的空间信息?
6. 如何对被调查网络即时通信工具的账号进行IP定位?
7. 如何从腾讯微博用户、朋友网的信息中分析出其对应的QQ号码?
8. 与电子邮件相关的常见涉案类型有哪几个?
9. 从一封电子邮件中,能分析出哪些信息?从电子邮箱中,还能分析出哪些信息?

第 10 章 无线网络线索查找与分析

近年来,由于无线通信技术的发展,在人们的日常生活中陆续出现了移动上网、无线 Internet。无线接入的应用,解决了有线接入环境的制约,推动了网络广泛的应用,极大地刺激了人们对信息的需求欲望。由于无线网络与人们生活的紧密结合,在案件侦查活动过程中,有时也可以查找涉案的无线网络侦查线索,寻找案件侦查的突破口。

10.1 无线网络勘查

随着 Internet 的飞速发展,各种网络技术已经日渐成熟,其中最具增长潜力的是无线网络,许多机构都会采用无线网络来拓展现有网络,获得在机构区域内部无线接入网络的能力。与此同时,移动接入网络也在日渐普及,由 GSM、CDMA 到 GPRS,再到 3G 入网,各种无线网络服务已经逐渐应用到人们的生活、工作、学习当中,无线网络正已铺天盖地之势充实着人们的眼帘。

10.1.1 无线网络的概念

1. 无线网络的发展

无线网络的初步应用,可以追朔到第二次世界大战期间,当时美国陆军采用无线电信号做资料的传输。无线网络的进一步应用是在 1971 年时,夏威夷大学的研究员创造了第一个基于封包式技术的无线电通信网络。这个被称作 ALOHNET 的网络,可以算是早期的无线局域网络(WLAN)。从这时开始,无线网络可说是正式诞生了。

1990 年,IEEE 正式启用了 802.11 项目,无线网络技术逐渐走向成熟,IEEE 802.11(WiFi)标准诞生。2003 年以来,无线网络市场热度迅速飙升,已经成为 IT 市场中新的增长亮点。由于人们对网络速度及方便使用性的期望越来越大,于是与计算机以及移动设备结合紧密的 WiFi、CDMA/GPRS、蓝牙、3G 等技术越来越受到人们的追捧。与此同时,相应配套产品大量面世,构建无线网络所需要的成本迅速下降,一时间,无线网络已经成为生活的主流。

2. 无线网络的概念

所谓无线网络,就是利用无线电波或红外线作为信息传输的媒介,摆脱了网线的束缚,就应用层面来讲,它与有线网络的用途完全相似,两者最大不同的地方是在于传输资料的媒介不同。除此之外,正因它是无线,因此无论是在硬件架设或使用的机动性方面均比有线网络要优势许多。

无线网络既包括允许用户建立远距离无线连接的全球语音和数据网络,也包括为近距离无线连接进行优化的红外线技术及射频技术。无线网络按照设备组成的网络功能可以分为:无线个人网、无线局域网、无线接入网三种类型。

10.1.2 无线个人网

无线个人网(WPAN)是在小范围内相互连接数个装置所形成的无线网络,通常是设备可及的范围内。例如,蓝牙连接耳机及膝上计算机;手机之间的信息互传;计算机通过蓝牙的信息传递等。

无线个人网是利用蓝牙的开放性、短距离无线通信技术。蓝牙技术并不想成为另一种无线局域网(WLAN)技术,它面向的是移动设备间的小范围连接。它可以用来在较短距离内取代目前多种线缆连接方案,穿透墙壁等障碍,通过统一的短距离无线链路,在各种数字设备之间实现灵活、安全、低成本、小功耗的话音和数据通信。

无线蓝牙设备主要有:蓝牙音乐免提设备、蓝牙 USB 天线、蓝牙透传模块、蓝牙音响等,如图 10-1～图 10-3 所示,在案件侦查活动中,重点勘查有关蓝牙的传输设备,最好勘验出蓝牙设备的类型、型号、使用情况等方面的情况,进行证件固定,拓展侦查思路。

图 10-1　蓝牙音乐设备　　　　图 10-2　蓝牙 USB 天线　　　　图 10-3　蓝牙透传模块

无线个人网的网络拓扑结构比较简单,主要以点对点通信为主,单项信息传递。

10.1.3 无线局域网

无线局域网就是利用无线通信技术与设备来组建计算机局域网(Wireless Local Area NetWork,WLAN)。无线局域网是一种通信系统,它通过无线电技术建立连接,是现有 LAN 或有线 LAN 的扩展。无线 LAN 利用空中通信收发数据,尽量避免使用有线通信,达到信息无线通信的目的。

无线局域网绝不是取代有线局域网络,而是用来弥补有线局域网络的不足,以达到网络延伸的目的。例如,无固定工作场所的网络使用者;有线局域网络架设受环境限制等通常采用无线局域网来解决实际问题。

无线局域网络近些年发展迅猛,网络设备如下。

无线网卡:它是集微波收发、信号调制与网络控制于一体的新型网卡。在现场勘查过程中,必须注意无线网卡的勘查,它是计算机信息通信的重要途径之一,保证现场勘查的全面、仔细、客观。无线网卡的型号有多种,如图 10-4 所示。

无线接入器、无线路由器、无线交换机设备:它们是无线网络中的连接设备,负责网络中的数据传输,如图 10-5 所示。现场勘查活动过程中,如果有此类无线网络设备必须勘查,在无线设备中往往包含重要的数据信息,例如,用户信息、网络设备信息、日志信息等,对于这些信息的勘查分析最好由专业人员完成。

图 10-4　无线网卡

图 10-5　无线网络设备

无线网络拓扑结构主要依据设备功能而连接,无线网卡主要连接在计算机当中,无线网络设备往往是与有线相连或单独存在。

10.1.4　无线接入网

无线接入是指从交换节点到用户终端部分或全部采用无线手段的接入技术。无线接入系统具有建网费用低、扩容可按需而定、运行成本低等优点,所以在发达地区可以作为有线网的补充,能迅速及时地替代有故障的有线系统或提供短期临时业务;在发展中或边远地区可广泛用于替换有线用户环路,节省时间和投资。

无线接入技术常分为移动接入和固定接入两大类。在固定无线接入网中,用户终端固定或只是在办公室、会议室或家中等场所作有限移动。相反,在移动无线接入网中,用户终端是移动的。固定无线接入不需要移动性管理和越区切换等功能,从而节省投资。移动无线接入需要移动性管理,需要区域切换功能进行移动漫游。例如,CDMA、GPRS、3G 网络都属于移动接入网络。

无线接入客户终端网络设备主要有手机卡和无线运营商的无线上网卡设备,如图 10-6 所示,将手机卡放到无线上网卡中,安装到计算机上就可以享受无线接入上网带来的快乐。

无线接入服务端网络设备主要由服务运营商提供,在现场勘查过程中主要根据终端设备查找服务运营商,再由相关侦查部门通过服务运营商所提供的勘查数据,进行现场勘查。

10.1.5　无线网络勘查

通过对无线网络类型的分析,对于涉及无线网络方面的线索拓展,立足于细致、全面、

图 10-6　无线上网设备

客观、快速的现场勘查，可以从以下几个方面入手。

通过现场勘查获取无线网络客户终端线索，对于网络终端客户设备（笔记本、台式计算机、智能手机、PDA、无线接入设备等）。对于无线网络连接信息、无线网络配置信息、无线网络使用信息进行现场提取分析，并进行证据固定。

同时，对于现场的无线网络设备（无线路由器、无线交换机、无线防火墙、无线 AP 等）进行勘查，对于无线网络设备中的配置信息、登录信息、日志信息进行提取分析，获得新的案件线索。

无线网络服务端现场勘查是现场勘查的重要补充内容，通过无线网络服务端日志勘查可以分析出客户端的网络连接情况（网络连接时间、网络连接内容、网络连接习惯、网络连接目的等），从中分析出客户端的网络生活习惯，得到新的线索。

无线网络勘查的基本思路就是立足于现场深挖线索，开拓外围现场拓展线索，现场综合分析评析线索，一切工作都是围绕案件侦查活动而开展，为案件侦破而服务。

10.2　无线网络客户端线索

无线网络客户端是指无线网络的终端应用客户，也可以说是无线网络终端用户。在无线网络客户端中可以获取到有关无线网络连接线索、无线网络密钥线索、无线网络浏览器线索等与无线连接有关的侦查线索。

10.2.1　无线网络连接线索

要想获取无线网卡的连接情况，首先要知道无线网卡的类型和配置情况，可以通过网络犯罪现场勘查相应章节获取，例如，利用 ipconfig 命令获取网络配置情况，得到无线网卡信息之后可以通过注册表信息得到无线网卡连接信息。在 Windows XP 中，注册表路径为：HKEP_LOCAL_MACINE\SOFTWARE\Microsoft\WZCSVC\Parameters\Interfaces{GUID}，这里的 GUID 为无线网卡的编号，如图 10-7 所示。

双击任意一个以 Static 开头的键值，就可以看到对应的键值信息，例如，选择 Static♯0002 就可以得到数值信息 LittleCarp，如图 10-8 所示，这里的 LittleCarp 也就是连接网络设备名称。通过对无线网卡中注册表信息的查看，可以查找出无线网卡曾经连接的全部无线网络信息，现场勘查人员可以根据这些信息来寻找相应的网络设备，进一步对网络设备进一步勘查,保持证据链的完整性,选择案件侦查的突破口。

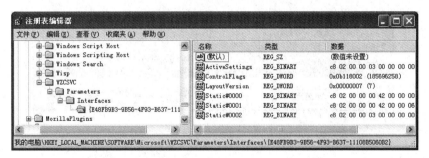

图 10-7　注册表信息

图 10-8　键值信息

10.2.2　无线网络密钥线索

通过前期的无线网卡信息勘查得到了无线网卡的连接信息,顺藤摸瓜可以查找到无线网络的接收设备,例如,无线路由器、无线交换机等,为了网络安全起见很多无线路由器等网络设备都会设置上相应的密码,如果没有对应的密钥也就无法访问到网络设备中的信息,这时获取无线网络密钥就显得尤为重要。

作为绝大多数终端用户来说都会将曾经连接过的所有无线网络、加密类型及密码记录下来。在 Windows XP 中就将信息保留在注册表对应的键位之下,具体位置为:HKEP_LOCAL_MACINE\SOFTWARE\Microsoft\WZCSVC\Parameters\Interfaces\[Interface Guid],对于无线连接的密钥获取可以通过第三方软件获得,例如 WinelessKey View 就是一款能够获取保存在 Windows 下的无线网络连接密钥工具,对于无线现场的分析非常有用。

首先在网络上下载该软件,运行软件,就可以得到当前系统的网络使用情况,如图 10-9 所示,获取到的网络名称为:LittleCarp,加密类型、网卡名称等一并获取。由于加密类型的不同所显示的密钥值也不同,其中 WEP 加密类型就是以明文类型进行显示出来,而 WPA-PSK 就是以十六进制显示,双击列表信息可以得到如图 10-10 所示的属性信息,可以更加详细地获取信息。对于十六进制密钥值的转换可以在网上下载,也可以不必转换直接使用十六进制密钥值,同样能够访问网络设备。

图 10-9　无线键值

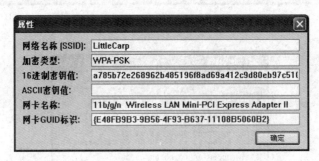

图 10-10　键值属性

10.2.3　无线网络浏览器线索

在无线设备进行初次使用时往往需要进行相关信息的设置,这时就需要输入无线网络设备的登录账号和密码,有时用户为了方便起见就会选择记住密码的方式,方便下一次无线网络设备的使用。提取无线网络设备的账号和密码也就成为重要任务,使用 SpotAudito 软件就可以提取浏览器中的账号和密码,如图 10-11 所示,有了这些密码就可以完成下面的网络设备信息提取,进一步开展侦查活动。

图 10-11　账号和密码提取

10.3　无线网络设备线索

无线网络设备是终端客户访问网络的链接节点,是访问网络信息的必经之路,在此存有大量的网络链接信息,对于开展案件侦查活动会起到重要作用。调取无线网络设备信息主要通过前期终端设备获取或其他途径得到的账号和密码登录无线网络设备取得,本节无线网络设备信息获取主要以 TP-LINK 中的 TL-WR340G+W 路由器为主,无线网络设备中含有的主要信息有设备时间、MAC 地址、访问过滤、运行状态、客户列表、IP 与 MAC 绑定、日志信息等。

10.3.1 无线网络设备静态线索

无线网络设备静态线索主要是指无线网络设备经过设置以后不再轻易修改的配置信息,对于无线网络设备的日常运行起到定义作用。这些信息通常能够体现出终端设备和无线网络设备的连接配置信息,在案件侦查过程中起到设备对应、现场连接完整、现场与现场相互关联的作用。

1. 无线网络设备时间信息

在案件侦查过程中无线网络设备时间起到信息相互关联、相互认证的作用。无线网络设备时间主要包括时区、日期、时间等内容。

2. 无线网络设备 IP/MAC 地址

无线网络设备的 IP/MAC 地址相当于设备的身份地址,对于设备身份的认证起到作用。无线网络设备 IP 地址一般为内网地址,以 192.168.1.1 等形式出现较为常见。无线网络设备 MAC 地址等同于网卡地址,由 6 部分十六进制数据组成。

3. 无线网络设备过滤信息

无线网络设备的过滤信息起到访问无线网络设备的过滤作用,也就是相当于无线网络设备的关卡,运行哪些终端设备的访问和禁止哪些设备的访问功能。无线网络设备的信息过滤功能很好地起到管理终端设备信息的作用。例如终端设备的 MAC 地址、访问地址、域名过滤、端口应用、设备描述等,在案件侦查过程中起到设备连接作用,也就是现场关联作用。

4. 无线网络设备静态地址分配信息

无线网络设备静态地址分配信息是对访问无线网络设备的 IP 地址与 MAC 地址的应对,规定出哪些网络终端 MAC 地址分配哪个 IP 地址,对于设备的关联认证起到作用。

10.3.2 无线网络设备动态线索

无线网络设备动态线索主要是指无线网络设备运行之后的记录信息,这些信息不是通过设置产生的,而是设备运行动态信息的体现。这些信息能够相对体现出终端设备访问无线网络设备的情况,终端设备的工作状态。

1. 无线网络设备日志信息

日志信息是无线网络设备工作情况的记录,通过查找日志信息能够对以往的工作情况进行再现,查询出相对需要的信息。

2. 无线网络设备流量统计

无线网络设备的流量统计是对终端设备之间的数据通信的统计,反映出 IP 地址间的信息传递情况。

3. 无线网络设备主机状态信息

无线网络设备主机状态信息能够体现出具体的 MAC 地址连接情况和工作状态。

无线网络设备在网络工作环境中处于网络的中间节点,能够体现出各个网络终端设备的连接和访问情况,对于案件侦查的现场拓展和现场再现起到重要作用。

10.3.3 无线网络服务线索

在无线网络环境中,无线网络服务商常常需要对无线客户进行管理。例如,客户端必须经过身份验证之后才可以登录无线网络;客户登录网络必须记录相关的客户端信息;客户登录计算机联网时间;客户登录后访问的外网信息等。这些内容对于开展案件侦查活动具有重要价值,信息内容中存有重要价值线索,对于开展侦查活动具有重要意义。

1. 无线网络服务中的客户信息

在无线网络中通常留存有客户端的账号和密码,有些无线网络服务系统中还会记录客户端的 IP 地址及 MAC 地址,这些内容代表中网络中的唯一性要素,尤其是 MAC 地址更为重要。在一些案件中经常会遇到无线设备(笔记本)的丢失,对于失主来说绝大多数都不知道丢失设备的 MAC 地址,因此可以通过无线网络服务寻找登录无线网络时的 MAC 地址,为案件侦查进一步寻找线索。

2. 无线网络服务中的连接信息

在有些无线网络服务系统中会记录客户端登录外网的连接网址内容。例如,访问外网的 IP 地址或 URL 地址,具体的连接方式是连接、上传或下载方式,访问外网的具体时间等信息。这些内容对于有些案件的侦办非常重要,对案件嫌疑人的定性起到重要作用。

3. 无线网络服务中的其他信息

在无线网络服务系统中根据系统的不同而不同,还会有无线网络客户的资费信息,无线网络的上下网信息,网络审核信息等。有些信息有可能对案件的侦查起到作用,例如,上下网信息能够反映出使用者的使用网络习惯,以至于会反映出个人的生活习惯等。

小　　结

本章主要介绍通过无线网络现场勘查,获取无线网络客户终端连接网络线索、连接网络密钥线索、浏览器用户线索;通过无线网络设备勘查,获取网络设备静态线索和动态线索;以及无线网络服务系统中的客户线索。

思　考　题

1. 无线网络客户端获取的重要网络连接线索有哪些?
2. 无线网络客户端网络设备的查询方法有哪些?
3. 无线网络设备的静态线索有哪些?
4. 无线网络设备的动态线索有哪些?

第 11 章 网络人群特征分析

网络是一种技术，人们可以通过它进行各种经济活动；网络是一个虚拟社会，人们在网络上可以实现现实社会中的大部分行为，但无论是对网络技术的应用还是在网络上进行的各种活动，都必须由人来完成，没有一定数量和质量的网络人群，网络将无从发展。

从目前对网络的研究来看，大致有这样两种研究角度的取向：一种认为网络是一种信息技术形式，是纯粹的技术现象；另一种认为网络不是一种纯粹的技术现象，它还有许多非技术性的社会、经济、文化方面的特征。从技术角度研究网络引起了人们足够的重视，并取得了许多突破性的进展。在网络技术逐步完善的今天，从非技术角度研究网络无疑具有更为重大的迫切性和现实意义。对世界特别是美国网络人群进行了比较深入的研究与分析。

自1994年网络在中国大陆发展之后，有关单位、部门和研究人员从各自的目的出发，采取联机调查、电话调查、问卷调查等手段，对网络用户的规模、空间分布、性别结构、年龄结构、产业结构、职业结构、文化程度结构等方面基本情况进行了一系列的调查和统计，取得了一些宝贵的基础资料，为网络人群特征的研究提供了资料保障。

毫无疑问，网络技术的普及把我们推向了网络时代，然而，任何技术的革新都有两面性，网络作为信息技术革命的产物也不能例外，网络及其在人类原有公共活动范围外缔造的虚拟空间与现实世界发生着真实又复杂的互动关系，它在现实带给人们极大便利的同时，其负面影响——网络犯罪问题也接踵而来。网络犯罪既体现在利用网络技术对信息系统安全造成破坏，也体现在诸如盗窃、诈骗等传统犯罪渗透到网络虚拟社会中去；另外，网络人群对个人信息保护的重视不够，也为非法网站的不法行为带来可乘之机。网络犯罪不仅对公私财产、个人隐私等带来了巨大的威胁，甚至危害国家主权、国家安全。与传统犯罪相比，网络犯罪更复杂，危害后果更严重，手段更高端。网络犯罪活动如果得不到有效遏制，将会影响以计算机为代表的世界高新技术的发展，甚至断送信息时代人类创造的文明成果，并直接影响我国信息化发展的进程。

掌握网络人群的某些特征，在办理涉网案件过程中，对于分析现场痕迹特征、网络行为对应的用户特征、查获犯罪嫌疑人等工作都有重要意义。

本章将从我国网络人群的分布规律、国内主流论坛的比较和人群特征、国内主流网络游戏的比较和人群特征几个方面，介绍国内网络用户人群的特征。

11.1 网络人群的分布规律

在长期的实践中，侦查机关形成了两种针对传统犯罪的侦查模式："从事到人"开展侦查和"从人到事"开展侦查。"从事到人"是对受案时侦查机关只知道犯罪案件发生而不知道作案人是谁的犯罪案件,从犯罪事实入手,通过对事的侦查揭露与证实作案人;"从人到事"是对受案时已有明确的犯罪嫌疑人的案件进行侦查,围绕犯罪嫌疑人的有关活动与社会关系开始,通过查证线索发现犯罪嫌疑人有罪或无罪的证据,进而认定或否定其犯罪。以此为标准,网络犯罪的侦查一般属于"从事到人"侦查模式,通常侦查人员总是先掌握了网上的某种犯罪信息,然后开展调查,最终揭露和证实作案人。然而,由于网络虚拟化的特点,"从事到人"的常规调查方式往往不能满足网络犯罪的侦查需要。网络犯罪案件侦查初期,往往没有一般案件所具有的物理的可感知的犯罪现场,其现实的作案地与结果地相分离,经常是跨地区、跨国犯罪,有的作案人还利用境外代理服务器绕道境外实施境内犯罪。

要想有效地侦查网络犯罪,就需要探究网络犯罪的一般机理。网络犯罪大都至少经过两个形成阶段:一是作案人操作计算机向外发出犯罪指令;二是有关犯罪指令以数字形式发出、传递与执行。鉴于此,侦查过程也就相应地分为两个阶段:一是"从事到机"阶段,侦查人员要定位到作案的机器(计算机、手机等能够接入网络并发出指令的机器);二是"从机到人"阶段,侦查人员要对操作作案机器的作案人进行同一认定,即遵循"事-机-人"模式。"从事到机"阶段是虚拟空间的侦查,而"从机到人"阶段则是现实空间侦查。前一阶段的依据是电子形式的痕迹物证,后一阶段的依据则是各种传统形式的证据,利用人体固有的生理特性和行为特征,来进行个人身份的鉴定。相比"从事到人"模式而言,"事-机-人"模式的突出优点在于有效地将物理空间与虚拟空间联系起来。它不仅揭示了虚拟空间中作案机器被用作犯罪工具的真相,而且揭示了物理空间中作案人操作机器犯罪的真相。准确地讲,不仅网络犯罪适用这种新侦查模式,任何横跨两大空间的传统犯罪也可适用这种侦查模式。

11.1.1 网络人群的特点

网络人群,尤其是涉嫌网络犯罪的网络人群有着自身的特性,主要体现在以下几个方面。

1. 网络人群的特殊性

网络人群的特殊性主要体现在年龄构成与技能要求两个方面。首先是网络人群的低龄化。据CNNIC统计,2010年我国30岁以下网民数量占全部网民数量的58.2%,其中20~29岁网民数量最多,占全部网民数量的29.8%。我国网络犯罪案件中大多数嫌疑人都在35岁以下,甚至有很多是尚未达到刑事责任年龄的未成年人。1998年2月2日,我国第一起非法入侵中国公众多媒体网络案件中的两个犯罪嫌疑人都不满25岁。其次是网络人群尤其是网络犯罪嫌疑人对计算机网络的技能要求高。虽然桌面操作系统的普及使不需要过高技术水平的大众都能熟练操作计算机,但这也仅限于计算机的普通功能。通常情况下,网络都设有各种防护措施。行为人在实施黑客攻击等网络技术犯罪时,必须利用特殊手段发现系统中的漏洞,从而实施犯罪活动,并在行为实施完毕之后对自己造成的一些电子痕迹进行掩饰。这些都要求行为人具有熟练的计算机专业知识和技巧。

2. 网络人群的双重性

网络人群在进入网络虚拟空间时,其行为的实行通常要涉及现实和网络两个时空,这就是网络人群的双重性。举个例子来说明,如果一个人想要上网,那么他就要使用一台能与互联网连接的设备,在这一过程中,这个人开启设备以及在设备上进行操作都是在现实时空中进行的;而他在网络上登录网页、发送邮件或者进行黑客攻击等行为又是在网络时空中完成的。这两种时空虽然有一定的对应性,但是并不必然重合。例如定时发送邮件,就可以造成邮件发送时不在"现场"的印象。在此,现实时空的行为点与网络时空的行为点就是不重合的,有一个时间上的位移。在侦查网络犯罪案件时如果找不到这两个时空的对应关系,就很可能以网络时空行为点的时间维度来确定现实时空中的时间维度,进而排除了行为人的嫌疑。当然,在现实犯罪当中,更有可能的是时间与空间的双重位移,这就会使案情更为复杂,因此在勘查犯罪现场时必须综合考虑两个时空的因素。

3. 网络人群的匿名性

匿名性是网络重要的情景特点,也是影响网上行为的重要因素。网络人群可以凭借一个代号暂时隐匿部分或全部在真实世界的身份和特征,包括性别、年龄、社会地位乃至气质、人格等,网上的人际互动和关系都是建立在这些代号基础上,甚至离开网络面对面相互称呼仍然使用网上的 ID 或昵称,即使他们彼此知道真实姓名。在网络犯罪案件中,犯罪嫌疑人常常通过反复匿名登录,几经周折,最后才指向犯罪目标,而作为计算机犯罪的侦查,经过调查取证,在接近犯罪嫌疑人时,犯罪嫌疑人已经逃跑。

4. 网络人群的跨地域性

网络在将人类生存的范围从物理的现实世界向数字化的虚拟世界延伸的同时,也造就了网络行为超越时空的社会条件。当各种各样的信息通过网络传送时,国界和地理距离的暂时消失就是网络行为超越时空的具体表现。网络人群的跨地域性给侦查造成了许多困难,犯罪分子只要拥有一台联网的终端机,就可以到网络上任何一个站点实施犯罪活动,甚至可以在甲地作案,通过中间节点,在其他联网地点产生作用,在思考网络犯罪的侦查对策时,也应对此加以重视。

5. 经济和社会发展水平的差异决定网络人群空间分布的差异性

地域分异规律是地理学最基本的理论。它是指自然地理环境各组分及其相互作用形成的自然综合体之间的相互分化,以及由此而产生的差异。然而,不仅自然地理环境中存在地域分异规律,人文地理环境中也存在着地域分异规律。就网络人群而言,无论其规模还是性别结构、年龄结构、社会经济结构等,都存在着明显的地域分异规律。

我国的自然环境、科研教育事业、电信资讯事业及经济发展水平等方面的空间分布极不均衡,正是这些不均衡性才导致了我国网络人群空间分布的不均衡性。

假设各地经济水平完全一致,各地科研教育水平完全一致,各地电信资讯水平完全一致,则不仅各地发展网络的实力和条件相同,而且各地对发展网络的需求也完全一致,网络发展状况和网络人群的空间分布在各地之间也应该完全一致,不会出现区域分布不平衡的现象。如果只有科研教育和电信资讯水平相同,而经济水平存在着明显的地域差异,那么虽然操作计算机和上网的技能、文化素质、电话普及率等条件在各地间一致,但因经济水平的区域差异,支付上网费用的能力以及对发展网络的需求等方面也存在明显的区域差异。在经济水平较低的地区,即使完全了解网络能带来巨大的收益,但人们在满足基本生活、生产需要和上网之间做选择，其结果往往是迫于基本生产和生活压力而无法充分利用，甚至是放弃上网的机会。

如果只有经济和电信资讯水平相同，而科研教育水平存在明显的地域差异，那么尽管各地在上网费用支付能力、上网设施条件等方面是相同的，但在科研教育水平较低的地区，人们的平均受教育年限、计算机操作能力、上网求知的需求等方面都较低。虽然随着网络技术的突破，上网已变得越来越容易，但是上网仍需要掌握一定的计算机操作和上网技能，也需要有上网求知的动机，否则，就只能对着网络而"眼花缭乱"。

如果只有经济和科研教育水平相同，而电信资讯水平存在明显的地域差异，这意味着，尽管有上网的需求、能力和经济实力，但电信资讯水平较低的地区缺少上网所需的基础设施，这无异于"无鼎之炊"。电信资讯条件差的地区，其网络发展状况必然较差，网络人群规模也肯定较小。

6. 网络人群是一个具有许多规定和关系的总体

我国网络人群是指拥有独立的或共享的上网设备或者上网账号的中国公民。我国网络人群具有许多不同于一般人口的特性，例如男性远多于女性。人口是一个具有许多规定和关系的丰富的总体。可以从不同角度对人口进行考察和分析。人口的生物属性和社会属性使它具有生物、社会、经济、政治、文化和地理等许多标志。对于网络人群来说，这些标志主要包括性别、年龄、居住地、文化程度、婚姻状况、行业、职业、收入、计算机操作和上网技能、上网时间和网龄、对电子商务和网络犯罪等热点问题的看法等。依据网络人群结构所形成的性质和标志，可大致将网络人群结构分为网络人群的自然结构（主要包括网络人群的年龄构成和性别构成）、用户的社会经济结构（主要包括用户的文化层次、婚姻状况、职业构成）和用户的地域结构（主要包括用户的行政区结构和城乡结构）三大类。

网络人群结构之间并非彼此孤立的，而是彼此间相互联系、相互作用、相互交织，共同构成网络人群这一具有丰富规定和关系的总体。例如，网络人群的年龄对其文化程度、经济收入、上网动机等方面有着深刻的影响。再如，网络人群的性别构成和年龄构成既有区别又有联系。严格说来，没有不具备性别的年龄构成，也没有不具备年龄的性别构成。通过研究它们之间的相互关系和有机联系，可以更准确、更全面地把握网络人群的结构特征。网络人群结构总是就一定地域范围而言的，没有抽象的离开具体地域的网络人群结构。通过研究和比较不同区域的网络人群结构，不仅可以发现不同区域间网络人群结构的差异和特征，而且可以从中找出侦查思路，并据此提出侦查方向和对策建议。

11.1.2 我国网络人群分布的结构特征

网络人群是特殊的人口群，网络人群的结构是网络人群最重要的人口学特征，也是网络人群分布规律研究的最重要方面。所谓人群分布的结构，是指一定地区、一定时间点的人群按照不同标志或者特征划分的内部结构及其比例关系。人群分布的结构总是就一定的地域范围而言的，没有离开具体地域的用户结构；同时，人群分布的结构又是一个历史范畴，随着时间的推移，人群分布的结构也在不断变化。

与人口结构一样，根据网络人群的结构赖以形成的性质和标志，可以将网络人群的结构分为网络人群的空间结构、网络人群的接入方式、网络人群的自然结构和网络人群的社会经济结构。

1. 我国网络人群的总体规模与空间分布

2010年,我国网络人群规模继续稳步增长,网民总数达到4.57亿,互联网普及率攀升至34.3%,较2009年年底提高5.4个百分点。全年新增网民7330万,年增幅19.1%。截至2010年年底,我国网民规模已占全球网民总数的23.2%,亚洲网民总数的55.4%。宏观经济形势持续向好,网络基础建设务实推进,移动互联网加快发展,网络安全保障体系更加完善,农村信息化使用深度增强等,共同推动了2010年我国网民规模和普及率的稳步提升。国家扩内需的政策力度持续加大,推动了信息产品需求的释放;信息设施资源建设稳步推进,使互联网发展的基础更为坚实;移动互联网向纵深发展,社会化媒体渗透进了用户生活,网络建设引领我国信息化快速发展,有力地促进了经济发展、社会进步和人们生活方式的变革。

1) 我国网络人群的空间分布

我国网络人群总数庞大,但由于受经济、技术、人才和通信等因素的制约,其分布在各省之间、各大区之间、各地带之间存在着较大的差异。总的趋势是从东南沿海地区向西北内陆递减,从经济发达地区向经济落后地区递减。无论从用户比例看,还是从用户渗透率看,或者从用户密度看,这种空间分布规律都是十分明显的。

我国网络人群的省际分布态势具有明显的规律性。

第一梯队:互联网发展水平较好,普及率高于全国平均水平,主要集中在东部沿海地区和部分内陆省份。包括北京、上海、广东、浙江、天津、福建、辽宁、江苏、新疆、山西、山东、海南、重庆、陕西14个省或直辖市等,都是社会和经济发展水平高、发展速度快、交通通信发达、高科技人才众多、高等院校所集中、改革开放步伐较快、对外联系密切的地区,网络发展的条件最好,对网络迅速发展的需求最大,因而其网络的发展也最快。

第二梯队:互联网普及率低于全国平均水平,但高于全球平均水平,包括青海、湖北、吉林、河北、内蒙古、黑龙江6个省。

第三梯队:互联网发展水平较为滞后,网络普及率低于全球平均水平,集中在西南部各省和中部地区,包括宁夏、西藏、湖南、河南、广西、甘肃、四川、安徽、云南、江西、贵州11个省。这些省市区社会经济发展水平相对较低、发展速度较慢、交通通信条件较差、高科技人才短缺、高等院校少、改革开放步伐相对较慢,对外联系较少,网络发展的条件较差,对网络发展的需求也较小,因而其网络发展速度也最慢,发展规模也最小。与上述其他省市形成鲜明对比。

我国网络人群的空间分布与我国经济社会发展水平的空间分布具有显著的一致性。我国网络人群的这种空间分布格局的形成并非偶然,而具有其必然性。与影响人口空间分布的因素一样,影响网络人群空间分布的因素可概括为自然条件、社会经济条件和技术条件。

2) 不同地区网络人群上网的行为特征

地区差别与人的自然状况、社会经济情况对网络人群行为特征的影响相比相对较小,不同地区网络人群上网的行为特征主要寓于不同自然状况、不同社会经济情况的网络人群的行为特征之中。单纯的地区差别对网络人群行为特征的影响主要体现在同一地区的网络人群会浏览以该地区为主题的网页、论坛等网络聚集区和在网上聊天、留言、发帖等行为中体现出的方言特征。

2. 我国网络人群的自然结构

网络人群的自然结构是按网络人群的自然标志将其划分为各个组成部分而形成的人群结构,通常包括年龄构成和性别构成。

1) 网络人群的年龄构成

年龄构成是人口结构的基本部分,网络人群的年龄构成是指一个国家或地区用户总量中不同年龄组用户的数量的比例关系。由于不同年龄组的用户经济实力和支付能力、上网动机和上网行为等存在着明显的差异,因此对网络人群年龄构成的研究十分重要。

2) 影响用户年龄结构的主要因素

网络是以计算机、光导纤维、电缆、卫星、电话和数据库等现代高新技术为基础的人工智能网,虽然随着网络技术的发展,只需要掌握较少的计算机知识就可在网上畅通无阻,但网络终究是高新技术的产物,对人口素质依然有较高的要求,正因为如此,网络人群必然是一个特殊的人口群体。对这一特殊人口群体的年龄结构产生影响的主要因素有:总体人口的年龄结构、不同年龄组人口的经济状况、不同年龄组人口的文化层次和知识结构、不同年龄组人口的时间安排等。

一是总体人口的年龄结构。一个国家或地区人口的年龄结构是指总人口中不同年龄组人口的数量的比例关系。总体人口年龄结构对应网络人群年龄构成的影响主要表现在:虽然在网络发展初期,网络人群以中青年为主,但当网络发展得比较成熟时,由于网络的全面扩散与广泛应用,网络人群年龄构成与总体人口年龄结构呈正相关。

二是不同年龄组人口的经济状况。网络是在高新技术基础上迅速发展起来的全球最大的系统,虽然发展速度很快,但是需要强大的经济后盾,计算机等网络设施的购买费、网络接入费、上网费等都离不开经济的支持。在我国,未成年人一般没有参与经济活动,他们没有稳定的经济来源,60岁以上的老年人有相当部分已经退休,其精力旺盛的工作时期又赶上中国经济比较落后的时期,积蓄通常较少,中青年人尤其是城市里的中青年人基本上有比较固定的工作,有比较稳定的收入,因而有较强的经济支付能力。因此,中青年用户在网络人群中所占的份额必然是最高的。

三是不同年龄组人口的文化层次和知识结构。通常认为网络发展的最初目的就是使信息资源能够实现共享,因此网络发展对人口素质提出了特殊的要求,只有达到一定水平的文化素质而且掌握一定的计算机操作和使用知识的人才会有上网的需求和动机。但实际上,随着网络应用的日益人性化和简单化,丰富的网络资源从一般应用的角度来说不需要大量专业的知识和文化积累,因此,文化素质和知识结构一般不是制约中青年上网的绝对因素。

30岁以下的青少年仍然是我国最大的网民群体。我国网络人群成年用户中,随着年龄的增加,用户比重迅速下降,从20~29岁年龄组用户的29.8%迅速下降到60岁以上年龄组用户的1.9%;10~19岁年龄段的网民所占比例27.3%,与该年龄段实际人口数有关;我国网民结构更加优化,20~29岁比例为29.8%,30~39岁网民比例23.4%,40岁以上网民占比为18.4%。《中国互联网络发展状况统计报告》的调查数据显示,我国网络人群平均年龄明显上升,从2008年的27.7岁上升到2010年的29.5岁。说明我国网络人群的年龄构成向老化方向发展相一致。这一原因的形成在于现有的高密度年龄段网民已经形成上网习惯,随着年龄的增长,其习惯难以改变,所以形成这一趋势。

3) 不同年龄组网络人群上网的行为特征

青少年是我国最大的网民群体。青少年对新鲜事物具有较强的好奇心,在3G带来的手机上网热潮下,目前手机成为我国青少年第一位的上网工具,网吧作为青少年上网场所的重要性在弱化。青少年网络人群的网络使用仍然保持较突出的娱乐特点,网络音乐(88.1%)、网络视频(67%)、网络文学(47.1%)和网络游戏(77.2%)的使用率均高于整体网民;同时,青少年网民在网络沟通交流上也属于活跃群体,其在博客(68.6%)、即时通信(77%)、社交网站(50.9%)和论坛BBS(31.7%)的使用率也高于整体网民。此外,中国青少年网民对搜索引擎有较强的使用需求,使用率达73.9%,高于整体网民73.3%的水平。对青少年网民而言,互联网的综合工具作用更加明显。

由于青少年群体年龄跨度较大,跨越了学龄期和工作初期,因此处于不同年龄段的网民在网络使用上的差异较大。大学生群体是中国网民最活跃的群体之一,该群体在大部分网络应用上的使用率都最高。各种网络应用在青少年网民中的普及率如表11-1所示。

表11-1 各种网络应用在青少年网民中的普及率

		小学生	中学生	大学生	非学生	青少年总体	网民总体
信息获取	搜索引擎	60.3%	77.2%	84.3%	70.4%	73.9%	73.3%
	网络新闻	47.4%	71.6%	88.9%	72.5%	72.0%	80.1%
网络娱乐	网络音乐	60.7%	90.0%	94.6%	89.9%	88.1%	83.5%
	网络视频	50.7%	67.1%	85.4%	65.4%	67.0%	62.6%
	网络文学	27.1%	49.4%	53.8%	47.1%	47.1%	42.3%
	网络游戏	82.3%	81.0%	67.1%	75.4%	77.2%	68.9%
交流沟通	拥有博客	48.6%	69.5%	76.3%	69.6%	68.6%	57.7%
	即时通信	44.2%	80.2%	88.7%	76.9%	77.0%	70.9%
	社交网站	25.6%	40.1%	60.7%	64.4%	50.9%	45.8%
	电子邮件	34.0%	55.0%	81.4%	55.3%	56.2%	56.8%
	论坛/BBS	11.9%	29.1%	50.4%	33.4%	31.7%	30.5%
商务交易	网络购物	10.2%	19.9%	43.1%	31.9%	26.5%	28.1%
	网上支付	4.7%	16.5%	40.1%	28.3%	22.9%	24.5%
	网上银行	2.9%	13.7%	38.9%	28.0%	21.4%	24.5%

4) 网络人群的性别构成

与人口性别结构相同,网络人群性别构成是指一个国家或地区两性网络人群数量的比例关系。网络人群性别构成的巨大差异并非是我国所特有的现象,几乎所有国家和地区都存在这种情况。影响网络人群性别构成的因素主要有以下两个。

第一,两性人口受教育程度的差异。虽然自新中国成立以来,我国在提高女性社会、经济地位方面做出了巨大的努力,但两性人口在社会、经济地位上依然存在着十分明显的差距,这种差距主要表现在文化程度方面。从两性人口的受教育机会与文化程度看,男性相对较高,这一比例在经济欠发达地区表现更为显著。网络对文化素质相对较高的要求以及男女在文化程度上的差异,必然导致网络人群性别比更高于总体人口的性别比。而且,男女间文化素质的差距也必将引起男女间就业机会、收入水平、消费观念、消费行为等方面的差距,进而引起男女间接入网络能力上的差距。

第二,两性间心理和生理上的差异。两性间心理和生理上的差异对网络人群性别构成的影响主要表现在女性上网动机要弱于男性。由于几千年来所形成的传统观念以及生理和心理上的差异,女性花在家务劳动和抚育小孩、孝敬老人等方面的时间要比男性多得多,相应地她们失去了许多学习计算机操作及上网知识和技能的机会,而男性获得了更多的应用网络所需要的经验和知识,上网的机会也要比女性多得多。

2010年,我国男性网民占网络人群总数的比重为55.8%,网络人群的性别比为126.2(男性与女性比例),高出总体人口性别比近20%。

5) 不同性别网络人群上网的行为特征

男性和女性上网的目的以及想做的事情是有所不同的。调查显示,女性把网络看作一个延伸、支撑和滋养人际关系和社会交往的平台。而男性则趋向于把网络当成公司、图书馆或者运动场,一个帮助自己在社会生活中提升的场所。无论如何,男性和女性都很认可网络邮件的高效和便捷。而女性则更看重网络邮件对于增强人际关系以及促进公司成员间的协作所具有的积极影响。男人上网更乐意接触天气预报,新闻报道,体育赛况,政治信息,招聘广告,软件下载,听音乐,下载音乐,使用网络摄像以及参加网络课程。女性网络人群是网购群体中最活跃的人群。男女网络人群在网络游戏上的对比尤其明显,2009年我国大型网络游戏用户规模为6931万人,其中,女性网络游戏用户比例仅为38.9%。

3. 我国网络人群的社会经济结构

网络人群的社会经济结构是指按一定的社会经济标志将网络人群划分为各个组成部分而形成的各类网络人群数量的比例关系。主要包括文化层次、婚姻状况、职业构成、民族构成、政治观念构成等。本书重点介绍我国网络人群的文化层次和职业构成。

1) 网络人群的文化层次

普通人成为网络人群必须具备三个基本前提:能够支付上网所需的各种费用(不管是自己支付还是他人或单位支付);掌握一定的计算机和网络知识;具有接入网络的动机。这三者缺一不可。

自1994年正式接入互联网以来,网络在中国迅速扩散,除表现在主机数、域名数和用户数等急剧增加外,用户文化程度呈下降趋势也是网络在中国迅速扩散的重要表现。网络最先是在美国作为一种学术和科研网络发展起来的,与之相似,中国网络的发展也经历过从教育、科研领域向国民经济各行各业扩散的过程,相应地其用户的文化程度也呈现出下降的趋势。网络人群文化层次的下降表明我国网络正在迅速地从高素质人口群向大众扩散。可以预见,随着网络的进一步扩散,网络人群的文化程度还将继续降低,虽然不可能降低到像电视用户那样低,但降低的趋势将不可逆转。

同文化层次网络人群上网的行为特征。通过比较发现,不同文化层次的网络人群平时上网的目的有所不同,文化层次较低(初中及以下)的网络人群上网主要以游戏、聊天、音乐等娱乐活动为主,而且这一人群上网对娱乐的依赖十分明显,在一段时间会固定的玩某款游戏或者与某些人聊天;文化层次中等(高中)的网络人群上网更倾向于查找资料、浏览新闻,娱乐仅作为一种轻松方式存在;对于文化层次较高(大专及以上)的网络人群来说,网络的工具作用表现得比中等文化层次的网络人群更为明显,娱乐作用相对弱化。

2) 网络人群的职业构成

生产力的发展以及人类对产品和服务的需求在内容和形式上的多样化,促使社会劳动分工不断深化,从而使人类的经济活动在内容上逐渐由简单、狭窄走向复杂、广泛,形成越来越多的行业。本书按照常见公安工作对象划分,将职业分为党政机关事业单位工作者、企业/公司管理者、企业/公司一般职员、专业技术人员、服务业工人、个体户/自由职业者、农林牧渔劳动者、农村外出务工人员、学生、无业/下岗/失业、退休和其他。

在当今社会,职业影响着一个人的社会地位和收入情况,因此本书将网络人群的收入结构包含在网络人群的职业构成中进行论述。

中国互联网络信息中心在每次进行中国互联网络发展状况统计时都对网络人群的职业分布进行了调查,从而为网络人群职业构成的研究提供了基础数据。《中国互联网络发展状况统计报告》显示,学生是我国网络人群的主力军,其次是企业/公司一般职员和个体户/自由职业者,这三类人群合计超过网络人群总数的半数,这与学校重视科学教育、上网条件的降低和电子商务的发展有密切联系;农林牧渔劳动者占网络人群总数比重迅速上升,反映了网络在我国农村快速传播,并且反映了农业的科技含量在提高;无业/下岗/失业人群所占比重的起落,主要是因为经济发展的趋势和效用使相当一部分该人群重新获得工作而脱离了这一人群。

3) 不同职业的网络人群上网的行为特征

学生群体是占我国网络人群总数最大的群体,由于学生群体跨越所有文化的层次,所以他们上网的行为特征与不同文化层次网络人群上网的行为特征有相似之处,中小学生主要以娱乐为主,在高中生和中专生身上开始体现出网络作为工具的作用,而大学生以及文化层次更高的学生则更加注重把网络作为获取信息的工具。

个体户/自由职业者、一般职员、党政机关事业单位工作者、农村外出务工人员以及服务业工人、退休人员除了工作之外,上网的主要目的是放松,所以他们表现出的行为特征有浏览新闻、玩游戏、聊天、购物等。

专业技术人员、公司管理者上网一般与本职工作有密切联系,而且比较固定,比如收发邮件、处理工作事务,这一人群对网络的娱乐功能基本忽视。

无业/下岗/失业人群上网主要是寻求工作机会,这一人群接触的上网设备的上网历史一般会有较多的招聘信息,另外他们上网也会进行一些游戏、聊天等娱乐活动。

11.1.3 网络人群分布规律在侦查中的应用

随着互联网的普及,网络犯罪所带来的问题越来越突出,不仅有纯粹的技术性犯罪,而且还有传统犯罪向网络世界的渗透。各种侦查措施的最终目的都是为了查获犯罪嫌疑人,网络人群分布规律在侦查活动中的应用主要是利用网络人群的行为特征为扩展线索、确定侦查方向提供侦查工作的思路。网络人群的行为特征是综合性的,这种综合性体现在上文各项单一标准综合对网络人群的行为造成影响,以下将说明网络人群分布规律在侦查中的应用。

1. 网络人群分布规律在扩展侦查线索中的应用

线索是侦破案件的重要基础,是同犯罪作斗争的有力工具。前文提到网络发展对传统侦查模式造成冲击,在传统侦查活动中常常利用人的行为特征扩展线索,而在网络犯罪中,利用网络进行侦查活动则常需要分析网络人群的行为特征来扩展线索。

(1) 网络人群上网的行为特征与自然、社会经济情况的相互联系。

网络人群上网的行为特征与其自然、社会经济情况是相互印证、密切联系的。在侦查活动中,当已经获得犯罪嫌疑人上网痕迹时,侦察人员通过其上网行为特征能够分析出犯罪嫌疑人的某些自然或社会经济情况,进而扩大侦查线索,最终锁定犯罪嫌疑人;当已经了解犯罪嫌疑人的自然或社会经济情况,侦查人员能够预测出他可能的网上行为特征,为扩大网上线索提供帮助。

对于一般的涉网案件,侦查人员通常是先了解案情,通过案件事实定位涉案的计算机或其他终端设备,再对操作设备的人做同一认定,即"事-机-人"侦查模式。侦查人员最初了解的案件事实就蕴含着大量的犯罪嫌疑人上网的行为特征,分析这些行为特征反映出犯罪嫌疑人的自然或社会经济情况,可以为扩大侦查线索带来便利。

犯罪嫌疑人的方言特征主要反映了其空间存在情况,由于我国流动人口众多,方言特征应该被用于分析犯罪嫌疑人长期生活的地区和案发时所在的地区两方面情况,这是由形成一个人口音的两方面因素决定的,一方面是成长过程所生活的环境,另一方面是近期生活的环境。在现实生活中,一个人的方言特征具有稳定性,极少有人能够改变口音,在网络中也是如此,很少有人会注意隐藏自己平时说话的方式,虽然在网络中往往听不到语音语调,但现实生活的方言用词延续到网络中可反映一个人的空间存在情况。

犯罪嫌疑人使用网络的方式反映了其年龄、性别、文化层次、职业的综合情况。网络的用途主要分为娱乐、工具、通信、电子商务等,其中主要是娱乐和工具最能够反映人的自然、社会经济情况。以娱乐功能为主的网络人群一般有年龄小、偏男性、文化层次低、职业或者工作职务低的倾向;把网络作为获取信息工具的网络人群一般有年龄成熟、文化层次高、职业或工作职务高的趋势。

(2) 网络人群的自然、社会经济情况折射其上网行为特征。

在已经了解犯罪嫌疑人的自然或社会经济情况,扩大战果时往往需要了解犯罪嫌疑人与已知案件无关的其他情况。与网络人群上网的行为特征反映其自然、社会经济情况相似,网络人群的自然、社会经济情况能够折射其上网时的特征,侦查人员可以利用这一点扩大线索范围。不同自然、社会经济情况的网络人群上网的行为特征在前文已经叙述,在此不再重复。

总之,网络人群上网的行为特征与自然、社会经济情况是相互对应、相互影响的。在侦查实践中,不应片面地运用网络人群上网行为特征与自然、社会经济情况单方向的联系,而应该正反两个方向同时考虑,相互印证,以便能够充分利用侦查线索、全面考虑扩展线索的可能性。

2. 侦查线索的扩展途径

侦查工作的推荐依赖于线索的不断发现与扩展,网络人群的分布特征可以为这一工作提供一定的途径。

1)查询网上信息

在现场勘查工作中,侦查人员应对被害人、犯罪嫌疑人的上网信息进行勘查、收集和固定,尤其是上网记录、上网账号、网络日志、博客、同学录等。侦查人员可以从行为人的网上信息中获取行为人的行为特征,进而了解其自然状况、社会经济情况、交往关系、嗜好等特征,从而确定行为人的身份。

2)查询单机存储的信息

信息化时代的到来极大地改变了人们的工作和生活方式,无论是被害人还是犯罪嫌疑人都更多地开始使用计算机,一般长期使用计算机的人都有其固定的使用习惯,他们有的对系统有特殊的设置,有的把通讯录存储在计算机中,有的利用计算机记录工作或生活日记,有的把工作计划、工作总结、生活照片等存储在计算机中,这些相关信息可以为侦查提供线索,为破案提供依据。

3)查询通信信息

据统计,我国手机网民规模达到3.03亿,占总体网络人群的66.2%,电信通信在现代社会中的作用不断增强,很多案件的犯罪嫌疑人直接把电信通信手段用于犯罪活动或作为实施犯罪行为的辅助手段而大量运用。现在的手机一般都具备上网功能,因此手机的上网记录中也呈现出前文所说的行为特征,而且手机一般都存储有通讯录,更加能够为扩展线索提供帮助。

4)查询银行系统信息

在网络时代,银行业的变革最为明显,电子商务、电子银行、网上银行、手机银行逐渐兴起,由于任何交易和查询都会在银行信息系统的虚拟空间留下痕迹,而且银行信息系统中存储有用户的个人信息,如果在锁定的计算机中发现有网上银行的使用痕迹,那么可以根据这条线索寻找到计算机的主人。

5)收集非电子痕迹物证

在网络犯罪中,尤其是技术性特点强的网络犯罪,犯罪嫌疑人一般会注意销毁计算机与网络上的痕迹,而忽略现实世界中的痕迹物证,因此会在现场遗留大量的非电子痕迹物证,收集这些痕迹物证能够扩展传统的侦查线索,为查获犯罪嫌疑人提供便利。

3. 网络人群分布规律在确定侦查方向中的应用

侦查方向是侦查活动的矛头指向,侦查方向正确与否关系到侦查活动的成败。确定侦查方向是扩展侦查线索的延伸,在涉网案件扩展侦查线索有了一定成果之后,结合网络人群分布规律分析线索才能确定有目的性、有针对性的侦查方向。

传统侦查方向的确定主要依赖物证技术、印象痕迹和侦查情报。在网络犯罪时代,破坏或伪造现场比传统犯罪更轻松,这就要求侦查人员善于分析现场深层次的犯罪信息,并综合分析现场所获取的犯罪信息,确定侦查方向。在侦查实践中,除了有目击证人的情况下可以直接确定犯罪嫌疑人,其他情况下一般都是通过收集犯罪证据和侦查线索——确定侦查方向——排查的方式确定犯罪嫌疑人,前文已经叙述了网络人群分布规律在扩展侦查线索中的应用,结合网络人群上网行为特征与其自然、社会经济情况的折射关系,网络人群分布规律也能为侦查提供方向。

网络人群的分布具有明显的地域差别、年龄差别、性别差别和社会经济情况差别,通过分析犯罪嫌疑人上网的行为特征,可以大致描绘出犯罪嫌疑人的自然和社会经济情况,利用犯罪嫌疑人上网过程中的一些具有稳定性的规律特征,可以通过监控、诱捕等方式最终确定犯罪嫌疑人的身份,而之前根据犯罪嫌疑人上网的行为特征描绘出的犯罪嫌疑人的自然和社会经济情况能够帮助侦查人员印证所确定的犯罪嫌疑人是否正确。

大多数涉网案件的犯罪嫌疑人都有侥幸心理,在一次犯罪行为成功之后往往会继续或是多次实施同样的行为,并且喜欢炫耀自己。在实施犯罪行为后,他们急于想在别人面前卖弄,偶尔会在网络上透露出犯罪事实,如果有网友对其能力提出怀疑甚至轻视其所为,犯罪人为证明自己的能力,会再次实施犯罪行为。这时,侦查人员就可以利用预先设置好的模拟犯罪场景来监视其在网络上的一切可疑行为。使其落入侦查机关已设好的"陷阱"中。

当然,网络人群分布规律在一定程度上可以为侦查提供工作思路,但属于辅助侦查手段,因为根据网络人群分布规律所分析得到的结论具有一般性,只能提供大致的侦查方向,而不同的犯罪嫌疑人具有其特殊性,在侦破案件过程中,侦查人员要具体问题具体分析,不能犯经验主义错误。而且在确定侦查方向时应特别注意案件具有特殊性的线索和证据,这些具有特殊性的线索和证据往往是侦破案件的关键。

11.2 网络游戏人群的特征分析

根据中国互联网信息中心 CNNIC 发布的《第 26 次中国互联网发展状况统计报告》,截至 2010 年 6 月月底,我过网民规模达 4.2 亿人,互联网普及率持续上升增至 31.8%,网络游戏用户规模达 2.96 亿人,较 2009 年年末增长 11.9%,新增 3156 万人。网络游戏人群基本属性如下:男性为主(58.8%),超过半数的游戏玩家年龄集中在 18~35 岁。其中 4 成以上的用户受过高等教育。网络游戏作为一个如此巨大的产业,其背后存在的人群更是庞大的。玩家只需要一台计算机,一根网线,就能够连接到游戏客户端进行游戏。群体的庞大带来的是人员的鱼龙混杂。在过去的 4 年里,与在线游戏有关的网络犯罪占据很大比重。其中,一类是直接的犯罪,如偷窃游戏资产或黑客行动等;另一类是间接犯罪,也就是在离线之后的犯罪。最近,沉溺于网络游戏的人群的间接犯罪活动一直在增长。同时,网络游戏用户在中国互联网用户总数中占有很大比重,其犯罪过程中的虚拟身份信息、犯罪目的动因、共同犯罪的人员构成等,也可能与游戏参与过程有关。因此,有必要对网络游戏人群的特点进行研究与分析,掌握他们的活动规律与特点,为侦查办案提供一定的辅助作用。

11.2.1 网络游戏的基本认识

网络游戏,英文名称为OnlineGame,又称"在线游戏",简称"网游"。指以互联网为传输媒介,以游戏运营商服务器和用户计算机为处理终端,以游戏客户端软件为信息交互窗口的旨在实现娱乐、休闲、交流和取得虚拟成就的具有可持续性的个体性多人在线游戏。

1. 网络游戏的分类从类型上划分

(1) 棋牌类休闲网络游戏。即登录网络服务商提供的游戏平台后,进行双人或多人对弈,如纸牌、象棋等,提供此类游戏的公司主要有腾讯、联众、新浪等。

(2) 网络对战类游戏。即玩家通过安装市场上销售的支持局域网对战功能的游戏,通过网络中间服务器实现对战,如CS、星际争霸、魔兽争霸等,主要的网络平台有盛大、腾讯、浩方等。

(3) 角色扮演类大型网上游戏。即RPG类,通过扮演某一角色,通过任务的执行,使其提升等级,得到宝物等,如大话西游、传奇等,提供此类平台的主要有盛大等。

(4) 娱乐音乐舞蹈类网游:如劲乐团,劲舞团。

(5) 益智类网游:如摩尔农庄,偷菜类游戏。

(6) 手机网游。

2. 网络游戏的分类从收费模式上划分

(1) 道具收费。即传统意义上的免费模式,玩家可以免费注册和进行游戏,运营商通过出售游戏中的道具来获取利润。这些道具通常有强化角色、着装及交流方面的作用。如"征途"、"穿越火线"、"雅典娜2"等都是这种收费方式。

(2) 时间收费。玩家可免费注册账号,但需要购买点卡、月卡为游戏角色充值时间才能进行游戏。大多以秒为单位计算,也有包月形式的。如"魔兽世界"、"EVE"都是时间收费方式。

(3) 客户端收费。通过付费客户端或者序列号绑定战网账号进行销售的游戏,大多常见于个人计算机普及的欧美以及家用机平台网络。如"战地叛逆连队2"、"反恐精英起源"、"星际争霸2"、"使命召唤现代战争2"都是序列号绑定账号收费。

网络游戏作为当前网民主要的娱乐消遣方式已经越来越普遍,市场上的游戏种类越来越丰富。其中,游戏中对于激烈的兴奋感的需求差异,对于游戏故事背景的偏好差异,以及对于游戏消费观念的差异等,是用户选择游戏的主要标准。不同类型的游戏逐步会形成不同类型的参与者,其人群分布特征逐步形成。

11.2.2　网络游戏人群的特征

不同类型的游戏有不同类型的参与者,这样网络游戏人群的特征性信息便呈现一定程度的共性。

1. 从游戏分类内容上体现出来的特征

1) 棋牌、网页游戏人群

玩这类游戏的主要目的是为了消磨时间,这一人群玩游戏比较强调简单上手,更多的会跟随周围的人去选择在玩的游戏。一般以普通工人、学生和离退休人员居多,这类人群一般有着比较稳定但不算丰厚的收入。玩游戏的时间不确定性大,忠诚度不高。主要目的在于消遣,一个弹出广告、一幅报纸角落里的插画、一条广播口号,甚至一次误点的链接都有可能成为此类人群开始游戏的原因。通常来说,他们不擅长在网络上与人沟通,这并非性格的原因,而是他们觉得这种交流方式缺乏代入感,因此,游戏中的一些同城聚会或者线下活动比线上组队游戏更吸引他们。在玩家团体中,低调、淡定是他们最大的特点。

随着"开心农场"等娱乐游戏风靡互联网,"偷菜"遂瞬间蹿红网络,席卷网民生活。偷菜,一般是指开心网及类似网站所开设的农场游戏中的一种活动,即在好友的农场里,收获好友的虚拟劳动果实。这类游戏吸引了诸多城市白领的加入。这样简单的游戏居然峰值期能有超过 2000 万白领参与,是因为在现实社会中,不少小白领都沦为"房奴"和"车奴",还有更多人只能对房子、私家车望洋兴叹,压力重重却又无可奈何。而偷菜、抢车位等游戏,可以迅速填补他们在现实中的焦灼和失意感,"只要多花时间,就可以实现拥有豪宅、名车的梦想"。同时,"偷"的行为不被现实社会允许,大家遂在虚拟网络中以一种叛离现实的极端方式,宣泄自己对现实的不满。而在虚拟的网络世界中,他们只要花了心思和时间,就必会得到大笔的"虚拟财富"和相应的"社会地位",所以很多白领甚至公务员沉迷于开心网,以此寻找满足感。

2) 竞技、动作、射击类游戏人群

此类人群玩游戏的显著动机是希望通过刺激性游戏带来乐趣,这一人群更加强调游戏中的自由与快乐,并且偏好游戏中的团队配合。此类人群主要以 20 岁左右的男性青年为主,自由职业和学生比例较高。寻找刺激,舒缓压力,寻找征服感是这类用户玩游戏的核心目的,游戏对于他们来说,更像是一种挑战,一种自我超越和自我修炼,他们愿意花费时间去练习技巧,对游戏中可能出现的冒险元素比较感兴趣,喜欢挑战自我,愿意花费精力去探索游戏里的难关,愿意为了打败其他玩家花费更多精力投入到游戏中去。他们也愿意为此去结交朋友或相互学习经验,崇拜游戏高手,同时也渴望成为游戏高手。当遇到困难时,通常会更喜欢一个人钻研,通过别人的认可获得成就感是这类玩家的特质职业。但是因为对游戏的研究程度比较深,甚至花费了大量的精力去钻研,在现实生活中最易受到家庭成员的反对。张扬个性,打发时间都是他们的游戏目的,时间宽裕但是不稳定成为这类玩家的主要特点。常见阶段性的高热衷度,但是长时间沉迷于此较少见。

3) 音乐舞蹈类和社区类游戏

此类人群玩游戏的显著动机是轻松休闲,并关注时尚的服饰外观的设计,这一人群女性玩家特征比较明显,玩游戏是一种消遣性的普通娱乐活动。以学生族和刚踏入社会的职场新人为主,收入不高。年轻有朝气,却背负着沉重的生活压力;他们渴望得到关注,却被淹没在茫茫人海之中;希望走在潮流的前端,却囊中羞涩……收入决定了他们不会有很高的消费能力,他们不希望在游戏中消费,但性格中冲动的一面经常会让他们产生一些非理性消费行为,去购买一些吸引人眼球的道具,如漂亮的服装、象征身份的 VIP 资格、刷屏的喇叭等。这类人群另一个显著的特点是大部分用户尚未到谈婚论嫁的年龄,因此他们在求偶(即寻找交往对象)方面的目的性不强,但同时,他们的生活处于比较空虚状态,所以会在游戏中与许多人闲聊,求伴(排遣寂寞的伴侣)的需求非常明确。

提到此类人群不得不说的一个游戏就是"劲舞团"。"劲舞团"是一款免费舞蹈网络游戏,其雏形类似于网上跳舞机。跟随音乐节拍,在键盘上敲击屏幕显示的对应箭头,完成动作后,游戏中的虚拟人物就会跳出不同的舞蹈动作。游戏内采用虚拟现金系统销售虚拟角色的服装、表情、配件等,还提供部分功能道具,但大部分的道具需要通过现金购买虚拟货币才能得到。劲舞团本身是一款非常不错的游戏,甚至被文化部评为第一批最适合未成年人的网络游戏产品。可是劲舞团中存在着这样一部分人群,也是网络上大量存在的一类人群,他们被称为"非主流"。

这类人群在网上大量存在,其行为特征表现也明显。他们大多是 20 岁左右的年轻人,他们追求标新立异,喜欢另类奇怪的图片,比如摆 POSE 时会装出痴呆、羊癫疯、颓废的表情,两只手指放眼睛下面快插进去的样子,喜欢 PS 图片。打扮也与大众不同,比如女穿男装,穿着嘻哈,全身穿得破破烂烂,染发采用蓝色白色等颜色或者做夸张的造型。喜欢劲爆、先锋拉风的音乐。他们在游戏中显现出的最大的特点是使用被称为"火星文"的文字。它一般表现为在一个词或一句话甚至一段话的文字中,大量使用字形与原文部分相似的别字的行为。这些别字的来源五花八门,大多出自繁体汉字、日本文字和生僻字(所谓的怪字、乱码字),甚至还有汉语拼音字母等,有时还夹杂一大堆杂乱的符号,另外也有部分简体汉字。例如,苺天想埝祢巳宬儰1.种滛惯。翻译为:每天想念你已成为一种习惯。

4) 大型在线角色扮演类游戏人群

此类游戏因为背景复杂、情节曲折、角色个性强,有些符合游戏者个性,有些恰恰相反,通过游戏角色弥补个体自身的某些缺憾,加之往往完成游戏需要经历较长时间,所以参与者容易形成心理依赖或者精神寄托。

此类人群玩游戏的显著动机是和同伴一起深入地探索游戏内含的世界,游戏是其紧张工作外的调剂和减压手段,这一人群玩游戏有一定的掌控欲望,喜欢通过投入更多的精力以获得更高的游戏等级,而非简单地使用金钱进行快速升级。他们比较偏好于时长收费而非道具收费。在游戏中能使他们得到成就感(地位、认同和自尊),达到一个终极的目标,达到自我实现的价值。他们对于各种团队活动比较热衷,对游戏的互动性也有比较高的要求。

此类人群把游戏当成一种小型的社会,这也正是大型角色扮演类网络游戏的特色,每个人在游戏所设定的世界中扮演一种角色,去创造属于自己的世界。他们通常希望在公会中担任核心成员(具有一定话语权的会员),属于中上级领导者,对于提高游戏操控水平及游戏中的地位有很大的兴趣,希望从游戏中得到尽可能多的成就感。他们不惜因为游戏理念与人产生冲突,不惜牺牲现实生活质量,因为他们认为挑战这些成就可以获得他人的尊敬与认同,游戏如社会,游戏如人生。

通常在这类游戏中,公会是一个非常普遍存在的现象。不依附于某款具体游戏,拥有游戏外的交流手段,拥有网站或BBS,有特定的名称与标识,有严格的规章纪律及权责划分,成员相当稳定。以"魔兽世界"为例,公会更类似于现实当中的某一个社团,为共同探险提供丰富的玩家资源。同时公会除了玩家的数量外,更需要统一的时间来共同进行挑战。一般的WOW公会多选择在晚上7点以后进行活动,"11点党"就是在这种情况下出现的一类人群。他们大多是在校的大学生,每到晚上11点就不得不面对学校的断网断电。

网络游戏虽然也强调故事情节与游戏财富的获取,但与以往单机游戏最大的区别是由人机互动转化为游戏玩家之间的人际互动,从而形成游戏虚拟社区,在此基础上网络游戏得以存在发展。网游中都有自己的交流平台,被称为聊天系统。在网络游戏"梦幻西游"中,表情系统使得聊天不再是单调的文字叙述,特别是各种搞笑幽默动态图片的出现,使得聊天变得丰富多彩。而长期使用这种表情的人,往往会形成一种习惯。"梦幻西游"中的表情往往都有自己的快捷键,大致为♯加上表情的序号。在使用诸如QQ、MSN等非游戏交流平台时,由于聊天习惯的原因,玩家往往会打出♯13、♯14等在游戏中使用的符号来代替一些表情的使用。

沉溺于此类游戏的人群,在游戏角色扮演的过程中,会不自觉地混淆现实与虚拟世界的差异,并进而造成自己在现实生活中的角色错乱,比如说话的用词、个人身份等常带有游戏信息。某些痴迷程度更深的游戏团队,甚至整体将自己的网络用户名改为统一风格,如&明月·流、&明月·风……即形成所谓的游戏部落或游戏家族。

2. 从收费模式上体现出来的特征

1) 道具收费

又被称为免费模式,玩家可以通过免费注册账号和下载客户端进行游戏。运营商通过出售能够提高玩家角色属性、外观的道具来盈利。这种运营模式滋生了一类人群的产生。他们大多是一些白领之类,平时没有太多的时间花在游戏中,对于并不缺少金钱的他们,往往会花费大量的现金去购置游戏中的道具,以达到短时间内使自己迅速强大。在游戏中称霸一方,获得心理上的满足以及优越感。网络游戏"征途"正是此类游戏的代表,网络上曾流传过在"征途"中花费10万元只是刚刚开始玩的说法。

2) 时间收费

按照游戏时间来收费主要分为两种。一种是点卡。点卡是购买游戏点数,通过游戏在线时间来计算,将点数按照一定比例转换成(小时,分,秒)来进行消费。这种收费方式的好处在于,玩家不在游戏中时,不会形成消费。主要适合一些短时间不定期玩游戏的玩家,这类人群主要包括学生、上班族、自由工作者。他们没有大量的时间去玩游戏,每天或每周只有固定的一段时间去游戏。对于游戏时间的精打细算,同时也会体现在游戏付费上。点卡是他们的第一选择。另一种按照游戏时间来收费的方式为包时卡,是中国网络游戏最早出现的收费方式,一次性购买一个时段,不管在不在游戏中,其实都在消费,只要购买的时间段过去,就要重新购买。一些长时间定期玩游戏的玩家对这种方式会比较喜欢。

3) 客户端收费

客户端,资料片收费。玩家需要购买游戏的客户端(含 CD-KEY),才能进行游戏,一次性付费后无须再付其他任何费用。但是日后游戏的扩充资料片需要购买,才能享受到更多的游戏内容。这种收费的方式在网络游戏中相对于其他两项所占比例要小很多,究其原因,一是在于此类游戏的一次性收费往往价格过高,对于学生、上班族这些网络游戏人群中占绝大部分的人来说一次性的付费往往捉襟见肘。二是作为网络游戏,如何获得更大的利益才是运营商所考虑的,一次性付费后其在游戏上的收益基本等于无,所以这种收费模式仅在一些欧美的游戏中出现过。

涉网案件中,如果网络犯罪嫌疑人本身是网络游戏的热衷参与者,那么他在犯罪行为过程当中、在自己未察觉的网络空间节点中、在虚拟身份的使用和关联中都可能留下较为重要的侦查线索,为确定嫌疑人范围、统一识别嫌疑人、定位抓捕等工作提供帮助。

11.3 网络论坛人群的特征分析

随着互联网的普及,越来越多的网民参与到网络论坛中来,很多人习惯于通过此种方式获取和讨论新闻事件、国家政策、社会现象的信息。热衷于访问论坛的人如同热衷于网络游戏的人群一样,通常有较高的忠实度,成为其上网行为的一个必要组成部分。将国内主流论坛的上网人群分布规律、上网时间、浏览内容、人群类型等资料加以分析,可以发现每个行为人虽然都有不同的上网习惯,但这些不同的上网习惯如果加以合理分类,便会形成几种鲜明的特征。通过判断嫌疑人的个人性格以及家庭背景,就可能反推出他在网络论坛甚至整个互联网中的上网习惯,从而就可以发现嫌疑人的蛛丝马迹。这也是涉网案件辅助侦查手段之一。

11.3.1 互联网论坛的基本认识

网络论坛是一个和网络技术有关的网上交流场所,一般就是人们口中常提的 BBS。BBS 的英文全称是 Bulletin Board System,翻译为中文就是"电子公告板"。早期的 BBS 是通过命令行指令的方式进行访问,发布和交流的信息也仅限于基本字符显示,操作难度大,信息含量小。随着网络技术的发展,目前流行的网络论坛已经变成了支持网络浏览器、基于 Web 方式的友好界面,大大方便了用户的访问,同时也增添了信息显示的形式,提高了信息量。

1. 我国网络论坛的现状

初期的网络论坛多用于大型公司或中小型企业,开放给客户交流的平台,对于初识网络的新人来讲,网络论坛就是用于在网络上交流的地方,可以发表一个主题,让大家一起来探讨,也可以提出一个问题,大家一起来解决等。论坛是一个人与人语言文化共享的平台,具有实时性、互动性。随着时代的发展,年轻网民不断出现,也使得论坛成为新型词语或一些不正规的词语飞速蔓延,例如斑竹(版主)、罐水(灌水——回帖)、沙发(第一个回帖人)、板凳(第二个回贴人)。论坛用语也是分析论坛参与人行为的一个重要部分。

大约是从 1991 年开始,国内开始了第一个 BBS 站。经过长时间的发展,直到 1995 年,随着计算机及其外设的大幅降价,网络论坛才逐渐被人们所认识。1996 年更是以惊人的速度发展起来。

2. 网络论坛的分类

论坛如雨后春笋般出现,并迅速地发展壮大。现在的论坛几乎涵盖了人们生活的各个方面,几乎每一个人都可以找到自己感兴趣或者需要了解的专题性论坛,而各类网站、综合性门户网站或者功能性专题网站也都青睐于开设自己的论坛,以促进网友之间的交流,增加互动性和丰富网站的内容。

1) 综合类论坛

综合类的论坛包含的信息比较丰富和广泛,能够吸引几乎全部的网民来到论坛,但是由于信息覆盖面广便难于求精,所以这类的论坛往往存在着弊端即不能全部做到精细和面面俱到。通常大型的门户网站有足够的人气和凝聚力以及强大的后盾支持能够把门户类网站做到很强大,但是对于小型规模的网络公司,或个人简历的论坛站,就倾向于选择建设专题性的论坛来吸引特殊的人群。

2) 专题类论坛

此类论坛是相对于综合类论坛而言,专题类的论坛,能够吸引真正志同道合的人一起来交流探讨,有利于信息的分类整合和搜集,专题性论坛对学术科研教学都起到重要的作用,例如军事类论坛、情感倾诉类论坛、计算机爱好者论坛、户外运动论坛,这样的专题性论坛能够在单独的一个领域里进行版块的划分设置。

3) 教学型论坛

这类论坛通常如同一些教学类的博客,或者是教学网站,中心放在对一种知识的传授和学习,在计算机软件等技术类的行业,这样的论坛发挥着重要的作用,通过在论坛里浏览帖子、发布帖子,能迅速地与很多人在网上进行技术性的沟通和学习,如金蝶友商网。

4) 推广型论坛

这类论坛通常不是很受网民的欢迎,因其生来就注定是要作为广告的形式,为某一个企业,或某一种产品进行宣传服务,从 2005 年起,这类论坛很快成立和发展起来,但是这样的论坛往往很难具有吸引人的性质,单就其宣传推广的性质,很难有大作为,所以这的论坛寿命经常很短,论坛中的会员也几乎是由受雇佣的人员非自愿地组成。

5) 地方性论坛

地方性论坛是论坛中娱乐性与互动性最强的论坛之一,不论是大型论坛中的地方站,还是专门的地方论坛,都有很多的网民参与,比如百度北京贴吧、沈阳交通车友会等,地方性论坛能够更大程度地拉近人与人的距离。由于是地方性的论坛,对其中的网民也有了一定的局域限制,论坛中的人或多或少都来自于相同的地方,生活习惯和工作环境接近,必然产生更多的共同语言和话题,同时网络的虚拟性也使得这一群体间仍然保留了网络特有的朦胧感,所以这样的论坛常常受到网民的欢迎。

11.3.2 不同类型网络论坛人群分布的比较

本部分将从各类网络论坛用户的性别、年龄、网龄、学历、收入、职业、所在行业、居住地区以及海外居住情况等用户基本特征对4大类论坛的登录人群进行分析比较。

1. 专业技术类论坛的人群分布

专业技术类论坛是互联网论坛中使用者占比较小的一类论坛,例如hifidiy(音响发烧友)论坛、anywlan(无线技术)论坛以及电子维修论坛等。这类论坛大多集聚了一些具有共同专业技术或共同爱好的网络用户,这些用户大都以实现自己的某种技术开发要求或分享自己的开发成果为目的,具有代表性的人群有电子维修人员、电子发烧友、专业电子设备使用者等。根据专业机构调查,65%的专业技术类论坛用户年龄在18~25岁,而31%的论坛用户年龄在26~35岁,即18~35岁的用户占了用户总体的96%。调查发现,仅20%的被调查者为大专/大学本科学历,即大部分此类论坛用户学历偏低,也就是说更多的论坛参与者是本着学习交流经验的目的而来,并非讨论理论知识。从发帖量看,大部分技术类论坛使用者上网时间段主要在18~23点,即专业技术类论坛使用者的上网时间多在晚上。被调查者职业主要分布在三大行业,即维修、电子及通信和加工制造业,其中以电子通信最多,这也间接说明了专业技术类论坛的使用者多有固定职业。

从发帖积极性来看,专业技术类论坛用户发帖积极性一般,41%的用户每天都会参与发帖,其中,16%的用户每天发帖1~4篇,7%的用户每天发帖5~9篇,3%的用户每天发帖9篇以上。同时调查也发现,这类论坛使用者使用论坛时间占总上网时间的比例大多在70%~90%之间,即在网民总体中,专业技术类论坛使用者上网形式较单一,上网时间多用于浏览与自己专业知识有关的信息。

2. 综合信息类论坛的人群分布

综合信息类论坛的人群是研究的重点,多数网络案件的侦破线索都出于此,主要包括天涯论坛、西祠胡同以及百度贴吧等各类以聊天娱乐为主的社区网站。这类论坛有三大特点:信息量大、涉及人员复杂、不易管理。

通过比较研究发现,综合信息类论坛中六成的网络用户为男性,而有四成网络社区用户为女性,男性比例与女性相当,这也是各大类论坛中女性比例最高的一种。但是通过发帖量来看,男性发帖比例为81%,女性仅为19%,这也说明了此类论坛虽然女性用户数量庞大,但是多数仅为看帖,实际参与论坛行为活动的并不多。

在调查中,73%的网络社区用户年龄在14~25岁,而25%的网络社区用户年龄在26~35岁,35岁以上的网民仅占不到2%,此数据也反映了综合信息类网络论坛用户是以35岁以下的年轻人为主,在侦破此年龄段案件时可以重点排查此类论坛以获取线索。此外,78%的被调查者上网网龄为三年及三年以下,即大部分网络社区用户上网年限都较短。

综合信息类网络论坛主要用户主要呈现南多北少、发达地区远多于欠发达地区、外来人口较多地区多于较少地区的趋势。以江苏、广东为例,登录此类论坛的用户IP地址中私有IP地址占较大数量,即大多数论坛用户都是在家庭上网,高于公共(网吧)用户的比例。即80%的网络论坛用户选择家里上网,而不到20%的用户选择其他方式上网。这也是符合网络论坛本身的特点的,使用网络论坛需要一个相对不受约束的上网环境。相对于其他方式,家里的上网环境自由度更大。

从论坛用户的职业来看,综合信息类论坛用户主要分布在三大职业,即普通职员/工人(54%)、学生(22%)和专业技术人员(18%)。说明这类论坛用户有相当一部分为打工者,这类人群由于受生活条件限制,大多喜欢浏览这些论坛当作娱乐。因此,做好对这类论坛的监控工作也能更好地掌握这几类案件高发人群的各项信息,为日后可能的案件侦破提供帮助。

调查还发现,综合信息类论坛的网民每周在社区中停留的时间以30h以下为主,即60%的网民停留时间为11~30h,23%的网民停留时间为6~10h,而每周停留时间30h以上的网民仅为11%。因此可以认为,此类论坛用户在论坛上停留时间较长,这类论坛也是用户黏性较高的网络论坛。

综合信息类论坛对发帖的限制比较严格,从这里产生了各种网络用语以替代被过滤的敏感词,很多用户都有特定的发帖语言习惯,掌握各用户的发帖语言习惯能够更好地为定位犯罪嫌疑人服务,同时也能为案件收集必要的线索。

3. 经验交流类论坛的人群分布

经验交流类论坛主要是由各类专业大型网站针对相应的产品购买者提供的一个购买、使用和展示的交流空间,例如中关村论坛、爱卡汽车论坛、威锋手机论坛等,这类论坛的使用者多为各种产品的购买者或者有购买意向的用户。由于商品的可购买性质,经验交流类论坛的用户一般都在多个不同的论坛拥有账号,如果在此类论坛调查相关案件,通过多项信息比对,就可能找出重要线索。

通过调查发现,经验交流类论坛绝大多数用户都是在家里上网,这是由这一类论坛本身的特点决定的。使用这类网络论坛需要一个相对不受约束的上网环境,而使用者又多有固定的职业和住所,并且近九成使用者拥有私人计算机,因此家中上网是这一类论坛使用者最大的特征。此外,经验交流类论坛的网民平均每周在社区中停留的时间以15h以下为主,每周停留时间30h以上的网民仅为16%(多数为版主或者论坛元老)。在所有几种论坛中属中等水平,使用者上线多为发帖和评论符合自己兴趣的帖子,从这些发帖及评论中极有可能发现调查对象的上网习惯特征,从而进一步核实嫌疑人身份,确认嫌疑人的所在方位。

经验交流类论坛的人群动向有比较大的流行性,较新发布的热门产品论坛聚集人群较多,较老的产品活跃人群则较少。因此,从热门产品交流论坛中将获得更多的有用信息,将几个同类热门论坛的信息交叉比对,从中查找调查对象的蛛丝马迹,从关联的视角对各论坛中的信息进行筛选、拼接,从而发掘更多更有价值的案件线索。

4. 军事类论坛的人群分布

军事类论坛是一类特殊人群聚集的论坛,之所以将这类论坛单独列出,是由其用户组成类型所决定的。浏览军事类论坛的用户大体有4类:现役军人、退伍老兵、军事爱好者、爱国青年。这其中可能就会包含较偏激的人群,这类人群一旦有人犯罪,作案手段将会比正常嫌疑人凶狠及隐秘,对于公安机关的破案难度也将大大增加。因此,掌握好军事类论坛的用户行为特征,将会对侦查人员侦查破案提供极大的帮助。

国内目前较热门的军事论坛有中华网论坛、铁血论坛、西陆军事以及各大主流网站的军事论坛版块。这些军事类论坛的共同特点是不仅包含军事的版块,同时也设有大量的社会版块,正是这些社会版块吸引了大量非军事人群前来浏览。军事类论坛的用户群年龄跨度较大,31%的网络社区用户年龄在18~25岁,35%的网络社区用户年龄在26~35岁,而33%的网络社区用户年龄在35岁以上。

此数据反映了军事类网络论坛用户年龄分布较平均,而且每个年龄段都有代表性人群,18~25岁的用户多由大学生组成,这类人群经常浏览与军事科技以及社会问题有关的帖子;26~35岁的用户多由现役以及退役士兵和军事爱好者组成,这类人群经常浏览军事装备版块和地区性战友群版块;35岁以上的用户大部分由退伍老兵组成,他们经常浏览有关军力发展和国家发展的帖子,这也符合他们的年龄特征。

通过对军事类几大论坛的调查比较,发现这一类论坛盛行转帖(把其他论坛其他用户的帖子通过复制利用自己的账号在另外一论坛发表),由于这一现象,就为公安侦查人员调查提供了多种便利,一旦侦查对象有转帖的习惯,就可以通过原帖的位置判断侦查对象的网络行踪,从他的不同的注册论坛中获取有用的信息。

此外,众多的军事爱好者和军品收藏爱好者喜欢在这类论坛上交流心得和藏品。而军品收藏者的藏品中,有相当一部分是属于国家管制或者法律明确禁止的物品,如枪支、弹药、军用刺刀等。而这种收藏过程中的保留、交易、传递邮寄,则根据不同的标的物和行为性质,对应于非法持有、买卖、运输限制性物品的法律规定。为规避法律的限制和打击,他们通常采用更为隐蔽的方式进行传递信息。例如,在展示自己藏品的时候,伪称"转发国外藏友的宝贝";在进行限制性或敏感性物品交易时,采用"挂羊头卖狗肉"的方式;在发帖回帖、站内短信、在线聊天时,使用隐语、谐音字。因此,军事类论坛的人群分布和行为特征也是公安日常工作需要关注的信息点。

小 结

本章主要介绍了我国网络人群的分布情况、网络游戏用户人群的分布和行为特征、网络论坛用户的分布和行为特征。这些特征是基于概率分布得出的结果,并不是绝对性的结论。作为网络犯罪侦查人员,应该了解国内网民的大致特征,从案件与线索特征去对应嫌疑人范围,为发现和甄别嫌疑人提供辨识基础。

思 考 题

1. 大学生网民群体在上网过程中的共性行为规律有哪些?
2. QQ牧场和开心牧场在游戏关联人方面有什么不同?
3. 国内很多网站和网络应用提供信息的转载、分享服务,试观察 ku6.com、新浪微博、人人影视、QQ空间,常见哪些网站的转载或分析服务? 如何从中发现可能存在的关联信息?
4. 自然语言的方言和网络语言的方言有哪些异同?

第 12 章　网络语言特征分析

时下互联网已日益成为人们日常生活中的一部分,随着网络的普及以及互联网使用人数的增加,网络虚拟空间已经成为人类社会活动的新空间,网络语言作为网络虚拟空间下催生的新语体,在网络虚拟空间交流中被广泛使用。然而,网络虚拟空间与现实社会一样形形色色鱼龙混杂,现实生活中各种各样的现象也会自然地体现在网络虚拟空间中,包括各种违法犯罪案件,绝大多数网络违法犯罪案件又包含花样繁多、特点各异的网络语言。

互联网发展至今,网络语言逐渐成为人们在网络空间中信息交流的主要沟通方式之一,网络语言引起了全社会的普遍关注。目前,许多领域的学者纷纷结合自己的研究领域,研究和探讨网络语言,将新的研究方法与新的语言实践结合起来,研究这种新兴的语言特点,并取得了相当丰硕的研究成果。但是从公安实践工作出发,对网络语言特征进行针对性研的究比较少。然而,在互联网迅猛发展的形式下,网络环境变得越来越复杂,各种形式的犯罪隐匿于网络虚拟空间中,网络语言进而成为犯罪分子在网络中传递犯罪信息,实施网络语言暴力、网络色情、网络诈骗、网络人肉搜索、网络攻击、网络赌博等网络违法犯罪的工具,并成为一些有组织的反社会团体,在网络上对人心进行刻意煽动、挑拨和蛊惑,散布大量包含违法犯罪、破坏社会和谐稳定、颠覆党和国家政权等恶意信息的手段。因此,鉴于当前复杂的网络环境,结合公安实践工作,对网络语言特征进行研究,对预防和打击网络犯罪,净化网络环境,营造和谐网络空间环境具有十分重要的意义,更势在必行。

12.1　网络语言概述

自 20 世纪末互联网诞生以来,网络以前所未有的速度影响和改变着人们的生活。同时,网络还催生了一种新语体——网络语言。在互联网上,网民们以 BBS、网上论坛、虚拟社区、聊天室、QQ、网路游戏等为主要载体,传递信息和表达思想。网络成为现代社会人们进行交际的重要途径之一,而网络语言在其中便扮演着重要的角色。网民为了方便网络信息交流,对一些语言和词汇进行改造,突破语音、语法和词汇的规则,极大地激活词汇的演化,网络语言花样翻新成批涌现,以全新独特的表达形式流行于各个网站、聊天室、网络文学作品、BBS 和电子邮件中。网络语言作为网络交流的主要工具不仅风靡网络虚拟世界的各个角落,而且正逐步地走进人们的生活,悄然影响现实生活中的语言表达方式。

12.1.1　网络语言的概念和特点

网络语言是随着互联网的迅猛发展而蓬勃兴起的一种新的社会语言,它的产生与发展,不仅是语言本身的变革,也是社会发展的必然产物。网络语言是一种有别于传统语言的新的语言体,具有自身独特的特点,其概念具有广义和狭义之分。网络语言因其言简意赅、方便快捷,具有创新性、形象生动、诙谐幽默等特点受到了广大网民的欢迎。

1. 网络语言的概念

网络语言有广义和狭义之分。广义的网络语言泛指在网络传播中所应用或触及的一切语言,它包括人类自然语言和物理技术语言。前者指的是在日常生活中为实现人际沟通与交流而使用的语言;后者指的是为保障网络媒体的正常运行和发展创新而使用的技术语言,它又可分为机器语言(如计算机代码等)和程序语言(如FoxBase,C)两大类。狭义的网络语言特指人们在网络上进行信息收集、发布和交换时使用的语言,如网民在聊天室、QQ、MSN、BBS等进行言语交际、思想交流所使用的语言。[①] 本书所讨论的网络语言主要是指狭义角度的网络语言。

2. 网络语言的基本特点

网络语言是网民们为了适应网上交际的需要而逐渐形成的一种颇具特色的新语体。其特点表现在构造新词方法的丰富性和独特性、语句表达方式的杂糅性、语言风格的多样性等方面。网络语言的创新性和多样性丰富了汉语的表达手段,简化了汉语的表达内容,但出现很多不规范的现象。

12.1.2 网络语言产生原因

网络语言是在网络这个特殊的传播媒介下的产物,是使用网络进行相互交流的结果。网络环境的开放性、随意性、自由性、多元性,网络信息传递的单一性,网络信息交流手段的特殊性等因素为网络语言的产生提供了土壤;而社会文化的不断发展,高效率的生活节奏也成为孕生网络语言的助力;与此同时,网络语言的使用者追求标新立异、张扬个性、批判现实的心理更是网络语言的产生并迅猛发展的强大推力。

12.1.3 网络语言的现状

据中国互联网络信息中心(CNNIC)2011年1月19日在北京发布的《第27次中国互联网络发展状况统计报告》显示,截至2010年12月月底,我国网民规模达到4.57亿,较2009年年底增加7330万人。[②] 在此背景下,使我国网络语言在丰富和淘汰中不断发展着。网络语言因其言简意赅、方便快捷、不断创新、形象生动、诙谐幽默、贴近社会现实等特点受到了广大网民的欢迎,也使网络语言从虚拟的网络环境走到现实生活中,并从各种方面对现实生活产生不同程度的影响。但随着网络语言的使用和发展,网络语言中所存在的糟粕,比如一些粗俗、低俗、恶俗等不文明的现象逐渐暴露出来,甚至还有网络语言暴力行为。因此,网络语言中存在的问题应当引起大家的关注和重视,必须积极做好引导和规范工作,从而使之朝着和谐健康的方向发展。

---

① 王献福. 论网络语言的构成、特点及规范[J]. 前沿, 2008, (7): 185-187.
② 中国互联网络信息中心(CNNIC). 第27次中国互联网络发展状况统计报告[R]. 2011(1).

随着我国网络语言的不断演变、发展和推广,网络语言对日常用语产生了一定程度的影响,引起不同方面学者的广泛关注,对网络语言进行一些研究,取得了一定的成果。但是,目前网络语言的研究主要集中在网络语言的本体研究、文化解析和规范,以及对网络语言带来的各方面影响和网络语言的规范方面,提出了自己的看法、见解和对策等,缺乏从公安实践角度出发,对网络语言进行针对性研究。然而,在计算机互联网迅速发展的形式下,利用互联网实施犯罪的数量已然巨量增加,相应利用计算机实施犯罪的案件种类也已然巨量增多,公安机关也越来越需要对此类案件的特殊侦查方法进行研究。由于网络犯罪嫌疑人在实施犯罪过程当中,可能将会在网上使用网络语言进行沟通,传递犯罪信息,比如同案人员在网上进行勾连或者嫌疑人与被害人之间、被害人与被害人之间的信息交流,其中可能自觉不自觉地使用网络语言,通过对其网络语言特征分析,很可能获取嫌疑人或者被害人的部分自然情况、网络身份等重要线索信息,为案件的侦破打开一条新的通路。因此,通过分析互联网网络语言的特征,对预防和打击网络犯罪、净化网络环境、监控网络非法行为具有十分重要的意义。

12.2 常见网络语言特征分类研究

网络语言随着互联网的发展应运而生,并且随着社会的变化而变化,社会的变化和发展也都会在网络语言中表现出来。网络技术对语言产生了巨大的影响,一方面,产生了大量的网络技术专门用语;另一方面,产生了一大批有别于传统口头语和书面语的特殊用语形式。这些新兴的语言形式给人们的语言生活带来了别开生面的新气息。本节将从常见网络语言的构成特征,网络语言中隐语、方言的特征,网络语言的典型语体句式特点三个方面,对常见网络语言的典型特征进行分类研究。

12.2.1 常见网络语言的构成特征

随着互联网的不断发展和网民数量的不断增多,推动了网络语言使用者迅速增加和网络语言使用量快速增长,从而让网络语言得到高速发展。网络语言的发展从简单走向复杂、从单一走向多元、从网络空间走向现实社会,形成了其独特的结构特点,并具有其特有的构成特征。下面将从网络语言的谐音类、缩写类、符号类、新词新意类4个方面,对常见网络语言的构成特征进行分析和概括。

1. 谐音类

在网络语言中,谐音是一种常见的语言现象,并相比传统谐音词有新的发展和新的特点。通常网络语言的谐音词只要字词的语音相同或相近,就可以进行谐音代替,简化原有的表达方式。所以,网络语言的谐音词具有简约性和形象性的特点。其主要分为汉字谐音、数字谐音、英文谐音、混合式谐音4类。

(1)汉字谐音。汉字谐音又分为别字谐音和方言谐音。其中,别字谐音是根据网络中部分常用词语的谐音或别字演变而来的,如"油墨(幽默)"、"色友(摄友)"、"驴友(旅友)"、"筒子(同志)"、"果酱(过奖)"、"奔四(笨死)"、"人参公鸡(人身攻击)"、"斑竹(版主)"、"大虾(大侠)"、"泥(你)"、"嘀(的)"、"绛紫(这样子)"、"肿么了(怎么了)"等;另外就是方言谐音,如"偶('我',来自台湾普通话发音)"、"虾米('啥、什么',来自闽南语发音)"、"粉('很',来自闽南方言发音)"、"木油('没有',来自山东话的发音)"、"好康('好看',来自闽南语发音)"、"素('是',来自台湾普通话发音)"、"表('不要',来自上海话发音)"等。由于方言词语的发音形式具有地域特色和独特的表现魅力以及贴近生活的亲切感的特点,因此方言谐音得以在网络空间流行。

(2) 数字谐音。由于一些阿拉伯数字组合的汉语发音或简谱音符发音与一些词语或句子的发音相似,所以可用一些阿拉伯数字组合来表达某些词语或句子的含义。在汉语中,用数字表意并不稀奇。比如"二百五"、"七七八八"、"三八"等。但这些都是使用汉字形式,在网络交流中与此不同。在网上交流的过程中,网民直接使用数字键盘输入,采用阿拉伯数字形式,主要借助谐音表意。从语言单位上看,包含词、短语、句子的数字谐音形式。词的谐音,如"1314(一生一世)"、"3399(长长久久)"、"88(拜拜、再见)"、"94(就是)"等;短语的谐音,如"520(我爱你)"、"530(我想你)"、"584(我发誓)"、"510(我依你)"、"995(救救我)"等;句子的谐音,如"53980(我想揍扁你)"、"5209484(我爱你就是白痴)"、"70345(请你相信我)"、"70885(请你帮帮我)"等。数字除了简洁的优点外,还有表达含蓄的优势,有些用汉字不好意思说出的话,可以用一串数字组合表达出来。如"5845211314(我发誓我爱你一生一世)"、"7456(气死我了)"、"9494(就是就是)"、"555555(哭泣声音,表达伤心)"等。数字谐音由于输入速度快,节省时间,表意通俗而常常夹杂于网民聊天的过程中。

(3) 英文谐音。英文谐音就是用谐音相同的英文字母或者汉字代替英文单词或词组,如"IC(英文'I see'谐音,表示'我明白了')"、"伊妹儿(英语'E-mail'的谐音,表示'电子邮件')"、"爱老虎油(英文'I love you'谐音,表示'我爱你')"、"CU(英文'See you'谐音,表示'再见')"、"HRU(英文'How are you'谐音,表示'你好吗?')"等。

(4) 混合式谐音。即用不属于同一类别的字词谐音表示一种字词的含义。例如,"8错(不错)"、"+U(加油)"、"B4(before 或指鄙视)"、"3Q(thank you)"、"I 服了 U(我服了你,其中'U'即是英文单词'you'谐音)"等。从形式上讲,该类型不是单纯地用汉字、字母、数字以及其他符号来表示,而是混用多种类型符号,具体每个谐音体需要采用哪类符号要看符号之间的语音对应关系,从而根据谐音进行组合。

2. 缩写类

网民在网上进行交流的过程中,为了提高信息交流的速度、丰富文字表达含义,通常会采用几个英文大写字母的组合简化表达字词含义,或者将现有的词汇材料歪曲解释,进而增加新的意义,以达到诙谐、幽默和讽刺的表达效果。

(1) 汉语拼音缩写类。网民有时出于快速交流的需要或由于汉字输入法的障碍,采用拼音首字母缩略的办法进行交流。如"BB(宝贝)"、"BC(白痴)"、"BXCM(冰雪聪明)"、"CM(臭美)"、"PMP(拍马屁)"、"DD(弟弟)"、"FB(腐败、吃饭)"、"PLMM(漂亮美眉)"、"YY(意淫)"、"SJB(神经病)"、"SL(色狼)"、"DX(大侠)"、"KHBD(葵花宝典)"、"SB(傻B 即指笨蛋)"、"GG(哥哥)"、"MM(妹妹)"等。

(2) 英文缩写类。主要是指常用英语单词、短语的缩写,或者通过拼音字母和英文字母的组合来表达某种含义,其中包含在网上交流的过程中经常被网民使用,广泛流行于网络交流中,逐渐被约定俗成一些英文缩写词。如"FT(Faint,指'晕倒')"、"FAQ(Frequently Asked Question,指'常见问题')"、"DL(Download,指'下载')"、"SM(Sadism&Masochism,指'性虐待')"、"BRB(Be Right Back,指'马上回来')"、"LOL(Laugh Out Loud,指'大笑')"、"PK(Player Kill,指'攻击、对垒')"、"BTW(By The Way,指'顺便说一句')"、"VG(Very Good,指'非常好')"、"DIY(Do It Yourself,指'自己动手')"、"PS(Photoshop,指使用一款著名的图像处理软件)"、"SP(Support,指'支持')"、"Q(Cute的音译,指'可爱')"、"Pro(Professional,指'专业')"等。

(3) 汉字缩写类。主要是指将现有的词汇材料歪曲解释,进而增加新的意义,表达诙谐、幽默的效果。其中,很多词汇来源于现实生活中人们直接的交流。如"潇洒(笑得挺傻)"、"可爱(可怜没人爱)"、"天才(天生蠢材)"、"神人(神经病的人)"、"蛋白质(笨蛋+白痴+神经质)"、"偶像(呕吐的对象)"、"白白(白痴)"、"满清(满清十大酷刑)"等。这些词由一般词语缩略而成,语素是从原词语中抽取出来的,语意完整,结构简单。

3. 符号类

1982年9月19日,美国卡耐基·梅隆大学的斯科特·法尔曼教授在电子公告板上第一次输入了这样一串ASCII字符:":-)"。人类历史上第一张计算机笑脸就此诞生。从此,网络表情符号在互联网世界风行,为社会广泛接受。在网络交流中,网民经常使用一些生动形象的表情符号,这些表情符号通过将键盘或输入法中各种符号、字母和数字组合起来,在达到语言交流的同时,给人带来一种创造的美感和欣喜,有着独特的色彩和情调,因此这些符号有着比文字更深更远的内涵。网民们充分发挥自己的想象力,利用键盘上的符号,创造出上百种的表情。这些表情不仅能表现出各种面部表情,表达喜怒哀乐,还可以表示一些简单物品。其中,表情符号的构成主要有以下三类。

(1) 符号和符号组形。这里指以键盘或输入法中的符号组合形式表达特殊含义的情态语,大部分为一些脸谱符号。如"':)'"(微笑)、"'(~~)'"(不满)、"':('"(不高兴或生气)、"':X'"(闭嘴)、"':~'"(流口水)、"'@_@'"(疑惑或者饱含泪水)、"'<*)>>>=<'"(鱼骨头)、"'(*^_^*)'"(可爱的笑)、"'、◇、ˊ'"(无可奈何)、"'=_="'"(无奈)、"'≧◇≦'"(感动)等。

(2) 符号和数字组形。即由键盘或输入法中符号与数字组成的混合图示。如"'8<'(小剪刀)"、"'8-)'(戴眼镜的人微笑)"、"'>3<'"(亲一个)、"'づ3づ'"(飞吻)、"':-7'"(火冒三丈)等。

(3) 符号和字母组形。键盘和输入法中符号与字母结合表示正在进行的动作,这也常常是网络聊天室里设定的一些功能,也经常被网友借用到聊天与灌水中。如"':-p'(吐舌头)"、"':-D'(大笑)"、"':-O'(惊讶,张大)"、"':-D'(开心)"、"'b(¯▽¯)d'(竖起双手拇指说好)"、"'(^_-)db(-_^)'(手指拉勾,表示约定)"、"'OrzO||_'(一个人五体投地的象形符号,表示败给你了)"、"'(-_-)y-~'(吸烟)"、"'T-T'(流泪)"、"'(··)nnn'(毛毛虫)"等。

表情符号通常加在句尾或文章结束的地方,表示自己要表达的感情。在网络语言中之所以出现大量的符号化的词语,是由网络交流的需要决定的。在网络交流中,具有双向互动性,网民为追求效率和速度,需要尽量减少敲击键盘的次数,缩短互动等待的时间,以达到交流快捷顺畅的目的。符号化词语的最大优势就是简捷,几个字母和符号就能形象而传神地表达一个想法,所以符号化词语在网络交流中十分流行和常见。随着网络技术的不断进步,网上聊天室系统自带一些更加形象而生动的图片和动画,更丰富了网民相互传送表达思想感情的手段。

如图 12-1 所示是从网上截取的一篇回帖,其中矩形框中是一些网上常见的网络词汇和符号表情。这条回帖中充分使用了许多常见的网络语言,可以看出回帖人可能是一位经常上网的网迷,帖中不仅使用"偶"(我)、"系"(是)、"DIY"(do it yourself)、"粉丝"(Fans)、"灰常"(非常)、"坛子"(论坛)、"嘀"(的)、"斑竹"(版主)、"筒子"(同志)、"大虾"(大侠)这些网络语言中常见的谐音词,而且使用了"(﹡^__^﹡)"(腼腆的笑)、"O(∩_∩)O"(开心的笑)、"≧◇≦"(感动)三个表情符号绘声绘色地表达发帖人的内在心情,是回帖人传情达意的很好方式。

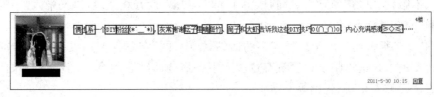

图 12-1　网上截取的一条回帖

4. 新词新意

网络新词语的出现丰富了我们的语言,网络语言一直在不停地丰富和淘汰中发展着。网络上出现的许多新词汇具有强大的生命力,那些充满活力的网络语言能够经过时间的考验,约定俗成后成为大家所接受的新词汇。如"灌水"(原指在论坛发表的没什么阅读价值的帖子,现在习惯上会把绝大多数发帖、回帖统称为"灌水",不含贬义);"潜水"(天天在论坛里呆着,但是不发帖,只看帖子,而且注意论坛日常事务的人,也指 QQ 等聊天工具中隐身,不发言的人);"纯净水"(无任何实质内容的灌水);"顶"(等于 UP,因为坛子的程序按照最后回复时间的先后排列,回一个帖子就可以把帖子提到最顶上,所以为了引起他人注意就发一个帖);"沙发"(在论坛里的通常含义是指第一个回帖的人);"椅子"(第二个回帖的人);"板凳"(第三个回帖的人);"地板"(连板凳都没得坐的人);"山寨版"(指翻版,翻拍或者盗版);"雷人"(表示令人极其震惊,通常含贬义)等。

如图 12-2 所示是网上截取的一段回帖,帖中"楼主"和"神马"是网络论坛中经常使用的两个网络创新词,其中"楼主"含义是:在论坛里一个帖子的发帖者在这个帖子里就是楼主。"神马"即指什么,是 2010 年国庆期间红遍网络的"小月月"事件中流出的一句网络流行语。

同时,网络上还有一种旧词赋新意的现象。网络代表了新技术和新文化,在这个平台上每天都在催生新事物,也伴随着旧事物的消亡。新潮的网友们把古老的汉字翻出来,再

图 12-2　网上截取的一段回帖

赋予新鲜的含义。如"囧"字,读 jiǒng,"囧"字最早出现在甲骨文,象形字,它很像是古代的窗户,"八"和"口"构成了雕花的窗棂,引申而来就是光明的意思。流行于网络中的"囧"字则因其形状被赋予了新意义。"囧"的形状像一张沮丧的人脸,"口"可以看作人脸的轮廓,口里的"八"是两道因沮丧或悲伤而下垂的眉毛,八字下面的"口"则是受委屈而张开的嘴。正因为形象,它被赋予的新意就是表达悲伤、无奈或是极为尴尬的心情。诸如此类的还有"烎"字,在《汉语大字典》中,读 yín,表"光明"意;读 chán,表"小热"意。网民在创新此字新意时,舍弃其原意而取其会意之意,认为"烎"的结构代表"开火和宣战",进而赋予其"彪悍、不服输、拼搏"的意义。同时,由于"烎"与"赢"读音相似,所以又融入"一定能赢、一定胜利"的感情色彩。

如图 12-3 所示是一片含有"囧"字的回帖,帖中"囧"字不仅变形成一个表情符号,还融入卡通漫画中。这篇帖子尽管没有过多文字去描述回帖者的意思,但"囧"字的使用已经充分表达回帖人无奈、尴尬等心情。

图 12-3　网上截取带"囧"字的回帖

12.2.2　网络语言中方言、隐语的特征

网络语言的使用者和创造者是网络中的广大网民,网络语言在网民的使用下得到不断的丰富和发展。由于网民来自天南地北各行各业,大家在网上进行交流的过程中,自然而然夹带一些本地方言或本行业独有的隐语,进而一些地方方言和行业隐语便悄然融入网络语言中,成为网络语言的一部分。因此,对网络语言的研究就需要对网络语言中存在的方言和行话进行研究,更需要结合犯罪隐语对网络语言进行研究,从而为有效打击和预防网络犯罪服务。

1. 网络语言中的方言

语言是一种社会现象,是以动态形式存在,总是不断发展,语言表达一直在追求丰富,网络语言也如此。网络语言在发展过程中不断创造新词的同时也在不断将具有生命力的方言词汇吸收过来,成为网络词汇的一部分。方言进入网络语言,大大丰富了网络语言,网络语言吸收方言,对方言的推广也起了很大作用,但是方言进入网络语言,对网络语言的规范带来了新的挑战。

方言对网络语言影响非常明显,例如,"偶"在网络上常常表示"我"的意思,现在还保留在浙江宁波的慈溪话、苍南的金乡话等方言中,其皆呼"我"为"偶";"冷松"读 lěngsóng,出自于西北方言,意为"竭尽";"老表"来源于江西周边兄弟省份对其的昵称;"衰"的发音与闽南语中的"倒霉"相近,是网络上的流行用语,意思是倒霉的意思,如真衰、衰哥等;"木油"在网络语言中表示"没有"的意思,在上海方言中说"没有"其声近似"木油";网络上用"淫"、"银"表示"人"的意思,这是东北方言中"人"的读音。

方言具有俚俗趣味,网络流行语杂聚着各地方言,在虚拟空间中能有效地拉近双方的距离。如"额"指代"我",这是陕西和山西方言中"我"的读音;"锤子"本意指一种劳动工具,在四川、重庆和陕西方言中特指男性生殖器官,也指对人或事的不屑或不认同;"瓜"本意指一种植物,而在陕西、四川和重庆地区方言中是一种讽刺的话,形容此人是傻子、不聪明、反应比较迟钝或神经有问题,有时"瓜"也是一种对关系好的人爱称,如"真瓜"、"瓜娃子";"策",长沙话读 ché,表示"调侃地说"的方言时髦词;"唦"是四川和重庆的一个语气方言词,相当于"呀";"哈儿",在四川一带方言中"哈"读 hǎ,指笨、愚蠢的意思,"哈儿"就是笨蛋,傻子之意。"哈"读 hā 时,"哈儿"是指"一会儿,一下,一阵"的意思,表示短时间,多用于从现在起之后很短的时间,如"等哈儿"(等一下)。"哈"读 há 时,"哈儿"常用来表示关系较好的双方亲密的称呼,相当于"傻瓜"的意思,如"你个哈儿"意思相当于"你个小傻瓜"。

在网上许多广泛流行词都出自各种地方方言。如"山寨"一词源于广东话,原本是一种由民间 IT 力量发起的产业现象,主要表现形式为通过小作坊起步,快速模仿成名品牌,涉及手机、数码产品、游戏机等不同领域。如今,网络上各种各样的东西都有山寨版,山寨文化深深打上了仿造性、快速化、平民化的烙印。又如被评为 2008 年十大流行网络词语之一的"雷人"一词,在网络上"雷"指受惊吓或者被震撼,其本义指云层放电时发出的巨响,引申义为受惊吓,被吓到了,被震住了。"雷倒"出处据说在江浙一带,特别是浙江东北部地区,发音 lei dao,当地本意是"瘫倒"、"翻倒"之意。网络语言中指听到别人的话很讶异抑或难以理解,类似现代词汇"晕倒"、"无语"等的意思,语境用途比较广泛。再如"哇噻"是一个感叹词,最早来源于台湾地区,表示惊讶,羡慕,表达程度等同于英文的 WOW,My God 等,"哇噻"不仅成为年轻人、时尚一族的口头禅,很多电视台主持人、名人也都使用这个词。"哇噻"不仅能准确表达人们的心境,而且体现出时代发展的潮流。以及"抓狂",是从闽南语中直接字面翻译过来的词,形容自己非常愤怒或者郁闷,却又无处发泄,憋得快要发疯。由于大部分地方方言都有深厚的社会背景和广泛的群众基础,所以这些方言在网络语言中得到很好的推广和流行,并且迅速从网络环境走进现实生活中,成为现实生活中的流行语,进而对现实生活的语言表达交流产生影响。

港澳台地区的网络语言与本地的方言词语有密切的关系,例如港澳台以及广东地区聊天室用语用"Li do"表示"这里";用"恐龙"指称相貌丑的女生;用"青蛙"指相貌丑陋的男生。诸如此类的还有"大跌眼镜"、"菜鸟"等。其中,"大跌眼镜"指对出人意料的结果或不可思议的事物感到非常惊讶。来自台湾地区用语。"菜鸟"一词来自台湾地区方言的闽南语,闽南地区以前的人将刚学飞行,会飞的跌跌撞撞,甚至会掉到地上的这种鸟就叫菜鸟仔。引申到人,将对于某些事务操作不熟悉或是刚刚进入某些圈子的人都称为菜鸟。巧合的是北京口语把"菜"指代"差劲",例如"菜包子"、"菜货"。

2. 网络语言中的隐语

隐语或者说秘密语,是指各种秘密组织和集团内部、各种行业内部、各种非职业性社会群体内部创造和使用的带有封闭性和隐秘性的语言。① 信息时代,随着计算机和互联网不断普及和推广,网络上的聊天室、QQ、BBS等信息交流的媒介也成为犯罪分子传递犯罪信息和情报的平台,进而网络语言中融进一些现实中犯罪分子经常使用的隐语,从而方便他们在网上进行隐蔽性交流而不易被发现和察觉。因此,研究网络语言中的隐语尤其是犯罪隐语对网上侦查破案具有十分重要的意义。

1) 犯罪隐语的一般特点

犯罪隐语一般具有语句简短,内容隐讳的特点。由于违法犯罪分子的文化层次大都不高,简短的语句容易记忆,便于快速传递信息,故大部分犯罪隐语由两三个字构成,例如,"打洋枪"(指盗窃外国人钱财)、"干会"(指徒手打架)。其中也有少至一个字或多至五六个字的隐语,例如,"坟"(指监狱)、"学136号文件"(指以麻将为赌具进行赌博)。犯罪隐语用一般的思维方式从字面上去揣测,是难以理解其实际意义的,其语言诡秘,不易为局外人知晓,是违法犯罪分子掩盖其违法犯罪活动行为的最好掩护。

2) 常见犯罪隐语的基本结构特点

由于犯罪隐语追求避人知、保守秘密、便于心记口诵的功利性效果,因此,在结构上一般与普通大众共同语有所不同。隐语往往通过改变正常用语的语形,并借用正常用语的修辞手法成为其结构的形成规律。

(1) 犯罪隐语的主要结构。犯罪隐语常常通过省略、拆字、描摹等方法改变语言结构而构成。例如,"便衣警察"省略为"老便","公安局"省略为"局子"等是通过省略词语来构成隐语,其构成方式为,前缀+中心语;又如"白粉"(海洛因)、"条子/雷子"(警察)、"压疙瘩"(撬门扭锁)、"金镯头、玉镯头"(分指镀铜、镀铬手铐)、"牛屎"(鸦片)等,则是通过描摹事物的形状、色彩、动作等构成隐语。

(2) 犯罪隐语中的常见修饰方法。构成犯罪隐语经常使用的修饰方法主要是比喻、联想、婉曲、夸张、缩短语句几种。例如,"钓鱼"(在室外从窗口窃挑室内衣物)、"打上三路"(偷上衣口袋)、"生可乐"(没有提纯过的可卡因)等,大部分犯罪隐语常利用对日常生活中事物的比喻或联想作为原材料,使用喻体和本体之间的某一特征,将其内在的而且具有特指性的内容相联系,从而构成犯罪隐语。如"量体温"(性交)、"打上半场"(摸女性乳房)、"住院"(坐牢)等,则以平常的动作和事物来掩盖隐语的本质含义。又如将万元、千元分别称为一斤、一两,则是以重量代替数量。

(3) 犯罪隐语的地域性。由于犯罪团伙自身的封闭性及不同地区犯罪团伙文化、方

---

① 宋兴晟,冯志英.网络用语和隐语产生背景之比较[J].职业教育研究,2008;(09):56-61.

言的差异,所以不同地区的犯罪隐语出现区域性差异。以盗窃中各个地域对撬门溜锁的方式进行盗窃的不同隐语为例:"扳大闸"(北京)、"登堂"(上海)、"爆甲、爆格"(广州)、"打顶、串门"(昆明)、"撬兜、捅兜、翻茅"(长沙)、"压疙瘩、砸窖"(沈阳)、"查户口、扒房"(西安)等。但随着网络发展的进一步深入,现代通信工具和交通工具的进步,网络犯罪隐语的区域性将逐渐缩小,最终可能会打破地域差异而与全国性甚至是国际性的犯罪隐语融合和交叉。如"白雪公主"在北京、昆明、福州都是指代高纯度海洛因或品质较好的海洛因。它源于一种颜色雪白、粉末儿细腻、纯度高、吸食后上头快的海洛因,后来由于毒品零售市场掺假严重,在毒品犯罪处于链条最后一个环节的吸食者所能购买到海洛因往往已是加过多次以安定粉末、奶粉等为主作为底料的、质量大打折扣的海洛因,所以此时将白雪公主作为一种高品质海洛因的代名词。

如图 12-4 所示是侦查人员从犯罪嫌疑人计算机中提取的一段利用 QQ 聊天软件,使用北京地区犯罪隐语进行毒品交易的对话。"氓爷"和"花哥"是对流氓的称呼;"屁烟儿"和"啤酒粉"是指纯度不好的海洛因;"白雪公主"和"双狮站地球"是一类纯度较好的海洛因代称;"大圈"指监狱;"柳爷"指在监狱中的老大;"5分一两"指一千元可以买 5g,其中犯罪隐语中"一两"和"一斤"分别指一千元和一万元人民币,"一分"指一克,"一丫"指四分之一克;"扳大闸"指入室盗窃;"外水"指额外的钱;"雷子"指警察;"发一道戏"指介绍妓女给别的男子进行性行为;"绝撒的蜜"指非常好看的妓女;"申"是指数量词六,犯罪隐语中数词有:一(柳)、二(月)、三(汪)、四(载)、五(中)、六(申)、七(行)、八(掌)、九(爱)、十(句)。图 12-4 这段话的大概意思是:买家"花哥"欲向"氓爷"购买一些品质较纯的毒品海洛因,而"氓爷"只有一些低品质的海洛因,遂将以前在监狱中的老大"柳爷"介绍给"花哥"。经协商后,"花哥"以原价两

图 12-4　网上使用黑话进行交易的聊天记录截图

百元人民币一克后九折的价格从"柳爷"处购买 5g 毒品海洛因。同时,"花哥"向"氓爷"许诺,事成后给"氓爷"介绍一个漂亮的妓女进行性服务。

本节只是对犯罪隐语的基本特点进行简要举例分析,而犯罪隐语在国内外具有悠久的历史和深厚的文化背景,在现如今计算机和网络广泛普及的信息化社会,深入犯罪隐语的研究对计算机网络犯罪研究,侦破计算机网络犯罪具有重要的、深远的意义。在以后的生活和学习中,需要继续加强网络隐语方面特别是网络犯罪隐语的研究。

12.2.3　网络语言的典型语体句式特点

网络语言中,有不少追求标新立异有意违反语言规则的句子或模仿其他语体形式的

网络语体,这些句子和语体往往结合时下的一些流行语或古语名句,并加入自嘲或者热讽的语言,从而有助于方便信息交流、制造幽默效果,达到网民大众讽刺和批判社会,抒发其观点和心态,宣泄其内心情感目的。其中常见语体有"咆哮体"、"淘宝体"、"银镯体"、"蜜糖体"、"校内体"、"知音体"、"凡客体"等。

"咆哮体"最早起源于豆瓣网,以豆瓣网的景涛同好组员最出名。他们奉在影视作品中经常表情夸张,以咆哮姿态出现的港台影视明星马景涛为教主。"咆哮体"一般出现在回帖或者 QQ、MSN 等网络聊天对话中。"咆哮体"没有固定的格式或内容,就是带许多感叹号的字、词或者句子。"咆哮体"因看上去带有很强烈的感情色彩而引来粉丝的追捧。常用表现形式如:"……有木有!!!!!,尼玛啊!!!!!,……坑爹啊!!!!!"

如图 12-5 所示,是一张"咆哮体"风格的截图,图中作者模仿"咆哮体"模式,大量使用感叹号、语气词"啊"和"有没有"、"伤不起"等"咆哮体"中常用词汇,使作者尽情地表达自己的咆哮情感,发泄自己心中的激情,也容易引发读者的共鸣。

图 12-5 网上下载"咆哮体"截图

"淘宝体"是常见于淘宝网卖家对买家进行买卖交流时的一种说话方式。常见字眼:"亲…"、"哦…"。比如,"亲!! 熬夜不好哦!! 包邮哦亲!! 不抹零哦!! 送小礼品哦!!"

"银镯体"是一种以辞藻空洞华丽、使用生僻词语、频繁地利用标点符号、表现出使人感到浅薄多余的情感的文体,其中还混合了在"90后"中极其流行的畅销书作家郭敬明的文风,如"45度仰望天空,笑着流泪,明媚而忧伤。"因为其夸张、矫情而经常缺乏有价值的内容,常被"人人网"、"豆瓣"等网络社区中网友模仿。

"梨花体"谐音"丽华体",因女诗人赵丽华名字谐音而来,因其有些作品形式相对另类,引发争议,又被有些网友戏称为"口水诗"。其要点:一定要是大白的废话,就是会讲话的人在自己的话里随意加上几个标点符号,而且一定要善于使用回车键。如下例:

"我

今天

吃得很饱,天气这般好呀!"

"蜜糖体",起源于天涯社区网友"爱步小蜜糖",因为嗲到不能再嗲,腻到不能再腻的说话方式和语言词汇,仅凭几个回帖就在三天内迅速走红。其特点为:无论称呼别人还是自己一定用叠字昵称,并经常使用"5555…(呜呜呜)"和表情"O(∩_∩)O~",而且改变一些日常的词语,如把"是"变成"素","可是"变成"可素","这样子"变成"酱紫","非常"变成"灰常","的"和"地"都用"滴"代替,同时句子的最后总要加上"鸟"作为语气词等。例如,"偶滴猪猪也粉稀饭滴哦…伦家最稀饭小叮当滴肚子啦…里面有灰常…灰常多滴宝贝哦~伦家经常想…要是真滴有一个小叮当陪偶就粉好粉好了哦…嘻嘻…O(∩_∩)O~"。

"琼瑶体",又名"奶奶体",起源于言情小说家琼瑶的文章以及琼瑶剧的对白。"琼瑶体"的语言表现为删简就繁,宁滥毋缺,多用复句结构少用单一结构,多用反问句少用陈述句,多用排比句少用单句,能哭喊着说的绝不好好说。例如:

男:"你无情你残酷你无理取闹!"

女:"那你就不无情不残酷不无理取闹?"

男:"我哪里无情哪里残酷哪里无理取闹?"

女:"你哪里不无情哪里不残酷哪里不无理取闹?"

男:"我就算再怎么无情再怎么残酷再怎么无理取闹,也不会比你更无情更残酷更无理取闹!"……(无限循环)

"校内体",指原来的"校内网",现在的"人人网"常用的几种标题形式。常用的标题形式有:"每个××上辈子都是折翼的天使";"遇到××的人,就嫁了吧";"××,你还记得大明湖畔的那个××吗?";"背完了这些句子,你想不会××都难";"终于找到了!怕以后××就赶紧分享了";"××都要看看12星座××大全(太准了,哭了)"等。

"知音体"的叫法来源于知名杂志《知音》,指用煽情的标题来吸引读者。知音体特点:标题华丽,情绪哀怨。其形式如:《白雪公主》重新命名为《苦命的妹子啊,七个义薄云天的哥哥为你撑起小小的一片天》;《卖火柴的小女孩》重命名为《狠心母亲虐待火柴幻想症少女,祖母不忍勾其魂入天国》。

"凡客体",即凡客诚品(VANCL)广告文案宣传的文体,该广告意在戏谑主流文化,彰显该品牌的个性形象。然其另类手法也招致不少网友围观,网络上出现了大批恶搞凡客体的帖子,主要模仿"凡客体"以"爱……,不爱……,是……,不是……,我是……"为基本叙述方式的广告进行恶搞。

如图12-6所示,是以电影《让子弹飞》中主演周润发先生为主题,套用"凡客体"模板制作的一张图,图中"凡客体"内容丰富,不仅囊括周润发先生过去拍摄的一些电影名称,还简要反映了他在《让子弹飞》中所扮演角色的部分情况。"凡客体"灵活多变的特性,使其迅速在网上火热流行和传播,成为网民恶搞、创新的对象。

类似流行于网络中的还有"红楼体"、"少将体"等。此外,网络中有的具有文学修养的网民,他们借鉴古今一些脍炙人口寓意深刻的名言佳句或歌词,并将其中部分词汇替换成现代词语,进而创造出富有文学艺术情致的网络雅句。由于这些句子原本就拥有浓厚的底蕴和群众基础,所以网上一出现就迅速传播,成为网络流行语。如后面几个句子:"网恋人长久,千里共婵娟";"不识网络真面目,只缘身在此网中";"轻轻的,我网恋了,我敲一敲键盘,给你一个电话号码"。

图 12-6　网上下载的"凡客体"例图

12.2.4　常见网络语言特征小结

网络语言是产生在虚拟社会中,根植于传统语言体系基础上的一个变体和分支。互联网开放、多元、自由的环境,为网络语言花样繁多、推陈出新、不断发展提供了肥沃土壤,未来必将有形式更多、特点更新的网络语言出现。我们必须以发展的眼光看问题,与时俱进,随着网络语言的发展对其进行更加深入的研究,努力将网络语言研究成果实践于实际工作中。网络语言特征和规律比较复杂,本章只是从一个角度对网络语言的特点和主要构成规律进行管窥,针对网络语言的构成方面,将常见网络语言分为谐音类、缩写类、符号类和新词新意 4 类进行研究。以期待增加对网络语言的认识,掌握网络语言的基本规律特点,为将来从多角度多方面对网络语言进行深入研究打下基础。此外,常见网络语言中包括一些各地方言和各行隐语,以及特殊的网络语体和句式,所以现将这些内容总结于表 12-1 中,以供参考。

表 12-1　网络语言速查表

类别	组成	主要构成规律和特点	典型范例
谐音类	汉字谐音	主要由别字谐音和方言谐音构成,其中别字谐音是根据网络中部分常用词语的谐音或别字而演变;方言词语的发音形式具有地域特色和独特的表现魅力以及贴近生活的亲切感的特点,易流传	① 别字谐音：油墨(幽默)、色友(摄友)、驴友(旅友)、筒子(同志)、果酱(过奖)…… ② 方言谐音：偶("我",来自台湾地区普通话发音)、虾米("啥、什么",来自闽南语发音)、粉("很",来自闽南方言发音)……
	数字谐音	由于一些阿拉伯数字组合的汉语发音或音符发音与一些词语或句子的发音相似,所以用一些阿拉伯数字组合来表达某些词语或句子的含义。主要由词谐音、短语谐音、句子谐音构成	① 词谐音：1314(一生一世)、3399(长长久久)…… ② 短语谐音：520(我爱你)、530(我想你)…… ③ 句子谐音：70345(请你相信我)、70885(请你帮帮我)……

续表

类别	组成	主要构成规律和特点	典型范例
谐音类	英文谐音	指用谐音相同的英文字母或者汉字代替英文单词或词组	如 IC(英文"I see"谐音,表示"我明白了")、爱老虎油(英文"I love you"谐音,表示"我爱你")……
	混合谐音	指用不属于同一类别的字词谐音表示一种字词的含义	如+U(加油);I 服了 U(我服了你,其中"U"即是英文单词"you"谐音);B4(before 或指鄙视)……
缩写类	汉语拼音缩写类	网民有时出于快速交流的需要或由于汉字输入法的障碍,采用拼音首字母缩略的办法进行交流	如 BB(宝贝)、PMP(拍马屁)、FB(腐败、吃饭)、SB(傻 B,即指笨蛋)……
	英文缩写类	指常用英语单词、短语的缩写,或者通过拼音字母和英文字母的组合来表达某种含义,其中包含在网上交流的过程中经常被网民使用,广泛流行于网络交流中,逐渐被约定俗成一些英文缩写词	如 FAQ(Frequently Asked Question,指"常见问题");SM(Sadism & Masochism,指"性虐待");PS(Photoshop,指一款著名的图像处理软件);BTW(By The Way,指"顺便说一句")……
	汉字缩写类	指将现有的词汇材料歪曲解释,进而增加新的意义,表达诙谐、幽默的效果。其中,很多词汇来源于现实生活中人们直接的交流	如"潇洒(笑得挺傻)"、"可爱(可怜没人爱)"、"蛋白质(笨蛋+白痴+神经质)"、"偶像(呕吐的对象)"、"白白(白痴)"……
符号类	符号和符号、数字组形	指以键盘或输入法中的符号组合形式表达特殊含义的情态语,大部分为一些脸谱符号	如":)"(微笑)、"(﹀︿﹀)"(不满)、":("(不高兴或生气)、":X"(闭嘴)、":)~"(流口水)、"@_@"(疑惑或者饱含泪水)……
		指由键盘或输入法中符号与数字组成的混合图示	如"8<"(小剪刀)、"8—)"(戴眼镜的人微笑)、">3<"(亲一个)、"づ￣3￣)づ"(飞吻)……
	符号和字母组形	指由键盘和输入法中符号与字母结合表示正在进行的动作,常常是网络聊天室里设定的一些功能,经常被网友借用到聊天与灌水中	如":-D"(开心)、"b(￣▽￣)d"(竖起双手拇指说好)、"(^_—)db(—_^)"(手指拉勾,表示约定)、"OrzO｜￣｜_"(一个人五体投地的象形符号,表示败给你了)……
新词新意	网民创新词	指那些充满活力能够经过时间考验的网络语言,约定俗成后成为大家所接受的新词汇,以及网友们把古老的汉字翻出来,再赋予新的含义	如"板凳"(第三个回帖的人);"地板"(连板凳都没得坐的人);"山寨版"(指翻版、翻拍或者盗版);"雷人"(表示令人极其震惊,通常含贬义)……"囧"字,读 jiǒng,被赋予的新意就是表达悲伤、无奈或是极为尴尬的心情……

续表

类别	组成	主要构成规律和特点	典型范例
网络语言中的方言	各地域常用方言	由于网民来自天南地北各行各业，大家在网上进行交流的过程中，自然而然夹带一些本地方言或本行业独有的隐语，进而一些地方方言和行业隐语便悄然融入网络语言中，成为网络语言的一部分	如，"冷松"读 lěngsóng，出自于西北方言，意为"竭尽"；"老表"来源于江西周边兄弟省份对其的昵称；"衰"的发音与闽南语中的"倒霉"相近，是网络上的流行用语，是倒霉的意思，如真衰、衰哥等
网络语言中的隐语	各地典型犯罪隐语	犯罪隐语主要追求避人知、保守秘密、便于心记口诵的功利性效果，主要特点有：①通过省略、拆字、描摹等方法改变语言结构，构成隐语。②利用对日常生活中事物的比喻或联想作为原材料，使用喻体和本体之间的某一特征，将其内在的而且具有特指性的内容相联系，从而构成犯罪隐语；或以平常的动作和事物来掩盖隐语的本质含义。③犯罪隐语呈现地域性	例如，①"便衣警察"省略为"老便"，"公安局"省略为"局子"等是通过省略词语来构成隐语，其构成方式为，前缀＋中心语；又如"白粉"（海洛因）、"铐子"（警察）、"牛屎"（鸦片）等，则是通过描摹事物的形状、色彩、动作等构成隐语。②"打上三路"（偷上衣口袋）、"生可乐"（没有提纯过的可卡因）等；及"量体温"（性交）、"打上半场"（摸女性乳房）等。③以盗窃中各个地域对撬门溜锁的方式进行盗窃的不同隐语为例："扳大闸"（北京）、"登堂"（上海）、"爆甲、爆格"（广州）、"查户口、扒房"（西安）等
常见网络语言语体	咆哮体	"咆哮体"没有固定的格式或内容，只是带许多感叹号的字、词或者句子	如"……有木有！！！！！，尼玛啊！！！！！，……坑爹啊！！！！！"
	淘宝体	常见于淘宝网卖家对买家进行买卖交流时的一种说话方式。常见字眼："亲…"、"哦…"	如"亲！！熬夜不好哦！！包邮哦亲！！不抹零哦！！送小礼品哦！！"
	银镯体	一种以辞藻空洞华丽、使用生僻词语、频繁地利用句号、表现出使人感到浅薄多余的情感的文体，其中还混合了在"90后"中极其流行的畅销书作家郭敬明的文风	如"45度仰望天空，笑着流泪，明媚而忧伤。"
	梨花体	谐音"丽华体"，要点：一定要是大白的废话，就是会讲话的人在自己的话里随意加上几个标点符号，而且一定要善于使用回车键	如"我 　今天 　　吃得很饱,天气这般好呀！"
	蜜糖体	起源于天涯社区网友"爱步小蜜糖"，其特点为：无论称呼别人还是自己一定用叠字昵称，并经常使用"5555…（呜呜呜）"和表情"O(∩_∩)O~"，而且改一些日常的词语，如把"是"变成"素"，"可是"变成"可素"，"这样子"变成"酱紫"，"非常"变成"灰常"，"的"和"地"都用"滴"代替，同时句子的最后总要加上"鸟"作为语气词等	例如，"偶滴猪猪也粉稀饭滴哦…伦家最稀饭小叮当滴肚子啦…里面有灰常…灰常多滴宝贝哦～伦家经常想…要是真滴有一个小叮当陪偶就粉好粉好了哦…嘻嘻…O(∩_∩)O~"

续表

类别	组　成	主要构成规律和特点	典型范例
常见网络语言语体	琼瑶体	又名"奶奶体"，起源于言情小说家琼瑶的文章以及琼瑶剧的对白。"琼瑶体"的语言表现为删简就繁，宁滥毋缺，多用复句结构少用单一结构，多用反问句少用陈述句，多用排比句少用单句，能哭喊着说的绝不好好说	如，男："你无情你残酷你无理取闹！" 女："那你就不无情不残酷不无理取闹？" 男："我哪里无情哪里残酷哪里无理取闹？" 女："你哪里不无情哪里不残酷哪里不无理取闹？" 男："我就算再怎么无情再怎么残酷再怎么无理取闹，也不会比你更无情更残酷更无理取闹！"……（无限循环）
	校内体	指原来的"校内网"，现在的"人人网"常用的几种标题形式	如，"每个××上辈子都是折翼的天使"；"遇到××的人，就嫁了吧"；"××，还记大明湖畔的那个××吗？"等
	知音体	"知音体"的叫法来源于知名杂志《知音》，指用煽情的标题来吸引读者。知音体特点：标题华丽，情绪哀怨	如，《白雪公主》重新命名为《苦命的妹子啊，七个义薄云天的哥哥为你撑起小小的一片天》；《卖火柴的小女孩》重命名为《狠心母亲虐待火柴幻想症少女，祖母不忍勾其魂入天国》
	凡客体	"凡客体"，即凡客诚品（VANCL）广告文案宣传的文体，该广告意在戏谑主流文化，彰显该品牌的个性形象	如，"爱发明，也爱创造，爱抓羊，也爱被羊们耍，爱老婆，更爱老婆坚贞无比的平底锅，不是饿狼，不是恶狼，不是色狼，我是灰太狼，找男人的都别找了，有男人的也别要了，我和他们不一样，因为你要相信，嫁人要嫁灰太狼。"

12.3　网络语言的社会影响

　　网络技术的推广、网络用户的增加推动了网络语言的发展，使得网络语言不仅局限于在网络上广泛流传，而且对现实社会产生了巨大的冲击。目前，网络语言的发展对现实社会语言表达产生很大的影响，同时加入了人们对社会现实的批判，反映了当前社会的一些基本情况和人们的普遍社会心理。此外，网络环境中存在的语言暴力行为也对现实社会产生一定的影响，应当重视。

12.3.1　网络语言对自然语言表达的影响

　　网络语言的使用群体也是现实中的社会大众，他们在网络上使用网络语言，也会有意或无意地把网络语言中的成分带入到现实生活中来。随着网民群体的不断扩大，一些原本常用于网上交流的网络语言也在现实生活中广泛使用开来，实现了社会化。例如，菜鸟、大虾等网络词语几乎已经成了人们的日常用语。网络语言不仅在人们的口头上，而且在一些其他场合也随处可见，许多娱乐杂志的栏目标题都加入了网络词语的成分。除了直接使用网络语言外,人们还把一部分网络词语或句式加以变异,使其原意发生改变,衍生出新意,以一种更高层次的方式融入现实语言。比如2007年的"很黄很暴力"和2008年的"很傻很天真"出现以后"很×很××"的结构也随之受到网民的热捧并迅速流传和扩散,从而产生了各种各样的"很×很××"。2009年出现至今仍流行的"哥抽的不是烟,是寂寞"现在已经成为人们口头上调侃的常用语,并且形成了语言模式"××的不是××,是××"被到处套用。2010年国庆期间红遍网络的"小月月"事件流出的一句"神马都是浮云",而后由"神马"和"浮云"两词组成各种句式被人们拿出使用。还有由"不要迷恋哥,哥只是个传说;不要招惹姐,姐让你吐血"演变出的一系列流行语。

12.3.2　网络语言中对社会现实的批判

网络流行语中一部分来自于影响面大的社会事件。2009年的十大网络流行语中有两条与社会事件密切相关的,2010年的十大网络流行语中也有4条来自社会事件。如针对河北某所大学校园里一起交通事故中肇事者的嚣张表现,出现"不是所有牛奶都叫特仑苏,不是所有老爸都能叫李刚"的语言;针对2010年大蒜疯狂涨价,出现了"蒜你狠"等。这些流行语来自社会事件,是通过网民对社会事件的评判产生的。因为这些网络流行语都具有高度的概括性,人们听到这些流行语的时候会不自觉地产生了解其来源的好奇心理,进而会对其背后的社会事件予以关注。所以,当这些以社会事件为背景的网络流行语出现以后,会促使这些流行语背后的社会事件在更广阔的现实社会流传,无形中就也使得这些社会事件随着网络流行语的传播变得广为人知。需要注意的是,一些社会负面事件往往在网上热炒,成为受人瞩目的事件。其目的有的是起哄,但有的带有故意破坏民主团结、诋毁国家、政府和一些领导人的形象的目的。针对这类网络语言网络监管部门要加强监控,要及时发现、及时控制、及时消除影响,以保证网络环境民主和谐。网民在互联网上频繁使用这些由社会事件提炼而来的网络流行语,其实表达的是他们对社会的一种批判态度。网络的匿名性和虚拟性,使得网民在网上的言论无所保留,非常自由。因此,产生的网络流行语大多也是对社会事件的尖锐的负面评价,有的还非常尖刻。事实上,包含网民对时政信息的带有攻击性语意的词汇泛滥于网络中时,某种程度上可能起到刺激舆情,或者误导不明真相的群众无意识参与网络群体事件的作用。这需要加强对网络语言的正确引导,要提倡网络语言文明,控制网络流氓语言。

12.3.3　网络语言暴力行为

网络语言暴力是以网络为载体,用言语攻击的形式侵犯公民的合法权益,从而在思想或心理上对他人产生某种程度的伤害行为。[①] 在互联网技术广泛应用、网民数量日益增多、网络实名制尚未全面推行的网络环境下,为网络语言暴力的滋长与蔓延提供了特殊土壤,这种无形伤害他人的行为正在网络上迅速蔓延。代表性的网络流行语如2009年"躲猫猫"、2010年"我爸是李刚"等。在虚拟的空间里,由于网络环境的匿名性和开放性,网民无须为自己的言行负责,肆意传播垃圾信息,侵犯他人隐私,用暴力语言围攻他人,从而

---

① 李哲.透视网络语言暴力.青年记者,2009,(5):102-107.

在一定程度上造成一种道德真空的局面。如在"躲猫猫"事件中,网民高举"公正和法律"的旗帜,在事件未调查清楚的情况下,就对该事件所涉及的云南省相关政府机关及工作人员进行口诛笔伐,这种看似充满正义的集体舆论攻击行为,恰恰是一种责任心缺失和道德心迷失的无知表现。如图 12-7 所示是从网上截取的一些网民针对"躲猫猫"事件所做的讥讽对联,可以看到大部分网民从众心理、无责任意识和缺乏理性的表现。

图 12-7　网上截取的网民针对"躲猫猫"事件的言论

网络语言暴力的存在是互联网发展还不成熟的表现。互联网需要道德约束,更需要法律的制约。网络语言暴力的无限制使用,在近年的重大网络事件中均有突出的体现,例如,在"小小马哥"事件中,从一般 BBS 中讨论的问题,无限制地上升为民族与国际问题,进而对当事人发起了大规模的网络语言攻击,"小小马哥"一时间成为"汉奸"的代名词。在人肉搜索到其真实身份信息后,最终上升为针对该人的人身安全、财产安全的威胁。再如"死亡博客"事件,由于同情死者的网民在信息转载过程中加入了大量的个人主观评论,导致数以万计的不明真相的网民参与其中,论坛页面显示,数十人同时复制发帖人信息——"××,没人性,该死",并以相同内容跟帖,瞬间造成群情激愤的网络氛围,进而导致事态迅速扩大。而该事件的最终结局,是当事人将两大主流论坛告上法庭,并以胜诉告终。由此可见,网民不仅应该为自己在互联网上的言行负责,而且网民、网络服务提供商、监管部门应分别承担相应的责任和义务,接受法律法规的制约。只有加强监管,增强各方面法律意识,网络语言暴力才能受到扼制,网络环境才能发展健康成熟。

12.4 公安工作中网络语言研究的运用

网络虚拟世界同现实社会一样形形色色鱼龙混杂,现实社区的各种违法犯罪现象同样也会存在于网络虚拟世界中。然而,网络常见违法犯罪案件所涉及的内容又多与网络语言行为密切相关,如网络语言暴力、网络色情、网络诈骗、网络人肉搜索、网络攻击、网络赌博、网络虚假信息散布等。针对计算机网络犯罪对网络语言的特征进行研究,有助于网络身份伪装进行网络侦查,有助于网络犯罪的预审工作,有助于网络舆情导控,有助于加强网络环境监控、及时发现违法犯罪信息、净化网络环境,从而为有效、及时、准确遏制网络不文明现象,打击网络违法犯罪活动提供技术上的支持。

12.4.1 网络语言特征研究在网络侦查中的运用

计算机和网络广泛普及的今天,犯罪也发展到网络化和信息化。由于网络犯罪具有跨时间、跨地区的特点,所以针对某些网络犯罪的现场取证十分困难。例如,在网络色情案件和网络赌博案件中,犯罪分子往往会租借境外服务器,侦查人员很难对这些服务器内所存储的相关违法犯罪信息进行现场取证。然而,网上违法犯罪人员常会通过网上交流媒介(如聊天室、QQ、BBS、网站自带聊天工具等),使用网络语言进行沟通交流,传递违法犯罪信息。这为侦查人员进行网络身份伪装,打入犯罪集团内部收集违法犯罪信息提供了一个切入口。但是,网络语言有独特的特征,与规范汉语有着本质的不同。由于网络言语数量繁多,变化多样,它们或是数字,或是字母,或是晦涩难解的汉字拼凑,或是寻常文字却是另样意思。因此,侦查人员若想伪装自己,从网上打入犯罪分子内部,了解犯罪信息,搜集犯罪情报和犯罪证据,就需要侦查人员研究犯罪分子所使用网络语言的特征,结合网络语言的一般性特点,对犯罪分子的网络语言使用习惯进行模仿,达到以假乱真的效果,从而打入违法犯罪分子内部,实现侦查目的。例如,针对网络色情或网络赌博这类案件,有时需要侦查人员扮演网络嫖客或者网上赌家的身份,模仿其违法犯罪人员使用网络语言的习惯表达方式,与网上"老鸨"或网上庄家进行交流,博得信任,才能深入内部对犯罪线索和犯罪证据进行收集。

12.4.2 网络语言特征研究对于网络犯罪预审工作的作用

由于网络犯罪中犯罪分子经常使用网络语言进行交流,所以针对网络犯罪的预审工作也会涉及网络语言。网络语言是网络环境下催生的新语体,具有区别于传统语言表达方式和表达意义的独特性。因此,对于进行网络犯罪预审工作的侦查人员,应当了解网络语言的一般性特征和使用规律,并在此基础上分析预审对象使用网络语言的规律和习惯,才能针对犯罪嫌疑人使用网络语言特征对其心理特点进行刻画,了解犯罪嫌疑人的基本特征,调整预审策略,打开预审突破口,达到对症下药的效果。同时,在网络犯罪预审笔录中可能会含有一些网络语言,这需要预审员能够熟知网上常见网络语言特征,才能明白预审对象所叙述网络语言内容的真正含义,避免出现理解偏差,进而针对预审对象的回答进行有的放矢的讯(询)问,并实现对预审内容正确翔实的记录。

12.4.3 网络语言特征研究对网络舆情控制的意义

随着互联网在全球范围内的飞速发展,网络媒体已被公认为是继报纸、广播、电视之后的"第四媒体",网络成为反映社会舆情的主要载体之一。网络舆情形成迅速,对社会影响巨大。然而,网络这把锋利的"双刃剑"在提供了快捷的信息方式传播的同时,也对我国政治安全和文化安全构成了严重威胁,急需通过有效的舆论导向对网络舆情进行控制,建立牢固的网络舆情阵地。由于网络环境下的舆情信息主要有:新闻评论、BBS、博客、聚合新闻(RSS)几方面来源,所以网络舆情信息的传播多借助于网络语言,进而要引导和控制网络舆情,需要舆情引导监控人员对网络语言特点全面掌握,拥有丰富的网络语言沟通经验,才能以网民大众可接受的方式传播正面舆论信息,与网民进行和谐沟通,拉近政府机关和网民大众的距离,有效引导网络舆论方向,更好地为党和政府服务。相反,如果以政府的姿态,用官方语言同网民进行交流,传递党和政府的思想和政策信息,往往造成适得其反的结果,导致类似"五毛党"一样的尴尬局面。这样不仅不能达到网络舆情引导控制的目的,反而招致网民大众的反感和厌恶,甚至引起网络舆论导向失控。因此,对网络舆情进行有效的引导,需要网络语言特征研究的专业支持,加强网络语言特征研究,将对网络舆情控制具有特别重要的意义。

图 12-8 南京市白下区警方推广推出的彩色"凡客体"防范漫画

如图 12-8 所示是南京市白下区警方推广推出的彩色"凡客体"防范漫画传单的安全提示方法,该地警方将"凡客体"传单贴到"南京市局白下分局"的微博上,不仅得到社区居民的好评,也得到网上"粉丝"的热捧。

12.4.4 网络监控方面网络语言特征研究的运用

网络时代到来,给人们带来了难以估量的信息,并大大拓展了人们的信息获取的空间,极大地增多了人们获取信息的渠道。网络信息庞杂,有可能存在违法犯罪人员,他们使用网络语言在网上传递犯罪情报信息;也可能存在着一些有组织的反社会团体,他们刻意在网络上进行煽动、挑拨、蛊惑人心的行为,散布大量包含违法犯罪、破坏社会和谐稳定、分裂社会和国家、颠覆党和国家政权的恶意信息。针对网上这种恶意的人和行为,公安机关网络监管部门应当高度重视。由于网络非法信息中常包含一些网络语言,这些网络语言中很多是有别于传统语言结构的网络隐语和独特的网络语言表达方式。因此,加强网络信息的监管,迅速甄别网上非法信息,建立网络非法信息过滤系统,就需要网络监管部门对网络语言进行研究,分析常见网络语言的基本特征,并针对非法网民的网络语言使用特点进行研究,总结非法网络信息中的语言特征,进而为建立网络非法网络语言信息数据库提供理论技术支持,实现对网络非法信息有效屏蔽,对网络语言的使用进行正确引导,有效、及时、准确地遏制或打击网络违法犯罪活动的目的,从而营造理性、文明、和谐的网络语言环境。

小　结

　　本章比较详细地介绍了我国目前网络语言的发展历史和趋势,对网络语言的结构、含义做了较为系统的研究分析。网络用户在不同的网络应用环境下,因自身的文化层次、生活环境、年龄性别、兴趣爱好的不同,会表现出不同的特征,也会使用特定群体中较为熟悉的网络语言。

　　作为网络犯罪侦查人员,熟悉各种网络语言,在工作中对于网上信息的准确理解,对于信息发布者的个体特征分析都大有帮助。

思　考　题

1. 网络犯罪中的隐语、黑话有哪些?
2. 方言体现在网络语言中,有哪些具体表现?
3. 是否常见的网络购物平台上流行的网络语言风格都相同?
4. 搜集2009年至今每年的网上热门流行语,了解其产生背景。

第 13 章 其他常见线索与综合分析方法

公安机关在办理不同涉网案件的过程中,还经常发现前面几章之外的,其他类型的线索,这些线索或多或少与计算机网络有关联,但是在线索的发现与分析过程中,更多强调的是案件意识与侦查思维。

对于各类涉网案件而言,虽然犯罪嫌疑人的行为在不同阶段借助于网络技术,但是为达成其最终目的,必然从虚拟的网络空间,与现实环境发生直接或间接的联系。比如利用网络实施诈骗的案件,为骗取被害人的信任,在中间过程中必然提供现实中的联系方式,经沟通骗得对方的信任和财物。而对于所有利用网络非法牟利、侵财的案件,最终的表现形式一定涉及网银、转账和提现。再比如利用网络侮辱诽谤或诬告陷害他人的案件,最终必然要公布被害人的个人隐私信息。所以案件中的常见线索并不单纯局限于前几节所述内容。

13.1 其他常见线索类型与价值

13.1.1 网络电话

网络电话是近几年新推出的一项网络服务。网络电话又称 IP 电话或 IP 网络电话,即 VOIP 是 Voice Over IP 的缩写,这种技术通过对语音信号进行编码数字化、压缩处理成压缩帧,然后转换为 IP 数据包在 IP 网络上进行传输,从而达到了在 IP 网络上进行语音通信的目的。IP 电话极大地改进了网络带宽的利用率,大大降低了通信的费用,它的广泛应用也促进了宽带多媒体应用的发展。VOIP 最大的优势是能广泛地采用 Internet 和全球 IP 互连的环境,提供比传统业务更多、更好的服务。VOIP 可以在 IP 网络上便宜地传送语音、传真等业务。利用 IP 技术,用带宽去传送数字化的语音等信息,实现与异地的通话,以节省大量的市话和长途费用。VOIP 网络电话作为一种新的业务,有着自身的特点以及传统业务所无法比拟的长处,并已成为 Internet 应用领域的一个热点。根据现在网络技术的发展趋势,可以预见,在不久的将来,IP 电话将会逐渐取代传统的 PSTN 电话。

目前国内虽然有工业信息产业部的多项限制规定,但事实上很多网络运营商都已经陆续开始直接或变相地开展网络语音拨叫服务。因为网络本身已经是较为普及而应用广泛的平台,同时固定电话与移动电话的通信网络也已经成熟,所以只要为 Internet 找到一个合适的落地平台(也就是把网络数据转接到语音通信网络),就可以广泛使用。这种基于网络的 PC-Phone、PC-PC 的通信模式,充分利用网络带宽,有效降低了通话成本,其中 PC-PC 的模式与普通上网浏览网页或者使用 QQ 等 IM 软件的过程并无差异,费用本身也没有额外支出(流量计费方式除外)。

网络电话比较流行的软件有 Skype、UUcall、KC、shutter(快门)等。但是其工作原理大同小异。以目前网络最流行的 Skype 为例,其原理图如图 13-1 所示。Skype 的网络中除了注册服务器,没有其他任何集中的服务器,只是将用户节点分为普通节点和超级节点。注册服务器是 Skype 唯一需要维护的设备,它负责完成客户端的注册,存储并管理用户名和密码信息,当用户登录系统时,对用户进行身份认证。注册服务器还需要检验并保证用户名的全球唯一性。

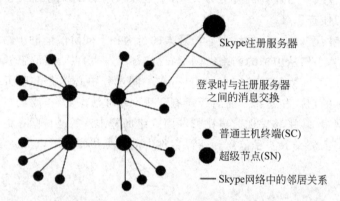

图 13-1 Skype 的系统连接结构图

普通节点即普通主机终端,只需要下载了 Skype 的应用,就具有提供语音呼叫和文本消息传送的能力。超级节点实际上是满足某些要求的普通节点,这些要求包括:具有公网地址、具有足够的 CPU、存储空间足够大、具有足够的网络带宽。

Skype 的通信流程分为启动、认证、查找用户、呼叫和释放的过程。用户终端启动时,采用 HTTP 连接到超级节点,通过超级节点向注册服务器发送身份认证信息,注册服务器验证用户名和密码的合法性,然后向其他对等节点及其好友发送在线信息,同时还需要判断该终端所在私网的 NAT 和防火墙类型。如果该终端先前默认的超级节点已不可用,则还要查找具有公网地址的 Skype 节点来作为该终端的超级节点,从而维持该终端与 Skype 网络的连接。之后,该软件使用了一种称作全球索引(Global Index)的技术来查找用户,该技术结合其建立的分层网络,超级节点之间采用全分布式的连接,每个超级节点具有最小时延前提下所有可用的用户和资源的全部信息。查找到希望连接的用户后,可以将其加入好友列表,用户可以随时与在线的好友进行呼叫。经过认证过程和用户查找过程,就可以完成呼叫建立和释放。

网络电话的呼叫信令通常都采用 TCP 封装,而媒体流则使用 UDP 封装,当有任何一方用户位于限制 UDP 包的防火墙内时,媒体流就会采用 TCP 封装。另外,当用户至少有一方位于局域网内时,所有的信令和媒体消息都使用端到端加密的机制后,经过一个或多个中间节点转发。此阶段的通信模式与常见的即时通信软件工作模式十分接近。然后经过国内的各固话或移动电话运营商落地转换为语音信号。

从以上原理不难看出,对网络电话线索的追查,可以从受话方运营商起,沿各中继逆查找结果。传统电话线索,侦查人员常关注主叫号码的基站信息、使用信息,而网络电话线索,侦查人员更关注的是呼叫发起设备的IP地址。通常可以将呼叫显示号码(主叫方通过网络电话运营商处显示的统一标识)、受话号码、受话时间等提交给国内电话运营商,查找主叫方的IP地址,再根据IP地址查找其真实身份和地址。网络电话在固定电话上的来电显示通常为00019×……,前两个0是表示国际来电,第三个填补号码0为防止回拨时误拨国际长途;手机上的来电显示为+019×……,"+"后面的0同样为填补号码,防止误回拨。标识位之后的19×是运营商代码,如190(中国电信)、193(中国联通)、195(中国移动)、196(中国网通)、197(中国铁通),即实际接到该呼叫的运营商。19×之后是国际区号、国际局接入地区号(国内常见为北京10,上海21,广州20),也就是该运营商接到呼叫的来源。如显示号码"00019361201",其含义(自后向前看)为某主叫电话通过(新南威尔士、悉尼)的国际接入局(2)所属地区的(01)号网关或服务器,接入到澳大利亚的网络服务器(61)再接入中国联通网络(193),然后通过国内的电话互连互通转到被叫电话。可通过联通查询该呼入电话所属的网络公司,再通过该网络公司查找呼叫建立的IP地址,最后根据该IP地址结合呼叫时间查找真实来源。

目前国内网络电话的使用刚刚开始,国家相关部门对各网络电话运营商的经营和管理行为尚未形成有效规范,对于某些关键信息记录的强制要求也没有提出。相信随着网络电话经营规模的扩大、用户的增加,相关的制度也会随之出台。

13.1.2 网银账户

对于所有利用网络非法牟利、赌博、侵财的案件,最终的表现形式一定涉及网银账户信息。网银服务本身就是一种脱离开实体卡的,对银行卡的无卡使用方式。所以网银账户所包含的线索价值体现在开卡、用卡的各个方面,所以对于网银线索的追查也从以下几方面入手。

(1) 开卡信息。由于近年来国内各银行普遍按要求实行储蓄户头实名制,所以无论信用卡还是储蓄卡一般都需要在柜台办理。那么提供给侦查人员的线索有身份证复印件、亲笔签名、开卡时间、柜台的监控录像(如果开卡时间不长,记录不会被删除)等。但是,因为开卡人本身的行为目的就是违法犯罪,所以常见使用他人身份证或者伪造身份证的情况。其中使用伪造身份证的最常见(使用他人身份证在柜台办理过程中容易因相貌不符而被质疑),通常可以提供真实照片。

还有一种情况就是"骗卡"。嫌疑人到劳务市场等流动人口集中的地方,通过招工或其他借口聚集较多的农民工,并要求他们到附近某指定银行开立银行卡,然后谎称为发工资需要集中登记银行卡,最后带着卡溜走。在追查这些涉案卡信息时,首先并不是直接查持卡人信息,而是查这些开卡的银行营业所地点,然后可以尝试在附近寻找流动人口集中的场所,寻找持卡人户籍地人员,再尝试通过同乡之间的关系,快捷地找到多个持卡人并询问相关的开卡过程等信息。

(2) 网银转账。嫌疑人赃款到账后,为防止被追查和冻结,可能会使用网银转账功能,直接将赃款转移到其他账户中,或者迅速将大额赃款提现而使用网银进行化整为零。

而网银的登录信息在各银行的网银中心均有记录,其使用的 IP 地址、上网设备的 MAC 地址和登录时间会被长时间完整留存。

(3) 提取现金。嫌疑人赃款到账后,可能会尽快变现,其中最常见的方式就是柜台提款和 ATM 提款。因为单张银行卡的 ATM 提款有限额,而大额提款必须柜台交易,柜台交易对嫌疑人来说又有很大的风险,所以常见同时使用多张银行卡提现的情况。柜台交易和 ATM 提款都会有监控录像。此外,ATM 设备的地理位置也能在一定程度上提供嫌疑人的活动空间位置。

(4) 中间业务。中间业务包括代缴费、POS 消费等。代缴费可涉及固定电话或移动电话,以及水、电、煤气等方面信息,也可能有关联到 QQ 等缴费信息,涵盖内容包括电话联系人、家庭住址等。POS 消费涉及消费时间地点、交款处的监控录像,以及大宗商品或大件商品的送货上门服务等。网上交易付款还会留存有嫌疑人使用的 IP 地址、MAC 地址等上网设备信息。

(5) 第三方支付平台套现。嫌疑人赃款到账后,为隐蔽地进行提现,同时伪装自己,可能在事先准备好的淘宝网店中虚假购物,然后以货款的形式通过支付宝打进自己的另一账户。这类情况可以通过购物金额、货品类别和数量、确认收货时间等进行判断。通常利用网络非法获利的嫌疑人最终目的在于把钱弄到手,而不会是全部用于购物(本身购物收货周期就长,而且会暴露自己的真实地址,很容易被侦查人员追查到)。追查此类线索可通过淘宝、易趣等网络交易平台的记录信息,查找嫌疑人开设网店的注册信息、上传数据的 IP 等;通过支付宝查找钱款的去向。

需要提醒的是,随着支付平台的不断增多,除支付宝外,快钱、安付通、钱袋宝、财付通、拉卡啦、网汇通、盛付通、平安支付、易宝支付等新的第三方支付平台不断出现,随着市场竞争的不断激烈,各运营商的服务门槛也在不断降低。而另外有一些缺乏社会责任和道德意识的公司会提供更为便捷的洗钱渠道,比如嫌疑人将赃款用于支付购买某网络公司的虚拟财产,然后按照该公司的经营规则,嫌疑人再折价将虚拟财产转换为现实货币,完成获利的同时,将钱洗白。

(6) 网银账户密码。网银账户密码存储于银行数据库中,可随时在交易发起及确认过程中进行实时比对。但是,该密码在数据库中使用密文形式保存,其加密算法是由各行总行专门部门严格控制,绝不外泄。所以侦查过程中希望银行提供密码是不可能的。同时特别注意的是,目前银行的服务日趋完善,信息查询服务非常准确便捷,侦查人员使用密码挂失、冻结账户等方法诱使嫌疑人到柜台交易实施抓捕的方法是非常不可取的,往往容易引起嫌疑人的疑心,反而打草惊蛇,使其隐藏得更深。

很多案件中,网银线索的追查非常烦琐。嫌疑人可能使用很多账户、很多网络平台进行转款、套现。其转款过程越复杂,侦查人员的追查难度越大,但是同时嫌疑人也更容易出现漏洞,可能遗留的线索痕迹也就越多。

13.1.3 电话线索

电话分为固定电话和移动电话两类。固定电话通常可以提供的信息有:通话记录(部分地区对于既往市话通话无详细记录)、装机信息(装机地址、申请人、联系电话、代交费账户)、电话特殊查询或银行代交费记录等。移动电话有详细的通话记录清单,除开户信息(神州行、如意通没有记录开户信息)和通话记录外,还可能含有移动电话代收费情况、捆绑 QQ 或定制短信等特殊服务、手机通话基站信息、通而未接的记录等。

对于电话的通话记录清单,通常调取的是文本文件。但是使用频率非常高的电话的通话记录是很繁杂的,尤其是当侦查人员调取的是一段时间内的通话记录甚至是两三个月的,其记录数量可能超过千条甚至两三千条。

对电话记录线索,侦查人员往往关注的是在某特定时间区间嫌疑人的通话记录、大致位置;嫌疑人平时与谁联系紧密;嫌疑人特定时间段内主要的活动范围;嫌疑人与某特定人员之间的通话情况等。这些工作如果用眼睛去看、去数,用笔去记录、去算,一是耗费大量时间,二是不能保证统计和判断结果的准确性。

因为电话记录清单本身也是一种格式化的文本,所以同样可以借助 Excel 来分析,如图 13-2 所示。方法很简单,利用导入外部数据功能,直接将电话清单在 Excel 中打开,通过排序、帅选、分类汇总等方法,统计上述要求的结果。简单的操作内容如表 13-1 所示。

图 13-2 导入 Excel 中的通话记录

表 13-1 处理电话记录的操作

电话记录的分析需求	Excel 中的简要操作提示
特定时间区间的通话记录	自动筛选——"通话时间"自定义条件设置为大于开始时间小于截止时间
与某特定人员之间的通话	自动筛选——"对方号码"条件为目标电话号
平时与谁联系紧密	排序——关键字为"对方号码" 分类汇总——分类字段"对方号码",统计方式为"求和",统计字段为通话时长,结果为嫌疑人与各号码的累计通话时长 分类汇总——分类字段"对方号码",统计方式为"计数",统计字段为通话时间,结果为嫌疑人与各号码的累计通话次数
**经常活动的大致位置	排序——关键字为"基站号" 分类汇总——分类字段"基站号",统计方式为"计数",统计字段为通话时间,结果为嫌疑人在各基站位置建立的累计通话次数 根据基站位置找到嫌疑人活动范围

**也可分时段统计,比如统计嫌疑人夜里 11 点到凌晨 5 点之间的通话基站,可确定其大致住址范围。具体方法为:去掉"通话时间"字段的前 6 位字符,保留后 6 位,然后以此为关键字排序,对"基站号"分类汇总,出现概率最大的就可能是其夜间休息的位置。

13.1.4　假身份证线索

在涉网案件的侦查过程中,最终从网络信息到现实的连接媒介除了 IP 地址、网银信息,就是身份证信息。但是,初步查实的身份证线索往往是伪造的或者冒用他人的。身份证线索的来源可能是银行开户信息、网吧上网登记信息、宾馆上网查证的住宿登记信息等。

涉网案件的一个突出特点就是涉案人员的流动性明显,有些甚至是流窜作案。嫌疑人出于隐藏自己真实身份和隐匿自己行踪的目的,通常会使用假身份证。冒用他人身份证本身有一定的风险,因为照片与本人相貌不符,而使用伪造身份证的多数是使用自己的照片,只是姓名、住址和身份证号码属于伪造。显然,对于伪造的身份证线索,往往可以通过复印件上的照片了解嫌疑人的相貌。

但假身份证线索能够提供的线索价值可能远不止单纯的五官相貌。对于流动性较强的嫌疑人来说,需要使用身份证的环节就多,例如,宾馆住宿登记、网吧上网登记、银行大额取款登记,以及出行过程中固定或临时安检的登记信息等。虽然其使用假身份证登记,但仍然可根据该假身份证信息追踪其下落。

在一起网络诈骗案件中,嫌疑人王某使用假身份证在银行开户,之后不断流窜于天津、河北、山东提款转现。侦查人员在发现其使用假身份证开户后,虽然无法直接确定嫌疑人身份,但是没有放弃,以假身份证信息为线索,追查其使用踪迹。摸清了其活动规律和范围,最终将其抓捕归案。

13.1.5　数据规律分析

某些案件涉及数据库中的数据记录线索。在实际办理过程中,有时会遇到无法确定涉案嫌疑人所使用的犯罪手段的情况。那么对数据本身存在的规律进行分析,可能会逆推出嫌疑人当时的行为过程。再根据行为过程中的特定信息,比如权限、操作时间、操作设备等内容,圈定嫌疑人范围。数据规律分析包括两方面内容:一是对数据本身的数值排列与案情进行比对分析,逆推嫌疑人作案过程;二是对数据流向及数据库中的关联关系进行逻辑分析,逆推嫌疑人作案过程。

例如,某网吧管理员盗窃营业收入款的案件。2004 年 9 月,某网吧新开业,尽管每天从计费系统中查看的营业额汇总与管理员交给老板的金额相等,但是从整个网吧的规模和营业状况看,收入偏低。2004 年 12 月 9 日晚,网吧老板对该管理员进行质问,并抽查上机情况,没有脱机(上网计算机与计费服务器断开连接)情况发生。但其他工作人员反映管理员于某有将收到的营业款放入自己口袋的行为,后报案,公安机关介入。侦查人员将计费系统中的所有明细记录导出,发现很多笔记录中,上机时长与计算费用无法对应。但是计时与计费是服务器软件自动计算得出,不存在人为任意修改的可能。

因为整个数据表很大,有几十万行记录,每执行一次操作都要很长时间,分析起来不方便,所以可截取一月的记录放到 Excel 中,尝试分析数据规律。导出的数据项包含上下机时间、应收与实收费用、上机时长等关键内容,如图 13-3 所示。

分析数据表中应收金额是按照标准费率乘以上机时长来确定,所以根据上下机时间

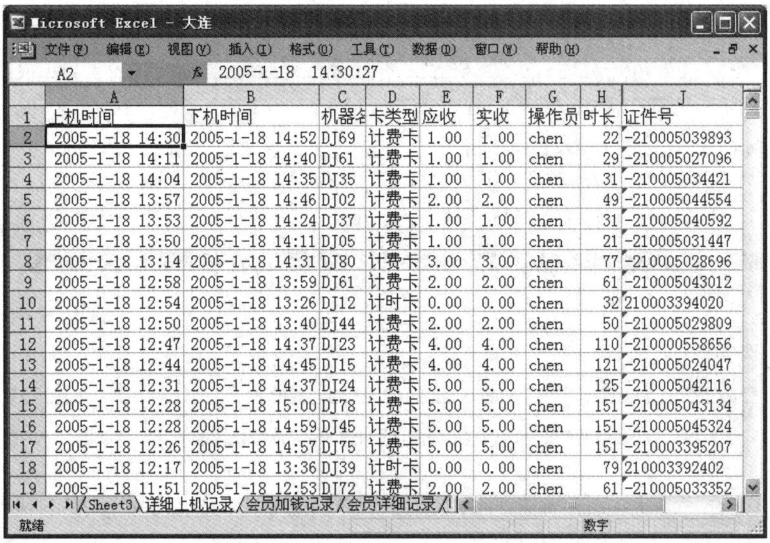

Microsoft Excel - 大连

A2　2005-1-18 14:30:27

	A	B	C	D	E	F	G	H	J
1	上机时间	下机时间	机器名	卡类型	应收	实收	操作员	时长	证件号
2	2005-1-18 14:30	2005-1-18 14:52	DJ69	计费卡	1.00	1.00	chen	22	-210005039893
3	2005-1-18 14:11	2005-1-18 14:40	DJ61	计费卡	1.00	1.00	chen	29	-210005027096
4	2005-1-18 14:04	2005-1-18 14:35	DJ35	计费卡	1.00	1.00	chen	31	-210005034421
5	2005-1-18 13:57	2005-1-18 14:46	DJ02	计费卡	2.00	2.00	chen	49	-210005044554
6	2005-1-18 13:53	2005-1-18 14:24	DJ37	计费卡	1.00	1.00	chen	31	-210005040592
7	2005-1-18 13:50	2005-1-18 14:11	DJ05	计费卡	1.00	1.00	chen	21	-210005031447
8	2005-1-18 13:14	2005-1-18 14:31	DJ80	计费卡	3.00	3.00	chen	77	-210005028696
9	2005-1-18 12:58	2005-1-18 13:59	DJ61	计费卡	2.00	2.00	chen	61	-210005043012
10	2005-1-18 12:54	2005-1-18 13:26	DJ12	计时卡	0.00	0.00	chen	32	210003394020
11	2005-1-18 12:50	2005-1-18 13:40	DJ44	计费卡	2.00	2.00	chen	50	-210005029809
12	2005-1-18 12:47	2005-1-18 14:37	DJ23	计费卡	4.00	4.00	chen	110	-210000558656
13	2005-1-18 12:44	2005-1-18 14:45	DJ15	计费卡	4.00	4.00	chen	121	-210005024047
14	2005-1-18 12:31	2005-1-18 14:37	DJ24	计费卡	5.00	5.00	chen	125	-210005042116
15	2005-1-18 12:28	2005-1-18 15:00	DJ78	计费卡	5.00	5.00	chen	151	-210005043134
16	2005-1-18 12:28	2005-1-18 14:59	DJ45	计费卡	5.00	5.00	chen	151	-210005045324
17	2005-1-18 12:26	2005-1-18 14:57	DJ75	计费卡	5.00	5.00	chen	151	-210003395207
18	2005-1-18 12:17	2005-1-18 13:36	DJ39	计时卡	0.00	0.00	chen	79	210003392402
19	2005-1-18 11:51	2005-1-18 12:53	DJ72	计费卡	2.00	2.00	chen	61	-210005033352

Sheet3 / 详细上机记录 / 会员加钱记录 / 会员详细记录

图 13-3　导出到 Excel 中的上机记录

重新核算上机时长，与原表中时长进行比对，发现个别记录上机时长与原表有明显差别，甚至有的记录测算实际上机时长为 70 分钟，但记录时长为 0，同时应收与实收的费用也为 0。为分析寻找嫌疑人的行为过程，将数据表中有上机时长但计费不准确的异常数据筛选出来，然后推测是否存在特定日期嫌疑人实施盗窃行为。根据上机时间将表中数据排序，发现无规律可循，再推测是否存在收款额达到预定标准时嫌疑人实施盗窃行为。将测算的时长乘以费率与应收实收的金额相减得到收款差额，进行排序，发现无规律可循。

那么嫌疑人到底如何实施盗窃行为？真的是随机进行的无规律可循？从软件功能上讲，这是不可能的，管理员无法随意修改账目，也没有权限删除上机记录。浏览数据发现，出现最多的异常现象不是应收与实收相差一两元钱，而是根本就将上机时长记录为 0 或其他相差很大的数字。将应收金额为 0 的记录自动筛选出来，再按照上机时间做关键字排序，发现一个重要规律，所有在 22：00 至次日 7：00 之间上机的记录，其记录时长均为 0，也就是说，会员卡在此期间消费不计时不计费，只有连续上机超过这个时段的部分为正常记录时长，如图 13-4 所示。结合软件功能分析，该嫌疑人应该是在费率设置上做了手脚，将夜间上网部分时段费率设置为每小时 0 元，之后采用“包宿”收现金的方式，将营业款窃为己有。该现象自 9 月 4 日(网吧开业第三天)起，至 12 月 9 日晚(网吧老板对管理员进行质问)止。侦查人员 12 月 15 日接报案到达网吧勘验服务器时，该计费费率已经恢复正常。而该功能权限只有网吧老板与于某掌握，后就该结论对嫌疑人进行讯问，于某对以上犯罪事实供认不讳。

这起案件就是一次典型的通过寻找数据规律逆推犯罪手段的侦查过程。通过各种查询条件和查询方式，对数据表中的数据记录进行运算、排序和筛选，总结数据规律，推导侦查结论。

总而言之，对于侦查过程中出现的各种案件线索都不应轻易放弃。侦查人员要从该

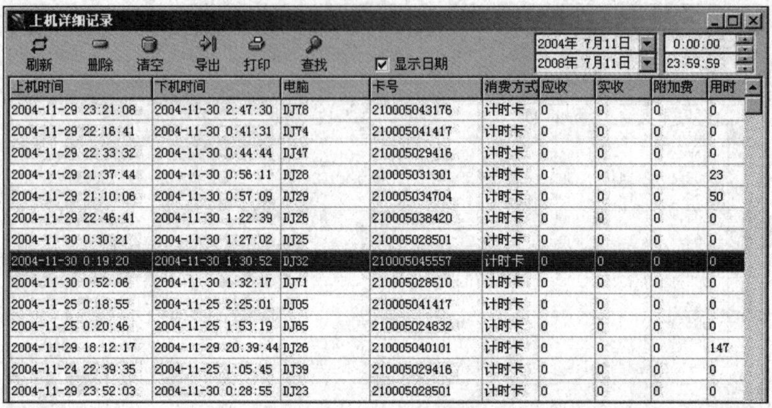

上机时间	下机时间	电脑	卡号	消费方式	应收	实收	附加费	用时
2004-11-29 23:21:08	2004-11-30 2:47:30	DJ78	210005043176	计时卡	0	0	0	0
2004-11-29 22:16:41	2004-11-30 0:41:31	DJ74	210005041417	计时卡	0	0	0	0
2004-11-29 22:33:32	2004-11-30 0:44:44	DJ47	210005029416	计时卡	0	0	0	0
2004-11-29 21:37:44	2004-11-30 0:56:11	DJ28	210005031301	计时卡	0	0	0	23
2004-11-29 21:10:06	2004-11-30 0:57:09	DJ29	210005034704	计时卡	0	0	0	50
2004-11-29 22:46:41	2004-11-30 1:22:39	DJ26	210005038420	计时卡	0	0	0	0
2004-11-30 0:30:21	2004-11-30 1:27:02	DJ25	210005028501	计时卡	0	0	0	0
2004-11-30 0:19:20	2004-11-30 1:30:52	DJ32	210005045557	计时卡	0	0	0	0
2004-11-30 0:52:06	2004-11-30 1:32:17	DJ71	210005028510	计时卡	0	0	0	0
2004-11-25 0:18:55	2004-11-25 2:25:01	DJ05	210005041417	计时卡	0	0	0	0
2004-11-25 0:20:46	2004-11-25 1:53:19	DJ65	210005024832	计时卡	0	0	0	0
2004-11-29 18:12:17	2004-11-29 20:39:44	DJ26	210005040101	计时卡	0	0	0	147
2004-11-24 22:39:35	2004-11-25 1:05:45	DJ39	210005029416	计时卡	0	0	0	0
2004-11-29 23:52:03	2004-11-30 0:28:55	DJ23	210005028501	计时卡	0	0	0	0

图 13-4　上机详细记录内容与异常记录

线索出发，一方面考虑形成该线索的来源，另一方面考虑该线索可能形成的延续。充分发挥侦查效能，取得良好的预期效果。

13.2　网络身份线索的发现与分析

随着近年来计算机网络在生产、生活等方面的迅速普及，上网人群的急剧增加，在大量的刑事案件侦查工作中都出现了网络身份的线索。比如 2003 年某地发生的网吧杀人案，两个同城异地的网络用户在玩网络游戏时发生矛盾，进而发生口角，一方寻至网吧，激情杀人。案件侦查中发现，两人从不相识，建立联系前后不超过一小时，无法排查嫌疑人。唯一遗留的线索是在计算机中出现的一个网名。再比如，2005 年年初侦查人员在处理一起涉嫌网络购物的诈骗案件中，按照被害人提供的线索追查，根据一个邮箱地址，最终通过网络身份识别技术找到了几个月来从不上网的嫌疑人。本节将就笔者总结和思考的若干网络身份识别方法做以介绍。网络身份是介于现实身份和虚拟身份之间的一类特殊身份，它不像现实身份那样有据可查，也不像虚拟身份那样完全不可查，它所包含的身份信息有真有假、有虚有实，应用于公安工作中时，需要综合心理学、犯罪心理学、行为心理学、侦查学等一系列学科，其应用价值和重要地位日益提高。

13.2.1　网络身份线索的概念

网络身份有广义和狭义之分：广义的网络身份指所有网络的参与者，它可以是一个符号、一台计算机或是一串代码；狭义的网络身份指使用过网络的人的身份，强调人的主体。网络身份具有隐蔽性，多样性，特殊性，一致性等特点。本书中提到的网络身份，可以简单地理解为包括人们通常讲的“网名”在内的，上网用户在不同应用环境下，使用的各种用户标识。这些标识包括系统自动产生(如 QQ 号码等)和人为设定(论坛 ID 等)两大类。常见的网络身份标识有 QQ 昵称、论坛 ID、网站的用户名、邮箱地址及昵称等。因为这些用户标识是在网络这个虚拟环境中使用，而网络本身具有虚拟性和复杂性，所以侦查人员往往摸不到头脑,无从下手。尽管网警部门可以采用一些技术手段进行追查,但是,必须以涉案人员再次登录该网络应用环境或软件为前提,如果其因为各种原因不再上网,或者不再使用曾经的网络身份登录相同的涉案软件或环境,那么追查就无法找到结果。

其实,网络身份虽然是虚拟化的标识,但是该标识既然不是系统自动产生,而是行为人自己设定,那么显然网络身份具有鲜明的人身属性。同时,因为网民在网络上的流动性,又会造成多处网络身份的关联性。虽然这里提供的方法不能确保每一个身份的辨识都达到百分之百成功,但是确实能够给侦查人员提供一套计算机技术与传统刑侦技术相结合的,全新的侦查途径。

13.2.2 一般网络身份的甄别与分析

网络身份本身有可能直接体现出某些信息。

Hélène ㊣、硪伱禧歡、@. 攤Pái 等,这类名称显然是非正常字符,通常见于22岁以下尤其是18岁以下思想不成熟,喜欢标新立异的年轻人。

江湖912、英雄1971、袋鼠28等,这类名称的后缀往往是所有者的特殊纪念日、年龄等重要信息。

海棠烟雨、石老人等,这类名称带有地域特色,尽管侦查人员可能不了解详情,但是可以借助网络了解相关信息。比如这里所提的海棠烟雨就是重庆市内的一个传统景点(南岸区的海棠溪烟雨楼)。显然,这个人极有可能是重庆人或者是与重庆有关的人。

游刃百万人头、负汤蹈火等,这类名称有时暗示职业特点,如这里的两个身份,分别是理发师、消防队员。

一支红杏、公路狂飙等,这类名称有时暗示其上网目的或兴趣爱好。如这里提到的分别表示女性想找情人、喜欢飙车。

田雨长弓、墙有钉等,这类名称有时通过拆字或谐音,隐喻其名字,如前述二人,分别为张雷、丁友强。

Diana5618、Lily 等,这类名称虽然使用了外国名字,但是中国人在起外文名字时,经常喜欢使用与自己中文名字谐音或相近的名称。

苕样青春、瓜娃子等,这类名称使用了典型的地方方言俚语,透露其归属地域信息。苕(地瓜),湖北方言俚语有"像个苕样的",外埠少有听到。而瓜娃子是重庆地区骂人的方言俚语。

此外,从网上的ID结合其出现的网络应用环境,对于某些特征规律明显的网名,往往可以大致推断ID所有者的某些自然情况,如图13-5所示。

总之,在网络名称出现后,可能会得到一些非常直观的信息,但是这些信息的获取同样取决于侦查人员的头脑、反应和分析能力。比如在某地CNCG专案中,主犯涉嫌利用网络介绍卖淫,经查其进行联络的邮件显示来自"Lily Tang ＜fuckme999@hotmail.com＞"。通过对发件人名分析,怀疑嫌疑人姓唐或汤,根据上述线索在二十几个可疑流动人员中,缩小侦查范围。最终查实,该"妈咪"名叫唐可丽,英文名Lily Tang。此外,E-mail地址同样可以作为关键字在搜索引擎中查找。如在查实某不良信息举报的情况时,信息载体为电子邮件 ccdavi…@sohu.com。以该邮件地址为关键字搜索,发现结果出现在某网站首

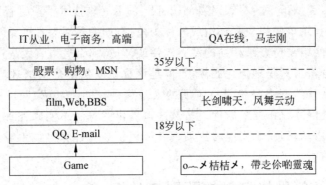

图 13-5　上网 ID 的大致分析

页底部的"版权/备案/网站联系人"栏目中,于是通过网站,直接找到当事人。在直观分析网络身份过程中,较为简单的方法是使用搜索引擎,深入了解其网名的含义,结合办案人员的准确判断,取得有效突破。但是作为侦查员,职业的敏感性和经验的积累同样重要。例如在某娱乐论坛中,一个每天在线但几乎从不公开发言的用户引起了网监人员的注意,其论坛 ID 为"冰麻酥糖"。查看其在线状态(很多 BBS 提供此功能,鼠标指针指向该用户名,即显示其在浏览帖子、收发站内短信等),始终在收发站内短信。查看其注册信息,有邮箱和 QQ 号码。再查找其 QQ 号码注册资料,发现同样是经常在线用户,累计在线天数超过 320 天。更重要的是其用户名为"冰麻酥糖",个性签名为"冰冰麻麻",如图 13-6 所示。通过搜索引擎,并无冰麻酥糖这种食品,而"冰"和"麻",正和我们在娱乐场所涉毒人员中最常见的"冰毒"和"麻古"的简称,显然此人很可能涉及毒品,或者是吸、贩毒人员。而从其半隐半显的用户名特征看,很可能是贩毒人员。通过进一步接触,证实了以上推测。

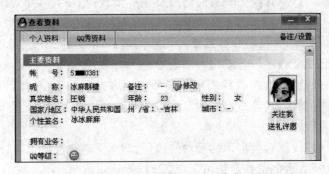

图 13-6　冰麻酥糖的 QQ 资料

综上所述,尽管并不是所有的网络身份都一定带有明显的涉案信息,确实也有些网名本身无任何携带信息,但是对于相当多的网名来说,其自身直接表露的信息,很可能为案件侦查工作带来重大的突破,所以更要求侦查人员注意日常积累,拓展自己的知识面,提高自己的职业敏感性。

13.2.3 网络身份线索的关联性分析

利用网络身份的关联属性查找目标。这是更准确的、信息量更大的辨识方法。

最容易让侦查人员忽略的就是电子邮件地址。一般地，人们都认为对于 E-mail 来说，最关键的是正文，少部分人会对附件和信头进行分析。但是邮件地址本身也是有追查价值的。网警部门在办理一起网络购物诈骗案件中，办案后期被害买方失去联系，邮件没有回复。后通过将邮件地址作为关键字进行搜索，发现该信箱出现在某政府网站的网站维护人员联系信息中，并进一步通过该网站寻找到当事人。显然，这是因为电子邮件作为最普遍的网络联系方式，通常会在所有者注册登录过的网页、发布的信息中，辨识出其网络身份。

更为突出的网络身份关联性体现在用户的网络称呼中。邮件地址标识中有用户名（单独设置用户名的通常是网络经验丰富且使用邮件频繁的用户），QQ、MSN 等都有昵称，网络社区、BBS 等都有注册的 ID（用户名），网络用户绝大多数会在诸多的网络应用中使用相同或相近的用户名，即用户名一致性。这样，侦查人员可以利用其中的关联性实现侦查工作中线索从小到大、从无到有的过程。

侦查人员使用互联网搜索引擎，如 www.baidu.com 或者 www.google.com 等，可以在大范围内查找和获取相关信息；同时，在特定软件应用环境中查找，如 QQ、BBS、同学录、BLOG 等，可获取尽量多的信息。注意，很多大型论坛的内部发帖回帖信息因为被设置了阅读权限，所以往往百度和谷歌也无法完全搜索到，所以在查找信息时，要注意大型论坛的站内搜索功能。

在实际工作中，发现了以下一些规律。

1. 名称的后缀

很多情况下，用户在某一网站、论坛、E-mail 等环境下注册用户名时，发现该用户名已经被他人使用，只能加上后缀才能注册，如"大军1980"等。那么从一般用户习惯而言，这个数字后缀不可能随便添加，因为随机添加的数字很难记忆，所以通常用生日、纪念日、手机尾号、车牌尾号等。在调查此类网名线索时，绝对不可忽略后缀的内容。

2. 名称一致性

经常上网，并习惯在各个网络热点网站浏览的用户，需要使用大量的网络资源，也就经常需要使用网名注册。从一般用户习惯而言，一个用户通常使用一个网名，至多不会超过三个，即使有区别通常也是主用户名相同，后缀不同。这是因为很多不同的网名难以记忆，即便记住名字也难以与注册的地址对应。在开展侦查工作的过程中，要尝试将一个已经掌握的网名在其他网络环境中搜寻，以获取更多的线索，如图 13-7 所示。

3. 密码一致性

经常上网，并习惯在各个网络热点网站浏览的用户，需要使用大量的网络资源，也就经常需要使用网名注册，并使用密码登录。从一般用户习惯而言，一个用户通常使用一至

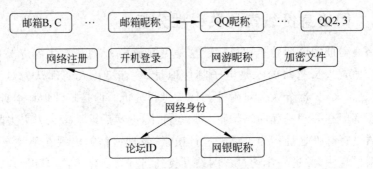

图 13-7　网络身份一致性与信息关联

两个密码,即绝大多数相同用户在多个网络环境下使用相同的登录密码,至多不会超过三个,因为很多不同的密码难以记忆。利用密码一致性,可以将获取的各个用户名做关联筛选,如果一个密码可以登录多个 ID,则可作同一性判断。此外,在实际工作中也有通过破解本机加密文档,通过文档密码登录 QQ、E-mail 的先例,如图 13-8 所示。

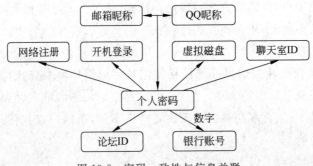

图 13-8　密码一致性与信息关联

4. 信息的强关联性

经常上网,并习惯在各个网络热点网站浏览的用户,经常需要使用网名注册。而注册的过程中,往往要求提供 E-mail 地址、QQ 号码等注册信息,用于提供认证、在线服务、会员互动交流等。所以,在搜索嫌疑人网络踪迹的过程中,可以通过邮箱和 QQ 为媒介。

5. 地域局限性

网络是无边际的,但是人处于物理环境中,其移动速度与距离是有局限性的。开展侦查工作时,可以通过已掌握的网络信息包含的 IP 和时间,过滤其数据包中包含的其他网络身份,做同一认定。此方法涉及秘密手段,不再详述。

网络身份的综合分析流程可如图 13-9 所示。图中以 BBS 发布有害信息为例,公安机关通过发布网站得到发帖时间、发帖人昵称、发布源 IP 信息这几项最基本的留存信息。综合技术手段和网警工作方法得到 IP 准确的物理地址区域和网上所有有关该昵称的记录,再结合网站留存记录中有关该昵称的登录时间记录,最后运用传统技术侦查手段,两两结合比对排查,最后汇总信息并做出准确或有大致方向的侦查计划,落定侦破方案进行嫌疑人抓捕。

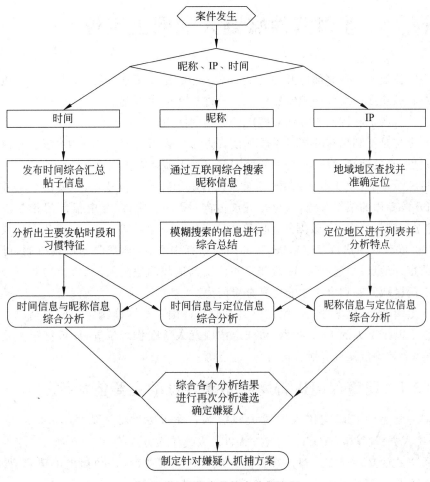

图 13-9　网络身份综合分析流程

这里可以通过实例来直观地表述综合分析网络身份的过程。

在搜索网络身份在互联网上的遗留信息线索时,不能单纯依赖搜索引擎(且不能为单一引擎)。某些 BBS、BLOG、QQ 空间以及同学录中的信息无法被引擎直接获取。在确定大致方向后,必须进行注册或者取得相应口令权限后,使用内部搜索功能才可以找到。

另外还要注意,某些案件中,侦查工作的开展恰恰是上述工作过程的逆推。例如,中南某地调查一起职务犯罪的案件中,对某嫌疑人进行秘密侦查,掌握了该人的真实姓名等户口登记信息以及个人简历等档案信息。了解到该人平时在家上网(通过固话缴费单中宽带包月可以判断),但是不具备秘取的条件,所以不了解其网上的有关账号信息,网警的秘密手段也就无法发挥作用。该案中,首先在 Chinaren、5460、Baidu、腾讯等网络同学录(校友录)中通过查找学校班级(个人档案履历表中有)、查找同学的方法(真实姓名查找)找到该人,并通过其同学录中的登记信息找到其使用的 QQ、MSN、E-mail 的有效账号。继而使用相应手段取得其涉案线索。

13.3 涉网案件嫌疑人的网上定位

网络定位技术是网警部门开展网上侦查工作的重要工作内容,主要作用是协助办案部门寻找和抓获涉网案件的犯罪嫌疑人。经过多年的手段建设和定位抓捕工作实践,网警部门已经具备了利用网上方法实施定位抓捕的能力。

网络定位是指利用多种技术手段和侦查方法获得特定对象上网 IP 信息并快速确定其上网地点、身处地点环境等,是网警部门开展网上侦查工作的重要工作手段。一般网络定位包括三个环节:ICP 快速报警,侦查手段有电子邮箱定位技术,主要用于境外电子邮箱;专门开发专用的报警系统,这也是发展方向;IP 快速定位,与电信部门建立快速查证机制,建立基础数据库、IP 数据库。监管手段有网吧安全管理软件,动态掌握在线网吧的 IP 地址,可以获取用户特定信息;网警部门与指挥中心、技侦部门的协调机制,可以快速定位电话接入地点;快速查缉,网监部门和公安其他部门建立畅通、快捷的联系渠道。各地网警部门区域间密切合作才能提高查缉能力。

事实上,目前涉网案件的网络定位可以分为精确定位与模糊定位两种情况。模糊定位是根据上网嫌疑人的 IP 等线索,精准定位嫌疑人所在物理位置;而模糊定位是根据已掌握线索,大致确定嫌疑人所在的方位、地点等。

13.3.1 网警部门进行网络精确定位的主要技术手段

目前的常见的互联网接入方式大致分为:普通拨号接入方式、互联网综合业务(ISDN)接入方式、宽带(ADSL)接入方式以及专线接入方式等。

各种方式的互联网接入都是客户向互联网接入服务商(ISP)提出申请,获得授权的账号(ID)和口令(Password),以合法的身份使自己的计算机与互联网实现接入。一般的拨号和 ISDN 方式所发生的费用分为网络服务费和电话通话费,而 ADSL 只单纯发生网络服务费。一般情况下,ISP 都会保存一定时间内的所有用户的互联网使用情况,根据不同的用户类型,包括使用者上网的开始和结束时间、主叫电话及 IP、主叫 IP、用户 ID、数据流量等内容,并做以备份。

一台计算机一旦接入互联网,那么无论使用互联网的何种服务,都首先需要一个 IP 地址,以标识本机的网络连接。只有拥有了一个合法的 IP,才能够正常地使用各种网络资源。人们通常见到的 IP 地址是由 4 组 0~255 的数组成。凡是涉及互联网的案件,无论涉案人员还是相关网站,必然会发生数据信息的交换和传递,而数据的发出和送达,要以 IP 地址为依据。虽然 IP 地址只标识了网络连接,但是通过技术手段,与电信部门协作,可以通过 IP 地址拿到主叫方的装机登记地址和登记人的一些其他情况。

需要注意的是,IP 地址有一个非常重要的属性,就是时间属性。多数情况下,人们拿到的是动态的 IP 地址,也就是说,在不同的时刻,同一个 IP 地址的使用者一般并不相同,所以在获取 IP 地址的同时要注意其使用时间,并精确到秒。一般获取 IP 地址可以通过以下途径。

1. 在网站的 BBS 上张贴有害信息

一般会在 ICP 的服务器数据库里留下记录，如果 ICP 使用的是 ASP 格式，只需将光标放在所张贴的信息上，单击鼠标右键，会弹出一个菜单，单击"源文件"命令，就可获得张贴者的 IP。而对于其他 BBS 脚本，可尝试本章关于网页线索分析方法获得 IP。

2. 浏览、查阅有害信息者的 IP

主要有以下两种追查方法：在不安装任何软件的情况下，可以使用访问主页上的"访问计数器"的方法，如果访问主页的聊天室可以贴图，先贴个"访问计数器"的图片，再查看访问的历史记录，就可知浏览、查阅有害信息者的 IP 了；二是在 ICP 的 Web 服务器上安装或开通 IIS 或 Apache 等程序，一旦信息查阅者登录，查看服务器的访问记录，就可以知道访问者的 IP 了。

3. 对于网站的 IP 追查

首先对得到的嫌疑网站或 URL 进行初步调查和分析，确定其数据存放的 IP 地址和服务商，并发现相关线索，为进一步调查、跟踪做准备。一般可以直接浏览该网站，然后获取域名对应的 IP。

由于一些网站实际存放的物理 IP（即网页存放在网页服务商的 IP 地址）有时在浏览器中被隐藏起来，因此，需要采用技术手段将此 IP 挖掘出来，最直接、好用的工具就是 Sniffer，Sniffer 一般被叫作嗅探器软件，用 Sniffer 可以监视自己的浏览过程中所有发送和接收的数据包，在这些数据包中就包含该 IP 地址。

得到 IP 后要直接浏览该 IP 地址（注意，不是通过域名访问），一般情况下将出现网页服务商的首页，如果没有或首页上没有服务商的联系方式，可到 www.nic.com 查找该 IP 的接入商，进而从接入商调查该 IP 的使用者。

4. QQ 等互联网即时通信工具

对利用 QQ 号等互联网即时通信工具作案的犯罪分子或逃犯，在网上追查 IP 时：第一，可通过 QQ 显 IP 补丁程序、QQ 珊瑚虫等通信软件显示对方的 IP。第二，利用 IP Locate 程序或 QQ 狙击手等程序侦探、解析对方的 IP。使用 IP Locate 程序应先启动 QQ 程序，在 IP Locate 中设置好 QQ 使用的端口号 4000，然后启动监听，使用 QQ 接收或发送一条信息，系统会自动侦探到对方的 IP 和端口号，QQ 狙击手也是用同样的原理。第三，利用防火墙的 UDP 数据包监测功能能够监测到对方的 IP 和端口号。第四，Windows 自带的 netstat 命令也可以查看好友的 IP。

常见的即时通信软件有 OICQ(QQ)、ICQ、MSN、网易泡泡(POPO)等。各个软件的使用方法不同，但其工作原理相似，网上也有很多的软件可以利用。

5. 获取电子邮件中的 IP

电子邮件分析包含两方面内容：电子邮件地址和电子邮件体。电子邮件地址分析主要是对邮件服务器地址和服务类型以及其他相关的有用信息进行分析。电子邮件头分析是获取 IP 的重要环节。邮件头部分析及 IP 获取的详细方法本章已有详述。

6. 获取黑客攻击案件中的IP

黑客攻击案件中获取攻击者IP最主要的线索就是日志，Windows服务器自带的事件查看器能查看应用程序日志、安全日志和系统日志三种日志，可以利用事件查看器对各种日志进行分析，发现黑客留下的痕迹，进一步发现黑客攻击的源IP地址。

在分析攻击案件中服务器的IIS日志前必须确定网站的程序的位置、IIS日志存放的位置、管理器的安全配置情况和日志记录时间与服务器的时间差。对服务器的IIS日志分析主要方法是利用DOS下的find命令从日志文件中搜索特定的字符串。其中具有以下特点的日志文件是分析的重点。

第一，具有post命令的日志。对于正常访问来说，IIS日志留下的大多数是get命令，如果日志中出现了post命令，例如，2006-05-04 20：20：20 *.*.*.* -*.*.*.* 80 POST/lock.asp -200，那么就要注意了，因为在IIS中，post语句代表执行命令，而一般网站访问仅仅是读取而已。运用命令find "post" *.log＞＞post.txt可以将网站所有日志中包含post命令的语句写到post.txt这个文件中，方便分析判断。

第二，出现系统盘符的日志。IIS日志在正常情况下是不会出现系统目录的，其所有的日志都是在网站根目录下。如果在日志记录中出现了系统盘符，例如：2006-5-8 08：40：56 *.*.*.* -*.*.*.* 80 GET/lock.asp a=e&t=D:\新建文件夹\bt.asp，那么基本就可以断定该ASP程序存在问题。运用命令find "C:\" *.log＞＞c.txt或者find "D:\" *.log＞＞c.txt就可以查找出相应的信息。

第三，出现后台管理日志。现在很多的网站都可以利用Web后台进行管理，可以重点对访问网站后台的日志进行整理，如果出现网站后台被成功访问，而访问者IP却不是管理者自身的IP，那么就应该对其进一步调查和追踪。

第四，出现SQL命令的日志。随着B/S模式应用开发的发展，使用这种模式编写应用程序的程序员越来越多。由于相当大一部分程序员在编写代码的时候没有对用户输入数据的合法性进行判断，使应用程序存在安全隐患。用户可以提交一段数据库查询代码，根据程序返回的结果，获得某些他想得知的数据，这就是所谓的SQL injection，即SQL注入。由于SQL注入是从正常的WWW端口访问，而且表面看起来跟一般的Web页面访问没有什么区别，所以市面上销售的防火墙软件是不会对SQL注入发出警报。如果网站存在此漏洞，攻击者可以很轻松地获取后台管理员的权限，从而对网站实施攻击和破坏。因此在对IIS日志进行分析的时候，如果出现SQL判断的常用符号，如and、select等，就应该对其予以重点关注，运用命令find "select" *.Log＞＞select.txt或者find "and" *.Log＞＞and.txt来查找有关SQL注入的痕迹。

通过对上述4种日志的分析，能判断出可疑的IP地址，就可以利用find命令进行对特定IP地址的追踪。运用find "特定IP" 特定日期.Log＞＞特定IP.txt，通过此命令就可以查出该IP的访问情况。

对于抓捕的动态IP确定犯罪嫌疑人的位置可分为两种情况：一种是对本地动态IP的技术定位，可从本地的ISP的服务器或radius认证系统提取，动态IP是由多个IP用户随机获得的，用户每次上网可能使用不同的IP，但ISP服务器和radius认证计费系统都对此作了相应的记录；另一种是外地动态 IP 的技术定位，可通过网上的 IP 查询库查询确定 IP 地址所在的省或市，再通过当地公安机关网警部门协查，在当地 ISP 服务器提取数据，准确定位。

ADSL 宽带技术在虚拟 PPPOE 拨号情况下，在 ISP 服务器里提取的 IP 对应一个上网账号，再在 radius 认证系统里查出原始上网登记者，如果该账号密码被盗上网，往往就会产生误定位于犯罪嫌疑人是原始上网登记者的情况。为了更准确地定位犯罪嫌疑人，侦查人员可在 ISP 服务器或 radius 认证系统里查证出上网账号所对应的多个 MAC 地址，再去甄别犯罪嫌疑人，或在 ISP 路由器里面打开 ARP 列表（Router♯：show arp），再仔细寻找犯罪嫌疑人的蛛丝马迹。

QQ 不加好友和上线隐身问题的解决。在获取对方 QQ IP 的过程中，如对方不加好友或不与侦查人员通话，QQ 显 IP 版本程序也无可奈何，这个问题可以通过某些 QQ 外挂软件解决。对于上线隐身的问题。侦查人员可以在 QQ 加油站里将 QQ 与手机绑定，一旦 QQ 上线，手机立即告警。如果不绑定手机可以用 MiniQQ 软件进行实时监控。目标 QQ 一旦上线，软件即会发出警报提示。MiniQQ 使用方法在网上有详细的介绍。

网吧上网的二级定位问题。在网吧和一些单位的局域网组网方式，往往是由一台服务器向 ISP 获取一个或数个 IP 地址，再由局域网中的机器获取内设 IP（如 192.168.1.1），因此远程或外围抓获的只能是网吧向 ISP 获取的 IP 地址，不能准确定位于局域网的哪台机器。可以通过网吧监控管理系统解决这个问题，做到实时跟踪定位于网吧的每一台具体机器上，这需要网吧后台管理技术手段。

13.3.2 网吧定位与技术定位

随着互联网络和计算机技术的发展和普及，网络在人们的生活中起着越来越重要的作用。随之而来，通过网络进行的犯罪活动也越来越多。在我国使用互联网络的途径大概有家庭、公司、学校机房和网吧，其中家庭、公司和学校机房上网人员比较单一和固定，容易控制，而网吧则因为环境复杂、人员流动性大而成为网络犯罪高发之处，如何能对网吧的互联网使用进行有效的管理和监控一直是个难题。各地网警部门对网吧安装了管理软件。所用软件不同但起的作用是相同的。互联网信息安全审计管理系统是专门针对网吧的互联网信息使用进行管理和监控的一套软件，到目前为止已经形成了包括信息审计、实名登记和 CCIC 比对在内的完整系统。

由于网吧定位系统与秘密手段定位属于严格控制的保密内容，本书中不再详述。

13.3.3 模糊定位

模糊定位是根据已掌握线索，大致确定嫌疑人所在的方位、地点等。在很多案件中，通过嫌疑人在计算机系统中、在网络中的遗留痕迹，往往可以进行模糊定位，确定嫌疑人所在地点或潜逃目的地。

以云南 423 特大杀人案，即马加爵杀人案为例。马犯负案潜逃后，侦查人员基本恢复出马加爵从 2003 年 5 月到 2004 年 2 月出逃前的所有历史记录，包括出逃前查询的地理信息，使用的邮箱地址、论坛账号，下载使用的软件，访问的其他页面等。马犯的计算机显示曾经下载身份证自动生成软件,并浏览过身份证相关管理法规。查询了以下身份证中的地理位置:肖建青 431022197908160014,肖刚 431022197908160030,陈芬良 430521197909082898。并查询了身份证的有效性。根据身份证的地址和马犯查询的地址匹配推断出马所使用的假身份证号码,将这些身份证号码通报给刑侦部门,注意清查宾馆等地是否有使用这些身份证登记入住。另外,马在 2004 年 2 月 9 日 19:37 至 2004 年 2 月 10 日 2:58:21 对海南省地理状况、人文景观、人口文化结构、旅游线路、政府部门等信息进行大量查询,包括海南人口的文化层次,特别是"文盲"这一层面在各地区所占有的比例特别关注。对三亚市房地产交易市场的房屋出租信息较为关注。利用百度搜索引擎在互联网上搜索与三亚市藤桥镇六村相关的信息。在 2004 年 2 月 10 日 06:15:22 至 2004 年 2 月 11 日 03:59:20 对湖南省地理状况、气候情况、城市建设、工农业现状及政府部门等信息进行大量查询。重点查询邵东县相关情况以及相关的身份证查询系统,推定其很可能使用陈芬良 430521197909082898 的身份证信息,该号码登记地区为湖南省邵东县。同时,马犯还相信查询了各地到海南的交通信息,包括车次、时间等。马犯查询过海南大量的信息,考虑到马伪造的身份证属于江西吉水和湖南邵东地区,所以马不一定向江西和湖南潜逃,他查询江西和湖南的信息可能只是为了熟悉这些地区的情况以应对警察的盘查。所以逃跑方向可能是海南、江西和湖南,其中海南的可能性很大。

此案就是侦查人员根据嫌疑人使用的计算机内的残留信息为线索,将历史记录结合严密的分析推理,确定嫌疑人逃跑的大致方位和地点。

另外一种情况就是侦查人员从社会工程学的角度出发,发掘一丝一毫的线索,累积起来得到定位信息,或者直接在网上诱捕嫌疑人。

例如,侦查人员在和嫌疑人网上接触的过程中,充分利用时空特征(如对方是否正处在局部的雨雪天气中、是否亲历刚发生的突发事件、身边的著名景点或饭店等)掌握其所在的大致空间位置。或者利用网络的隐蔽性,投其所好地与之交流,取得信任,得到其他定位和身份证明信息(如手机、照片等)。又或者从对方的兴趣点出发,诱使其约会见面(如扮演其喜欢类型的异性、办理假身份证、转让火车轮船客票等)。

本节所述诱捕对象,指当事人已完成或正在实施违法犯罪行为,经初步侦查后确定的重点嫌疑人。而不是单纯具备犯罪意图和动机,尚未实施犯罪行为的自然人。故不存在"诱使犯罪"的因素存在。

13.4 涉网案件线索的综合分析方法

有一句著名的话:"With foxes, we must play the fox."——遇到狐狸时,我们一定要学会狡猾。这是著名的英国传教士 Dr. Thomas Fuller(托马斯·福勒)说过的。意思就是说,当我们遇到狡猾的人,我们只有更狡猾才能战胜他们。这句话对公安工作而言,也是一条真理。面对狡猾的罪犯留下的复杂案情时,只有比他们更聪明才能破案,才能达到打击犯罪惩治罪犯的目的。

13.4.1 涉网案件的侦查思维

开展涉网案件的侦查工作,需要办案人员具备相应的能力和素质。涉网案件的侦查工作是以全面认识和了解网络技术、网络应用环境以及网络应用软件为前提,以熟练而准确地分析案情、应用基本公安业务为基础。这里首先要提出的就是侦查思维。

思维,是在表象、概念的基础上进行分析、综合、判断、推理等认识活动的过程,是人类特有的一种精神活动。思维是一种精神方面的认识活动,是人们认识活动的潜性过程或内在方式。侦查思维,是职业侦查人员在侦查实践中认识、分析案情,搜集证据和查缉犯罪嫌疑人过程中形成的一种职业性的思维方式;侦查人员通过这种思维方式来解决案件侦查中的问题。侦查思维,主要包括侦查主体在侦查过程中对犯罪行为人、犯罪事件的认识活动,也包括侦查主体为实现侦查目的选择侦查途径、措施、对策等内在的决策活动。

侦查人员在接到涉网案件报案后,可采取多种方式、多种侦查措施进行侦查,而选择何种侦查措施、如何查找和扩大线索、如何刻画和定位犯罪嫌疑人所具备的条件等认识活动或过程就属于侦查思维的范畴。

由于涉网案件线索始终贯穿于从案件初查、调查取证、现场勘查、直到定位抓捕嫌疑人的全过程,而线索的表现形式隐蔽复杂、技术性强,所以在侦查工作的各阶段对于案情的分析认定、对嫌疑人的认知刻画,侦查思维的重要性体现得尤为明显。如何在浩瀚的网络数据中查找有用的线索、如何将一个个看似孤立的线索连贯起来、如何将隐蔽或被破坏的线索挖掘出来,决定了侦查工作的成败。涉网案件的侦查过程如图 13-10 所示。

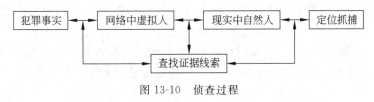

图 13-10　侦查过程

13.4.2 线索的存在与拓展原则

如果从辩证唯物的角度看待一个已经发生的案件,就必须承认案件线索的必然存在。而案件线索能否被全面准确地挖掘和分析,是成功告破案件的前提。涉网案件线索的拓展是在传统刑事案件侦查思路的基础上,依托计算机技术,在已获得的线索之上进一步查找可能留有数据痕迹或利用价值的设备与信息节点。线索的拓展是推进侦查的必要步骤,是查清犯罪事实、确定犯罪嫌疑人的必要过程。一般按照获取线索—分析—拓展线索—再获取—再分析的规律进行。

第一,作为涉网案件的侦查人员要清楚线索的类型和存在形式。这一步骤是建立在运用侦查思维准确分析案情的基础上。例如涉及色情网站的案件,侦查人员应该清楚此类案件的嫌疑人的犯罪动机和达成其目的所使用的手段。建立和维护色情网站需要投入大量的精力,同时由于租用带宽、租用或托管服务器、注册域名等必然发生一定的费用,而这种精力和财力的投入又不以政治为目的,其动机必然是牟利行为。明确其动机后,要了解其实施过程。网站牟利有 3 种形式:收取会员的注册费用、收取其他网站或代理的广告费、转卖本站信息。无论以哪种形式牟利，嫌疑人必须有与其对象的联系方式以实现双方的信息沟通，所以网站中一定会提示有联系用的 E-mail、QQ、MSN 等网络通信工具（注册账号即为关键线索之一）；无论以哪种形式牟利，嫌疑人必须有资金汇兑及提现的途径，所以网站中一定会有提示（有时非直接提示，而是在注册过程中或发送邮件的回复中）汇款或转账的银行账号。

第二，作为涉网案件的侦查人员要清楚计算机网络的技术和应用。了解线索的存在形式只是前提，查找获取线索并准确分析是实际内容。例如，前述案例中了解嫌疑人所使用的网络通信工具后，如何通过技术手段根据其账号收集完整具体的通信内容、筛选有用信息，就成为破案的关键步骤之一。再如某网吧发生的网友间激情杀人案件中，虽然了解到嫌疑人与被害人之间是因为网络游戏发生矛盾，进而发生网聊形式口角，被害人透露自己实际所在位置而导致激情杀人。但因为网吧的机器安装有还原软件，导致系统重启动后历史数据被删除。如果想要获取矛盾发生时，双方在游戏与聊天过程中所遗留的信息，就必须使用数据恢复技术。

第三，作为涉网案件的侦查人员要清楚如何利用计算机技术拓展线索。例如，前述色情网站案件中，除直观可以看到的内容外，网站必然涉及申请域名、使用维护服务器的问题，那么域名注册信息、服务器的空间租用或托管信息等，就属于非直观线索。通过上述线索可以了解嫌疑人的注册时间、联系方式（有可能使用与网站公布的联系方式不同）、域名缴费的汇款账号，甚至可能通过托管服务器的交接与维修，了解嫌疑人的真实生理特征等。

第四，作为涉网案件的侦查人员要清楚拓展线索的推进方向。网络线索的拓展有三个总体方向：了解犯罪事实、收集相关证据、定位嫌疑人。了解犯罪事实能够明确侦查方向，收集足够的证据才能有效进入诉讼过程，定位嫌疑人是将网络虚拟人对应到现实社会中的真实人（俗称"落地"），实施抓捕和打击处理。推进线索是一个复杂的过程，尤其进入侦查工作的后期，大量纷繁杂乱的线索收集上来，如何梳理验证，如何查找关键信息，就需要线索碰撞。

第五，作为涉网案件的侦查人员要学会利用网络技术特征与社会工程学规律拓展线索。计算机网络中，有些案件线索是利用网络特征和一般使用者的常见习惯进行拓展的。比如，某网络诈骗案件中根据掌握的 QQ 号，查找到涉案计算机是安装在公共场所的一台公用计算机，那么案件线索的拓展就可以从该 QQ 号在本机的使用时间段上着手：是否有登录其他 QQ 号；是否浏览某些网站；是否登录过 BBS 或聊天室；用户 IP；电子邮箱地址；各环境下登录的用户名；曾经建立、打开、编辑过的文件等。如果获取的初始线索为 IP 地址和时间，那么可以由此为出发点：登录哪些 QQ 号码；使用该 IP 地址的用户；本地 ICP 记录；大的论坛的登录情况；其他账号；网络游戏等。不仅如此，通过一般人使用计算机的普遍习惯规律，同样可以进行网络线索拓展。如果获取的初始线索是用户名，按照一般规律，可以查找相同 ID 的 QQ 账号、论坛、电子邮箱、个人网站、博客、网络游戏、P2P、聊天室等，以此拓展线索；如果获取的初始线索是口令密码，按照一般规律，可以查找相同口令的多个 QQ 号码、多个论坛的 ID、多个电子邮箱地址等，以此拓展线索；如果获取的初始线索是嫌疑人有关的地理区域信息或个人兴趣信息，按照一般规律，可以通过查找论坛、邮箱、地区聊天室等在同一地区或同一兴趣内容,相对该目标的关注度集中的用户,具有较高的嫌疑,可借此圈定嫌疑人的定位范围。

对于任何一个案件,发现了案件线索也就找到了案件的突破口。从受理案件开始,线索的发现就始终贯穿侦查阶段的所有工作。案件的每一步进展、每一点突破,都是在不断发掘新线索的基础上进行的。实际上,很多有价值的线索,往往是在侦查工作中所发现的看似微不足道的细节中体现出来的。案件线索本身并不是孤立存在的,一起案件能否成功破获,很大程度上取决于侦查人员对线索的收集、拓展、分析、关联的能力。

在公安机关办理涉网案件的工作中,线索的最初来源可能是被害人或群众的报案、举报所涉及的案情;网络监控工作中发现的案件线索;勘查现场或现场访问等过程中收集发现的案件线索;串并案中发现的线索;在秘密侦查和技术分析中获得的更加隐蔽的线索等。

单条线索的出现通常都是嫌疑人在实施犯罪行为的整个过程中所遗留的一个个痕迹碎片,所以追查是沿着一条线的方向走,可以一步步地靠近案件的核心问题,寻找到证据和真正的嫌疑人。但是涉网案件的实际侦查工作中,常见单条线索的追查无结果的情况。而真正具有决定性意义的是把多个线索加以综合分析利用,形成一张纵横交错的网,这张网可以像时间/地点—人物/行为的坐标网格,准确刻画嫌疑人的犯罪事实、行动踪迹,也更是一张法网,让嫌疑人无所遁形。而结网的关键就是在于如何"结",这个由案件线索组成的无形的网,是有侦查人员根据线索交叉的节点,将各条线索有机地结合起来,综合分析利用而形成的。

13.4.3 线索的关联

涉网案件的线索在发现初期往往是孤立的,但是从辩证唯物的角度判断,既然一个案件的所有线索来源于同一犯罪主体、同一时空环境,那么这些线索之间就一定存在必然的联系。利用这一观点,侦查人员可以将已掌握线索拓展扩大,也可以将众多线索组合。

1. 发散关联原则

以某一线索为核心,按照常识和规律做辐射发散,以求得更多线索。按照这一原则,侦查人员及其专案组成员必须具备良好的发散思维能力,而这一能力的前提,首先是对网络系统、网络技术和应用、上网者行为规律等方面的,较为全面的了解。

上网者的行为规律是发散关联最常用的依据。ID一致性的发散关联,可从某一已知的嫌疑人ID出发,关联出其可能持有的其他ID,如QQ、MSN、论坛、电子邮箱、聊天室、网游、个人网站、博客等,如图13-11所示。需要注意的是,对于同名ID的搜索一是要注意可能用户附加的前后缀(绝大多数是后缀),还有搜索的范围(博客、聊天室、同学录等,通常只允许网站内部搜索)。同样地,还有密码一致性的方法,利用的也是上网者常见的行为规律,即多个网络注册信息使用同一密码。其关系类似图13-11,此处不再赘述。

计算机文件以及网络操作的时间属性,也是涉网案件线索的常用关联依据。对于一台嫌疑人操作过的计算机来说,如果找到其使用计算机的时间区间,就可以通过计算机文件系统的时间属性,关联出其中本机的所有操作。同样地,通过本机中IE历史记录、

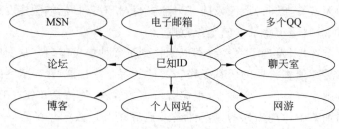

图 13-11　ID 发散关联法

Cookies、QQ 的登录时间信息,可关联出其在该时间段内的所有网络操作,进而将线索拓展到未掌握的网络身份信息等,如图 13-12 所示。

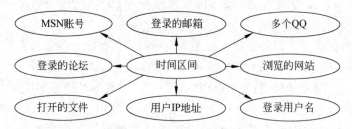

图 13-12　时间属性发散关联法

例如某案件中,通过前期调查掌握了某疑犯曾经使用的一台共用计算机,以及他的一个 QQ 号码 83412**。可以打开该 QQ 号码的文件夹,查看 Msg2.0.db 文件(QQ2009 版之后的聊天记录保存文件),一般默认的路径为 c:\program\tencent\QQ\83412**\Msg2.0.db。计算机文件的时间属性有三个内容:建立时间、最后访问时间、最后修改时间。最后访问时间就是此人在本机登录 QQ 后并聊天的时间。由此时间按照上述方法,查找本机在该时间段内的操作,掌握可能存在的嫌疑人的其他 QQ 号码、MSN 账号、建立访问或编辑过的文件、访问过的论坛及登录 ID、访问及登录过的电子邮箱、网络游戏及登录 ID、本机使用搜索引擎的记录信息(脱机状态下可显示其曾经搜索内容及打开过的结果链接)等,将线索范围扩大。如果嫌疑人注册过百度账号,那么在本机使用后可根据登录信息找到其曾经的提问、回答等内容。

再如某案件中发现,被害单位的服务器被攻击,虽然数据库内容及 OA 系统未被破坏,但被增加了管理员权限,留置了后门程序,系统日志中为保存此次攻击信息。通过该案情分析,很大的可能是嫌疑人收集肉机出售的案件。那么,日志没有记录攻击过程和源 IP,从哪里找到侦查线索呢?可通过分析该类攻击行为的实施过程作为工作的出发点。通常此类攻击的技术手段是首先对一个 IP 地址段上的主机特定端口进行扫描,扫描的结果反馈后再经过筛选,选择合适的主机进行攻击。而各主机的参数设置并不相同,那么就可以考虑寻找在被害人系统所在 IP 地址段内,采用相同类型操作系统或数据库(依被害系统的类型而定)的主机进行勘验分析(因为同类遭受扫描和攻击的可能性很大),对攻击手段和时间做发散关联,从其他主机的日志中查找同一时间段内的被攻击记录,寻找源 IP 地址。

又如某传播邪教信息的案件中起获嫌疑人使用的计算机。勘查发现,其内部文件多为加密,除对某些Office文档和压缩文件加密外,个别文件夹使用了特殊的加密软件,很难破解。出于案件侦查工作的需要,急需打开加密文档和文件夹了解内容,同时还要掌握其QQ密码以抓捕同案人员,再有就是掌握其网络硬盘密码了解网上存储文件信息。

类似的方法和信息内容很多,不再详述。

网络的应用环境五花八门,纷杂繁乱,很难有能全面掌握网络各种应用的人员。而且网络技术的普及与发展十分迅猛,这就需要不断提升侦查人员对网络环境的掌控能力。有些案件在查询线索陷入僵局的时候,可尝试使用"头脑风暴"方法。有人戏称这一方法是"一大群人的胡思乱想",但是在一个人的发散思维能力受到局限的时候,多人的发散思维往往可以解决问题。

2. 双向关联原则

线索的双向关联原则运用逻辑思维推理。按照逻辑推理,每件事情排除偶然因素,都必然存在着因果关系。通常对于案件出现的结果性线索都采用由果及因的倒查的方法,查找导致该结果的原因。再如前一案例中,被害人的计算机系统遭受网络攻击,系统本身数据未遭破坏,只是留置后门程序、且增加一管理员权限,系统日志记录了该攻击过程来自的源IP。对该IP线索的追查就是采用倒查的方式,寻找该攻击的真正来源。但是假设该案件是有人举报嫌疑人涉嫌利用黑客技术获取网上肉机出售牟利。在得到上述线索后进行追查,找到嫌疑人所使用的计算机,而没有被害人信息,那么又如何继续追查下去呢?可以通过分析嫌疑人主机的黑客软件的历史数据,按照其曾经的操作痕迹,寻找可能存在的有关的被害人,因为黑客案件的种类很多,不少被害人的计算机系统被做了手脚,自己却浑然不知。这样的方法就是按照线索的因果关系,由因及果,顺查完成。

实际上,在拓展线索、关联线索的过程中,并不是单纯的一个顺查或逆查的问题。很多时候要对单一线索做双向关联。也就是说在对某一线索做分析的时候,不仅要做通常的简单逻辑推理,更要使用逆向思维,双向推演,找到相应的前导和后继关系。例如,在某网络诈骗案件中,嫌疑人使用群发邮件散布虚假信息,采用"空卖"的方式销售电话卡,骗取被害人钱财。通常网络诈骗案件中,对单个被害人造成的损失并不是很大,甚至不够立案标准,这是由于网络这一特殊媒介给人的不安全心理促成的,所以当被害人到公安机关报案时,常容易被忽视。此类案件尽管对于单个受害人没有造成巨大的损失,但因为案件通常涉及众多被害人,所以嫌疑人非法获利的总额通常数额巨大。这一类案件的初期线索,一个是被害人提供的汇款账号信息,一个是收取的电子邮件。对于电子邮件这一线索,侦查人员在初查阶段就应该采用双向关联的原则,一方面根据邮件信头分析其来源,通过IP寻找发件人也就是嫌疑人;另一方面,根据群发邮件的收信人列表,继续寻找其他受害人,了解案件的全面情况。这也就是从被害人到嫌疑人和从被害人到被害人的双向关联调查。

3. 模糊碰撞原则

所谓的模糊碰撞原则,是指按照某一假定命题条件,在多组信息元中,碰撞比对,求得具有相同特征点的子集,从而获取深层线索的方法。如图13-13所示,在A、B、C三个信息元组中,满足假定命题的交集X1和X2即为模糊碰撞的结果子集。涉网案件的线索往往隐含在海量信息当中,模糊碰撞原则是找到侦查方向的重要方法。

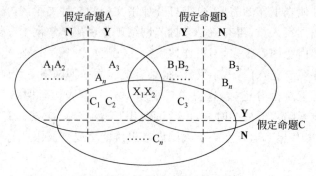

图 13-13　模糊碰撞示意图

在某市抢劫杀人串案中,先后多起案件发生在该城市内并不临近地区,案发时间均为早七时至九时之间,案发地点均为开放式老旧住宅小区楼道内,受害者均为单独出行的女性。多名受害人无共同社会关系,社会身份差别也较大。因作案手法及工具相同,所以将多起案件进行串并。初查后掌握线索一是该案件为两人所为,其中一人为外地口音(另一人未说话);二是两嫌疑人外貌观察为 20～30 岁;三是多部被抢手机案发后未在本地出现。对现场遗留烟头的 DNA 及附近视频监控进行比对,未发现进一步线索。

通过专案组仔细分析案情,得出以下推论:一是嫌疑人很可能为流窜作案(外地口音、赃物未流入本地、选择作案地点随机性明显);二是嫌疑人作案前流窜至本地过夜,于早晨作案后迅速离开(选择作案时间明显不同于大部分抢劫案件时间);三是嫌疑人经济条件较差(作案对象并无仔细策划选择,其中一案只抢得现金 20 元,嫌疑人抽的香烟为 4 元的廉价香烟)。

基于以上推论,专案组进一步得到综合推论,两个嫌疑人很可能在案发前晚就已经流窜至本地,在网吧过夜,然后第二天早上伺机作案(二人流窜作案、年龄符合中国网民最为集中的年龄段、网吧包夜收费低廉符合二人经济条件、包夜结束时间与作案时间吻合、流窜本地后无交通工具)。采取以下措施:以每起案件的案发地点为中心,1.5km 为半径画圆,将其中所有网吧找到。然后以案发时间为起点向前推 12 小时,将在这些网吧中所有登录过的 QQ 号码提取出来。再将这数起案件中每起案件收集的 QQ 号码集合进行比对碰撞,求得子集。

工作后得到两个 QQ 号码,进一步分析该号码轨迹,发现多为异地上网记录,本地出现仅在每起案件发案前的 10～15 小时。与前述推论结果完全一致。

从上述内容可以看出,此案得以成功告破,关键就在于这一模糊碰撞方法。成功进行模糊碰撞的前提,一是可供比对的基础数据量足够大且涵盖关键信息元;二是假设命题准确合理,符合客观事实规律。

嫌疑人使用的 IP 地址所对应的地理区域也可能成为线索模糊碰撞关联的依据。如某高校爆炸恐吓案件中,嫌疑人访问该校 BBS 网站,发布了恐吓信。经对该恐吓信的 IP 地址,发现为南方某城市的网吧,监控系统和上网登记未提供有价值线索,初查到此中断。后续侦查中,通过分析和假设推理,得到以下推论:一是嫌疑人的作案动机很可能是报复泄愤；二是嫌疑人案发前一段时间内应频繁访问该 BBS 选择最佳作案时间；三是发布恐吓信前临时注册一个用户账号且案发后不再使用；四是案发后应频繁访问该 BBS，观察事后的影响。

正常情况下，校内 BBS 本身外部访问量就相对较少，多数是曾经或正在该校学习或工作的学生、教职工，而从该市进入的访问量应该更少。侦查人员将该市所有 IP 地址段提交给学校 BBS 网管，对案发前后所有从该市访问 BBS 的 IP 地址进行筛选，逐一排查确认了嫌疑人。

作为一个成功的涉网案件侦查员，必须有能力把传统线索与网络线索有机地结合起来，大胆假设、严密推理、合理判断。

在某利用网络色情非法牟利案件的侦查过程中，嫌疑人使用移动上网，很难定位。初查掌握了嫌疑人频繁使用银行卡在 ATM 提款的记录这一线索。分析这一线索的第一步就是在地图上标出各 ATM 的位置及使用记录。简单示意图如图 13-14 所示。

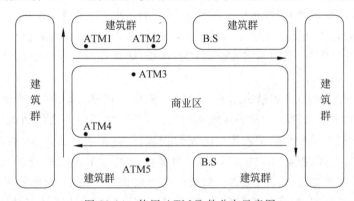

图 13-14　使用 ATM 取款分布示意图

图中商业区周边街道为箭头所指方向的单行线。通过统计嫌疑人两个月内二十余次取款记录发现其使用 ATM1/2/3 的时间集中在早 6 点半至 7 点，而使用 ATM4/5 的时间集中在晚 7 点到 7 点半之间，规律性极强，由此推测嫌疑人是有固定职业的上班族。按照一般单位 8 点至 8 点半上班的时间推算，其路上时间耗时近两小时，说明单位距离较远。了解该商业区周边公交情况，发现有两条长线路，单程走行约两个半小时；另有两条短线路，各有三个或四个大换乘站，每站有两三条长线路。拟在实地勘验后根据运行时间和换乘累计时间圈定嫌疑人可能乘坐的路线。之后实地勘查这一区域，发现 B.S 为公交车集散站，其周边也分布有数个 ATM 提款机，与 ATM1~5 的安置环境（周边人流、隐蔽程度等）相仿，但无该嫌疑人的提款记录，由此推定其并不在此乘坐公交车，否则街路两侧的 ATM 最近不过 200m，不会没有提款记录。在 ATM3 和 ATM4 的位置有交警设立的通勤车乘降站，供社会各单位通勤班车上下客使用。进一步调查发现，在通勤车站每天有 8 个单位的通勤车停靠，与嫌疑人时间相符的有 3 个单位（一个合资电梯厂、一个化工厂、一个机场，均在远郊），每天早晨共计有近七十人在此上下车，是否需要逐个排查？重新对网络线索进行分析，嫌疑人网名是"飞去来兮"，网名含义特征与飞机场工作性质联系紧密，其在机场工作的可能性就很大程度上存在了。但是每天早晨该机场在此地乘坐班车的人各有近四十人(夜班下车,早班上车),如何确定谁是嫌疑人呢?再次分析前期掌握的网上线索,发现该网站的更新维护时间每隔三天一次,均在中午前后,咨询、投诉的邮件也是在每周同一天回复。由此怀疑此人每隔三天上一次夜班而后第二天休息,休息日上午整理网站更新脚本,中午开始上传内容、回复邮件。按照这一推断,根据机场有关部门的工作出勤记录,从在本站上下车的机场工作人员中寻找,终于将隐藏很深的嫌疑人抓获。

13.4.4 涉网案件的串并与线索的同一认定

串并案是刑事技术与专案侦查相结合的一种案件侦查模式。侦查机关在侦查活动中,通过对犯罪现场的痕迹物证,犯罪分子的作案手段的系统分析,将判断为同一犯罪主体所为的系列性、连发性、跨区域性、流窜性案件连接起来,实行合并侦查的一种侦查措施。

能够实施串并案侦查的案件,必须具备以下条件:作案时空的相近性;侵害对象的相似性;犯罪手段的稳定性;犯罪嫌疑人的体貌特征的相似性;痕迹物证的内在联系性。一般串并案侦查的方法包括:搜集信息,挖掘线索;根据现场痕迹物证进行科学串并;根据案件特征进行综合串并;发布串案侦查(协查)通报;跟踪串并,续串案件;串并案件例会;案前、案中、案后串并。

在某些涉网案件中,由于被害人通过网络与嫌疑人接触,或者嫌疑人通过网络勾连,所以往往存在被害人或嫌疑人是多地多人的情况,而这种多地多人的情况往往导致多人多案的情况,也就是说对于嫌疑人连续实施的犯罪行为,因被害人不同,可能在多地多次立案。各地接到举报、报案,而立案后,通过对案件涉及技术手段的分析、相关线索的协查,往往可以形成对多起案件的串并。而嫌疑人使用相同的技术、相同的手段、相同的IP地址、相同的网络空间、相同的银行账户等,都是开展涉网案件串并侦查的研判依据。

从案件的发生时间起,随着侦查工作的开展,越来越多的线索就会陆续出现和被收集上来。那么首先这些线索必然要经过筛选、归并、核实才能更加有效地提供案件的串并依据和破案信息。某些常见涉网案件中涉及的线索如银行账号(银行卡)、电话号码(固话和手机)、即时通信账号(QQ、MSN、UC等)、电子邮件、网上注册的ID等,都是串并案件的常见线索。某些案件的线索存在明显的交叉,比如甲地和乙地两起案件的被害人是在登录同一网站后被骗取网银密码,造成存款被盗的案件,涉案的网站就是串并的重要线索;再如甲地和乙地两起案件被害人都是被来自同一IP地址主机实施暴力攻击造成系统瘫痪,涉案的IP地址就是串并的重要线索;又如甲地和乙地两起涉嫌利用QQ中奖信息进行诈骗的案件,被害人将钱款汇付至同一银行账户,涉案的银行账户就是串并的重要线索。上述三例中,涉案的网站、主机的IP、收款的银行账户作为串并的依据,因为是客观存在的,所以是明显而确定的。但是在实际工作中,除上述明显的串并线索外,嫌疑人使用计算机的技术特征、行为模式、心理痕迹等,并不直观的线索,就需要侦查人员结合自己的客观分析和主观判断,来进行案件的串并。对上述线索的分析,基于对计算机及网络技术全面的了解、对计算机使用者一般性行为的了解,以及对案件线索的归并和同一认定。

在归并线索的过程中,交叉验证不仅可以核实线索的真伪,更可以作为线索串并同一认定的方法。

例如,某市发生的十余起不法人员勾结网吧收银员利用黑客软件盗窃营业款的案件。经网警部门侦查,其中一案所使用的木马程序全名叫"万象、Pubwin、美萍记录管理器",又名"收银伴侣",专门针对全国网吧通常使用的计费系统进行删改,包括常见的 Pubwin、万象、美萍等网吧计费系统。该木马程序主要分为两种工作模式,一种为直接在网吧计费系统所在的计算机中植入木马并直接在该计费系统所在计算机上进行删改;另一种为在网吧计费系统所在的计算机中执行木马程序后,以远程操作的方式使用其他计算机对该网吧计费系统进行删改。而该软件有一定的使用期,开发者要求每 30 天交钱升级一次。经比对各案的服务器信息和提取的木马特征,发现均为同一黑客软件所为。以此黑客软件为线索,将上述十余起案件进行串并,成功破案,并抓获该团伙主犯 6 人,团伙成员十余人。并继续沿着该黑客软件线索,顺藤摸瓜,抓捕了该案件中编写黑客软件出售的嫌疑人及各级代理,破获了涉及全国 21 个省市自治区,一百多个大中小城市,一万多个网吧,涉案人员数百名,造成网吧经济损失上千万元的部督办特大案件。该案的成功告破,最重要的原因就是将各案涉及的犯罪技术手段和黑客软件进行交叉比对,完成线索的同一认定,准确地串并各案。

如果将网络信息进一步扩展分析,将可能得到更多的串并案线索。如某些命案、抢劫、强奸等恶性案件,嫌疑人可能是流窜作案的,其上网地点转移、QQ 登录地点变换中很可能存在特定规律,可作为串并依据;某些案件中,嫌疑人使用同样的技术手段(行为习惯),如黑客攻击,使用相同的方法,攻击同样操作系统的服务器、植入同样代码的恶意程序等,可作为串并依据;同样的犯罪手法,如假冒某些银行、电子交易平台、电子支付平台等网站,捆绑文件或网页挂马等,可作为串并依据;同样的案件性质,同样的犯罪工具,如利用软件漏洞盗窃网吧营业收入,采用相同的木马程序,串并后发现案件几乎遍及全国。这是因为计算机技术复杂,很难有人全面精通,所以通常嫌疑人使用相对固定的犯罪手法。同时计算机操作过程烦琐,网络提供的服务众多,常使用计算机的人会无意中养成特定的使用习惯,这就需要侦查人员平时多观察,多积累,增长这方面的经验。此外,在某些更为复杂的犯罪行为过程中,如通过网络侵财获利(网络盗窃、诈骗等),由于其直接获取的是数字化的资产,其价值含义不能直接体现于现实中,所以通常需要一个现实利益转化的过程,难以做到安全隐蔽,所以这其中的洗钱、变现、提款、交易等环节出现的线索,都可能成为串并案件的依据。

13.4.5 利用计算机智能分析汇总线索

在计算机技术高速发展的今天,人工智能系统已经逐步推出和完善。近年来,在涉网案件的侦查工作中,规模化的趋势越来越明显,例如,在打击网络赌博的专项斗争中,某省一起案件就打击处理各类涉案人员过百人。按照以往的侦查方法,都是从一点开始,发现一个打击一个,然后在打击处理过程中发现新的线索,再确定打击的下一个目标。这样的做法很难对赌博网络的参与者有全面的了解认识,对涉案人员在案件中充当的角色难以认定准确。同时,由于涉案的电话通话信息、网站登录信息、投注明细记录、现金交割记录等数据量巨大,单纯人工筛选排查很难准确梳理清脉络,往往只能了解冰山一角。办案质量不高、办案效率不高就成了难以避免的问题,而且一旦涉网案件的办理周期过长,很容易惊动涉案人员,导致无法彻底铲除和惩处嫌疑人。

利用计算机智能分析软件可以有效地解决这个问题,AN6(Analyst's Notebook 6)软件就是这类软件中较有代表性的一个。由于该软件在"9·11事件"后对涉案线索分析的出色表现,已经在全世界范围内被超过1500个组织和单位使用。AN6通过可视化的分析结果,以简明的图表信息表达线索间的关联关系,如图13-15所示。

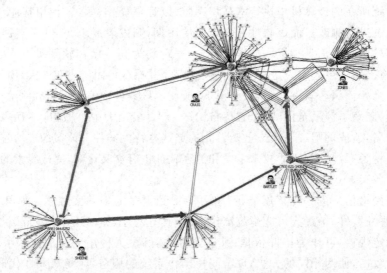

图 13-15　AN6 的图示分析结果

该软件的数据线索输入有两种方式,一种是通过手工方式画各种各样的示意图,如图 13-16 中左上图所示,之后由 AN6 在此基础上进行分析;另一种是通过导入具有一定

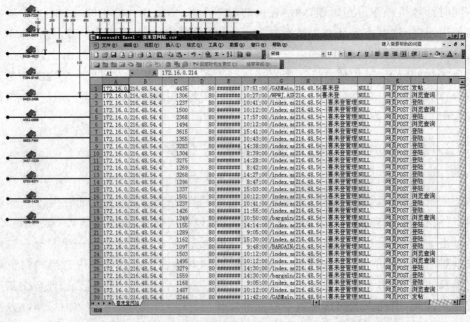

图 13-16　手工绘制的线索示意图与导入 AN6 的标准线索数据

格式的数据,如图 13-16 中右下图所示,自动形成关系图,并可进行相应的分析。最终形成分析结果如图 13-17 所示,AN6 将大量支离破碎的线索作以综合分析,找到线索之间的联系,以图示的方法提出结论,分析的结果清晰直观,大大提高了工作效率。

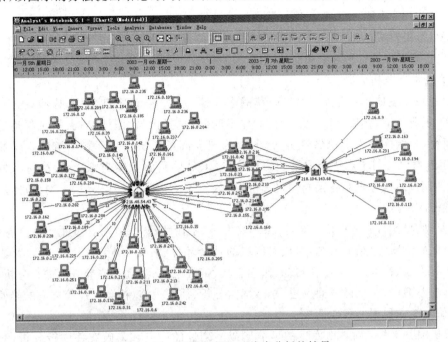

图 13-17　AN6 根据上述线索分析的结果

13.4.6　涉网案件的情报信息研判

随着公安信息化建设的逐步深入和成熟,大量的信息采集基础工作日趋完善,同时对信息处理的技术和思路也越来越成熟。

所谓的信息研判,就是对大量同类案件的基本信息进行分析归纳,寻找规律、预测走势、查找防范漏洞、提出打击对策。

1. 信息、研判、情报三者的关系

信息是一种原始数据,它可以是从新闻报道中获取的一条消息,也可能是提供消息的人的陈述。在某些时刻,必须提供信息的各种有关情况,以证实其确凿性和有用性。将这些原始信息转变成有价值的信息的过程,即称为研判或分析,其研究分析结果就是情报。

2. 信息研判的基本任务

信息研判的基本任务包括战略性分析研判和战术性分析研判。

1) 战略性分析研判

研究犯罪规律:通过监测日常警情,掌握刑案动态信息,从量大面广、案别繁多的立破个案资料中,寻找、归纳、总结出一定时间段内带有规律性特点的战略性情报。例如阶段性多发的涉网案件类型等。

预测犯罪走势:通过对本地犯罪规律的研究,对未来一个时间段的犯罪走势做出客观的预测,为决策层部署下一步打防工作重点提供先导性情报,如预警等。

查找防范漏洞:掌握某地、某时间段频发同一类型的案件,研究此类案件案发地区、时间、部位、处所等,查找防范工作出现的漏洞,明确防范的重点时区和重点部位,为合理布置巡防力量、秘密设伏、抓获现行提供线索性情报。

提出打击对策:对于本地发生的严重影响群众安全、比较突出的犯罪,进行专门分析研究,提出合理可行的打击对策和侦办建议,为侦查部门开展专项打击行动提供建议性情报。

2)战术性分析研判

研究犯罪主体:剖析本地已经破获的多发性、系列性、流窜性案件,从涉案人员的籍贯分布、职业年龄、作案手段、侵害目标、作案时间、选择区域、团伙结构、销赃渠道等方面进行研究,总结高危人员地域性分布特点,为建立高危人员信息库积累资料性情报。以2008年借腾讯公司十周年庆祝活动为机会,以QQ号码中大奖为骗局,大肆进行网络诈骗的系列案件,通过汇总各案材料,发现嫌疑人使用的电话、银行账户、上网地址,均集中在我国海南地区。

剖析典型案件:对重特大案件、系列性案件、手段特殊的案件、新型犯罪案件等,进行典型个案的剖析、总结和归纳,从成案区域的社会环境、人文状况、诱发犯罪因素,犯罪嫌疑人作案手段、作案时间、侵害目标、作案工具、销赃渠道、潜逃轨迹等方面进行分析调研,结合侦查办案,从正反两方面反思、总结案情分析、侦查措施、社会防控等方面的经验和教训,为侦查工作积累经验性情报。

分析串并案件:对本地发生的可能形成系列性的已破和未破案件进行分析,充分利用各种信息系统和研判工具,从作案时间、作案手段、作案工具、犯罪嫌疑人特征、现场痕迹物证等有形痕迹、无形痕迹中,寻找某一特征的共同点或相似点,从而得出有充分依据的串并案件。此项内容为研判重点,主要涉及上网的IP、使用的设备类型、软件环境、系统参数设置、作案手段等案件线索细节。具体方法见本节前述内容。

3. 信息研判各环节的内容及关系

信息搜集的内容主要包括信息搜集的对象、方法。信息搜集的对象即与研判目的相关联的信息源,如公共媒体发布的经济、政治评论、公安局域网及各大信息系统发布、存储的发破案信息、协查信息、人员及物品、痕迹物证信息等。信息搜集的方法主要包括利用搜索引擎搜索关键字段、依托系统定时间、区域模糊查询等网上搜集及传统的通过在重点场所、要害部位物建治安耳目、信息员搜集等。信息搜集是信息研判的基础,没有信息搜集,信息研判即为无本之木。2007年12月28日,巢湖市居巢区龟山加油站被5名犯罪嫌疑人驾车抢劫。案发后,专案组一方面通过公安搜索引擎、《安徽省公安机关协同办案信息系统》对类案信息进行搜集,成功串并"10.11"临泉陶大宝加油站被抢劫案件、"10.30"肥东县南巡加油站被抢劫案件、"11.3"芜湖开发区星星加油站被抢劫案件、"11.3"江苏盱眙鲍集加油站被抢劫案件、"11.11"泗县加油站被抢劫案件、"2008.1.13"灵璧加油站被抢劫案件类案6起;另一方面通过互联网对公共媒体报道的类案信息进行搜集,发现石油输送管道交织密集的河北省类案较多。基础信息搜集完成后,专案组再次调取上述7起类案案发交通卡点的交通信息,重点发现河北籍车辆。经对信息交叉"碰撞",

专案组成功发现涉案"冀A9E925"红色捷达轿车,案件很快顺利侦破。

信息研究、分析的内容主要包括信息研究、分析的步骤与方法。信息研究、分析的层次应遵循"去伪存真"、"去异存同"、"去粗存精"的步骤,实为"提炼"。信息研究、分析的方法包括比较法、数据分析法、总结法等。信息的研究、分析是关键,不作研究、分析的信息搜集只能是信息的堆积,不作分析、研究得出的判断只能归于主观臆断。针对地域性犯罪日益突出的治安现状,组织部门在搜集到大量地域性犯罪案件的基础上,对涉案地域性犯罪人群的作案特点进行分析、研究,并将结果对应该地域作为比对模型加载"智能报警平台",然后预设"凡来自某地域性犯罪地域的人皆有流窜实施该类犯罪可能"的自动报警条件(实为固定设置的预先判断),最后结合报警情况就近指令警力围绕被比对对象进行管控,进而实现案前防范与精确打击。

做出判断的内容主要指做出判断的要求。做出判断要求"判断"要准确清晰、"做出"要尽早尽快。做出判断是必需,如果不做判断,信息的研究、分析即沦为纯理论研究,而失去实际意义,指令即丧失发布的根据而沦为泛泛空谈。2004年5月,合徐高速蚌埠市怀远段连续发生盗窃、抢劫货车司机案件。在常规侦查措施难以奏效的情况下,专案组尝试通过公安搜索引擎、协查搜集到大量已破类案并进行研究、分析,发现近72%的案件系广西武宣籍地域性犯罪团伙流窜实施,遂做出"该案应系广西武宣籍地域性犯罪团伙所为"的判断,并根据该地域性犯罪团伙一贯"就近实名聚居于宾馆"的作案特点,很快通过清查将藏匿在五岔镇某私人旅社的8名广西武宣籍犯罪嫌疑人抓获归案。

发布指令的内容主要包括发布指令的形式与要求。发布指令可通过加密电话电报、通知通报、信息研判协作工作平台、系统预先设置等形式实现。发布指令的要求主要指"指令"务必具有针对性、可操作性、"发出"必须及时、保密且范围适当。发布指令是要求,如果有了"判断"而不据此发布指令,那么"判断"就不能实现由主观属性到客观属性的转变,"判断"就失去了指导实际工作开展的价值,而后续的"落实指令并反馈结果"更是无从谈起。为遏制"两抢一盗"多发性侵财犯罪的上升趋势,公安部在广泛搜集全国类案信息并深入分析、研究的基础上决定连续开展专项打击(判断),随后下发了《关于开展打击"两抢一盗"犯罪专项斗争的通知》及《打击"两抢一盗"犯罪专项斗争工作方案》,指令全国各级公安机关集中优势警力严厉打击"两抢一盗"犯罪。其中《关于开展打击"两抢一盗"犯罪专项斗争的通知》即是发布指令的形式,《打击"两抢一盗"犯罪专项斗争工作方案》本身涵盖了许多具有针对性、可操作性的工作措施。

落实指令并反馈结果的内容主要包括落实指令的方式、反馈结果的要求。落实指令的方式分为专人落实、多人落实、跨部门多警种协同落实、多级别多单位多警种协同落实等。反馈结果要求详细、及时。落实指令并反馈结果是目的,是整个信息研判工作开展的价值所在。2008年4月,全国多地学生因法国发表反对中国奥运不良言论而多次发起抵制"家乐福"游行活动。为保证"5.1"假期间大中城市的治安稳定,公安部在前期信息搜集、分析、研究、判断的基础上专门发出密码电报,指令全国公安机关务必采取强力措施,确保既定工作目标的实现。

评价信息研判过程及成果的内容主要包括评价的依据、对相关工作人员的奖惩等。评价的依据涉及发布或搜集信息的数量与质量、发布指令的数量与质量、利用信息研判防范、打击违法犯罪的效果。对相关工作人员的奖惩主要指对开展信息研判有功人员进行表彰,对消极研判或研判存在重大失误的人员进行惩罚。评价信息研判成果是促进,如果没有评价,信息研判就将成为一潭死水,将逐渐沦为鸡肋。

4.公安网的网上信息研判平台

图13-18为全国公安信息研判指导平台。上报研判内容的标题,要简单明了,能说明系统的核心内容,一般的命名方式为"办案单位"加"查破""嫌疑人户籍地区""带有特征的系列案件",如"北京市密云县破获系列河南光山籍人攀爬阳台盗窃案"。信息录入的7个关键词为:"手段特点"、"侵害对象"、"损失物品"、"发案处所部位"、"痕迹物证"、"高危人群"、"案件性质"。录入每条研判信息时候,必须从这7个关键词中至少选择一个。用户可以单击每个关键词后面的"选择",出现目前已经存在的关键词界面,如图13-19所示。

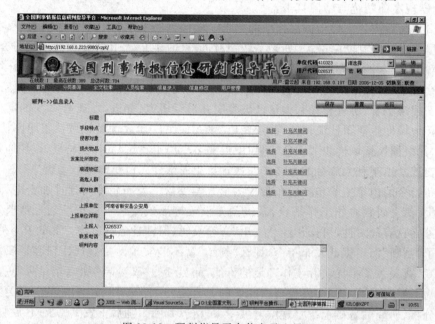

图13-18 研判指导平台信息录入界面

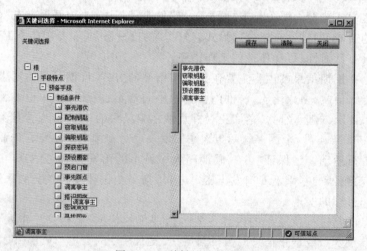

图13-19 关键词选择界面

此树状结构,按照关键词的上下级关系,分别列出。用户可以双击每一个关键词,表示选中,选中的都出现在右侧的列表中。单击"保存"按钮,所选择的关键词将出现在录入界面中。

如果用户觉得目前所存在的关键词不能满足现实的需要,或者有新的需求,需要重新定义新的关键词,那么用户单击每条信息后面的"补充关键词",进入关键词补充界面,手工定义新的关键词。关键词即为研判线索归纳的依据。

综上所述,涉网案件的线索综合分析与案件串并,是有效打击网络犯罪、侦破涉网案件的重要手段。对于案件侦查过程中收集上来的线索,从各个角度综合分析,层层剥离、逐个比对、去伪存真,实现案件的侦破。

小 结

本章主要介绍了网络犯罪案件中除前面几章提到的各类技术线索以外,其他常见的一些线索,包括网络电话、网银账户、伪造身份与虚拟身份、数据规律线索等。同时对线索的利用和综合分析方法做了较为详尽的介绍。

线索调查分析本身贯穿侦查工作始终,案件侦查的推进就是随着线索的不断挖掘和拓展同步进行。掌握涉网线索的分析思路与方法尤其重要。

思 考 题

1. 收集网上关于电话诈骗的案件报道,试分析嫌疑人可能使用的技术手段。
2. 除书中介绍的网络身份识别方法外,在常见的网络应用中,还能举出哪些关联关系?
3. 回顾传统刑事案件线索分析方法,拓展自己的侦查思维方式。
4. 了解与 I2 软件功能接近的其他软件。
5. 了解 Xmind 的功能和使用。

第 14 章 非法侵入、破坏计算机信息系统案件侦查

近年来,随着计算机信息技术的迅猛发展,从国家事务、国防建设、尖端科学技术领域的科研机构,到政府、企事业单位、学校等社会各个领域的部门,都开展了网上政务公开、无纸化办公、网上查询等信息化建设,计算机和互联网应用越来越广泛。

与此同时,不法分子也以互联网为平台,利用网络技术手段非法侵入上述计算机信息系统、破坏计算机信息系统、非法获取计算机信息系统数据、非法控制计算机信息系统,有的还提供侵入、非法控制计算机信息系统程序、工具。例如,远程侵入高校招生录取系统修改分数或录入结果,入侵多媒体通信网主机进行修改、增加、删除等一系列非法操作,篡改政府职能部门网页内容等。

这些犯罪行为凭借其犯罪成本低、手段隐蔽、利润丰厚等优势,屡禁不止、手段不断翻新,给国家重要机构和社会重要部门造成了重大危害,严重危害了国家安全和社会稳定。据了解,近年来公安机关受理的黑客攻击破坏案件数量每年增长均超过80%,严重侵害了人民群众合法权益,危害了国家信息网络安全。

14.1 犯罪构成

1997年,刑法修订时增加第285条和第286条,设立了非法侵入计算机信息系统罪和破坏计算机信息系统罪。

2009年2月,通过了中华人民共和国刑法第七次修正案,对原刑法第285条非法侵入计算机信息系统罪新增加两款规定。

2009年9月,通过了《最高人民法院、最高人民检察院关于执行〈中华人民共和国刑法〉确定罪名的补充规定(四)》,对第285条第2款和第3款分别确定罪名为"非法获取计算机信息系统数据、非法控制计算机信息系统罪"、"提供侵入、非法控制计算机信息系统程序、工具罪",自2009年10月16日起施行。

本节即对上述4种罪名分别进行阐述和说明。

14.1.1 非法侵入计算机信息系统罪

1. 犯罪客体

本罪所侵犯的客体是国家事务、国防建设、尖端科学技术领域的计算机信息系统的安全。此处所指安全是指信息系统的完整性和保密性。

"计算机信息系统"是指具备自动处理数据功能的系统,包括计算机、网络设备、通信设备、自动化控制设备等。随着计算机网络技术的发展和计算机的广泛应用,我国在国家事务管理、国防、经济建设、尖端科学技术领域,以及社会各行各业都广泛建立了计算机信息系统。国家的重要部门普遍建立了本部门、本系统的计算机信息系统,这些计算机信息系统的正常运行对于保障国家安全、经济发展和保护人民生命财产安全等方面都起着十分重要的作用。

但是,这些重要的计算机信息系统一旦被非法侵入,就可能导致其中的重要数据遭受破坏或者某些重要、敏感的信息被泄漏,不但系统内可能产生难以估量的后果,还会造成严重的政治和经济损失,甚至还可能危及人民的生命财产安全。

2. 犯罪客观方面

本罪在客观方面表现为行为人实施了违反国家规定侵入国家重要计算机信息系统的行为。所谓"违反国家规定",是指违反《中华人民共和国计算机安全保护条例》的规定,该条例第4条规定:"计算机信息系统的安全保护工作,重点保护国家事务、经济建设、国防建设、尖端科学技术等重要领域的计算机信息系统安全。"

本罪的对象是国家重要的计算机信息系统。所谓国家重要的计算机信息系统,是指国家事务、国防建设、尖端科学技术领域的计算机信息系统。所谓"侵入",是指未取得国家有关主管部门依法授权或批准,通过计算机网络终端侵入国家重要计算机信息系统进行数据截收的行为。在实践中,行为人往往利用自己所掌握的计算机知识和网络技术,通过非法手段获取口令或者许可证明后,冒充合法使用者进入国家重要计算机信息系统,有的甚至将自己的计算机与国家重要的计算机信息系统联网。

本罪是行为犯,只要行为人违反国家规定,故意实施了侵入国家事务、国防建设、尖端科学技术领域计算机信息系统的行为,原则上就构成犯罪,应当立案追究。

3. 犯罪主体

本罪的主体是一般主体。凡是达到刑事责任年龄和具备刑事责任能力的人实施非法侵入计算机信息系统的行为均可构成本罪。本罪的主体往往具有较高的计算机专业知识和娴熟的计算机操作技能。

4. 犯罪主观方面

本罪在主观方面是故意。即行为人明知自己的行为违反国家规定会产生非法侵入国家重要计算机信息系统的危害结果,而希望这种结果发生。过失侵入国家重要计算机信息系统的,不构成本罪。行为人实施本罪的动机和目的是多种多样的,有的是出于好奇,有的是为了泄愤报复,有的是为了窃密,有的是为了炫耀自己的才能,等等。这些对构成犯罪均无影响。

本罪在犯罪主观方面表现为故意,即行为人明知是侵入计算机信息系统或以其他技术手段获取数据的行为,仍故意为之。

14.1.2 破坏计算机信息系统罪

1. 犯罪客体
本罪所侵害的客体是计算机信息系统的安全。对象为各种计算机信息系统功能及计算机信息系统中存储、处理或者传输的数据和应用程序。

2. 犯罪客观方面
本罪在客观方面表现为违反国家规定,破坏计算机信息系统功能和信息系统中存储、处理、传输的数据和应用程序,后果严重的行为。

根据本条规定,包括下列三种情况。

(1) 破坏计算机信息系统功能。

即对计算机信息系统功能进行删除、修改、增加、干扰,造成计算机信息系统不能正常运行。这里的计算机信息系统功能,是指在计算机中,按照一定的应用目标和规则对信息进行采集、加工、存储、传输、检索的功能。

破坏计算机信息系统的方法,包括对其功能进行的删除、修改、增加、干扰等具体行为。所谓"删除"是指将计算机信息系统应有的某些功能加以取消,既可以是取消其中的一项,也可以是其中的几项或者全部;所谓"修改"是指将计算机信息系统的功能部分或者全部地进行改变,或者将原程序用另一种程序加以替代,以改变其原有功能;所谓"增加"是为计算机信息系统添加其原本没有的功能;所谓"干扰"是通过一定手段(如输入一个新的程序),扰乱原有运行顺序,影响计算机系统正常运转。

(2) 破坏计算机信息系统中存储、处理或者传输的数据和应用程序。

"计算机信息系统中存储、处理或者传输的数据"是指固定存储在计算机内部随时可供使用的,或者正在被计算机进行处理的以及通过线路由其他计算机信息系统传递过来的文字、符号、声音、图像等信息的组合。"计算机信息系统中的应用程序",是指用户使用数据的一种方式,是用户按数据库授予的子模式的逻辑结构,书写对数据库操作和运算的程序。

对计算机信息系统的数据、应用程序进行破坏,是指通过输入删除、修改、增加的操作指令而对计算机信息系统中存储、处理或者传输的数据和应用程序进行破坏的行为。

(3) 故意制作、传播计算机病毒等破坏性程序,影响计算机系统正常运行。

"计算机病毒等破坏性程序"是指能够通过网络、存储介质、文件等媒介,将自身的部分、全部或者变种进行复制、传播,并破坏计算机系统功能、数据或者应用程序的;或能够在预先设定条件下自动触发,并破坏计算机系统功能、数据或者应用程序的;以及其他专门设计用于破坏计算机系统功能、数据或者应用程序的程序。所谓"制作",是指创制、发明、设计、编造破坏性程序或者获悉技术制作破坏性程序的行为。所谓"传播",则是指通过计算机信息系统(含网络)输入、输出计算机病毒等破坏性程序,以及将已输入的破坏性程序软件加以派送、散发等的行为。

破坏行为必须造成严重后果,才能构成其罪。否则,如果没有造成危害后果或者虽有危害后果但不是严重后果,即使有破坏计算机信息系统的行为,也不能构成本罪。

具有下列情形之一的,应当认定为破坏计算机信息系统功能、数据或者应用程序"后果严重":造成十台以上计算机信息系统的主要软件或者硬件不能正常运行的;对二十台以上计算机信息系统中存储、处理或者传输的数据进行删除、修改、增加操作的;违法所得五千元以上或者造成经济损失一万元以上的;造成一百台以上计算机信息系统提供域名解析、身份认证、计费等基础服务或者为一万以上用户提供服务的计算机信息系统不能正常运行累计一小时以上的;造成其他严重后果的。

故意制作、传播计算机病毒等破坏性程序,影响计算机系统正常运行,具有下列情形之一的,应当认定为"后果严重":制作、提供、传输"能够通过网络、存储介质、文件等媒介,将自身的部分、全部或者变种进行复制、传播,并破坏计算机系统功能、数据或者应用程序"的程序,导致该程序通过网络、存储介质、文件等媒介传播的;造成二十台以上计算机系统被植入"能够在预先设定条件下自动触发,并破坏计算机系统功能、数据或者应用程序"或者"其他专门设计用于破坏计算机系统功能、数据或者应用程序"的;提供计算机病毒等破坏性程序十人次以上的;违法所得五千元以上或者造成经济损失一万元以上的;造成其他严重后果的。

3. 犯罪主体

本罪的主体为一般主体,凡是达到刑事责任年龄和具备刑事责任能力的人实施破坏计算机信息系统功能和信息系统中存储、处理、传输的数据和应用程序的行为均可构成本罪。本罪的主体往往是精通计算机技术、知识的专业人员。

4. 犯罪主观方面

本罪在主观方面必须出于故意,过失不能构成本罪。如果因操作疏忽大意或者技术不熟练甚或失误而致使计算机信息系统功能,或计算机信息系统中存储、处理或者传输的数据、应用程序遭受破坏,则不构成本罪。至于其动机如何,不会影响本罪成立。

14.1.3 非法获取计算机信息系统数据、非法控制计算机信息系统罪

1. 犯罪客体

非法获取计算机信息系统数据罪的犯罪客体是计算机信息系统的安全,本罪的犯罪对象仅限于第285条第一款规定以外的计算机信息系统的数据,包括使用中的计算机信息系统中存储、处理、传输的数据,脱离计算机信息系统存放的计算机数据,如光盘、U盘中的计算机数据不是本罪的保护对象。这里的数据,不限于计算机系统数据和应用程序,还包括权利人存放在计算机信息系统中的各种个人信息。上述的数据不被非法获取,是计算机信息系统安全的重要表现。

非法控制计算机信息系统罪的犯罪客体是除国家重要领域计算机信息系统以外的计算机信息系统的安全。此处所指安全是指信息系统的完整性和保密性。

2. 犯罪客观方面

本罪在客观方面表现为行为人违反国家规定,实施侵入国家事务、国防建设、尖端科

学技术领域以外的普通计算机信息系统,或者采用其他技术手段,从而获取这些计算机信息系统中存储、处理或者传输的数据,或者对该计算机信息系统实施非法控制的行为,并且情节严重。

根据本条规定,包括下列两种情况。

(1) 非法获取计算机信息系统数据。

所谓"非法获取",是指未经权利人或者国家有权机构授权而取得他人的数据的行为。所谓"侵入",是指未经权利人或者国家有权机构授权或批准,行为人采用破解密码、盗取密码、强行突破安全工具、利用他人网上认证信息等方法,通过计算机网络终端进入国家事务、国防建设、尖端科学技术领域以外的普通计算机信息系统。所谓"获取数据",是指通过秘密复制方式得到他人计算机信息系统中存储的、正在运行的或传输的数据,没有采用任何方式对他人计算机中的数据进行增加、删除、修改等破坏行为。

(2) 非法控制计算机信息系统。

所谓"非法获取",是指未经权利人或者国家有权机构授权而取得他人的数据的行为。所谓"侵入",是指未经权利人或者国家有权机构授权或批准,行为人采用破解密码、盗取密码、强行突破安全工具、利用他人网上认证信息等方法,通过计算机网络终端进入国家事务、国防建设、尖端科学技术领域以外的普通计算机信息系统。所谓"控制",是指行为人利用技术手段或者其他手段非法获取他人或机构的计算机信息系统的操作权限并在该计算机系统中实际进行下载、安装、运行软件等操作的行为。

非法获取计算机信息系统数据、非法控制计算机信息系统罪为情节犯。要构成本罪,须具有情节严重。具有下列情形之一的,应当认定为刑法第二百八十五条第二款规定的"情节严重":获取支付结算、证券交易、期货交易等网络金融服务的身份认证信息十组以上的;获取上一项以外的身份认证信息五百组以上的;非法控制计算机信息系统二十台以上的;违法所得五千元以上或者造成经济损失一万元以上的;其他情节严重的情形。

3. 犯罪主体

本罪的主体为一般主体,凡是达到刑事责任年龄和具备刑事责任能力的人实施非法获取计算机信息系统数据、非法控制计算机信息系统的行为均可构成本罪。本罪的主体往往是精通计算机技术、知识的专业人员。

4. 犯罪主观方面

本罪在主观方面必须出于故意,过失不能构成本罪。即行为人明知是侵入计算机信息系统或以其他技术手段获取数据、控制计算机信息系统的行为,仍故意为之。至于其动机如何,不会影响本罪成立。

14.1.4 提供侵入、非法控制计算机信息系统程序、工具罪

1. 犯罪客体

本罪侵犯的客体是计算机信息系统的安全。此处安全是指信息系统的完整性和保密性。

2. 犯罪客观方面

表现为提供专门用于侵入、非法控制计算机信息系统的程序、工具,或者明知他人实施侵入、非法控制计算机信息系统的违法犯罪行为而为其提供程序、工具,情节严重的行为。

所谓"专门用于侵入、非法控制计算机信息系统的程序、工具",是指具有下列情形之一的程序、工具:具有避开或者突破计算机信息系统安全保护措施,未经授权或者超越授权获取计算机信息系统数据的功能的;具有避开或者突破计算机信息系统安全保护措施,未经授权或者超越授权对计算机信息系统实施控制的功能的;其他专门设计用于侵入、非法控制计算机信息系统、非法获取计算机信息系统数据的程序、工具。

本罪的客观方面表现为如下两种情况。

一是提供专门用于侵入、非法控制计算机信息系统的程序、工具。这里的"提供"不应作日常生活语言意义上的狭窄理解,不仅包括面向某个单个的个人或者团体而进行的点对点的提供,也可以包括借助互联网进行广泛的传播。同时,本罪中的提供行为往往具有某种惯常性,即以此为业或者作为重要的生活乐趣,而不仅是一次性的行为。这里的专门程序或者工具可以是行为人自己创制的,也可以是通过网络等其他途径获得的。

二是明知他人实施侵入、非法控制计算机信息系统的违法犯罪行为而为其提供程序、工具。这本来是一种帮助犯的行为,立法者将其单独成罪,体现了对这种源头性计算机犯罪的重点打击意图。

本罪为情节犯。要构成本罪,要求情节严重。具有下列情形之一的,应当认定为刑法第二百八十五条第三款规定的"情节严重":提供能够用于非法获取支付结算、证券交易、期货交易等网络金融服务身份认证信息的专门性程序、工具五人次以上的;提供上一项以外的专门用于侵入、非法控制计算机信息系统的程序、工具二十人次以上的;明知他人实施非法获取支付结算、证券交易、期货交易等网络金融服务身份认证信息的违法犯罪行为而为其提供程序、工具五人次以上的;明知他人实施上一项以外的侵入、非法控制计算机信息系统的违法犯罪行为而为其提供程序、工具二十人次以上的;违法所得五千元以上或者造成经济损失一万元以上的;其他情节严重的情形。

3. 犯罪主体

本罪的主体是一般主体,凡是达到刑事责任年龄和具备刑事责任能力的人。

本罪的主体为一般主体,凡是达到刑事责任年龄和具备刑事责任能力的人。本罪的主体往往是精通计算机技术、知识的专业人员。

4. 犯罪主观方面

本罪在主观方面是故意,行为人是否为盈利的目的提供程序、工具不影响犯罪的成立。

14.2 犯罪的表现形式及风险规避手段

随着互联网应用及网络技术的快速发展,出于窃取重大机密、泄愤报复、非法修改计算机信息系统数据盈利等目的,非法侵入、破坏计算机信息系统犯罪的案例每年都在大量地发生。对此,应该从这类犯罪的表现形式、犯罪特点、风险规避手段对其进行深入的了解。

14.2.1 非法侵入、破坏计算机信息系统犯罪的表现形式

非法侵入、破坏计算机信息系统犯罪的表现形式多种多样,但从实施的犯罪行为及侵犯的对象来看,主要分为以下几种。

1. 非法入侵

这类犯罪行为主要有:非法侵入国家事务、国防建设、尖端科学技术领域的计算机信息系统;或侵入国家重要的计算机信息系统以外的计算机信息系统;或者采用其他技术手段,获取国家重要的计算机信息系统以外的计算机信息系统中存储、处理或者传输的数据;对国家重要的计算机信息系统以外的计算机信息系统实施非法控制。

2. 非法破坏

这类犯罪行为主要有:非法对计算机信息系统功能进行删除、修改、增加、干扰,造成计算机信息系统不能正常运行;非法对计算机信息系统中存储、处理或者传输的数据和应用程序进行删除、修改、增加的操作;故意制作、传播计算机病毒等破坏性程序,影响计算机系统正常运行。

3. 非法提供相关工具

这类犯罪行为主要有:提供专门用于侵入、非法控制计算机信息系统的程序、工具;明知他人实施侵入、非法控制计算机信息系统的违法犯罪行为而为其提供程序、工具。

14.2.2 非法侵入、破坏计算机信息系统犯罪的特点

非法侵入、破坏计算机信息系统犯罪,与其他网络犯罪相比,有着以下几个突出的特点。

1. 专业知识性强

与网络诈骗、网络色情、网络赌博等其他网络案件相比,非法侵入、破坏计算机信息系统犯罪技术含量高,需要行为人具有较高的计算机专业知识水平、娴熟的计算机操控能力,能够入侵他人或机构的计算机信息系统。

2. 绝大多数以牟利为目的,形成黑客产业链

绝大多数木马病毒程序的制作者开发程序的主要目的是靠出售程序获利,网络黑客攻击者盗窃网络银行账号、游戏装备、后台数据库等的主要目的是为了出售获利。

同时,因为投入少、获利多,木马病毒等程序的买卖需求在不断增加,最终逐渐分工细化,形成了由制作提供黑客工具、实施攻击、盗窃账号、倒卖账号、提供交易平台等各个环节分工合作的利益链条。

例如,2010年7月,北京公安机关在侦破一起网络诈骗案件时发现,犯罪分子使用黑客病毒程序盗窃网民QQ账号密码,并冒充用户实施网络诈骗。专案组经过层层追踪,抓获为网络诈骗团伙制作、销售木马病毒的吴某某等5名犯罪嫌疑人。经查,吴某某制作贩

卖黑客工具犯罪团伙分工细致,包括木马制作者、一级销售代理、二级销售代理等多个层次以及专门负责资金流转提取的人员,该团伙累计销售木马 126 人次,涉案金额 40 万元。

3. 隐蔽性更强,线索少,侦查和打击难度更大

与网络诈骗、网络色情、网络赌博等其他网络案件相比,非法侵入、破坏计算机信息系统犯罪的隐蔽性更强。

其他网络案件,例如网络诈骗,要么与受害者通过手机、QQ 联系,要么给受害人一个诈骗网站,最终还会给受害人一个银行账号用来接收诈骗来的钱款;网络赌博案件,除了上述线索外,赌博网站上往往还会留有网络电话(通常是 Skype)、电子邮箱等案件线索。

而当一个计算机信息系统被不法分子远程侵入、破坏后,很难找到诸如上述的案件线索。几乎很少有犯罪分子在入侵和破坏了别人的计算机信息系统后,还在别人机器上留手机号、QQ 号、银行账号、电子邮箱账号的。甚至如果不法分子仅是入侵,被害人很难发觉犯罪行为的发生。而且,违法犯罪分子多使用境外网络资源实施黑客攻击破坏活动。

因此,侦破非法侵入、破坏计算机信息系统犯罪案件比其他网络犯罪案件难度要大很多。

4. 涉案人多且居住分散,证据提取困难

涉案人员多,而且居住分散,取证难是办理此案面临的最大问题。

例如,2010 年 1 月,山东首例提供非法控制计算机信息系统程序案的 4 名被告被起诉。其中,涉嫌提供非法控制计算机信息系统程序罪的王某,独自编写控制他人计算机系统的木马程序,并在短短三个月的时间里,通过因特网向全国各地的 101 人次出售,非法获利六十余万元。此案的涉案人员遍及全国,而最终只有 4 人被提起公诉,也从一个侧面看出打击这类证据提取的难度之大。

5. 对侦查人员计算机水平要求高

例如,某台计算机信息系统被别人远程植入了木马程序,盗取了本机的主要数据。那么在进行案件调查时,侦查人员从木马本身出发进行分析时,应该从代码本身、木马性质、程序运行设置、日志等多方面,深入分析窃取的数据究竟发给了哪个邮箱、哪个机器等。

此外,包括现场对证据的固定、对软件功能和破坏力的认知,这类案件线索的调查思路、案件讯问时所问的专业问题等,都需要办理案件的侦查人员具有较高的计算机专业知识和操作技能。

6. 多种犯罪交叉性

在公安实践办案中,发现非法侵入、破坏计算机信息系统犯罪案件常常与网络色情、网络诈骗等其他案件相互交织,互相牵连。

例如,2010 年 4 月,湖北鄂州公安机关先后打掉了"饭客网络"、"甲壳虫"两个涉嫌提供侵入、非法控制计算机信息系统工具程序的黑客网站,抓获盛某、谭某、吕某等 7 名犯罪嫌疑人。在该案中,肖某伙同他人还开办了 hua * *.tk 色情网站。

例如,2009 年 4 月,济南市公安民警在办案过程中发现了一种名叫"霸王"的木马程序,通过给用户发送虚假的中奖信息,实施网络诈骗,购买者遍布全国各地,给社会造成严

重的危害。

14.2.3　非法侵入、破坏计算机信息系统犯罪的风险规避手段

为了最大化地保护自己的利益,非法侵入、破坏计算机信息系统犯罪的组织者或行为人还采用如下一些规避风险的手段。

1. 采用技术手段隐匿自己的行踪

1)利用代理服务器上网

作为具有较高计算机技术水平的不法分子,他们当然知道入侵会在对方的计算机或服务器上留下入侵者的 IP 地址。

因此,他们采取的隐藏自己 IP 的一种方法是通过代理服务器上网。这样,被入侵者留下的 IP 地址就会是代理服务器的 IP 地址,难以直接查到真实的入侵者。

2)控制肉鸡

通常实行和组织网络攻击的行为人,利用技术手段先扫描出一些有弱口令或系统漏洞的计算机主机进行入侵或者植入木马,取得远程主机的完全控制权,然后即可控制对方计算机(这些计算机称为肉鸡)。

当然,不法分子也可利用跳板技术实施入侵或攻击,使用肉鸡做跳板,通过多个主机中转,这样查来查去,可能都是其他主机的 IP,更难查到真实的入侵者。

3)入侵后消除痕迹

即便使用了代理服务器上网,入侵老手还会在入侵成功后退出时,将对方的计算机或服务器上留下入侵者的 IP 地址等痕迹进行清除。这就为后续调查带来了极大的难度。

2. 采用风险分担模式,减少暴露风险

组织者在具体实施网络攻击行为时,有时会召集大量的黑客爱好者共同参与行动。而作为组织者,可以选择不参加,不暴露自己;也可以选择参加,将自己混入成千上万个攻击者中。这样,既达到了目的,又没有过多地暴露自己。实现了风险分担,减少了暴露风险。

3. 单打独斗或现用现召集,减少相识的风险

为了最大化地保护自己的利益,非法侵入、破坏计算机信息系统犯罪的组织者,在组织入侵攻击行动前,先到各个有此类爱好或技术讨论的 QQ 群、网络论坛中发布消息,召集人员实施具体攻击行为,但是最终有哪些人实际参与了行动,组织者也不知道。

有别于组织结构严密、层级分明的网络赌博、网络传销犯罪,这类犯罪团伙成员组织松散,人员不固定,没有固定的层级关系,相互之间常常是不认识的。

甚至参与者也很盲目,连这种行为是否构成犯罪都不清楚。有一个网民在网上发帖,帖子中提到了"在论坛里听老大的指挥 在固定时间 给固定的 IP 用软件方式 发送大量的数据包(随称之为攻击)其实发给谁我都不知道。只留个 IP 和端口。"如图 14-1 所示,表明他对这种行为也很困惑,但还是参加了攻击行为。

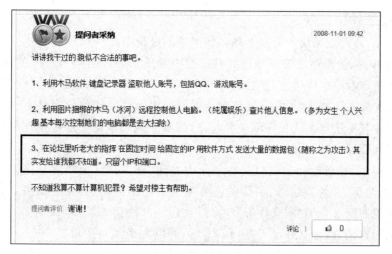

图 14-1　组织松散，现用现召集

14.3　侦查途径的选择

在了解了非法侵入、破坏计算机信息系统犯罪的表现形式、特点及风险规避手段后，要从已有的案件线索开展案件的初查阶段的工作，在深入侦查阶段展开具体调查和分析工作，对涉案计算机犯罪现场勘查时还要对重点内容进行提取与固定。

14.3.1　非法侵入、破坏计算机信息系统案件的线索来源

从目前我国打击非法侵入、破坏计算机信息系统案件来看，大多数案件线索来源于受害人或单位报案、公安部开展专项行动，此外还有其他一些线索来源，具体如下。

1. 来自单位和个人的报案

（1）个人报案。个人计算机中了木马病毒，如果没有造成大的损失或影响，一般采取安装杀毒软件、重做系统等做法，很少报案。但是，如果遇到自己计算机中重要数据被他人非法修改、删除，计算机中常用的 QQ 账号、游戏装备被盗等，严重影响了个人的工作和生活时，被害人会选择报案。

（2）单位报案。目前，几乎所有政府机构、企事业单位、公司等都建立了自己的网站。我们经常看到报导，某政府职能部门的网站首页被篡改了，甚至贴了黄色照片、链接了色情网站，某公司网站访问流量异常、网页半天打不开，某高校招生录取系统里的分数、录取学生名单被修改了等。遇到这些异常现象，如果对本单位工作、形象、业务等影响不大，一些单位让自己本单位负责网络安全的网络管理员进行处理，使计算机信息系统重新运行正常，就不报案了；否则，当给本单位工作、形象带来不良影响，给本单位业务等带来巨大损失的时候，就会选择报案。

2. 公安工作中发现

这种情况,通常是基层干警在办理其他案件的过程中发现的。

2009年4月,济南市公安民警在办案过程中发现了一种名叫"霸王"的木马程序,通过给用户发送虚假的中奖信息,实施网络诈骗,购买者遍布全国各地,给社会造成严重的危害。山东省公安厅高度重视,将此案列为重点督办案件。最终该案件有1人以涉嫌提供非法控制计算机信息系统程序罪被提起公诉,有3人以涉嫌非法控制计算机信息系统程序罪被提起公诉。

2010年6月,江苏徐州公安机关在工作中发现,有人在网上贩卖专门盗取腾讯公司DNF(地下城与勇士)游戏账号、密码的盗号木马。经缜密侦查,先后抓捕8名涉案犯罪嫌疑人。该犯罪团伙分为"木马作者"、"木马代理"和"洗信人"三个级别。其中犯罪嫌疑人廖某某伙同布某、彭某某开发了"生命"木马,并以每个木马生成器5000元的价格直接销售给下家代理,由代理进行挂马实施盗号,廖某某三人共获利人民币二十余万元。

3. 公安部专项行动

近几年来,公安机关受理的黑客攻击破坏案件数量每年增长均超过80%,严重侵害人民群众合法权益,危害国家信息网络安全。因此,公安部定期统一组织,在全国范围内开展打击黑客攻击破坏犯罪的专项行动,由上级统一下发案件线索,公安机关各部门通力合作,联合作战,打击效果很好。

2010年,为进一步净化网络环境,公安部部署开展了集中打击黑客攻击破坏活动专项行动。在有关部门的支持下,截至2010年11月底,全国公安网络安全保卫部门共破获黑客攻击破坏违法犯罪案件180起,抓获各类违法犯罪嫌疑人460余名,打掉14个提供黑客攻击程序、教授黑客攻击犯罪方法并涉嫌组织黑客攻击破坏活动的网站,专项行动取得了预期成效。

2013年6月18日,公安部召开电视电话会议,部署6~12月全国开展为期半年的集中打击整治网络违法犯罪专项行动。其中,就包括针对网络黑客攻击犯罪方面的打击要求:全面梳理排查黑客攻击破坏等违法犯罪活动线索,以及管理混乱、违法犯罪活动突出的网络平台。要循线追查犯罪源头,集中打掉一批为网络违法犯罪活动"输血供电"的网络服务商、代理商、销售商、广告商、黑客程序制作者、维护者以及提供"洗钱"服务的利益链条。全面清理在互联网上发布的各种黑客工具和木马程序下载链接等。据悉,公安部将对重大跨省线索进行集中梳理串并,集中挂牌督办一批涉及面广、影响大、群众关注度高的网上重大案件。

4. 串并案

对正在侦查和已经侦破的案件线索进行碰撞比对,找出涉案线索。

14.3.2 非法侵入、破坏计算机信息系统案件初查阶段的工作

基层民警受理非法侵入、破坏计算机信息系统案件后,针对单位或个人的报案情况、公安工作中发现的初期线索情况,主要从以下几个方面开展初查阶段的工作。

1. 核查被攻击主机或服务器被侵入和破坏情况

（1）核查和提取被害人在遭遇黑客持续网络攻击，导致网站服务器瘫痪、网页无法打开，正常业务无法开展的线索和证据。例如，网页无法打开时的录像、拍照或截屏，网站服务器瘫痪时的网络异常流量的监控数据，正常业务无法开展的客户投诉、本单位网络使用者的证明等的证据。

核查网站被入侵篡改的页面信息，后台数据库中篡改的用户信息，找出具体哪些数据修改过等。

核查个人主机是否受到入侵或破坏，调查系统正在运行的进程、打开的异常端口、被病毒感染的重要文件、哪些文档受到了破坏、运行了哪个软件或单击了哪个窗口导致文件或数据的丢失等信息。

（2）对所有涉及的网络运营商进行调查。例如，对网站所在网络运营商案发时的网络流量等证据进行录像、拍照或截屏，了解互联网宽带出口是否也受到了严重影响，还有哪些地区或单位也出现了网络中断的现象并受到波及。

（3）对所有波及的其他单位进行调查。是否也有网页无法打开或明显缓慢，甚至网络中断等类似现象。与前面相同，要提取所有波及的其他单位的相关证据，如网页无法打开甚至网络中断时的录像、拍照或截屏，网站服务器网络异常流量的监控数据，正常业务无法开展的客户投诉、本单位网络使用者的证明等证据。

（4）核查受害人已掌握的情况。了解当事人是否保留了入侵或破坏文档等的证据，有无怀疑对象、初步判定是何人所为、对方为什么这么做等信息。

2. 对被入侵或破坏的主机和服务器的计算机信息系统进行初步取证

（1）提取网站和服务器后台日志，查找黑客网络攻击时的IP地址。IP地址可能直接能指向某个具体的单位或住址（可直接落地调查）；IP地址也可能是攻击人使用的代理服务器的IP地址，在深入侦查阶段再对其进行继续追踪。

（2）调取被入侵或破坏的个人主机的系统日志记录和相关文档。

（3）对篡改的数据库信息进行备份，同时进行录像、拍照或截屏固定证据。

3. 核查涉案嫌疑人建的黑客网站信息

基层干警工作中发现，以及受害人举报或群众报案的一个重要初期线索就是涉案嫌疑人建的黑客网站的域名信息，这时要仔细核查包括网站名称、具体网址、网站上是否提供了黑客软件等破坏性程序，这些软件是否能下载、是否采取了会员制、有几个主要版面、版主都是谁、出售破坏性软件的人员、会员注册或购买木马病毒软件的汇款账户、网页上留的联系方式（QQ、电子邮箱、电话）等。

4. 分析案情，制订下一步侦查计划

根据不同案情，及时制订下一步侦查计划。主要包括以下几方面。

（1）划定嫌疑人范围，分析嫌疑人犯罪动机。

（2）对哪些人、哪些网络即时通信账号进行继续监控和调查。

（3）对涉案嫌疑人建的黑客网站还要深入调查哪些信息。

(4) 调取和分析哪些银行账户、第三方支付平台账户的资金流向。

(5) 调取和分析哪些手机号的通信记录。

(6) 调取和分析哪些电子邮箱的相关使用信息。

(7) 根据已掌握的这些线索,应继续开展哪些工作。

(8) 对现有已有充分证据指向的犯罪嫌疑人是继续跟踪调查,还是实施秘密抓捕。

(9) 目前有哪些困难,还可能遇到哪些困难,计划怎么解决。

14.3.3 非法侵入、破坏计算机信息系统案件侦查阶段侦查途径的选择

经审查批准立案后,进入深入侦查阶段。深入侦查阶段的工作主要有以下几个方面。

1. 划定嫌疑人范围,分析嫌疑人犯罪动机

某网站如果被入侵或攻击了,要从以下几个方面分析该网站为什么会被攻击,哪些人可能进行了这些攻击。

(1) 本地同行生意恶意竞争。重点分析本地还有哪些同行,都开设了哪些网站,生意如何,以前有无交恶的历史。

(2) 黑客入侵,故意破坏。一些黑客出于炫耀技术、练手,或者仇视这个网站的所有者、反感某些内容,被公司经理或用户得罪过,进而实施了网络入侵攻击。

例如,2012年6月,浙江省金华永康市公安局东城派出所民警在永康市东城街道的一家网吧里,抓获了年仅17岁的犯罪嫌疑人陈某。2012年5月10日以来,金手指网吧的李老板发现,网吧在营业期间,经常出现网络中断的问题,特别是在营业的黄金时段,网吧经常会断网一两个小时。由于网吧记录上网时间的软件也瘫痪了,所以李老板只能收取两元的起收费,其余都退还给顾客,最多的一次,退给顾客一千多元。后经调查得知,犯罪嫌疑人陈某犯罪动机竟是"每次下机时攻击一下,之后我就看到很多人去找网管了,我觉得这样很好玩"。

(3) 窃取网站源代码。一些公司或个人想做类似的网站,但又不想花钱找人做,自己从头做起又太费劲,就采取黑客入侵手段窃取网站源代码,要么拿来自己用,要么放到网上进行买卖挣钱。

例如,2011年12月,昆明盘龙公安分局网安大队接到云南某大型手机购物网站运营商报案,称其网站近期两次被黑客攻击,导致网站黑屏。2011年12月15日这天,三十余万用户9小时内无法正常登录,12月23日用户5小时无法登录。不明原因的破坏,给网站造成了巨额经济损失。民警后经调查得知,犯罪嫌疑人肖某见如今网购很红火,也想建个自己的购物网站,专门销售汽车用品。但是,根据市场行情,建设并维护一个网站需要大量的资金。最终,肖某采用窃取平均在线用户超三十万的云南某手机购物网站的数据和源代码的方式,使自己建设网站与获取客户资料容易些,结果触犯了法律。

(4) 敲诈。不法分子非法侵入、破坏计算机信息系统的主要目的如果是敲诈,这种情况往往在第一次攻击结束后,过一段时间,嫌疑人就会主动联系受害者,要么称只要出多少钱"维护费"就能解决网站受到攻击的问题,要么直接威胁不给钱继续攻击。

例如,2012年6月26日,南通市通州区公安局网安大队接到辖区一家软件公司报案,称被"黑客"敲诈钱财。据该公司负责人瞿某说,在6月25日下午,他登录公司的QQ后,一名陌生人自称是网络安全部门的工作人员说其公司网站没有备案,属于非法网站,让其立即缴纳3000元钱,否则将关闭其网站。但瞿某的公司网站明明已经在2011年向有关部门备过案了,各项手续都齐全,于是就没当回事儿。不料,几分钟后,公司网站突然崩溃,怎么也打不开了。这时,之前自称是网络安全部门人员的QQ号发来网站崩溃的截图,并称如果不给钱,就让公司网站永远也打不开。瞿某这下意识到可能是遇到网络"黑客"攻击了,并与其在QQ上理论起来,让其没有想到的是,"黑客"竟将价格抬到两万元。公司报案后,警方最终在桂林市一家网吧内成功抓获犯罪嫌疑人秦某。

(5)窃取网站商业机密。采取黑客手段入侵网站的目的,就是进入网站后台数据库,窃取数据库中重要的商业机密、客户信息,获取的这些信息要么自己用,要么通过网上或者其他渠道进行买卖。

例如,2012年11月,南通海门市公安局网络安全监察大队经过缜密侦查和细致取证,成功侦破一起非法侵入计算机信息系统案件。经查,2012年4~10月期间,只有初中文化的犯罪嫌疑人赵某,非法侵入上海某信息咨询有限公司网站服务商后台和阿牛家纺等三十余家家纺网站,共非法取得两百余个网站控制权,窃取了近五十余万条客户资料及其登录网站的用户名和密码,以获取上述网站中关于绣品花形设计的技术参数。后经取证侦查,在南通市某网络科技有限公司从事网站开发、维护和家纺用品设计,暂住在海门市三星镇的安徽省萧县人赵某被抓获。

(6)牟利。如果网站后台数据库信息被修改了,有可能是有人利用此种手段牟利。

例如,2011年12月,江西赣州首起破坏计算机信息系统案批捕了犯罪嫌疑人陈某、范某、刘某。早在2010年1月,赣州市交警支队驾照考试中心科目二考试中心计算机系统新组建Oracle数据库,犯罪嫌疑人陈某(考试中心工作人员)趁系统运行还不稳定,偷偷打开服务器,在上面增设用户名,并把用户名都设为系统管理员的最高权限,即可以看到科目二考试中所有学员的信息资料。2010年2月,陈某制作了一个可以远程修改Oracle数据库里面数据的脚本程序。利用这个脚本程序,只要输入需要更改成绩的学员的身份证号码,双击另一个可执行文件,就可以在几秒钟内把该学员的成绩由不及格改成及格。2010年3月至2011年10月,陈某和某驾校校长范某、教练刘某合作,范某和刘某在考试前向陈某提供考不过科目二的学员的身份证等信息,并且提醒考生考完后在车上停留几分钟,陈某则在这个时间内快速将考生的成绩由不及格改为及格,致使多名未具备实际驾驶资格的考生获取驾照,给道路交通安全带来极大隐患。事后,三名犯罪嫌疑人共获利数万元。

2. 对现有的黑客网站深入调查

1) 对黑客网站的网页信息进一步分析

登录黑客网站,浏览网页内容,从中查找进一步的线索,如是否有目前没有掌握的、新发现的网站代理人或客服人员等的QQ号、电子信箱、手机号、Skype账号和银行账号以及该网站维护人有关资料等,为下一步侦查工作提供新的案件线索,如图14-2所示。

图 14-2　某黑客网站页面上留下的联系方式

2）对黑客网站的域名进一步分析

域名是互联网上某一台计算机或计算机组的名称，在全世界没有重复的域名，域名具有唯一性。

当一个用户想在网络上建立一个网站时，通常需要申请一个域名，这就需要向那些提供域名空间服务的网络服务商进行注册，在注册时通常有真实的个人信息，如个人姓名、电话、邮箱（如果是 QQ 邮箱，有 QQ 号）等联系方式，所以根据黑客网站的域名可以到域名代理机构查询域名登记注册的原始信息，获得域名注册者的个人相关资料，为侦查破案提供了线索。

在不采取技术手段和申请运营商帮助的前提下，可通过专用域名查询网站，查询网站及其注册者的基本信息，如图 14-3 所示。

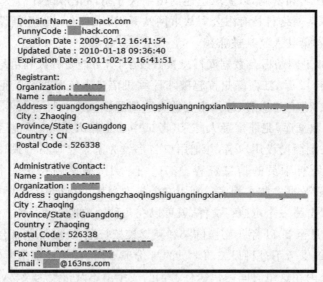

图 14-3　某黑客网站的部分域名注册信息

如图 14-3 所示，从被调查网站"**hack.com"（*为隐去的一些信息）的域名注册信息中，发现了新的信息，该赌博网站域名为 2009 年 2 月 12 日注册的，到期日为 2011 年 2 月 12 日，上次网站更新时间为 2010 年 1 月 18 日；网站的注册人、管理人、技术人联系人等的信息中，留的可能是真实的电子邮箱"***@163ns.com"、网站管理人联系名"guo*****
"，所在地广东省肇庆市**县**镇**区、电话号码"021*****"（上海固定电话）、邮编"526338"（广东省肇庆市）等信息，为进一步侦查提供了线索。

3) 对黑客网站的 IP 地址进一步分析

通过网站域名所对应的 IP 地址查询，可以定位被调查黑客网站所托管的网站服务器位置。可以采用 ping 命令或者专用网站进行查询，如图 14-4 所示。

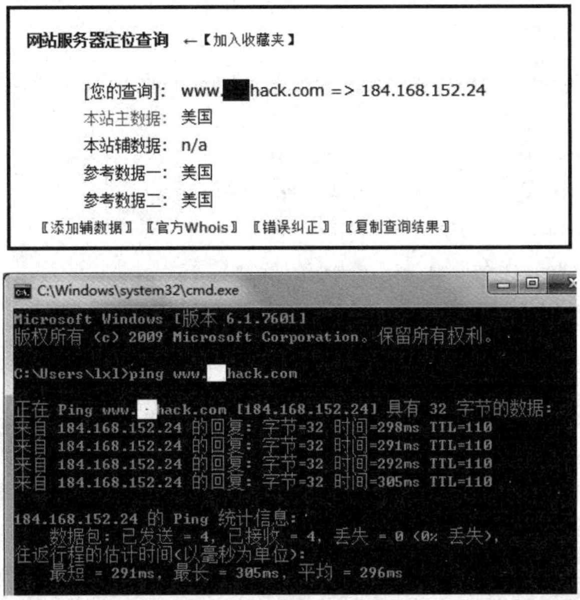

图 14-4 某黑客网站的服务器 IP 信息

遇到特殊情况，例如两者查询结果不一致时，或者解析出来的位置不是被调查网站时，还要利用网络基础知识、结合其他命令和工具进行仔细分析和鉴别。

如果查到的网站服务器 IP 地址位于我国国内，可以到服务器所在地进行进一步调查；反之，如果在国外，调查难度就很大了。

3. 对黑客网站相关网站的深入挖掘

对黑客网站相关网站的深入挖掘，考虑到网站建立者有可能还建立了其他类似的黑客网站，通常从以下两个角度出发进行深入调查。

（1）查找该域名对应的同一个 IP 地址还注册了哪些网站。因为，黑客组织者将所有网站建立在同一个服务器上，维护比较方便。

例如，利用专用查询网站，输入已知的黑客网站域名，即可查到同一个 IP 地址还注册了哪些网站，如图 14-5 所示，共找到 63 个域名，需要逐一打开查看，确认是否还有同一黑客组织者所建的其他网站。

（2）查找该域名对应的注册信息还注册了哪些网站。例如，与被调查黑客网站的注册信息中相同的电子邮箱、姓名、电话，还注册了哪些网站。

例如，利用专用查询网站，输入已知的黑客网站注册信息中的电子邮箱、姓名、电话，即可查到这些联系方式还注册了哪些网站，如图 14-6 所示为利用黑客网站注册的电子邮箱的查询结果。从图中可知，被调查黑客网站注册的电子邮箱共注册了两个网站，还可以看到注册人分别是谁，这些同注册电子邮箱的网站域名虽然不同，但网站注册电子邮箱相同,应该是同一黑客组织者所建的。

图 14-5　某黑客网站同一 IP 地址的部分其他网站

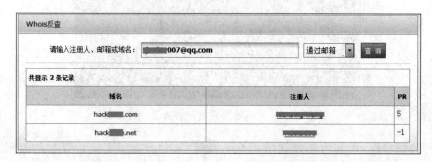

图 14-6　某黑客网站同一注册电子邮箱注册的网站

通过以上两种方法对黑客网站相关网站进行深入挖掘,能够发现大量的相关网站,说明黑客组织者为了逃避打击,建了很多备用网站,以供随时更换。在后续侦查工作中,还要对发现的这些相关网站继续做进一步调查。

4. 对涉案银行账户深入调查

在整个非法侵入、破坏计算机信息系统案件的侦查过程中,对涉案资金及资金链的调查是重中之重。目前资金流转方式绝大多数以网上银行交付和第三方支付平台为主,如图 14-7 所示。要深入调查追踪和梳理资金流向,查找犯罪嫌疑人。

从图 14-7 可以看出,由于我国对第三方支付平台监管不够,不法分子在网上直接公布的汇款账号以第三方支付平台账号为主,而银行账户需要来电索取。

对现有的银行账号等深入调查,梳理资金流向,主要完成以下几方面工作。

(1) 调查银行账户或第三方支付账号的开户人信息。

对于通过网上银行支付资金的,可以以资金支付的账号为线索进行查找,通过银行账号的信息,在所在的开户行取得开户人的基本信息。但是,由于我国一些银行管理不够完善,有可能开户人使用的不是真实信息,如果出现此类情况,则可以监视相应的银行账户的存取款情况,以确定真正的犯罪嫌疑人。

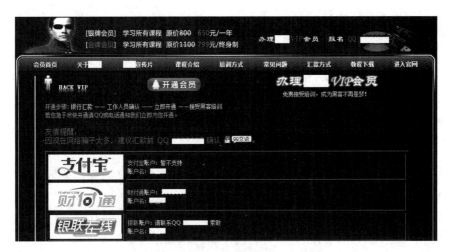

图 14-7　某黑客网站上留的汇款方式

（2）调查银行账户或第三方支付账号的资金流转情况。

同时，还要调查已掌握的银行账户或第三方支付账号的资金流转情况，分析各个账户之间的关系，绘制账目资金流向示意图。如果涉及的银行账号很少，可以手工绘制；如果涉及的银行账号很多，就要借助专用海量数据分析软件进行分析。

从资金流向图中，可以初步分析出，每个银行账户或第三方支付账号使用者的联系人、位于黑客组织结构中的位置、黑客组织上线关系。通过交易流水，统计非法获利金额。

（3）调查网上银行账户或第三方支付账号的登录情况。

目前，绝大多数都是通过网上银行或第三方支付账号进行资金流转的，还要到相关银行或第三方支付机构进行调查，查明每个账户、每次登录网上银行的 IP 地址。通过 IP 地址，每个账户所有者每次交易所在地的具体位置即可调查得清清楚楚，为下一步实施抓捕提供了主要线索。

5. 对涉案 QQ 等账号的聊天记录深入调查

从报案人的计算机记录中，获得并仔细分析其与犯罪嫌疑人 QQ 账号之间的聊天记录，深入挖掘对方其他涉案信息，如有无提到手机号、家庭住址、活动范围、活动轨迹、犯罪目的、银行账号、交易汇款等信息。

从已掌握的犯罪嫌疑人的计算机记录中，获得并仔细分析其与受害人、其他同伙的 QQ 账号之间的聊天记录，深入挖掘其他涉案信息。

6. 对国内的代理服务器进行深入调查

绝大多数犯罪嫌疑人采用的是通过代理服务器实施的入侵或破坏活动，如果代理服务器的 IP 地址在国内，可以到这些代理服务器所在地，调取代理服务器上留有的其对他人实施攻击活动的线索，相关数据库日志备份、录像、拍照、截屏，提取和分析出嫌疑人登录的 IP 地址。

7. 其他涉案信息深入调查

首先，调查黑客网站上留的电子邮箱，以及黑客网站上注册资料中留的电子邮箱。如果电子邮箱的服务器位于我国国内,可以到服务器所在地进行进一步调查,提取邮箱登录详情、收发的电子邮件、邮箱登录 IP 等信息。

其次,调查涉案的固定电话或手机号,或者黑客网站上注册资料中留的固定电话或手机号。按照传统案件的侦查方法,调查手机的开户信息、使用通话记录、所在地等信息。

此外,还要对涉案 QQ 进行深入调查,可以利用第 9 章和其他章节中介绍的方法,对其展开深入调查,查到 QQ 的拥有者及所在地等各种信息。

8. 注意事项

(1) 在完成上面所述的深入调查侦查工作的同时,要注意随时固定证据。

(2) 要充分利用公安网的各种专用数据库,及时将已知人员信息输入公安网各种信息资源库,进行查询比对。重点查实身份真伪,核查有无网吧上网和旅店住宿记录,通过房产信息、车辆信息、驾驶员信息、银行查询信息,以车找人,发现黑客组织上下线关系,以及涉案人员的落脚点。

然后,再按照前面拟定的具体侦查工作计划,全面、细致地分析案件情况,深入剖析案件特点,准确把握工作的重点和难点,为后续现场勘查工作做好准备。

14.3.4　非法侵入、破坏计算机信息系统案件现场勘查要点

现场勘查是侦查破案工作的重要环节之一。这项工作做得充分、完成得好,可为今后破案工作打下坚实的基础,如果重要证据没有当场提取或者对证据进行了污染,会给后面电子物证鉴定以及审问带来极大的难题,甚至影响破案。

由于第 4 章已经详细地介绍了网络犯罪现场勘查的勘查方法和注意事项,因此,这里仅就非法侵入、破坏计算机信息系统案件现场的计算机处于开机状态的勘查要点进行说明。

1. 非法侵入、破坏计算机信息系统案件现场勘查的对象

非法侵入、破坏计算机信息系统案件现场勘查的对象,可能是黑客网站国内维护者、国内黑客活动组织者的计算机,也可能是具体实施入侵或破坏、出售破坏性软件等犯罪的某犯罪嫌疑人的主机,还可能是受害个人主机、受害单位的服务器、其他波及的计算机主机或服务器、代理服务器。

2. 受害人主机/单位服务器/其他波及的受害主机现场取证要点

重点提取以下数据,并以录像、截屏、照相的方式保存下来。

(1) 如果与嫌疑人通过网络即时通信工具 QQ 等联系过,要提取主机中涉案聊天记录。

(2) 被病毒感染的重要文件、受破坏的文档等。

(3) 服务器无法打开的网页、网站被入侵篡改的页面信息、网络异常流量监控数据。

(4) 服务器后台数据库中篡改的用户信息,找出具体修改过的数据。

(5) 系统正在运行的进程、打开的异常端口、系统运行的异常软件。

(6) 提取服务器案发时的日志信息,查找黑客网络攻击时的 IP 地址。

3. 涉案网络运营商现场取证要点

重点对网站所在网络运营商案发时的网络流量等证据进行录像、拍照或截屏,涉案数据库备份等。

4. 嫌疑人主机现场取证要点

重点提取以下数据,并以录像、截屏、照相的方式保存下来。

(1) 如果嫌疑人与同伙、多名受害者通过网络即时通信工具 QQ 等联系过,要提取主机中涉案聊天记录。当聊天记录内容较少时,可以录像、截屏、照相的方式保存下来;当聊天记录内容较多时,在录像等的同时,将聊天记录以文本文件格式(.txt)保存到 U 盘上,以供之后查找分析里面隐含的案件线索。

(2) 提取计算机中涉案黑客网站的资料,网站后台会员注册信息、汇款信息,涉案交易账单文档。

(3) 嫌疑人正在进行的涉案操作,例如正登录维护的黑客网站、正运行的破坏性软件、正打开的网银账户界面、正在运行的进程、打开的端口等。

(4) 主机中相关木马病毒破坏性程序,程序使用说明书,编写病毒代码的工具,多次编写和修改病毒的源程序,生成的可执行文件

(5) 主机各种操作的涉案历史记录。包括浏览器收藏夹中的涉案网站、浏览器的浏览历史记录,本机最近查看和编辑的各种文档、图片、视频、软件等的历史记录,系统最近搜索的文件等信息。

5. 代理服务器现场取证要点

提取服务器案发时的日志信息,查找黑客网络攻击时的 IP 地址、日常维护的 IP 地址。对数据库日志进行备份,取证过程以录像、截屏、照相的方式记录下来。

6. 现场外围搜查

要注意搜查涉案直接相关的证据,如手机、银行卡、存折、U 盘、移动硬盘,以及写在纸张和本上的账号密码等信息。

7. 注意事项

(1) 计算机现场勘查采用的录像、截屏、照相三种方式中,录像、照相的证明力要强,但是由于这两种方式拍照的计算机屏幕常常会有闪烁或水平扫描条纹等,而且要求拍照距离不远不近、拍摄过程中不能晃动抖动,否则影响清晰度,从基层实践看,很多时候主要证据如网址等难以拍摄清晰。

由于录像、照相对执行人的要求很高,因此目前基层在现场取证时,采用截屏的方式将内容保存在 U 盘中的做法比较普遍,能够解决录像和照相反光、抖动模糊等问题,整个屏幕截取效果非常好。但是,随着我国新刑法的修改,对电子数据证明力要求的不断提高,一般的网络截图并不容易被认可,因为截图可以被各类图片编辑软件修改。

因此,今后在现场取证时,最好综合使用录像、截屏、照相三种方式。

(2) 对处于开机状态的计算机主机取证后,要马上当着见证人、嫌疑人的面,对涉案的计算机进行封存,送到电子物证鉴定中心进行进一步鉴定。有条件的可当场打印提取

的数据,让见证人、涉嫌人员当场签字确认。所有取证过程,尽量做到全程拍照录像。

14.4 侦查工作要点

在办理非法侵入、破坏计算机信息系统案件的过程中,结合广大基层干警积累的实战经验,及时总结出这类案件的侦查工作经验、案件询问/讯问要点,有助于今后办好这类案件,有力打击非法侵入、破坏计算机信息系统犯罪。

14.4.1 非法侵入、破坏计算机信息系统案件侦查工作经验

1. 要注重第一现场的线索发现和证据提取

非法侵入、破坏计算机信息系统案件的第一犯罪现场是切入这类案件的关键点,也是破获该类案件的起点。在第一次接警调查时,要尽量将线索调查全面,证据提取充分。

2. 要重视提取和分析细微痕迹

由于实施这类犯罪的不法分子绝大多数都是计算机高手,他们在作案的过程中,留下的线索往往很少,删除犯罪过程中产生的痕迹、能用代理或跳板上网等,但是只要是犯罪嫌疑人进行过非法侵入或破坏操作,总会留下一丝蛛丝马迹。

例如,如果犯罪嫌疑人曾经通过 QQ 同其同伙进行过联系,或者同买主就买卖木马病毒聊天过、聊天时写过文字信息谈及涉案信息、发送过木马使用方法的截屏、通过 QQ 传送过破坏性软件及使用教程等文件。

即使犯罪嫌疑人在 QQ 的"消息管理器"窗口中,将与所有人的聊天记录依次全部删除,删除过程如图 14-8 所示,删除结果如图 14-9 所示。

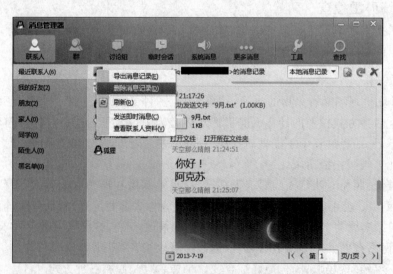

图 14-8 依次删除和所有联系人的聊天记录

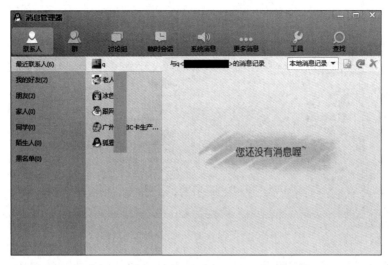

图 14-9　删除"消息管理器"中聊天记录的结果

依旧可以在 QQ 的安装目录或者"文档\Tencent Files"文件夹下，找到犯罪嫌疑人使用的 QQ 号文件夹。Windows 7 操作系统下的路径通常是"C:\Users\lxl\Documents\Tencent Files\QQ 号"。

在嫌疑人 QQ 号文件夹下，有 FileRecv 和 Image 两个文件夹。其中，FileRecv 文件夹里面的内容是嫌疑人在聊天过程中默认发送或接收文件的存储位置，Image 里面是聊天过程中默认保存在窗口发送或接收图片的存储位置。这两个文件夹中的内容是不加密的，即使在"消息管理器"中删除了聊天记录，这两个文件夹中的内容，如果不用手工删除，依旧存在。从中可以找到上述信息，如图 14-10 和图 14-11 所示。

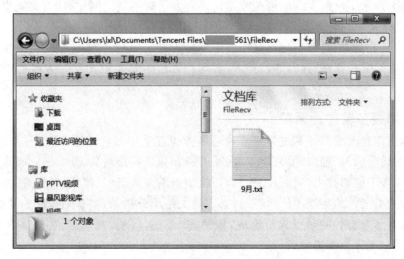

图 14-10　依旧保留的发送和接收过的文件

此外，如果涉案黑客网站服务器架设在境外，其网站上公布的联系方式的 QQ 登录地点也在境外，不能认为网站的维护人一定在国外。

图 14-11　依旧保留的发送和接收过的图片

这时,要通过调查网站的注册信息、反查注册信息中的联系方式还注册了哪些网站,从中找到嫌疑人在国内的蛛丝马迹;调查该 QQ 一段时间内的历史登录地点,如果这期间嫌疑人某次没有采用代理上网,就会暴露出真实的 IP 地址。

3. 要注意案件中的线索关联

认真分析前期调查的结果,通过调查出来的银行账号的资金流向、网站的维护记录、手机话单的通话记录、电子邮件的内容、QQ 等登录地点和联系人等,采用人工(数据量少的情况下)或者利用专用海量数据分析软件(数据量多的情况下)的方法,重点要关联分析出:犯罪嫌疑人有无其他网上特征,犯罪窝点在哪里,黑客组织主要成员有哪些人,每个人的具体分工是什么,负责的任务是什么,相互之间的关系如何,各自在黑客组织中所处的等级是什么,除了已经发现的网站或论坛还开办了哪些其他网站,能否关联出嫌疑人使用的其他银行账号信息等。

通过关联分析,重点确定犯罪结果和犯罪行为之间的关系,确定犯罪行为和犯罪人之间的同一性,形成证据链,这是非法侵入、破坏计算机信息系统案件能否成功侦破的关键所在。

4. 要加强多警种协调配合

首先,在调查此类案件的过程中常常是多种侦查手段综合运用,利用网上监控、网络即时通信工具等的 IP 定位、手机定位、网吧上网和视频监控系统、公安网资源库的查询比对等多种侦查手段和技术,同时还要结合传统侦查的调查走访、排查、布控等。

其次,此类案件的犯罪团伙组织结构、人员关系十分复杂,调查工作任务繁重,最好组建专案组,由多个警种的侦查人员组成,如网安、经侦、刑侦、技侦等,实现多警种协同配合,扬长避短,充分发挥集群效应。

因为这类案件的涉案人员常常是跨地域的,在跨省调取银行资料、需要其他省市公安部门配合等工作上,如果案件能申办成上级督办案件(最好是公安部督办案件或省督办案件),很多跨警种、跨省、跨市的调查工作由上级部门统一协调,能大大地减少办案成本、缩短办案周期。

5. 电子证据提取和固定要及时和规范

由于电子证据具有脆弱性和易破坏性，电子证据容易被篡改、伪造、破坏或毁灭。因此，电子证据的调查提取和固定的程序要及时和规范。

首先，在案件的整个侦办过程中，特别是进行计算机现场勘查和远程涉案网站页面的电子证据的过程中，要根据电子证据特点，取证过程严格遵守此类案件取证规范。

其次，要有电子证据保存意识，随时固定电子证据。侦查人员在整个调查过程的各个环节，如讯问犯罪嫌疑人、入户搜查、计算机现场勘查、网上信息提取与调查等，能摄像的尽量同步摄像，能拍照的尽量同步拍照，这就使得案件移送审查起诉时不会出现被退查的现象，取得的证据能够在法庭上全部被采信。

最后，如果考虑到重要信息可能已经被删除，在对处于开机状态的计算机进行现场勘查后，要及时将主机封存，送到电子物证鉴定中心进行检验鉴定。

14.4.2 非法侵入、破坏计算机信息系统案件询问/讯问要点

进入案件相关现场后，侦查人员要询问当事人；立案侦查，抓捕涉案嫌疑人后，侦查人员要讯问犯罪嫌疑人。

侦查过程中，询问/讯问内容要点如下。

1. 询问/讯问上网方式、上网地点、上网账号密码、运营商等信息

无论是受害人还是犯罪嫌疑人都要进行了解。如果是个人，了解上网方式是宽带还是其他方式，经常上网地点在哪，上网账号密码是多少，接入的是哪家运营商等信息。如果是单位，了解接入的是哪家网络运营商，网站或服务器的管理人是谁等信息。

2. 询问被入侵或被破坏的相关信息

讯问受害者，主要了解案发时出现的现象是什么，计算机有哪些异常现象，造成了哪些破坏，哪些文档受到了破坏，当时的网络运行情况如何等信息。

3. 询问/讯问入侵或破坏的犯罪实施过程

询问/讯问犯罪嫌疑人，了解进行入侵或破坏的具体犯罪实施过程，所使用的犯罪手段是什么，对哪些个人或单位进行了入侵或破坏，为什么要进行入侵或破坏，所用的破坏性软件有哪些功能，其是否了解这些入侵或破坏可能给对方造成损失，破坏软件在哪些网站等处进行了发布或出售，网站是否有会员注册，会员注册数、提供破坏性软件的数量等信息。

4. 询问受害人已掌握的情况

了解当事人是否保留了入侵或破坏文档等的证据，是否保留了导致网站服务器瘫痪、网页无法打开、正常业务无法开展的证据，有无提取网络后台日志，有无怀疑对象、初步判定是何人所为、对方为什么这么做等信息。

5. 询问/讯问犯罪同伙的情况

如果犯罪嫌疑人是制造并出售木马病毒的，主要了解其破坏性软件都卖给哪些人了，

联系方式是什么;通过什么方式进行的交易,付款方式和银行账号是什么。如果是黑客产业链,上下级是谁,如何分工,之间是如何进行利益提成分配的。

如果犯罪嫌疑人是木马病毒的使用者,要了解谁给其提供的软件,联系方式是什么;通过什么方式进行的交易,付款方式和银行账号是什么。如果是黑客产业链,其上下级是谁,如何分工,之间是如何进行利益提成分配的。

如果犯罪嫌疑人是进行黑客网络攻击的,要了解一起参加攻击的还有哪些人;都是什么关系,是否互相认识;是否有酬劳,如果有,是多少;谁组织的,通过什么方式召集和联系的。

6. 询问/讯问经济损失或非法所得情况

如果是受害者,了解遭受的经济损失情况。

如果是犯罪嫌疑人,了解非法所得情况。如果不法黑客网站有会员,注册会员多少人,收费会员(或者 VIP 会员)共多少人,每人缴纳会费多少钱;如果是制造并出售木马病毒的,每个软件卖多少钱,共卖给了多少人。

14.5 证据要点

在办理非法侵入、破坏计算机信息系统案件的过程中,由于案件往往线索极少、初期线索难以发现、有关单位证据意识不强、犯罪嫌疑人涉案人数多地域广,侦查时本身就比办理其他网络案件难,因此,在调查取证和准备庭审材料时特别要注意此类案件的取证方法和证据类型等。

公安机关办理非法侵入、破坏计算机信息系统案件的取证要点如下。

(1) 要在相关证据材料中,明确涉案的被入侵或破坏的计算机主机数量。例如,嫌疑人供述入侵计算机主机 3 台或 4 台,具体记不清了,侦查取证人员一定要逐一核实,明确被入侵的计算机主机到底是 3 台还是 4 台。

(2) 如果入侵或破坏计算机信息系统案件证据中涉及木马程序、计算机病毒等破坏性程序,那么所提取到的木马程序具有哪些功能?在被入侵或破坏的计算机主机中进行了哪些操作?计算机病毒等破坏性程序是否构成了"计算机病毒等破坏性程序"的标准(即"能够通过网络、存储介质、文件等媒介,将自身的部分、全部或者变种进行复制、传播,并破坏计算机系统功能、数据或者应用程序的;能够在预先设定条件下自动触发,并破坏计算机系统功能、数据或者应用程序的;其他专门设计用于破坏计算机系统功能、数据或者应用程序的程序"),需要经计算机病毒防治产品检验机构或电子物证鉴定机构进行鉴定。同时,鉴定中根据具体案情,写明情况。

(3) 如果是单位服务器(网站)被攻击,无法正常使用,造成了很大损失的,那么证据材料中要有相关网络运营商数据通信中心网管、机房负责人等提供的关于网站被攻击导致网站流量异常、被攻击时间、影响范围等证明,以及网站使用者提供网站确实无法正常使用并造成经济损失的证明,从多方面证明服务器(网站)确实被攻击了,而且给单位造成了巨大损失。

(4) 在确定犯罪嫌疑人的非法所得金额(例如,销售自己制作的木马病毒等软件所得钱款)时,不能仅有嫌疑人自己的供述,还要到相关银行、第三方支付平台等处获取嫌疑人涉案账户交易信息,同时还要提取嫌疑人计算机主机中的 QQ 聊天记录等电子数据证据(现场勘查笔录或电子物证鉴定报告),一定要依据可证实的非法所得金额。

例如,2010 年 1 月,山东首例提供非法控制计算机信息系统程序案的 4 名被告被起诉。其中,涉嫌提供非法控制计算机信息系统程序罪的王某,独自编写控制他人计算机系统的木马程序,并在短短三个月时间里,通过因特网向全国各地的 101 人次出售,非法获利六十余万元。此案的涉案人员遍及全国,在该案的审查起诉工作中,由于仅有犯罪嫌疑人的口供,缺乏相应的电子证据,影响了对其他的涉案犯罪嫌疑人的追诉。

(5) 目前,很多地市公安机关都成立了电子物证鉴定中心,可以对案件中提取的电子数据进行鉴定。但要特别注意的是,电子数据鉴定报告的鉴定人不能与侦查员为同一人。

14.6 典型案件剖析

据公安部网络安全保卫局有关负责人表示,当前我国网络黑客攻击破坏活动形势仍然非常严峻,境内黑客攻击破坏活动仍然处于高发状态,大量的计算机系统未采取有效的安全保护措施,上网用户安全意识薄弱,防范能力较弱。非法入侵、破坏计算机信息系统等犯罪严重侵害了人民群众合法权益,危害了国家信息网络安全。

对此类案件的侦破方法和侦破手段虽然不尽相同,但是还是可以总结出一些网络非法入侵、破坏计算机信息系统案件共有的侦查方法;同时,结合《中华人民共和国刑法修正案(七)》的新条款、确定的新罪名、新出台的相关司法解释,对公安机关侦办的两起典型案例从不同角度进行比较深入的剖析。

【案例 1:湖北十堰市侦破何某破坏计算机信息系统案】

目前,随着网络技术和网络应用的不断发展和普及,出于牟利、同行竞争、炫耀技术、报复等各种目的,网络黑客攻击案件屡禁不止,扰乱了市场秩序,严重危害了社会经济发展。湖北十堰市何某破坏计算机信息系统案的犯罪嫌疑人是一名仅有初中文化的 21 岁小伙子。

1. 基本案情

2010 年 11 月 24 日,湖北十堰市公安局网安支队接到十堰市某信息技术有限公司经理报案:该公司开设的房产网,自 11 月 18 日以来遭遇黑客持续网络攻击,导致网站服务器瘫痪、网页无法打开、正常业务无法开展,给公司业务造成很大影响。

2. 案件侦破过程

1) 了解案情,分析网站被攻击的原因

网站服务器被攻击,主要有本地同行生意恶意竞争、黑客入侵故意破坏、窃取网站源代码自用或出售、敲诈、窃取网站商业机密、牟利等原因。

该房产网服务器出租方是东风通信和十堰联通,东风通信是为两万多用户提供互联网宽带业务的宽带运营商。该房产网受攻击后,致使东风通信和十堰联通互联网宽带业务受阻,六里坪某学校等互联网宽带出口也受到严重影响,局部地区出现网络中断。该信息技术有限公司经理详细陈述了黑客攻击其公司网站的全过程。

2) 初查及固定证据

对被攻击的房产网的网页和主机服务器进行取证,主要着手从以下几方面进行调查。

(1) 调取被攻击服务器日志。结果发现,犯罪嫌疑人使用的是代理服务器登录的,查到了代理服务器的 IP 地址;而且嫌疑人几乎每次操作后,都将登录日志等信息清除干净;为了尽量减少损失,网络管理人员已经重装了服务器系统。

(2) 对公司现有网页无法打开等证据进行了提取,对所有涉及的网络运营商进行调查,固定案发时的异常流量监控数据、网络流量截图、电信用户申诉受理中心网站上用户的投诉等证据。

3) 深入调查及固定证据

(1) 考虑到不管犯罪嫌疑人是黑客恶意攻击破坏,还是敲诈等目的,其极有可能再次实施攻击,因此继续蹲守检测网络流量,等待嫌疑人的再次攻击。

(2) 在嫌疑人实施第二次攻击时,从网络流量、网站日志、攻击端口等多方面进行了完整记录并固定了证据,并且从中获得了嫌疑人此次攻击的上网 IP 地址。同时发现,嫌疑人还利用同样手段攻击了山东青岛等地的其他网站。

(3) 进入嫌疑人登录南京、天津、福建等数个网络代理服务器中,获取了在代理服务器上对他人实施攻击活动的线索,提取了嫌疑人真实的 IP 地址。

(4) 办案民警来回奔波于几家被黑网站进行取证,同时在网上搜集证据材料,范围涉及天津、厦门、青岛、北京、南京等地。

(5) 根据报案人的新线索,有一个 QQ 名为"维护＊＊"(＊为隐去的信息)的网民主动在网上与公司联系,称只要出 2000 元维护费就能解决网站受到攻击的问题,并以继续实施攻击相要挟。

4) 轨迹一致性分析

轨迹一致性分析,是指将犯罪嫌疑人的网络虚拟行为记录同现实社会中行为人的实际活动轨迹进行对比,如果二者完全符合或大体相同,即可认定为同一个人。

办案民警调取了该 QQ 号近期以来的所有上线记录,结果发现该 QQ 号近期的上线地址中有几个和前期从代理服务器中查证的网络主机地址相同,通过轨迹一致性分析,认定为同一个人。

此外,办案民警在调查中还发现,该 QQ 曾多次使用温州某家庭上网账号登录过。

5) 落地逮捕

办案民警在温州某家庭上网账号的家庭住址中,抓捕了犯罪嫌疑人何某,同时提取和固定了其正在运行的远程桌面等相关信息(连接的 IP 地址、端口号、正运行的程序等、打开的窗口等),其正登录的多个 QQ 号及聊天记录,其持有的银行卡及口令卡等各种涉案证据。

3. 定罪

按照《中华人民共和国刑法》第二百八十六条规定,湖北十堰市张湾区法院以破坏计算机信息系统罪判处何某有期徒刑6个月。

【案例2:北京侦破范某某、文某非法侵入计算机信息系统、非法控制计算机信息系统案】

2010年3~5月,范某某伙同文某,通过后门程序进入最高人民检察院反渎职侵权厅网站(服务器地点位于北京市朝阳区酒仙桥)后台,修改网页源代码(在网站源文件上植入"黑链代码"),对网站主页进行修改,以提高其他网站在搜索引擎的排名,从而达到非法获利的目的。

2010年3~5月,范某某伙同文某,通过后门程序先后侵入长沙质量技术监督局、青海质量监督总站、抚顺政务公开网、佛山市高明区档案局、句容市安全生产监督管理局、繁昌县文化广电新闻出版局(体育局)、邹平党建网、楚雄州人大常委会、接力出版社、读书人俱乐部、北京钨钼材料厂等网站后台,更改网页源代码,添加黑链代码,为其他网站提升搜索排名率,达到牟取利益的目的。

范某某、文某后被公安机关查获归案,二人获利共计人民币6000元。

1. 基本案情

2010年5月8日深夜,北京市公安机关接到匿名群众报案称,最高人民检察院反渎职侵权厅的网站被黑客入侵。经查实,该网站当日23时30分被黑客攻击,并在网站首页留下"主教黑客技术"等字样。

2. 案件侦破过程

1) 案件初查及固定证据

接到报案后,办案民警发现,黑客攻击后在网站上留下了攻击者的昵称、所属的黑客组织、主教黑客技术的收费标准、联系QQ等信息。

经调查,这是该网站第二次被黑客入侵,2010年4月,曾有黑客在该网站陆续添加其他网站的链接代码。

2) IP地址追踪

办案民警通过对网站后台日志及涉案QQ进行调查,采用技术手段锁定了住在河南省郑州市的范某某、文某。

3) 逮捕

2010年5月28日,警方办案人员奔赴河南找到范某某、文某,后经询问,二人如实交代了曾经入侵这一司法机关的犯罪行为。二人次日被刑拘。

3. 作案手段和作案过程

在之后的审讯中,范某某、文某交代了作案过程。他们二人是初中同学,均没有正当职业。范某某学过计算机编程技术,文某到河南后一直投靠在范某某处,跟着范某某学习简单的编程技术。

之后，文某听范某某说在网站上添加黑链代码可以赚钱，就跟着范某某做起了这种非法的生意。在入侵上述司法机关网站之前，二人曾入侵多家知名网站，通过向被侵入网站后台添加代码的方法，为想提高知名度、吸引广告商投资的网站提供服务。

范某某、文某通过在 QQ 群和论坛上广发广告贴，让"黑客中间商"找到了他们。同时，在这个群里存在着一群可以破解知名度高的网站管理后台密码的黑客。二人以 10 元的价格从这些黑客手中购得网站的后台管理权限，便开始应客户需求在这些网站上添加相关代码。

在入侵网站上添加代码的方法有如下三种。

(1) 更改源代码搜索导向，如网友在百度搜索某些政府网站登录后，会发现链接到的并不是自己想登录的网站。这种添加代码的方法，容易被入侵网站发现。

(2) 修改网站的次链接代码，即当网友单击新闻或其他频道的次链接时，会进入其他网站，而非用户想要打开的目标页面。这种添加代码的方法，容易被入侵网站发现。

(3) 在入侵网站上添加完代码后，网友仍然是正常浏览该网站，不会跳转到其他网站。而实际上，网友的计算机已经在后台打开了客户的网站，无形中增加了客户网站的点击率。这就跟计算机中了病毒一样，如果用户不去查，就不会发现。这种方式较为隐蔽不易被发现。

据范某某交代，"网站'权限'10 元一个，黑链代码 4~7 元一个，都是通过网上买的，自己不会做"，"每添加一个代码的价钱是 5~10 元不等，我们是连串添加，有时一下就添加几十个。至案发时，我一共为八十多个客户添加过黑链代码。"据查，2010 年 3~5 月，短短两个月的时间，两人就获利六千元。

4. 证据提取难点

电子证据具有易失性、脆弱性，极易毁坏，对侦查人员的计算机技术水平要求很高，在调查取证的过程中存在着很多难点。

(1) 线索发现难。范某某、文某二人修改网页源代码，在网站源文件上植入"黑链代码"，采取的是上述第三种添加代码的方式，犯罪行为隐蔽性强。如果没人去查，极不容易被发现。

(2) 很多单位没有证据保存意识。除了最高人民检察院反渎职侵权厅网站外，范某某、文某二人还侵入了很多家单位，更改网页源代码，添加黑链代码。但是，一些单位发现自己网站被入侵和被添加代码以后，只是简单地将代码删除、恢复系统正常运行就算了，没有保存相关证据，以至公安机关无法取证。

(3) 调查与范某某、文某二人联系的"黑客中间商"、提供破解网站后台管理密码的黑客时，遇到了涉案人员多、分布地域广、证据难以提取充分等难点，至范某某、文某案件起诉至法院时还没有抓获归案，公安机关还在进一步侦查中。

5. 定罪

北京市朝阳区人民检察院以被告人范某某、文某犯非法侵入计算机信息系统罪、非法控制计算机信息系统罪，于 2010 年 12 月 13 日向朝阳法院提起公诉。

朝阳法院经审理后认为，被告人范某某、文某法制观念淡薄，为谋取私利，违反国家规定,侵入国家事务领域的计算机信息系统,并多次利用后门程序非法控制国家事务、国防建设和尖端科学技术领域以外的计算机信息系统,情节严重,二被告人的行为均已构成非法侵入计算机信息系统罪和非法控制计算机信息系统罪,依法应数罪并罚。被告人范某某起意并组织实施犯罪,系主犯;被告人文某在范某某的安排下实施犯罪行为,系从犯。二被告人能如实供述起诉书指控的两起犯罪事实,且其家属帮助退缴大部分赃款,故对被告人范某某所犯罪行酌予从轻处罚,对被告人文某所犯罪行依法予以从轻处罚。朝阳法院于2011年2月18日做出判决:被告人范某某犯非法侵入计算机信息系统罪,判处有期徒刑九个月;犯非法控制计算机信息系统罪,判处有期徒刑一年,罚金人民币两千元;决定执行有期徒刑一年六个月,罚金人民币两千元。被告人文某犯非法侵入计算机信息系统罪,判处有期徒刑六个月;犯非法控制计算机信息系统罪,判处有期徒刑九个月,罚金人民币一千元;决定执行有期徒刑一年,罚金人民币一千元。同时继续追缴被告人范某某、文某犯罪所得人民币六千元予以没收。

一审宣判后,被告人范某某、文某均服判未上诉,公诉机关也未提起抗诉,现已生效。

6. 案件解读

本案中,被告人范某某、文某自2010年3月起,多次利用计算机互联网,通过后门程序进入包括最高人民检察院反渎职侵权厅网站、长沙质量技术监督局、青海质量监督总站等十余家政府和企业网站后台,通过更改网页源代码的方式,为其他网站提升搜索排名率。

最高人民检察院反渎职侵权厅网站属于《刑法》第二百八十五条中"国家事务的计算机信息系统",故二被告人入侵该网站的行为构成非法侵入计算机信息系统罪。

对于该二人进入十余家普通网站并修改网页源代码的行为,应当如何认定?如何界定非法控制计算机信息系统行为。所谓"非法控制",比较常见的是行为人利用网站漏洞将木马植入到网站上,在用户访问网站时利用客户端漏洞将木马移植到用户计算机上,或在互联网上传播捆绑有木马的程序或文件。当用户访问网站时,该程序会通知黑客,报告所在的IP地址及预设的端口。黑客收到上述信息后,再利用这个潜伏在其中的程序,可以任意地修改计算机的参数设定、复制文件、窥视整个硬盘的内容等,从而达到控制计算机的目的。本案中,二被告人通过在论坛购买网站"权限",在登录目标网站后,植入在网上购买的后门程序设定属于自己的"权限",便于随时登录为"客户"添加黑链。二被告人的上述行为严重影响了网站的正常运营和使用,实现了对上述网站的非法控制。

综上,应该对二被告人以非法侵入计算机信息系统罪、非法控制计算机信息系统罪定罪处罚。

小　　结

本章详细介绍了非法侵入计算机信息系统罪、破坏计算机信息系统罪、非法获取计算机信息系统数据、非法控制计算机信息系统罪、提供侵入、非法控制计算机信息系统程序、工具罪的犯罪构成,犯罪的表现形式、特点及风险规避手段。重点介绍了非法侵入、破坏计算机信息系统案件的线索来源、初查阶段的工作、侦查阶段具体调查方法、现场勘查要点、侦查工作经验和询问/讯问要点,并对此类案件的典型案件从多方面进行了较为深入的剖析。

思 考 题

1. 目前,我国刑法第二百八十五条、第二百八十六条共确定了几个罪名?
2. 刑法第二百八十六条第三款规定的"计算机病毒等破坏性程序"指的是什么?
3. 非法侵入、破坏计算机信息系统犯罪的表现形式有哪些?犯罪的特点是什么?
4. 非法侵入、破坏计算机信息系统犯罪风险规避手段有哪些?
5. 此类案件的线索来源有哪些?
6. 深入侦查阶段的工作主要有哪几个方面?已知一个黑客网站,你应从哪些方面着手进行深入调查?如何深入挖掘出这个黑客网站的相关网站?
7. 调查一个黑客攻击案件过程中,如果案件初期线索很少,被攻击服务器日志被清除了、服务器计算机系统又重新进行了安装、嫌疑人登录采用的代理服务器,下一步侦查应该怎么着手开展?
8. 非法侵入、破坏计算机信息系统案件现场勘查要点有哪些?
9. 非法侵入、破坏计算机信息系统案件的证据要点有哪些?
10. 非法侵入、破坏计算机信息系统案件询问/讯问要点有哪些?
11. 非法侵入、破坏计算机信息系统案件侦查工作经验有哪些?

第 15 章 网络盗窃案件侦查

本章所指利用计算机信息系统实施的盗窃犯罪案件，指刑法 264 条、265 条所规定的："以非法占有为目的，盗窃公私财物，数额较大或多次盗窃的行为"、"以牟利为目的，盗接他人通信线路、复制他人电信号码或者明知是盗接、复制的电信设备、设施而使用的行为。"以及刑法 287 条所规定的："利用计算机实施金融诈骗、盗窃、贪污、挪用公款、窃取国家秘密或者其他犯罪的，依照本法有关规定定罪处罚。"在最高人民法院关于审理盗窃案件具体应用法律若干问题的解释中提出：个人盗窃公私财物价值人民币五百元至两千元以上的，为"数额较大"，人民币五千元至两万元以上的，为"数额巨大"，人民币三万元至十万元以上的，为"数额特别巨大"。各地省级高级法院可以根据本地区经济发展状况，制定本省定罪标准并报最高法备案。

15.1 案件构成及主要表现形式

从本章小序中可以看到，利用计算机信息系统进行盗窃的案件是侵犯公私财产犯罪的一种。侵财案件是近年来涉计算机犯罪案件中较为常见的一类，而盗窃案件又是网络侵财案件中最为常见的案件类别之一。

15.1.1 网络盗窃犯罪构成

利用网络进行盗窃犯罪的案件，其犯罪主体是一般主体，即年满 16 周岁具有刑事责任的自然人。但是在近年发生的网络盗窃案件中，越来越多的未成年人参与其中，所以也为此类案件的打击处理增加了难度。另外，随着近年来电子商务、网上银行、网络有偿信息服务、网络游戏等网络经营业务的发展，其业务规模逐步扩大、技术流程越来越复杂、安全措施越来越严密，共同犯罪和有组织犯罪也越来越常见。与传统盗窃案件中的共同犯罪不同，网络盗窃案件的共犯间可能就是在某个特定的网络空间中以虚拟身份相识，但带有共同犯意。在了解彼此间的能力、技术水平、设备条件后，分工合作，共同获利。所以常见在案件侦破过程中，一个嫌疑人落网，但无法提供其他嫌疑人身份的情况。

实施网络盗窃的主观方面表现为直接故意，其动机都是以非法占有公私财物或非法牟利为目的。客观方面表现为秘密窃取，也就是行为人采取自认为不被财物所有人或保管人知道的方法，将财物取走，随着盗窃行为的实施，被窃财物在空间属性和所有权属性上发生变化和转移，国家或企事业单位、个人将失去财物的控制权，蒙受损失。空间属性的变化表现在被窃标的物的存储空间、账户的变化，而所有权的转移表现为嫌疑人在实施盗窃行为后，标的物脱离所有者的控制，而由嫌疑人非法取得标的物的支配权。

利用计算机信息系统进行盗窃的案件,其犯罪对象是公私财物,包括国有财产、劳动群众集体所有财产、公民个人所有财产。作为本罪对象的财物,必须是具有一定经济价值且可为人力所控制、支配、转移、使用的财物,包括有形财物、无形财物和有价服务。具体来说,能够利用计算机实施的盗窃对象,通常是电子货币、电子支付凭证、电子账户中的有价证券、电子票据、计算机软件或程序代码、计算机存储的数据、网络有偿服务、网络虚拟财产等有一定经济价值的数字化信息。同时需要注意的是,上述有经济价值的数字化财产作为直接犯罪对象,其价值含义仅表现为数字符号,而嫌疑人真正获利必须经过洗钱、变现、提款、交易等环节。传统的盗窃通常有确定性和不确定性。确定性表现在对于某特定被害人实施盗窃行为,而不确定性表现在溜门攀窗、顺手牵羊等,随意和随机性明显。网络盗窃案件的确定性明显:要么针对特定被害对象如网银用户、某种游戏用户等,或者特定系统,如某个银行的应用系统、某类网络操作系统等;要么是针对某类特定犯罪对象实施的网络盗窃行为,如网银账户信息、Q币、游戏账户等。而不确定性仅体现在网络盗窃的被害人可能人数众多难以核查,如 2006 年"Q币大盗"案件中,使用 QQ 的被害人遍及全国,数以万计。

对于利用计算机盗窃国家机密、商业秘密等特定信息的,因刑法另有规定,所以不在本罪范围之内。

15.1.2 网络盗窃犯罪的主要表现形式

利用计算机信息系统、利用互联网实施盗窃犯罪的案件常见以下表现形式。

(1) 盗窃银行账户内电子货币。涉及银行内盗的嫌疑人利用工作环境等便利条件,利用非法转账或虚增存款的方式,将储户或银行的资金转移到涉案账户内;或者是嫌疑人通过网络技术侵入被害人使用的计算机系统,采用植入木马或键盘记录等方式,取得被害人的网银账号、密码,并通过网络银行进行转账,非法占有被害人的银行存款;建立假银行网站或假网络交易平台、网络支付平台,骗取储户网银交易权限和密码,通过转账或网上消费,非法占有被害人的银行存款。

(2) 盗窃有价值计算机程序、数据。嫌疑人非法进入或使用他人的计算机系统或存储介质,复制具有商业价值的程序代码、数据,直接或稍加修改后出售或变相出售,以获得非法利益。当然,此类被盗标的物的权益所有人尚未公开注册、发表、登记,也就是尚未取得严格意义上的著作权。

(3) 利用经营管理或财务管理软件,盗窃公私财物。嫌疑人通过修改管理软件的系统参数或数据库记录,秘密窃取公私财物非法牟利,或删除应交费用账务信息,变相获利。例如商业企业的计算机系统维护人员,通过修改销售记录,非法占有销售货款,或者非法侵入电信部门的计费系统,删除目标账户的应缴费信息,变相牟利。

(4) 盗窃虚拟财产。嫌疑人以牟利为目的秘密窃取被害人的网上虚拟财产。常见于利用木马非法获得被害人的网络游戏、QQ等虚拟环境的账户密码,秘密窃取被害人虚拟账户内的游戏装备、虚拟货币等,并出售牟利。

从嫌疑人选择侵害对象的角度上看,网络盗窃案件可以分为针对特定目标系统实施的盗窃案件和无特定被害人的盗窃案件。

针对特定目标系统实施的盗窃案件是嫌疑人通过全面了解特定目标对象的计算机信息系统，或者掌握一定的系统权限，或者其他便利的条件，选择作案对象。通常被选择的目标多为企事业单位或特殊的个人网络用户，他们的共性是系统内存有大量的数字化资产，便于嫌疑人非法盗取并获利。

无特定被害人的盗窃案件是嫌疑人通过网页挂马、邮件带马等方式，在互联网上广泛传播木马。对于被害人没有准确选择，仅通过特定功能的木马自动地随即选择侵害对象。通常被害人为普通网络用户，根据木马功能的不同，大部分是盗取游戏账号、QQ账号等，以获得其装备或虚拟财产，并贩卖获利。

利用计算机信息系统实施的盗窃犯罪案件的主要特征如下。

(1) 犯罪手段隐蔽。嫌疑人通过计算机技术对目标计算机系统中的特定价值信息进行秘密窃取，甚至更可能通过代理服务器远程实施犯罪行为，使得相应系统的安全措施难以记录其真实信息。

(2) 案件发现滞后。某些案件中，嫌疑人非法取得被害人或被害单位的财物后，往往在被害者使用或核实财物时才会发现，通常滞后性明显，给嫌疑人提现、隐匿踪迹甚至潜逃留下时间窗口。

(3) 犯罪风险小成本低。实施此类犯罪行为的嫌疑人，通常通过计算机技术秘密实施窃取行为，因为涉及大量的计算机技术，同时隐蔽性好，所以风险较小，实施过程主要通过计算机完成，犯罪成本低。

(4) 规模化产业化发展。近两年的案件中不断发现嫌疑人共同犯罪的情况愈演愈烈，个别案件甚至嫌疑人超过百人。同时产业化趋势明显，对特定虚拟财产、网络信息服务等不能直接体现现金价值的犯罪对象，偷、卖、收账一条龙的地下产业链也逐渐成形。

(5) 与黑客技术愈发紧密。近期发生的利用计算机技术实施的盗窃案件很多使用了大量的黑客技术及软件，在某种程度上，经济利益的驱使，也推动了黑客产业的发展。

15.2 常见犯罪手段分析

利用计算机实施盗窃犯罪的案件表现形式多样，过程复杂，由于嫌疑人自身的法律地位、行为过程、犯罪对象等细节上的差异，又容易混淆于侵占罪、诈骗罪、职务侵占罪、贪污罪等其他财产犯罪，这在开展侦查工作过程中，要加以注意区分。

对于常见的利用计算机实施盗窃犯罪的案件进行归纳分析，从犯罪手段和行为过程上归纳，不难看出嫌疑人常见的犯罪手段有以下几大类。

(1) 利用系统正常授权输入非法数据。也就是通常说的"非法进行合法操作"。嫌疑人利用合法的系统权限，输入虚假的或非法的数据，侵占公私财物。如银行从事储蓄业务的工作人员，利用单位的合法授权，输入密码，对银行储户的账目进行改动或转账到自己的账户。这一操作过程对于计算机系统功能而言，是个合理的操作流程，但是其现实属性却是违法犯罪的。这一手段常见于单位内盗案件和个人账户失密被盗案件。这类案件中，嫌疑人正常操作计算机中的应用程序，完成合理的操作流程，但是其使用的系统通常为财务电算化软件、零售企业进销存软件、财务管理软件、银行前台营业软件、股票交易委托软件等。这类软件的最显著特征就是有严格的日志和审计,所有的账目一旦录入不能更改(只能冲销),明细账目保留所有的交易内容。同时,由于财务管理制度的规定,任何账目不会由单人独立掌握所有的权限(会计出纳职能分离),所以通常系统的权限设置明确,相应人员的授权也明确。

(2)非授权侵入目标系统。也就是通常所说的"秘密侵入计算机系统实施盗窃行为"。嫌疑人利用计算机技术非法侵入目标计算机系统,增删改相应的财务信息,以此获利。或者修改系统权限,无偿享受有偿服务,变相获利。或者盗窃他人开发的商品软件、编写的程序代码,出售获利。此类案件中,嫌疑人可能侵入系统服务器,对数据库中的会计项目加以更改或删除,增加应收或减少应付而获益,如侵入电信公司的计费服务器,删除个人账户中应缴费信息,从而逃避付费,变相获利。也可能通过修改系统权限,获得有偿服务,造成网络服务商的收益减少,如盗用网络信息收费查询服务、网络游戏登入服务、网络接入服务等。也可能通过进入个人计算机或企业的目标系统,复制尚未正式发布、注册、销售的商品软件成品或编写中的程序、代码等,非法获利。这类案件中,嫌疑人的犯罪对象明确,具有极强的主观恶意。同时,绝大多数商业企业的计算机系统都有较强的安保措施,防火墙、IDS、访问控制、权限身份密码验证等配置较全面,嫌疑人要强行进入系统并取得数据库访问权限,必须熟练掌握相关的知识和技术,所以常见多人分工合作实施盗窃的情况。

(3)以欺诈手段实施盗窃。也就是通常所说的"网上类似诈骗的盗窃"。嫌疑人通过网页挂马、下载文件捆绑加壳等手段,对不特定被害人的系统植入木马、窥视程序或远程控制程序,目的在于取得特定的系统权限或特定的账号和密码。或者嫌疑人使用"网络钓鱼"的方法,假冒银行网站、网上购物网站、网上支付平台等,骗取被害人的网银账号密码,盗窃钱财。此类案件的嫌疑人的做法是"广种博收"——大范围撒网,大范围收益。某些案件影响面巨大,受害人数众多,如2006年深圳警方破获的QQ大盗团伙,盗窃QQ号码数百万个,偷取Q币涉案金额数百万元。由于被害人数多,阶段时间内信息密集,所以通常由多人实施该类犯罪,如上述案件中,多名主犯竟雇用三十余名计算机操作人员处理盗取的QQ信息,使涉案嫌疑人数达到44人。此外,嫌疑人采用的欺诈、伪装手段巧妙,极易与诈骗犯罪相混淆。

(4)盗用他人合法上网账号、付费用户账号、电信号码等。嫌疑人通过复制、推测、破解或利用初始密码等方式获取被害人的合法上网账号、付费用户账号,出售获利或者自己使用,致使被害人蒙受经济损失。

(5)假冒受害人身份,伪造相关证件开通网上银行或银证转账(银行与证券账户捆绑)业务实施盗窃。对于某些未开通网络银行服务的银行账户,犯罪嫌疑人可利用互联网盗窃用户资料、账号、密码等,假冒受害人身份,伪造相关证件开通网上银行业务,然后进行网上虚假购物或直接转账将被害人的财产盗走。如温州永嘉的洪某于2005年2月发现,自己在当地农业银行申办的借记卡被他人取现10.25万元,遂向当地警方报案。经调查,2004年11月22日,有人假冒"洪某"名义持伪造的身份证,到农行温州分行开通了网上银行业务,并获取了网上银行的客户证书和密码。注册成功后,犯罪嫌疑人在2005年

2月2日通过网上银行,成功将洪某借记卡内资金分两次划转至他人账户后盗走。

15.3 常见线索和一般侦查思路

就常见的利用计算机实施盗窃犯罪的案件而言,通常是被害人或被害单位发现自身合法财产遭受损失而报案。而最终侦查结论指向盗窃的主犯,必然是犯罪对象的最终获益者。所以,网络盗窃案件的侦查思路之一就是"利益指向"——通过追踪财物转移轨迹,找到最终获益的嫌疑人。同时,因为盗窃行为发生在网络上,必然涉及相应的网络数据信息的交流和交换,其中间节点和目标节点很可能保留有重要的涉案信息,所以,网络盗窃案件的侦查思路之二就是"数据指向"——通过网络数据追踪嫌疑人的行为轨迹,找到最终获益的嫌疑人。以下将通过常见涉案线索的分析,提出相应的侦查方法和思路。

由于网络盗窃案件表现形式多样,涉案标的物内容不同,犯罪手段复杂,所以涉及网络盗窃的案件所遗留的线索也不尽相同。

网络盗窃案件的直接犯罪对象中,最常见的就是电子货币。盗窃案件犯罪既遂的形态就是标的物在合法所有人未察觉的情况下失去掌控,而由嫌疑人取得控制权。同时,电子货币在计算机系统中只体现为价值符号,嫌疑人真正获利的最终结果是通过转账、提现、汇兑、消费等形式实现。那么,必然涉及相应的可能是一系列的银行账号,所以银行账号是最常见的线索之一。银行的交易流程和内部管理规定明确记录所有交易的明细账目,包括账号、交易发起时间、地点(或设备编号)、操作员、交易类型(查询、取款、转账、消费等)、交易结果(成功与否)、异常情况(密码错误、吃卡等)、IP 地址(网上银行)、电话号码(电话银行)等。由银行账号的开户和使用情况可以将线索扩展到开户信息(身份证、签字、照片等)、取款或消费信息(柜台、ATM、POS 的空间地址,视频监控录像等)、上网和电话信息(网上银行登录 IP、电话号码等)、中间业务信息(转账、缴费等)。实施网络侵财犯罪的嫌疑人通常更为狡猾,犯罪手段技术性相对较强,反侦查意识也强,所以在追查上述线索的过程中,很可能出现登记假身份信息、视频中遮掩体貌特征等情况,但是侦查人员不应放弃,而应抓住一切可利用的线索,详细追查。

对于涉案银行账户的调查一定要详细而准确,严格按照有关规定、规范取得银行提供的账户信息,这也是证据重点之一。开展侦查工作的过程中,对于资金流向的中间节点要严格追查,很多案件办理中均发现过有使用涉案或间接涉案的银行卡购物刷卡、缴纳各种费用或者网上购物的情况。其中,刷卡消费环节可能提供监控录像、嫌疑人活动区域;缴费可能提供固定或暂住地址、电话号码等;网上购物消费可能提供邮寄地址联系人信息。值得注意的是,近来有个别案件通过支付宝洗钱、转账、转现,嫌疑人事先自己建立好网上销售网站,然后利用虚假交易,将被害人的钱款支付到销售账户,再通过销售账户取钱,侦查过程中要注意甄别。

盗窃虚拟财产、软件程序代码、网络有偿服务、有价信息的案件,因犯罪对象不能给嫌疑人带来直接利益,所以通常会通过转让、出售、交换等方式实现收益。一般虚拟财产出售的过程常见于网络交易平台,如淘宝、易趣、拍拍等网站,如盗窃 Q 币的案件,就曾有嫌疑人利用腾讯的漏洞,在淘宝上低价出售的情况;盗窃游戏装备的,常见于5173网站销售(www.5173.com 中国网络游戏服务网);盗窃网络服务、有价信息的,通常见于各专门论坛、网站或QQ群中交易,如批量窃取用户注册信息、身份信息的,网上有很多专门的QQ群用来交易;盗窃程序代码的,常见于软件对应的技术论坛交易。

低值的虚拟财产一般常见网上公开或半公开交易,标的物转移后难以追查。但稀有的或高价的虚拟财产,通常是通过邮件、中间人、QQ等私下交易的。如"星战前夜-EVEonline"游戏中,欧服上的"泰坦"战舰,玩家交易价核到人民币25.6万元,这些装备在游戏中是有编码序列号的,游戏公司可以随时追踪其去向和所属的游戏账号。而游戏账号的登录又直接指向现实中的自然人。

非电子货币的盗窃案件,嫌疑人变现的过程是侦查工作重点的环节之一,也是证据重点之一。对于有特征的数字虚拟标的物,如程序代码、用户信息等,可以在特定的网络空间中搜寻查找;对于无特征的,如Q币等,可以在电子交易平台中寻找踪迹。通常虚拟财产的提供者都不允许用户间私下交易或不承认交易有效,所以批量交易者多数是非正常渠道取得。此外,某些虚拟财产在目前的法律框架下,无法作为盗窃案件的犯罪对象,因为盗窃案件必须要提供准确的涉案金额,而某些虚拟财产,如游戏装备等,目前尚无法定有效认定其价值的部门和方法。个别案例中,因为取得标的物买进或卖出的原始凭证、掌握嫌疑人非法获利的金额,并成功取得其他证据,以作盗窃罪处理,但目前只宜作参考,不宜作范例。日常工作中,应注意收集针对某些特定对象的特定网络空间信息,如用户登记资料交易等。

根据侦查获得的IP地址、银行卡的资金流向等,都有可能指向嫌疑人的定位信息。而作为指证嫌疑人的最有力证据之一就是根据IP地址定位到的计算机系统。在获取嫌疑人主机后,应重点勘验的机内信息包括对被害人的涉案物品的访问和控制过程;盗窃使用的恶意程序的源文件;虚假网站脚本;网上银行登录信息(因各银行网银服务的多重安全机制不同,很可能在其主机中无法查出登录的具体账号及操作过程,但银行主机会保存其登录网银的IP/MAC地址,可与之对应);销赃登录的网络交易平台的账号及支付宝/财付通账号;访问财务管理系统的历史记录等。

通过黑客技术手段侵入系统实施盗窃的案件,最常见的线索是被害人所使用的计算机系统日志、被植入的木马或其他恶意软件及程序等。系统日志中可能记录有被攻击的信息,比如攻击发生的时间、对方的IP地址、攻击的类型、对系统操作的内容等,但是实际工作中常见日志被修改、破坏甚至被删除的情况,这是因为嫌疑人在实施不法行为后为隐匿踪迹进行的操作。但是,某些特定系统内置的安全日志往往因为设置隐蔽,不容易被嫌疑人发现,所以可能记录下攻击行为的相关信息。同时,对于某些经营管理、财物管理软件来说,其本身的安全要求就有日志的配置,而这些日志是难以伪装或破坏的(通常软件本身不提供删除和修改功能,所有操作将被记录,而一旦被删除系统就会提示异常)。

除日志外,嫌疑人植入的木马、钩子程序、特定用途的恶意代码等同样也是有重要价值的线索。无论是木马、钩子程序,通常可以分为被动型和主动型。被动型是指计算机系统被木马程序修改后,为特定链接及权限开设后门,随时可以被主控方登录控制,此时日志文件可能会记录相应信息。而主动型是在植入程序获取特定信息后,主动与客户端连接或向预订 IP 发送数据包。网络盗窃案件中,主动型木马较为常见。其线索分析方法有两种,如果可以获取该木马程序,可尝试通过反编译,阅读其源代码,发现控制端的 IP 地址或者邮箱;如果无法准确获取完整木马程序,可通过侦查实验激活木马,使木马建立连接,然后监听被害主机发出的数据包,分析控制端的定位信息。需要指出的是,该项内容作为证明嫌疑人犯罪行为过程的证据,应按照标准规程,提交授权司法鉴定部门进行检验,以检验鉴定报告的形式作为提交到法庭的证据。某些案件中,系统被安装或嵌入特定用途的恶意程序,嫌疑人通过操控该程序,实现对会计系统、销售管理系统的修改。此类恶意程序的编码语言、参数设置并无规律,但是其功能通常都是通过修改账目,实现嫌疑人的获利目的。对此线索的分析可以从生成、访问时间(何时安装到计算机中,何时使用过该程序)对应于具备使用系统权限的人员,划定嫌疑人范围;从最终获利结果(修改系统数据后的获利账户),划定嫌疑人范围。同时应该注意到的是,进销存类软件和财务管理软件通常包含复杂的数据库,其中库表名称、字段名称多用字母表示,而作为商品购买使用的软件,通常开发公司和人员不会提供程序设计文档,所以能够编写该恶意程序,搭载到财会系统中,修改相关表单、字段、记录的特定内容,多数是有开发技术人员提供协助。

通过建立虚假银行网站、电子交易平台的案件,直接线索就是网站的注册信息、维护信息、管理员登录信息等。作为网络盗窃行为的一个重要组成部分,必然也是案件的证据重点之一。嫌疑人利用普通网民对互联网知识的缺乏和安全意识的薄弱,仿造真实网站的页面建立虚假网站,同时申请注册非常类似的域名,使其建立的网站达到乱真的程度,如图 15-1 所示。

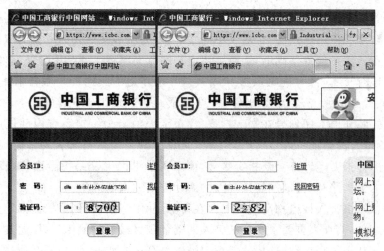

图 15-1 真假工商银行网站(右侧为假)

仔细观察图 15-1,不难发现,嫌疑人仿冒真实网站域名"www.icbc.com.cn",注册了域名"www.1cbc.com",域名只是有个 i 与 1 的差别。页面内容几乎完全相同,不注意根本难以发觉。通常制作仿冒虚假网站实施盗窃的嫌疑人会将其所制作的虚假网站链接搭载到正规网页中,比如淘宝的支付页面或其他网上购物的支付页面。当被害人在决定付款后单击网银链接,便会进入嫌疑人的圈套。这类网站会在后台记录被害人登录时使用的个人账户和密码等信息,在输入完成后,提示付款不成功,而实际上,嫌疑人在后台已经取得被害人的账户权限,通过转账等方式窃取被害人的账户资金。类似的手段还有建立假支付宝网站、假淘宝网站等。更有甚者,利用某些著名的正规网上交易网站审查不严的漏洞,非法在正式网站中搭载外部链接,指向其虚假网站。这类网站的一个共同特点就是通过各种诱惑和服务承诺,骗取被害人的网银账户信息,盗窃获利。

15.4 侦查工作要点

网络盗窃案件侦查过程中,如同传统盗窃案件一样,虽然案件性质相同,但是个案表现形式可能完全不同,所以侦查工作要点也不尽相同。

15.4.1 侦查途径的选择

网络盗窃案件侦查途径的选择同样也是根据不同案件的发案特征,具体情况具体分析,从而找到最佳的侦查途径。

1. 案情分析

对于网络盗窃案件的案情分析,要从被害人知觉案发时刻开始,围绕财物的流失路径、嫌疑人的作案手法和被害信息系统自身的特点展开。

首先是基本线索的提取和分析。被害人报案之时,往往会提及账户资金被盗(银行账号交易明细等)、账目信息被删改(财务系统账目的备份等)、游戏账号被盗(高值装备的序列号和游戏账号的使用地点等)。对于不同案件,要先明确案值作为立案的依据。

其次是在核实案情的基础上,追踪被盗财物的流失路径。电子资金类案件,常见嫌疑人利用网上银行转账,将大额赃款拆分成2万~5万元小额到若干银行卡中,然后异地ATM提取现金;代币卡充值卡类案件,常见嫌疑人伪造代币卡充值卡而折扣销售,或直接以无卡方式将充值卡序列号在网上销售(代币卡充值卡为特定系统内部使用无公共流通性,故非伪造有价票证);虚拟财产类案件,常见嫌疑人盗取被害人网络游戏等账号,将其中有价值的虚拟财产转移至某指定账号,而后再借助网上交易平台出售获利。通过追踪被盗财物的流失路径,尝试了解嫌疑人的活动空间和遗留线索。

再次是根据被害人被盗物品的历史存在特征、使用记录,找到原始的案发点。例如电子资金被盗案件,侦查人员要了解到被害人的资金账号最近的使用记录,尤其是最后正常状态与非正常状态的临界点,这样才能理清嫌疑人真正的作案时间,同时通过对最后使用的设备、环境和使用过程的调查,可能找到嫌疑人在相关设备、环境中遗留的犯罪痕迹,从而寻找更多的线索。

最后是根据各种线索,梳理嫌疑人作案的行为过程、具体的犯罪手法和完成犯罪的必备条件,从而为圈定嫌疑人犯罪、发现和认定嫌疑人提供方向。

2. 现场勘查要点

网络盗窃案件的现场勘查工作在一般涉网案件现场勘查的基础上,要注意以下几个问题。

首先是被害人计算机、被害单位系统中,关于涉案财物留存信息的勘验检查,如网银使用记录、系统财务信息的异常、备份数据等。

其次是被害人计算机、被害单位系统中,是否存在异常的文件、权限设置、操作痕迹。如被害人计算机中可能被植入与被盗财物关联的特定木马等。

再次是被害单位系统,如果案件被害单位是一个相对独立的企业局域网,那么勘查视角应该覆盖整个网络,而不能仅限于留存财务数据的单一设备,因为很可能真正有价值的线索恰恰保留在网络中间设备中。

最后是对嫌疑人计算机勘验过程中,注意寻找与已发案件关联紧密的虚拟账号信息(被害人虚拟账号的登录痕迹)、银行账号信息(被害人银行账号的登录痕迹或网银转账的痕迹)、设备的物理特征信息(MAC 地址等),以及财物流转的中间环节信息及相关证物(网上交易痕迹、资金转入的银行卡等),提取足够的证据,满足同一认定的需要。

3. 询问和讯问

侦查人员在对被害人的询问过程中,要考虑到被害人对计算机系统、对网络的认知程度,以及合法权益被侵害后主观判断的偏颇、情绪上的激动等因素,客观冷静地排除干扰,以全面准确地了解案情。尤其对案件发生的准确时间、过程、计算机设备信息、网络环境信息等要及时掌握。此外,对于便于识别的特征性信息要注意问清,比如银行卡号、网络登录用户名等。

侦查人员在对嫌疑人的讯问过程中,常见嫌疑人负隅顽抗的情况。这是因为网络盗窃案件通常从犯罪技术手法上较为复杂,涉案人数可能较多,现场或数据传递节点空间跨度大,所以取证调查难度大。而被害人通常认为侦查人员既然无法完整地获取案件相关证据,检察院也就难以对其成功起诉,所以讯问工作开展难度较大。那么在讯问的过程中,要针对嫌疑人不同的心理特点,灵活运用审讯谋略,从节奏、语气、问话角度、虚实搭配等各方面完成审讯。内容上,注意核实前期已经掌握的证据和线索,了解核实完整的犯罪过程。

4. 侦查途径的选择

不同的网络盗窃案件因为表现形式不同、嫌疑人作案手法不同,所以侦查途径的选择也有所不同。一般情况下要注意以下几点。

(1) 多数网络盗窃案件与其他侵财案件相似,案发时首先是被害人察觉自己的经济利益损失,所以报案时侦查人员首先掌握的线索就是与资金、银行账户、虚拟财产相关的信息。因此初查阶段的侦查途径往往从利益流转的过程入手,涵盖从被害人账号到嫌疑人账号的转移和现实利益转化的过程。

(2) 网络盗窃案件因为其行为类型属于秘密窃取,所以嫌疑人实施犯罪过程中往往并无与被害人的接触。但是其前期犯罪预备过程中,可能会涉及木马等功能性程序的编写、钓鱼网站的制作与维护、挂马网站的制作与维护、侵入目标系统或在目标系统中植入特定程序、取得目标系统权限等一系列操作。因此推进侦查阶段的侦查途径往往从嫌疑人的作案手法、技术手段上入手,通过梳理被害人的被害账号的使用情况,从网络环境、硬件设备上的遗留痕迹,了解嫌疑人的作案过程,再从作案条件、技术特点等方面圈定嫌疑人范围。

(3) 绝大多数网络盗窃案件的嫌疑人不会偶尔对单一对象实施一起犯罪,所以常见嫌疑人使用几乎完全相同的犯罪手段实施多起犯罪的情况。计算机及网络技术本身较为复杂,嫌疑人实施相关犯罪必须经过相关的技术准备过程,那么该手段用于犯罪一旦得逞,其使用相同手法重复犯罪的概率极高。因此在深入侦查阶段的侦查途径还可以通过梳理嫌疑人的作案手法、网络空间地址、物理空间地址等线索,从大范围的案件串并工作入手。

15.4.2　典型案例剖析

1. 简要案情

2008年1月2日16时许,某商场经理发现有顾客购买SONY数码相机一部,于收银台处刷储值卡结账。货品价格五千余元,但商场发行的储值卡最大面值为一千元。核实该卡,发现此卡于系统内有效,卡原值为两万元,案发时卡内余额尚有一万多元,遂报案。

2. 初查情况

经查,持卡人蔺某(女),从其男友赵某处拿来此卡使用。赵某无业,专门倒买倒卖各类储值卡赚取差价。追查赵某卡来源,赵称时间久、买卖人多、卡种类多,已记不清当事人,但看到本人应该有印象。侦查人员从其住处找到当地多家商场、娱乐场所储值卡四百余张。现场情况看,符合赵某所述的行为特征。

询问商场负责人,答称案发之前6个月内商场销售财务系统账目未出现异常。案发后,因为无法解释该卡为何出现且无预存资金异常报警,为避免损失,商场将原信息与财务管理系统停掉,替换为本地一家公司开发的系统。办案人员为慎重起见,勘查了核心服务器所在的现场情况,并复制了每个月的月结算数据。

3. 初步分析

(1) 不排除赵某制卡或者与制卡人熟识的可能,但需要证据证明。

(2) 既然发案单位的销售财务账目异常,那么表象上看售卡与收入现金平衡,即无案件发生,可能为内部事故或事件。但商场从未制作和销售两万元的储值卡,当该卡出现且有效时,商场无两万元的售卡收入,那么本质上案件已经存在。

(3) 从案发到初查结束,被害单位和侦查人员的视线都集中在销售环节,但是从商业零售企业所使用的管理信息系统软件结构看,此类软件为进销存类软件,也就是说,以库存为核心载体,进货与销售两个环节进行数据交互,如图15-2所示。进销存类软件是实时核账,如果销售和收入平账,理论上是没有问题的,那么标准面值一千元,实际金额两万元,无论是人为故意还是失误造成,账目一定会有体现出来。而账目平,但是多出来的消费额度没有体现,说明系统中存在问题,既然销售环节未见异常,那么一定会在其他环节上有所体现。

4. 检验分析

发案目标系统中,提取核心服务器一台,机内安装有××财务管理系统;备份数据硬

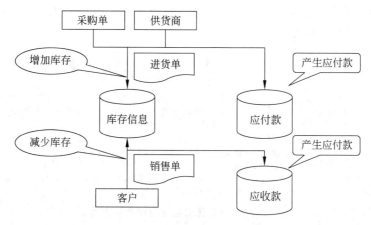

图 15-2　进销存类软件结构图

盘一块,存有历史数据。

　　首先是服务器的查验分析。对服务器的查验可先检查日志:一般情况下,可作为成品销售的财务软件都有比较完备的审计和安全日志或明细记录。对于系统重要、敏感的操作,财务类软件的日志或明细文件都会记录,如果人为大额充值,日志会体现;如果日志完全被删除、破坏、修改过,那就证明嫌疑人从系统前端合法登录但做过恶意操作。一般把这样手法作案的称作操作型案件,侦查人员可按照发案系统的数据流向,调查各个网络节点日志信息,针对发现问题的节点,调查合法或可能拥有系统对应权限的使用者,结合其他线索,划定嫌疑人范围。相反,如果日志文件未被破坏和修改,同时日志文件中未记录敏感的特殊的操作内容,就说明嫌疑人是直接针对后台数据实施了不法行为。一般把这样手法作案的称作程序型案件,侦查人员可调查程序属性的原始状态和现状,发现修改特征,针对被修改的程序部分,分析其功能,结合其他线索,划定嫌疑人范围。

　　本案中,被害单位服务器中财务系统日志从内容到文件状态特征均未见异常,也就排除了嫌疑人合法登录非法操作的可能性,换言之,本案为程序型案件,而后台数据已多次导出备份到移动硬盘。这里需要注意:多数商业零售企业都习惯在每个月结算后,将当月的明细流水等数据导出,然后将服务器中数据清空,以保证系统运行的稳定和速度。所以服务器中所存留的数据往往仅有当月的数据,而没有历史数据。该服务器中除该商场原使用的财务系统外,未提供其他线索。

　　其次进行备份数据的合并检查。该硬盘中,存有自商场开业系统启用到案发后切换系统止,为期一年的全部月结算备份数据。将所有 12 个备份数据文件包合并检验,发现该数据库为 Sybase 库,计有各种表单三百多个(其中有数据的两百四十多个);无程序说明文档。侦查人员可通过商业零售企业的数据特征,分析各表各字段间的相互逻辑关系和数据流程,如图 15-3 所示。以一瓶水的消费过程为例,当持卡人使用储值卡结算时,分别从收银台结账到财务记账最后核销库存的各环节中,若干个库表内均记录有该笔消费的明细,而各库表间对该笔交易的关联,便是依据"A01"即交易流水号,作为关联标识。在理清数据关系后,将所有数据导出,脱离原数据库系统进行计算。将每张储值卡的累计消费额,加上卡内余额,再减去卡原值(发卡单位以卡号倒数第四位和第三位为金额标识),理论上这一计算结果应该为零。但是本案数据分析中发现,计有3193张卡的计算结果不为零,累计差值金额超过103.7万元。

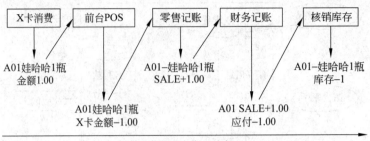

图 15-3　××系统数据流程简化示意图

如果该案涉案金额已经超过百万元,那么被害单位怎么可能没有察觉也没有任何异常体现呢?再次询问被害单位,其负责人称:历史销售账目一直是正常的,但是库存有问题,仓库总是莫名其妙地丢东西,但仔细反复查看监控录像未发现被盗的情况。

既然存在侵财犯罪事实,那么进销存各环节中一定存在问题,实际上会计科目平衡,但库存出现了问题。库存出问题,反推可以判定是会计科目被修改,销售与收入平衡,但与库存不符。为了解嫌疑人具体如何实现这一过程,需要对现场进行二次勘验。

5. 重建现场

案发现场往往是能够提供最多、最直接、最有效的破案线索的资源,但是自案发至明确案件性质,案件调查过程已经迁延数月,且案发后因被害企业无法确定损害发生的原因和程度,所以将原财务系统替换为另一公司提供的财务软件系统。应新系统要求,设备情况略有调整,服务器也已经更换。查阅初始案卷发现,现场勘查笔录中仅记录了核心服务器所在位置和周边线路情况,但网络拓扑、进程信息、易失数据、权限分布等均未记录。对于发生在企业局网内部的案件,现场勘查范围应覆盖整个网络区域。如果已经明确案发节点,那么可以该节点为重点,周边节点为辅助点,有详有略、不同侧重地开展勘查工作。如果无法明确案发节点,那么必须对整个网络系统的拓扑结构、设备分布、权限设置等进行完整调查,同时对服务器和敏感区域、敏感权限的计算机等关键设备进行重点勘验。

关于重建现场的方法问题,本书已有介绍,这里不再赘述。在重建过程中,办案人员发现原系统中有一中间层服务器,之前并未引起办案人员的注意。

经进一步询问,该服务器是应原系统提供商要求设立,开放远程登录,其目的在于降低系统异地维护、升级的成本费用,提高工作效率。查看远程登录日志发现,自2007年3~6月,有数十次远程登录记录,其中有近二十条记录IP地址为发案单位所在城市,但因为距发现时间超过一年,该IP已经失效。同时,查验中间层服务器文件系统时,发现其SYS文件夹下有一隐藏文件夹TTI,其内有tti.exe和tti.pbd两个文件。系统文件生成时间为2007年1月,TTI文件夹生成时间为2007年2月。通过查看tti.exe的源代码,发现其功能为根据输入的储值卡号,从系统中调取并删除所有与消费有关的数据记录,直至删除库存削减量。而后通过数据更新,用原值参照表中该卡的原值减掉累计消费额(该程序已经将消费清零),便可以将已经用过的作废卡重新恢复原值,如图 15-4 所示。

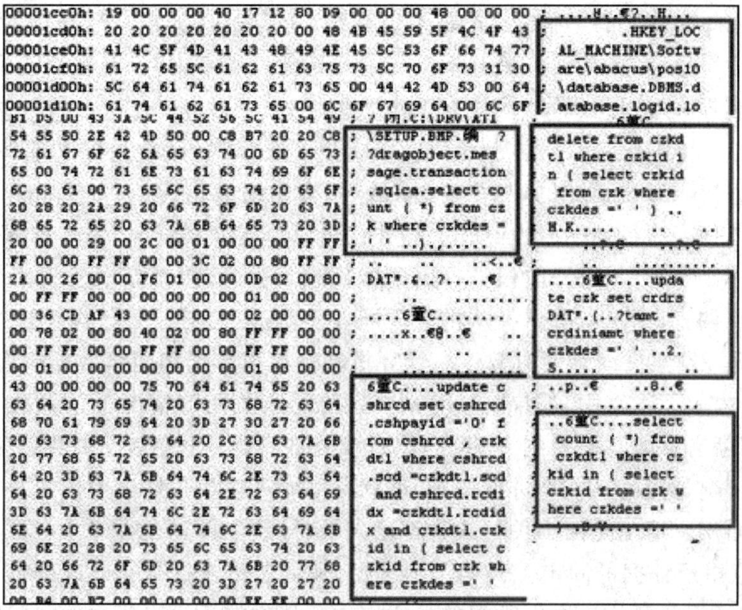

图 15-4　tti.exe 的部分代码段示例

查看数据库中原值参照表,发现涉案卡的原值已经被改为 20 000 元(该参照表为制卡公司提供,非软件公司开发,仅做发卡时对照使用,不参与财务运算,所以废卡原值被修改后,财务账目不显示异常)。

6. 线索汇总

至此,办案人员已经掌握了嫌疑人作案的技术手段和行为过程,可适时进行线索汇总。

(1) 技术条件。嫌疑人必须了解系统连入互联网的 IP 地址和登录权限,并全面熟悉该财务系统的特性;具有使用 PB 编程的能力(tti.exe 为 PowerBuilder 环境开发)。

(2) 外部条件。嫌疑人能够接触到大量回收的废卡(嫌疑人通过大量制售非法复值的储值卡获利。现场物理空间环境表明放置废卡的财务室与技术部办公室相通)。

(3) 作案时间。2007 年 2 月(tti.exe 生成安装)到 2007 年 6 月(最后一次本地 IP 远程登录)。

7. 发现与认定嫌疑人

根据线索汇总得出的分析判断,内部人员,尤其是技术部工作人员作案可能性极大。根据该商场的人员工资台账查询,首先锁定满足上述时间窗口,时任系统管理员并于 2007 年 5 月离职的王某。

对王某家中计算机勘验检查,发现以下信息:含有部分涉案卡号的文档文件、登录后台数据库痕迹(数据库中卡原值表名)、TTI 程序文件夹。同时,在王某家中搜查出数十张已经非法复值完毕但尚未出售的伪卡。

8. 案件总结

（1）针对特定系统的案件，要先熟悉该系统。了解系统架构、工作流程、数据特征。只有熟悉涉案系统后，才能够准确分析系统中的异常。本案中，只有先期熟悉了进销存类系统的工作流程，才能形成后续的侦查工作思路。

（2）合理选择侦查途径。对于计算机盗窃犯罪案件来说，常见的初期线索有财物类的，如银行账户等；有通信类的，如手机、固话等；有网络数据类的，如 E-mail、QQ 等。合理准确地选择侦查途径，找到最佳切入点，往往可以节省办案资源、提高效率，还可以提高办案的成功率。本案中，第一阶段选择服务器日志入手，直接确定了主要工作方向，对后台数据库重点调查；第二阶段选择从重建现场入手，直接找到了关键的证据线索。

（3）注意涉网案件线索的时效性。计算机动态易失数据和网络数据痕迹都有很强的时效性，极易失效。本案中，如果案发时刻在系统尚未关闭的情况下，调取中间层服务器进程信息，那就有可能直接找到 TTI 文件，进而在数日内快速破案；如果案发后能及时发现远程登录情况，对日志中 IP 进行调查，那就有可能直接找到嫌疑人位置，进而在数日内快速破案。而实际情况是两项关键线索都已失效，导致案件迁延一年之久。

（4）注意电子证据的固定和保存。本案中，嫌疑人实施犯罪的全过程中，除非法充值卡外，重要的证据线索均以电子数据的形式存在。那么在诉讼过程中，要保证证据的合法性和有效性，必须采取相应的技术措施和规范。比如对 TTI 程序做功能性检验、对嫌疑人计算机硬盘中的数据克隆固定（使用 MD5 校验），并结合传统证据，完整再现嫌疑人的犯罪过程。

15.5 其他问题

打击处理盗窃案件的过程中，有些需要特别注意的问题，包括证据问题、案值问题、罪名问题等，以下将逐一予以介绍。

1. 证据问题

对于利用计算机技术实施的盗窃案件，在诉讼过程中证据的合理性和完整性的要求，是侦查过程中时刻要注意的问题。此类案件的侦查工作重点在于搞清"谁，如何偷窃，偷窃了什么，价值多少，偷窃之后的后续行为有什么"。所以证据要点集中在"偷"——证明其行为过程；"脏"——犯罪对象形式和内容。利用计算机实施的盗窃犯罪与传统的盗窃案件从本质上完全相同，但是从表象上看，尤其是案件侦查初期，差异却十分明显。

案件侦查初期，通常是被害人或被害单位报案。而侦查人员获得的线索，往往是网络上的虚拟人或数字代号；盗窃的行为过程是通过计算机技术实施完成；被盗物品多是电子资金、数字信息、虚拟财产等；除电子资金外，其他犯罪对象的价值认定比较复杂，甚至难以准确认定。随着侦查工作的逐步深入，将网络虚拟信息、行为过程与嫌疑人逐步落地，案件才臻于完结。

盗窃案件是侵财案件的一种，其非法占有的行为过程最终指向的受益人便是嫌疑人，当然，随着案件规模越来越大，共同犯罪的情况越来越常见。对于嫌疑人的认定方法可以通过网络信息定位，如登录被害人的网银账户时，遗留的 IP 地址；注册域名、上传和维护网页的遗留信息、IP 地址等；利用黑客技术侵入被害人计算机系统时，日志记录的 IP 地址等。也可以通过用来转账变现的银行卡的使用记录定位、电话定位，或者在抓捕到共同犯罪的嫌疑人之一后，牵带出其他嫌疑人。之后，借助传统方法认定嫌疑人。

证明行为过程的方法相对复杂。对于涉及网页的信息要及时固定；所有银行对账单和 IP 地址查询记录要经过规范的过程取得，并加盖相关单位公章；除电子资金外的虚拟财产和数字信息要经过法定物价鉴定部门评估价值；对于使用黑客技术侵入被害人计算机或者利用恶意软件、程序实施等较为复杂的计算机技术实施盗窃的，从目前的司法程序而言，应将扣押的计算机、提取的代码或历史数据，提交国家授权的电子物证鉴定部门进行司法鉴定。提请鉴定时，要明确鉴定要求，通常可能涉及的包括确定案值（检材为数据库或历史交易信息）；作案手段，包括远程登录、控制或侵入的痕迹提取，对恶意软件、程序的功能性检验（检材为被害人或嫌疑人使用的计算机及相应的历史数据）；其他需要鉴定的明确要求等。

综上所述，根据盗窃案件的犯罪构成，查找相关的犯罪证据。

2．案值问题

根据最高法《关于审理盗窃案件具体应用法律若干问题的解释》，盗窃罪的立案标准为个人盗窃公私财物价值人民币五百元至两千元以上的，为"数额较大"；人民币五千元至两万元以上的，为"数额巨大"；人民币三万元至十万元以上的，为"数额特别巨大"。各地高法可根据当地的实际情况，分别在上述价值区间内确定本地的执行标准，并报批备案。

利用计算机技术实施的盗窃犯罪案值，电子资金可以直接认定。发行商明示价格的虚拟财产、信息服务、网络接入服务等，可以直接认定（如 Q 币价格为 1Q 币对应人民币一元，在线阅读 5 小时收费人民币一元等）。采用搭接、分光等手段窃用他人网络资源的，成其他虚拟财产需要提请物价鉴定部门进行价值评估。

多次盗窃构成犯罪，依法应当追诉的，或者最后一次盗窃构成犯罪，前次盗窃行为在一年以内的，应当累计其盗窃数额。在共同犯罪案件中，盗窃犯罪集团的首要分子，应当按照集团盗窃的总数额处罚。共同犯罪中的其他主犯，应当按照其所参与的或者组织、指挥的共同盗窃的数额处罚。共同犯罪中的从犯，应当按照其所参与的共同盗窃的数额确定量刑幅度。某些特殊情况虽未达到立案标准，但同样要定罪处罚。例如，嫌疑人侵入某经营性企业的财务系统，修改账目信息，非法划拨钱款数额特别巨大，但由于网络中断或其他技术原因导致犯罪未遂的，应定罪处罚。盗窃数额接近但未达到"数额较大"的起点，但嫌疑人以破坏性手段盗窃造成公私财产损失的，可以定罪处罚。例如，嫌疑人为删除自己在某企业的应付账目，在不具备修改数据库记录能力的情况下，全部删除了该数据库，造成该企业在一段时间内无法正常计费，虽然其个人获利数额不足以达到"数额较大"但行为性质严重，可定罪处罚。

盗窃信用卡并使用的，以盗窃罪定罪处罚。其盗窃数额应当根据行为人盗窃信用卡后使用的数额认定。

3. 罪名问题

利用计算机实施的盗窃行为通常因过程相对复杂,行为人的身份特殊,容易造成罪名混杂的问题。

盗窃罪、职务侵占罪的区分。盗窃罪与职务侵占罪均属以非法占有为目的的侵犯财产犯罪,其主要区别不在于行为方式,而在于行为人与被其非法占有的财物之间的关系。非法占有自己原先合法持有(包括经营、管理)的公私财物是职务侵占,非法占有自己秘密窃取的他人财物是盗窃。例如,某银行前台储蓄员刘某因沉迷赌博欠下巨债,先后将储户王某、赵某账户内的15万元非法转账到自己名下账户,又向自己账户内虚增存款50万元。刘某行为分别构成盗窃罪15万元,职务侵占罪50万元。而某银行系统管理员周某同样因沉迷赌博欠下巨债,利用其计算机技术和接触系统服务器的方便条件,陆续将储户罗某、马某等7个账户中的43.6万元转账至其控制的账户中,后又虚增存储18万元。周某行为构成盗窃罪61.6万元,其中,盗窃金融机构18万元。上述两案中,刘某和周某虽同为银行员工,并同样实施了秘密窃取、非法占有的犯罪行为,但刘某是受单位指派从事储蓄业务的工作人员,符合法定意义上的"利用职务之便",对储户和银行的电子资金处理在其职能范围内,而周某的职能是维护计算机系统的正常运行,并未授予处置账款的权限,仅因工作关系而形成了熟悉环境和容易接近单位财物等方便条件,不符合法定意义上的"利用职务之便",所以周某只能以盗窃罪论处。而刘某的犯罪行为对象一部分(50万元)为银行授权管理的企业资金,属于"自己工作或者业务上合法持有、控制、管理、支配的单位财物",符合职务侵占罪的构成要件。另一部分(15万元)为储户的个人资金,不属于单位财物,所以构成盗窃罪。

实施盗窃犯罪,造成公私财物损毁的,以盗窃罪从重处罚;又构成其他犯罪的,择一重罪从重处罚;盗窃公私财物未造成盗窃罪,但因采用破坏性手段造成公私财物损毁数额较大的,以故意毁坏财物罪定罪处罚。盗窃后,为掩盖盗窃罪行或者报复等,故意破坏公私财物构成犯罪的,应当以盗窃罪和构成的其他罪实行数罪并罚。盗窃技术成果等商业秘密的,按照刑法第二百一十九条的规定以侵犯商业秘密罪论处。

4. 既遂和未遂

关于电子资金盗窃案件的犯罪状态,一段时间以来一直存在着学术上的争论。公安机关作为我国刑法的直接执行者,按照盗窃罪的立法原则,在司法实践中通常按照"失控加控制说"的原则来界定盗窃的犯罪状态。例如,嫌疑人通过非法转账,窃取被害人网银账户中的电子资金,但未提取现金。数日后,被害人发现账户被盗,报案后经银行查对,发现了涉案账户,并依法予以冻结。本案中的嫌疑人并未实际取得所盗标的物的现金价值,属于既遂还是未遂呢?这就要从犯罪构成的角度进行分析。嫌疑人排除了他人对财物的占有,将财物转变为嫌疑人或者第三者占有时就是既遂,否则是未遂。需要特别指出的是,只要嫌疑人将他人实力支配内的财物转变为自己的实力支配内,使财物置于可以排他地自由处分的状态,就是盗窃罪的既遂,不要求嫌疑人自己能够永久地、安全地保持对该财物的支配。本案中,嫌疑人通过秘密手段,将被害人账户中的钱款转入自己的账户,当这一行为完成后,被害人实际上已经失去了对其钱款的控制权,而该控制权已经转移到嫌疑人手中,至此,嫌疑人已经完成了对犯罪对象的"非法占有"。至于数日后账户被冻结与否,如同入室盗窃取得财物后,经公安机关侦查破案抓获,所窃得财物被扣押返还,并不影响其盗窃既遂的成立。

小　　结

本章详细介绍了目前网络盗窃案件的常见表现形式和嫌疑人惯用的犯罪手段,同时对于侦查工作中,关于线索分析方法、侦查工作要点,以及侦查工作中常见的法条引用、容易混淆的若干问题也做了介绍。注意从个案出发,勤于思考,将侦查思路和线索分析方法灵活拓展应用。计算机网络技术本身复杂,硬件参数设置、数据库、网页制作、编程、网络应用开发等,任何一种计算机网络技术都可能被嫌疑人利用为新的犯罪手段。作为侦查人员应该具备一定的计算机技术基础以应对各种形式的网络盗窃案件,同时也要注意及时收集各地新近出现的案件信息,提高自己的网络熟悉程度、总结借鉴,以应对不断出现的新型犯罪。

思　考　题

1. 网络盗窃犯罪与传统盗窃犯罪的区别是什么?
2. 目前我国公安机关执法实践中常见的网络盗窃犯罪有哪些形式?
3. 试分析各类日志文件在网络盗窃案件侦查工作中所体现的线索价值有哪些?
4. 目前常见的挂马网站和常用的木马技术有哪些?
5. 假如网络盗窃犯罪案件嫌疑人被抓获,对其居住地或犯罪地的犯罪现场勘验检查工作的重点是什么?
6. 针对不特定被害人的网络盗窃案件,对被害人的网络使用设备勘验应注意什么?

第 16 章 网络诈骗犯罪的案件侦查

据 2009 年 1 月中国互联网络信息中心（CNNIC）发布的中国互联网络发展状况统计报告显示，截至 2008 年年底，中国网民规模达到 2.98 亿人，较 2007 年增长 41.9%，互联网普及率达到 22.6%。中国网民规模超过美国，成为全球第一。截至 2008 年年底，使用手机上网的网民达到 1.176 亿人，较 2007 年增长一倍多。同时，域名注册总数 16 826 198，比 2007 年增加 41%，网站数量 2 878 000，比 2007 年增加 91.4%，而网页总数达到 160 亿，增长 90%。网络购物用户人数已经达到 7400 万人，年增长率达到 60%，其中大学生和办公室职员占 68.2%。网络银行的用户达到 5800 万，占网民总数的 19.3%。而另据腾讯科技频道 2008 年 5 月发布的一项调查显示，高达 91.98% 的网友都曾经遇到过网络诈骗。我国目前已经进入网络诈骗犯罪高发期，这是和网络的广泛应用相关联的。网络诈骗危害巨大，世界范围内的网络诈骗所得到的利润，甚至超过了传统的毒品交易。

我国现行刑法中，将金融诈骗、经济诈骗、招摇撞骗等罪名与一般诈骗犯罪分离，提出单独的诈骗罪。本节所涉及网络诈骗是指常见于网络的一般诈骗犯罪，即刑法第 266 条所规定的："以非法占有为目的，用虚构事实或者隐瞒真相的方法，骗取数额较大的公私财物的行为。"以及信用卡诈骗罪，即刑法第 196 条所规定的："信用卡诈骗罪，是指以非法占有为目的，利用信用卡进行诈骗活动，数额较大的行为。"

刑法修正案颁布以来，对于诈骗罪未出台新的司法解释，所以目前仍沿用 1996 年 12 月 16 日，最高人民法院《关于审理诈骗案件具体应用法律的若干问题的解释》，个人诈骗公私财物两千元以上的，属于"数额较大"；个人诈骗公私财物三万元以上的，属于"数额巨大"。个人诈骗公私财物 20 万元以上的，属于诈骗"数额特别巨大"。而对于信用卡诈骗犯罪案件，"数额较大"的起点为 5 千元。

16.1　案件构成及主要表现形式

从本章小序中可以看到，利用计算机信息系统进行诈骗犯罪的案件是侵犯公私财产犯罪的一种。侵财案件是近年来涉计算机犯罪案件中较为常见的一类，而网络诈骗犯罪案件又是网络侵财案件中最为常见的案件。

此类案件的主观方面表现为直接故意，并且具有非法占有公私财物的目的。犯罪主体是一般主体，凡达到法定刑事责任年龄、具有刑事责任能力的自然人均能构成本罪，单位不能构成本罪的犯罪主体。但网络诈骗常见多人共同犯罪的情况。

网络诈骗侵犯的客体是公私财物所有权。有些犯罪活动，虽然也使用某些欺骗手段，甚至也追求某些非法经济利益，但因其侵犯的客体不是或者不限于公私财产所有权，所以不构成诈骗罪。例如,拐卖妇女、儿童的,属于侵犯人身权利罪。诈骗罪侵犯的对象,仅限于国家、集体或个人的财物,而不是骗取其他非法利益。其对象,也应排除金融机构的贷款,因刑法已特别规定了贷款诈骗罪。客观方面表现为嫌疑人虚构事实或隐瞒真相,使被害人产生错误认知,并继而发生对财产的错误处置,直接将自己合法所有的财物交付嫌疑人所有。

诈骗犯罪的案件,古今中外俯拾皆是。嫌疑人可能利用生活中的任何一个细节,虚构事实或隐瞒真相来行骗获利。网络诈骗的形式也是多种多样,同时因为利用网络犯罪成本更低,嫌疑人与被害人没有现实中的面对面接触,安全性更高,所以犯罪率更高,近年更呈高发态势。较为常见的犯罪形式有以下几种。

(1) 中奖诈骗。嫌疑人以各种借口和形式发送中奖信息,然后要求被害人缴纳税费、保证金、服务费、邮寄费、手续费等,以此获利。这类案件发展迅速占到网络诈骗案件的72.6%。同时,其犯罪手法也五花八门。其中,最为低级的是通过电子邮件、QQ 留言、手机短信等发送中奖信息,通常信息发送者会使用一个非常类似管理员的邮件账户或 QQ 昵称,但较为容易识破。略高明一些的方法是在 BLOG、论坛中,以匿名留言(有些存在漏洞的系统,匿名留言可以不使用注册的账户,随意编写自己的网名,于是有人直接署名"系统信息"、"管理员")的方式或使用类似字体,发送中奖信息如图 16-1 所示。

图 16-1　假冒系统信息发送中奖诈骗留言

新近出现的技术含量较高的骗术是利用木马或软件本身的漏洞,在被害人使用网络通信工具、登录论坛或博客的时候,自动弹出类似真正系统信息的提示。2008 年下半年最为猖獗的"腾讯十周年庆典抽奖"诈骗案件,就是利用木马在被害人正常使用 QQ 的过程中,弹出窗口,提示中奖并同时出现领奖网站的链接。单击该链接后会出现一个假冒腾讯的网站,但页面信息及其注册的域名,与真正的腾讯网页极其相似,如图 16-2 所示。该手法中一方面仿冒腾讯的系统信息,一方面伪造类似腾讯的中奖页面,诈骗主页的域名为 qqweek.cn,且页面内容、图片风格都足以乱真,所以受骗者众多。嫌疑人为进一步增加其迷惑性,网站中还会有中奖用户领奖视频、公证员及公证书等,但一定不会少的还有缴费信息,如图 16-3 所示。

被害人通常不会未经查证而直接付款,所以嫌疑人一定要留下相应的联系方式,图 16-3 中 089-886-997-990 就是行骗的电话。这个号码看似真实,而实际在拨号的过程中,连接符是没用的,也就是 0898-86997990 海南的电话,而真正的腾讯公司电话是以 0755 开头,深圳的电话。类似的情况还有使用括号、加号,增加号码迷惑性的。图 16-4

图 16-2　伪造的系统信息和伪造的中奖活动主页

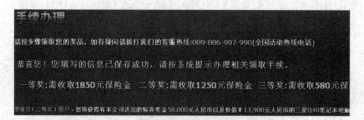

图 16-3　骗取手续费的提示信息

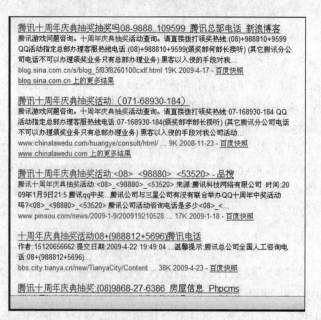

图 16-4　百度搜索"腾讯十周年庆典抽奖"结果

是在百度中搜索"腾讯十周年庆典抽奖"的页面返回结果,显见海南是这一类诈骗案件高发地区。而经公安机关集中力量打击处理后,发现海南儋州市是此类案件的重灾区。

(2) 网络购物诈骗。这也是最为常见的网络诈骗形式之一。主要的方式是"空卖"、"调包"两种。"空卖"就是只收钱不发货、"调包"就是发出的物品货不对版。

实施"空卖"的嫌疑人在正规网络交易平台上拍卖、出售物品,同时将各种商品的报价和运费相对于同样物品正常报价略低,以便吸引被害人上钩,在被害人付款后,嫌疑人销声匿迹。交易过程中,有的嫌疑人要求被害人直接打款入账,但往往容易被识破;有的会让被害人登录所谓自己的"网上店铺",也就是另一个网页,该网页通常仿冒正规交易网站和支付平台,骗取被害人的交易和支付账号、密码。在被害人通过支付宝等平台正常付款后,由嫌疑人假冒被害人登录确认入账;有的嫌疑人则直接以发送图片等手段向被害人计算机中植入木马,以窃取被害人的交易和支付账号、密码,以便买家通过支付宝交款后,自己登录确认入账。

实施"调包"的嫌疑人是在正常交易完成后,为逃避法律责任,发送货不对版的商品。这类案件处理过程较为烦琐,很多嫌疑人在公安机关介入调查后,以发货错误或其他理由,将诈骗行为诡辩为买卖纠纷。2006年出现的"纯种古代牧羊犬"一案,就是买家支付数万元货款后,卖家发货的是一只不值200元的普通黄狗。其目的就在于将一起诈骗犯罪案件混淆为民事意义上的经济纠纷。

(3) 信用卡消费提示诈骗。嫌疑人通过手机短信或者邮件,以银行或银联卡服务中心的名义,向被害人发送消费确认信息或安全提示:"您于×年×月×日,在××商场刷卡消费×元,即将代扣成功,如有疑问请致电银联卡服务中心,电话……"。通常提示金额在数千甚至数万元,在被害人因害怕误扣款而匆忙回复电话或者邮件后,嫌疑人骗取被害人的银行卡资料、卡号、密码等,然后通过网络银行,以信用卡的无卡使用方式进行转载或者消费。这种形式的诈骗最初是盲目地群发邮件,自2006年下半年起,为增加其迷惑性,嫌疑人使用手机信号智能监听设备,近距离确定在某商场确实出现的手机机主。这种设备是基于GSM基站模拟器技术的产品,体积小,重量轻,便于携带。其功率覆盖可以只有几百平方米,所以获取手机信号准确,欺骗性更强。

(4) 灰色收费诈骗。嫌疑人利用某些被害人对淫秽视频、违禁物品、黑客软件等信息的关注,通过网页宣传,收取费用。而在收费后并不提供其承诺的服务或商品。之所以称为灰色收费,是因为被害人往往因自己的不当行为目的,在发现受骗后无法报案,即便报案,公安机关在办结案件后也不会补偿其损失,更可能追究其法律责任。网络常见的所谓收费"真人视频表演"、"提供各种兴奋剂迷幻药"、"提供盗号软件和黑客技术服务"等内容,多为欺诈信息。

(5) 手机注册诈骗。嫌疑人利用被害人对某些信息、服务的关注,以免费注册的幌子要求被害人进行手机注册,获取注册码后方可进入网站浏览。被害人在注册页面输入手机号码后,手机会收到确认短信:"您已注册××公司的信息服务,确认码××××",当被害人输入确认码后,成为会员,浏览网站往往发现内容一般与宣传不符。但同时,被害人在确认的同时,相当于已经定制手机收费信息服务,大额话费已经被扣除。从工信部整顿手机收费平台和二级短信分销商后,数百甚至数千的代扣话费已被禁止,但是嫌疑人往往设定注册流程要求被害人一级一级注册,使用多个注册码,这实际上相当于手机注册了多项收费服务,每项 20~30 元不等,但总数可能过百。

(6) 交友情感诈骗。嫌疑人通过交友网站或 QQ 与被害人建立联系,投其所好提供个人的虚假信息,并经过一段时间的交流取得对方的信任。之后以各种借口诸如:"想去见面没钱买机票"、"家人病重,医药费欠缺"、"生意受阻资金周转不灵",甚至"想和你结婚,看好了一栋房子"等诈骗财物。某诈骗案件中,嫌疑人周某被抓获后竟发现其同时使用 7 个 QQ 号码,每个号码的注册信息不同,分别是"45 岁丧偶的团职军人"、"52 岁离异的大学教授"、"48 岁单身的公司老板"等,对数十个女性网友行骗,先后与多人见面,骗钱骗色,获利达二十余万元。直到被抓捕归案之时,尚有数名被害人等待其实现结婚的承诺。

(7) 电话诈骗。利用电话实施诈骗的形式通常有两种,一种是直接拨打电话,假冒亲友或医生、警察等可信度高的人都身份,以电话欠费、推荐六合彩必中号码等借口实施诈骗;另一种是通过网络电话伪造来电的方式,向被害人传递虚假或带有恐吓性质的诈骗信息。

2009 年上半年更是出现了以公安局或银行的名义,电话或邮件通知被害人:"您的银行卡近期出现多次密码试探情况,同时有多次异地登录网上银行的记录,请尽快与……联系,以保证您的账户资金安全。"在被害人担心自己的资金被盗而回电、回邮后,对方捏造事实,继续恐吓被害人,最终要求被害人将账户资金转账到一个他们指定的所谓"安全账户"中,从而达成非法占有的目的。

除上述形式以外,还有"网络传销"诈骗——以传销的形式要求被害人购买商品甚至是网络空间、权限等虚拟的东西,之后发展下线获利;"网络出版"诈骗——以出版文集为诱饵,要求被害人提供稿件一篇,并购买文集若干册(或直接缴纳出版费);"网络劳务"诈骗——以代写论文、代为策划、代练游戏升级等服务,骗取被害人费用;"空买"诈骗——嫌疑人伪造工商和税务注册信息,建立虚假企业网站,与其他企业建立货到付款的购销关系,在对方企业发货后,采用中间转运或截留的方式,非法占有对方货物;"证券"诈骗——嫌疑人冒充证券公司、期货公司,或证券期货交易代理,骗取被害人的投资款。

网络诈骗犯罪案件的主要特征有以下几个。

(1) 犯罪手段五花八门。嫌疑人通过计算机网络对特定或不特定的被害目标实施欺诈行为,其内容除上述几项外,冒充亲友同学求助、网络交易买一送一(实际买了不送)、兜售违禁物品等,凡是能够吸引人们注意力的借口,都可能是行骗的手段。

(2) 案件发现滞后。某些案件中,嫌疑人非法取得被害人或被害单位的财物后,往往在被害超过约定时间或核实财物时才会发现,通常滞后性明显,给嫌疑人提现、隐匿踪迹甚至潜逃留下时间窗口。

(3) 犯罪低成本高收益。实施此类犯罪行为的嫌疑人,通常通过计算机网络散布虚假消息实施诈骗行为,除支付上网、电话及购买可能需要的软件费用外,几乎没有额外花销,所以犯罪成本很低,而上当受骗者众多,易取得高收益。

(4) 发案数量剧增。近年全世界犯罪内的网络诈骗案件均呈高发趋势,技术简单,风险小,收益高,在一定程度上推动了此类案件的发生。在某类案件爆发阶段,甚至出现了行骗人员数量可以用当地人口比例来计算的程度。

（5）犯罪主体低龄化。在巨大的经济利益驱动下，近期发生的网络诈骗案件甚至出现了群体性的诈骗行为，大量未成年人参与其中。海南儋州市打击网络诈骗案件的专项行动中，涉案人员中就有大量的中学在校学生。

（6）与电信技术结合紧密。电信技术作为方便嫌疑人与被害人沟通的工具，在网络诈骗案件中非常常见。

（7）办案成本高。网络诈骗案件常见被害人数量众多且分布广泛的情况，核实案情需要巨大开支。

16.2 线索分析与一般侦查思路

网络诈骗案件的案源通常是被害人报案或举报，常见被害人损失数额较小但嫌疑人非法获利数额巨大的情况。

诈骗犯罪不同于盗窃犯罪，盗窃犯罪是嫌疑人采用秘密手段窃取被害人财物，而诈骗犯罪是嫌疑人通过虚构事实或隐瞒真相，骗取被害人信任，导致其错误处置个人财务。在嫌疑人实施诈骗犯罪的过程中，为达到骗取对方信任和产生错误认知的目的，往往要与被害人进行多次多方式的接触，所以通常网络诈骗的嫌疑人尽管也要伪造或隐藏个人的真实信息，但是在网络中仍处于半公开的状态。那么侦查工作的重点首先就是通过被害人提供的诈骗网页信息、即时通信账户和历史记录、电子邮件等，调查嫌疑人的网上踪迹。其次，既然是侵财案件，那么嫌疑人必然是以获利为最终目的，而网上能够骗取的几乎都是电子资金，所以网银账户信息、转载及消费明细也是侦查工作的重点。

诈骗案件的证据要点集中在两方面，一是"骗"——证明嫌疑人实施欺诈的行为事实；二是"赃"——证明嫌疑人获取赃款的途径和数额。所以网络诈骗案件的侦查基本思路也是按照"数据流向"和"财物流向"两条线，重点展开。"数据流向"可以证明嫌疑人的诈骗行为，"财物流向"可以证明嫌疑人获取赃款的途径和数额，而两个流向的共同节点，就是嫌疑人的定位信息。目前常见的网络诈骗案件嫌疑人多以团伙的形式出现，而共同犯罪过程中，又可能涉及需要技术支持而购买黑客软件、聘请网络枪手制作仿冒伪造网页，或者交费购买全套需要的软件、木马、网站的情况。侦查过程中要注意案案串并查找源头。串并案件可以依据嫌疑人使用的网络通信工具账号、银行卡账号、电话号码等线索。通过拼案件往往可以获得更多的侦查线索。

对于报案被害人损失数额较小但嫌疑人非法获利数额巨大的情况，侦查人员要注意查找案件源头，掌握相关信息倒查被害人。这也是网络诈骗案件比较特殊的地方。例如，谎称出售游戏点卡的诈骗，单个被害人的损失通常只有几十元钱，于是多数被害人往往嫌麻烦懒得报案，最多只在社区里投诉一下，而嫌疑人可能非法获利数千甚至数万元。为有效打击惩处犯罪，同时遵照有关诉讼要求，必须核实有关被害人，这就需要"倒查"。倒查被害人可以通过了解相关网站、社区、论坛的投诉及跟帖回复情况，也可以在控制嫌疑人后，公开征集被害人信息。

归结嫌疑人的犯罪手段和遗留线索,大致有以下几种情况。

(1) 钓鱼网站。网络钓鱼(Phishing,与钓鱼的英语 fishing 发音相近,又名钓鱼法或钓鱼式攻击)是通过大量发送声称来自于银行或其他知名机构的欺骗性垃圾邮件,意图引诱收信人给出敏感信息(如用户名、口令、账号 ID、ATM PIN 码或信用卡详细信息)的一种攻击方式。最典型的网络钓鱼攻击将收信人引诱到一个通过精心设计与目标组织的网站非常相似的钓鱼网站上,并获取收信人在此网站上输入的个人敏感信息,通常这个攻击过程不会让受害者警觉。它是"社会工程攻击"的一种形式。调查工作的重点在于了解虚假网页的注册和维护信息,邮件及提示信息的发送者。如果搭载网页的服务器位于国内,公安机关可以凭借司法授权进行调查,根据网页维护记录的登录 IP 地址等信息追溯嫌疑人。同时,因全球反垃圾邮件运动的推动,匿名邮件的使用几率越来越低,通过邮件地址分析也可能获取嫌疑人的定位信息。调查过程中,要注意随时固定相关页面信息作为诈骗行为的证据,因为网页信息随时可能更新,同时也可能因诈骗行为败露被相关部门或网站取缔、关闭。

值得注意到是新近发现的一种更为隐蔽的欺骗方式,被命名为:桌面网络钓鱼(Desktop Phishing)。其实施步骤大致如下:首先修改 HOSTS 文件,将一些需要钓鱼的页面映射本机公网 IP,并在本机上制作钓鱼页面。然后将 HOSTS 文件制作成自解压文件(解压路径设置成原来的 HOSTS 路径)。最后捆绑其他软件,通过任意途径诱导用户安装。这里,由于钓鱼页面是通过 HOSTS 跳转的,所以非常隐蔽。和传统的网络钓鱼相比,桌面网络钓鱼更具隐蔽性和欺骗性。一旦发现类似情况,可以分析被害人主机中的近期数据来源。比如是否下载了不明邮件的附件(无论其表面内容是什么),是否接收过 QQ 好友发送的文件等。重点查找和分析接收下载文件,是否捆绑恶意程序,并追踪其来源。

(2) 网络通信工具。网络通信工具包括电子邮件和即时通信软件。一般的电子邮件和即时通信软件线索分析方法已在第 5 章中详解,本节不再赘述。在网络诈骗案件中,使用境外邮箱的情况近期明显减少(Yahoo!、Hotmail 等都已在境内设立服务器),但常见在网络交易过程中使用自动回复邮件提供虚假网站链接、群发邮件散布虚假信息的情况。

但是,自动回复邮件的头部信息不完整,往往无法提供定位 IP 信息(根据邮件服务器不同,自动回复邮件头提供的 IP 可能是原发信者 IP 或服务器 IP)。匿名群发邮件容易被转发服务器拦截(工信部明令禁止转发匿名邮件),所以多采用通过境外代理服务器登录合法邮箱,然后采用密送的方式,也就是邮件接收者看到邮件的"收件人"并不是自己。上述邮件的定位信息通常难以获取。

网络诈骗案件常见的即时通信工具除 QQ、MSN 以外,在网上交易的过程中,很多用户使用"阿里旺旺"。"阿里旺旺"的功能与 QQ 非常类似,提供在线聊天与离线留言的功能,支持语音、视频,也可以传送文件及捆绑手机短信。其调查方法与思路也与 QQ 类似。但是,"阿里旺旺"的一个特别之处是支持网页形式的聊天,而通常当网页关闭,聊天记录便消失无保留。所以当伪装成卖家的嫌疑人有意识不登录"阿里旺旺",而被害人与之交流的时候,旺旺自动转为网页形式,导致其欺诈行为缺乏证据。

(3) 网银账号。网络诈骗最主要的获利方式就是诱骗被害人将自己账户中的电子货币转账（网银）或支付（电子支付平台）给嫌疑人（或其代理人）。而嫌疑人真正获利的最终结果是通过转账、提现、汇兑、消费等形式实现。作为网络诈骗重要证据之一的就是被害人转账、支付、汇款的原始凭证。那么，必然涉及相应的可能是一系列的银行账号，所以银行账号是最常见的线索之一。银行的交易流程和内部管理规定明确了记录所有交易的明细账目，包括账号、交易发起时间、地点（或设备编号）、操作员、交易类型（查询、取款、转账、消费等）、交易结果（成功与否）、异常情况（密码错误、吃卡等）、IP 地址（网上银行）、电话号码（电话银行）等。由银行账号的开户和使用情况可以将线索扩展到开户信息（身份证、签字、照片等）、取款或消费信息（柜台、ATM、POS 的空间地址，视频监控录像等）、上网和电话信息（网上银行登录 IP、电话号码等）、中间业务信息（转账、缴费等）。实施网络侵财犯罪的嫌疑人通常更为狡猾，犯罪手段技术性相对较强，反侦查意识也强，所以在追查上述线索的过程中，很可能出现登记假身份信息、视频中遮掩体貌特征等情况，但是侦查人员不应放弃，而应抓住一切可利用的线索，详细追查。具体方法本书第 5 章有详述，本节从略。

（4）电话号码。几乎所有的网络诈骗案件都会涉及电话号码线索，而准确及时的电话号码线索可以为行动技术部门配侦工作带来依据。但是，从近两年发生的案件情况看，嫌疑人同样意识到了电话号码容易出现遗留问题，所以犯罪手段也逐渐从传统的固定电话、移动电话，转为目前常见的网络电话及特殊电信服务等。

近年来，以"推荐六合彩必中神码"、"推荐下周股市大黑马"、"恭喜您的电话号码被抽中为××活动的幸运号码"等内容，直接点对点通话的诈骗频繁出现。这些披着所谓"专家"、"神算"外衣的嫌疑人多使用网络电话。这是因为一方面多数电话（无论固话还是手机）都有来电显示功能，普通号码会被直接显示和记录下来，一旦案发，公安机关逆查之后，嫌疑人暴露无遗。而被害人看到来电前面三个"0"，便误以为是国际长途来电，这样即便在同一区域居住的嫌疑人，声称香港"六合彩公司退休专家"，也容易让被害人相信通话对方真在欧美或港澳地区。

网络电话用于诈骗的另一个途径是伪造来电号码，而伪造来电号码是通过一些特殊软件来实现的。目前多数电话都有来电显示功能，当被害人看到电话显示自己亲友的电话号码时，很容易放松警惕。嫌疑人正式利用这种自觉性信任来实施诈骗行为。如嫌疑人事先得知被害人父母、子女或配偶的电话，并通过该软件预先设定好需假冒的近亲属号码，之后拨通被害人电话，谎称该号码所有者突遇急病、车祸、欠债等，需要被害人尽快汇款到指定账户内。被害人受主叫号码可信的影响，便迅速汇款到嫌疑人控制的账户。个别案件中，嫌疑人为防止被害人回电核实，往往选择被害人考试、在地下室等接收不到信号或无法接听电话的时机，个别案件甚至有直接进行近距离无线电干扰等。

随着网络电话业务逐渐扩大，国家随之会加强对运营商经营行为的规范和管理，网络电话线索的追查也会趋于准确和简便。

国内多家通信运营公司先后推出了如"一号通"等虚拟号码服务，也很快被嫌疑人利用在网络诈骗案件中来。在利用网络购物交易、中奖、特殊服务等形式的诈骗案件中，嫌疑人为增加自身伪装身份信息的可信度，便公布一个固定电话（冒称公司电话、客服电话、经理电话、咨询电话等）。被害人打电话过去随时有人接听，好像是正规的办公或值班台席电话。事实上,嫌疑人是不可能整天守着一部电话,至少要防止一旦罪行败露,警察直接找上门来。于是,嫌疑人申请虚拟服务号码,看似固定电话(区号+电话号),实际上是预设好呼转号码,一旦被害人电话拨入,则自动转呼到嫌疑人的手机或小灵通上。

2008年之后出现的网络诈骗案件甚至使用了"400电话"。主叫方通过手机拨打400电话,免长途费,这在之前是一些大公司提供的服务,由公司来付费,通常由于客户访问量大,高额话费使得一些小公司难以承担。但是随着电信市场竞争的激烈,对特殊电话服务号码的审核也相对放宽,于是一些网络诈骗犯罪嫌疑人为伪装自己是一个正规的大公司而申请400号码的电话,实际上,由于其侵害对象实际访问量并不大,所以嫌疑人并不需要承担过高的话费成本,反而大幅度提高其欺诈行为的可信度。

"一号通"和"400"电话线索的调查思路是首先找到真正的机主,其余调查内容和方法与一般电话并无太大出入。

根据侦查获得的IP地址、电话通话记录、银行卡的资金流向等,都有可能指向嫌疑人的定位信息。而作为指证嫌疑人的最有力证据之一就是根据IP地址定位到的计算机系统。在获取嫌疑人主机后,应重点勘验的机内信息包括与被害人沟通所使用的即时通信软件账号及历史信息、电子邮件账号及历史信息;虚假网站脚本;网上银行登录信息(因各银行网银服务的多重安全机制不同,很可能在嫌疑人主机中无法查出登录的具体账号及操作过程,但银行服务器会保存其登录网银的IP/MAC地址,可与之对应);网络电话软件及历史呼叫信息等。因为网络诈骗案件的形式多样,而且发展迅速,侦查过程中应根据案情具体分析,从被害人提供的各类线索出发,在嫌疑人主机中寻找可与之同一认定的证据线索。

16.3 侦查工作要点

网络诈骗案件侦查工作中,个案中嫌疑人使用的犯罪手法、技术手段、网络环境等因素不尽相同。但是从侦查工作的角度而言,却比较相近。

1. 诈骗的行为过程

嫌疑人实施诈骗必先有一个谎称的理由,然后围绕这个理由虚构事实或隐瞒真相,使得被害人产生错误的认知,并在这个错误认知的基础上错误地支配自己的财产。那么提取固定嫌疑人的诈骗行为过程就是第一个侦查工作要点。

网络诈骗,必然是嫌疑人通过某种特定的信息传递渠道,向被害人传达诈骗信息,例如利用QQ留言、BLOG留言、电子邮件、BBS发帖、网页广告等方式,引诱被害人打开某链接访问某网站,真正诈骗的详细内容在该网站中。那么侦查人员首先要固定该历史信息传递内容、诈骗网站的页面内容,以证明诈骗事实的存在。

2. 获利过程

办案人员首先应详细询问被害人,被骗财物的转移时间、地点和使用设备,以及涉案财物自身的特征属性,比如电子资金的银行账户、虚拟财产的序列号等。其次根据时间设备调取对应的线索证据,同时根据涉案财物的特征属性,调查转移的路径和渠道。然后再追踪涉案财物每一次转移所遗留的数据痕迹信息,以及获利变现的最终环节。

其中涉及的资金账号开户信息、历史交易信息和使用情况尤其应该注意。

3. 犯罪手段分析

无论哪种形式是诈骗犯罪,网站、网络和电信通信技术都是嫌疑人必须使用的犯罪手段。那么对应的网站服务器地址、网站域名注册信息、网页的版面和文字信息、电子邮件用户信息和发信地址、网络即时通信工具的关联信息、固定电话或移动电话的关联信息、网络电话的溯源信息等,就成为侦查工作的重要内容。

4. 案件信息及时登记

就目前网络诈骗犯罪的特点看,常见一案涉及成百上千被害人的情况,也就是说,同一个(伙)嫌疑人,在一段时间内重复作案成百上千起。那么诸多被害人在各地报案的时候,受案民警应注意将案件信息及时登记到案件信息平台上,千万不要认为某被害人损失数额只有几百元而掉以轻心。实际工作中,常见单个被害人损失几十元,但是嫌疑人获利数百万元的情况。

将案件信息及时登记到系统平台,可以多地多案串并,线索互用,提高破案成功率。同时可以让上级机关及时掌握案件发展的态势和个案的关联信息,便于组织协调多地多警种协同破案。

16.4 其他问题

1. 网络传销与网络诈骗、非法经营的问题

早于1998年就已被国务院明令禁止的传销活动近年来在网上逐渐猖獗。网络传销的定性问题要从两种情况来考虑。

如果嫌疑人通过欺骗手段,以"拉人头"的方式建立传销网络。"拉人头"的过程通常是要求各自下线联络亲友、同学、同乡等,以待遇优厚的工作、收益较高的投资、网络加盟等为借口,骗被害人参与其团伙,之后以抵押金、入会费等借口要求对方缴纳费用,或要求参与者购买实际根本不存在,甚至是以网络虚拟账户、网络虚拟资源、会员权限等形式出现的所谓"资产"。在被害人投入资金后,为挽回损失,不得不再发展自己的下线。这类案件中,嫌疑人没有对经营产品的投入,主观上具有非法占有他人财产的目的,客观上实施了伪造实施隐瞒真相的欺诈行为,并导致被害人产生错误认知和错误处置个人资产,此种行为可按诈骗罪论处。轰动一时的"全球教育网"网络传销诈骗案、"中国爱心互助网"网络传销诈骗案都是以上情况。

如果嫌疑人以高额回报、高薪收入为诱饵,蛊惑他人参与其传销网络,以高价购买其低值产品以获得会员资格,并通过发展自己下线从中获利。其中可能涉及虚构公司性质、产品功效等,但因为参与者主观上了解其行为性质,如果组织人数众多,获利数额较大,可以非法经营罪论处。

2. 诈骗犯罪与经济纠纷

某些利用网上交易平台实施诈骗犯罪的嫌疑人为逃避打击,会采用"调包"的方式来

完成其欺诈交易过程。例如前面提到的"纯种古代牧羊犬"诈骗案,被害人通过网络与嫌疑人建立联络,因为价格昂贵,先后通过视频了解狗的形状,又请人代为实际考察,确认为优质种犬。于是预先交款,等待卖家办理空运。数日后收到的货物为一只普通黄狗,遂与卖家联络,卖家先是推诿,后干脆不再与买家联络。公安机关以涉嫌诈骗调查嫌疑人时,其辩称本人确有一只古代牧羊犬,因发货失误造成纠纷,愿意退赔买家损失,同时也发现在其住处饲养有一只古代牧羊犬。但是,侦查人员对其计算机调查时发现,该嫌疑人先后与多名买家完成交易,均要求对方先付一部分订金,而后发货。经进一步核实,多名被害人均收到普通黄狗。嫌疑人只有一只牧羊犬,但先后承诺卖与多人,骗取被害人钱款,具有明显的诈骗事实,故以诈骗罪论处。

此外,也有些交易中发生的经济纠纷,因买家无法达到自己退货或退款的目的,便以诈骗报案。调查中,如无欺诈事实,或所谓"货不对版"的价值差异不明显,应视为民事经济纠纷,公安机关应对报案人说明理由,不再介入深入调查。

3. 嫌疑人网上流窜的问题

某些网络诈骗犯罪嫌疑人在获取一笔交易货款后,迅速关闭其网上店铺,然后另行开张新店进行诈骗。或者在多个网上交易网站开设网店,实施诈骗。嫌疑人虽然在现实空间中没有明显的位移,但是在网络上却有明显的流窜特征。调查过程中,应注意被害人提供的嫌疑人的银行账号、联系电话、邮件账号、QQ 号码等线索的同一串并,以便快速高效地将嫌疑人的新身份识别出来。

小 结

本章详细介绍了目前网络诈骗案件的常见表现形式和嫌疑人惯用的犯罪手段。同时对于侦查工作中,关于线索分析方法、侦查工作要点,以及侦查工作中常见的法条引用、容易混淆的若干问题也做了介绍。注意从个案出发,勤于思考,将侦查思路和线索分析方法灵活拓展应用。新的网络应用在不断出现,任何一种被广大网络用户所熟悉的网络服务都可能被嫌疑人利用为新的犯罪手段,作为侦查人员应该及时收集信息,提高自己的网络熟悉程度以应对不断出现的新型犯罪。

思 考 题

1. 网络诈骗犯罪与传统诈骗犯罪的区别是什么?
2. 目前我国公安机关执法实践中常见的网络诈骗犯罪有哪些形式?
3. 微信作为新型的网络通信工具,它的特点有哪些?
4. 一个含有诈骗信息的网站,是否一定是非法网站?如何鉴别非法网站?
5. 假如网络诈骗犯罪案件嫌疑人被抓获,对其居住地的犯罪现场勘验检查工作的重点是什么?
6. 收集跨境网络和电信诈骗犯罪案件的案例信息,了解最新的打击犯罪工作形式。

第 17 章 网络色情案件侦查

网络色情犯罪主要是指利用互联网络以牟利为目的,制作、复制、贩卖、传播色情信息,或者虽不以牟利为直接目的,传播淫秽信息情节严重的行为,或者引诱、介绍卖淫等犯罪行为。

17.1 犯罪构成

按照我国刑法的规定,网络色情案件涉及的犯罪主要有以下几个条款。

(1) 刑法 363 条第 1 款,制作、复制、出版、贩卖、传播淫秽物品牟利罪:以牟利为目的,制作、复制、出版、贩卖、传播淫秽物品的,处三年以下有期徒刑、拘役或者管制,并处罚金;情节严重的,处三年以上十年以下有期徒刑,并处罚金;情节特别严重的,处十年以上有期徒刑或者无期徒刑,并处罚金或者没收财产。

所谓淫秽物品,指具体描绘性行为或者露骨宣扬色情的诲淫性书刊、影片、录像带、图片及其他淫秽物品。其他淫秽物品,包括具体描绘性行为或者露骨宣扬色情的诲淫性的视频文件、音频文件、电子刊物、图片、文章、短信息等互联网、移动通信终端电子信息和声讯台语音信息。

(2) 刑法 364 条第 1 款,传播淫秽物品罪:传播淫秽的书刊、影片、音像、图片或者其他淫秽物品,情节严重的,处两年以下有期徒刑、拘役或者管制。

(3) 刑法 365 条,组织淫秽表演罪:组织进行淫秽表演的,处三年以下有期徒刑、拘役或者管制,并处罚金;情节严重的,处三年以上十年以下有期徒刑,并处罚金。

(4) 刑法 358 条,组织卖淫罪;强迫卖淫罪;协助组织卖淫罪:组织他人卖淫或者强迫他人卖淫的,处五年以上十年以下有期徒刑,并处罚金;组织他人卖淫,情节严重的,处十年以上有期徒刑或者无期徒刑,并处罚金或者没收财产。

(5) 刑法 359 条,引诱、容留、介绍卖淫罪:引诱、容留、介绍他人卖淫的,处五年以下有期徒刑、拘役或者管制,并处罚金;情节严重的,处五年以上有期徒刑,并处罚金。

除此之外,办理网络色情案件还有《治安管理处罚法》中的相关规定、最高人民法院、最高人民检察院《关于办理利用互联网、移动通信终端、声讯台制作、复制、出版、贩卖、传播淫秽电子信息刑事案件具体应用法律若干问题的解释》(一)、《关于办理利用互联网、移动通信终端、声讯台制作、复制、出版、贩卖、传播淫秽电子信息刑事案件具体应用法律若干问题的解释》(二)、全国人大常委会《关于维护互联网安全的决定》等相关规定。

网络色情案件主要涉及以下几个方面的犯罪:制作、复制、出版、贩卖、传播淫秽物品牟利罪;传播淫秽物品罪;组织淫秽表演罪;组织、强迫卖淫罪;引诱、容留、介绍卖淫罪。

17.1.1 犯罪主体

犯罪主体可以是一般单位或个人,绝大部分是一般主体犯罪。
一般主体是指年满16周岁且具有刑事责任能力的自然人。

17.1.2 犯罪主观方面

犯罪主观方面为故意,传播淫秽物品牟利案还具有牟利目的。

17.1.3 犯罪客体

犯罪侵犯的客体是国家对文化市场的管理秩序、网络内容的管理和社会善良的道德风尚。犯罪对象为淫秽物品。

17.1.4 犯罪客观方面

犯罪客观方面表现为传播淫秽物品的行为,即通过计算机网络、手机网络为媒介和渠道,通过网站、网页、个人空间、博客、即时通信软件、视频聊天软件、手机WPA、手机多媒体短信等传播手段,传播淫秽的图片、电影、小说、视频表演,以及招嫖与招妓信息等色情淫秽内容,并以此牟利或变相牟利。

17.2 常见案件表现形式及线索

近年来,全国公安机关加大了网络淫秽色情打击力度,并进行了多次打击整治网络淫秽色情专项行动,相继破获了一批淫秽色情案件,取得了较好的效果。但通过网络传播淫秽色情物品,成本低、收益高、风险小,蕴藏着巨大的利益和商机,导致各类色情网站仍不断出现,犯罪形式和手段不断变化,网络色情犯罪愈演愈烈。

犯罪嫌疑人为了获取高额利益,逃避公安机关对色情网站的屏蔽和封堵,往往使用独立服务器,租用较大带宽提供服务,或在多地使用多个镜像服务器,以保证其用户浏览顺畅,或将网站服务器设立在境外,事先申请多个域名,并不断更新域名,或网站只建立简单的页面,全部内容使用外链的方式等,给公安机关打击网络色情犯罪带来了很大的困难。

17.2.1 常见案件的表现形式

网络色情案件中,嫌疑人的作案动机是不同的。初期阶段,嫌疑人是为了自娱自乐而进行犯罪活动的,还有网站或论坛为了提高点击率和高流量,故意上传淫秽信息。到后来发展为为了牟利创建色情网站,大肆进行犯罪活动。近年来,广告联盟这个幕后推手更加加速了淫秽信息的传播。网络色情案件常见的表现形式有以下几种。

1. 传播图片、文字、电影、视频、小说等淫秽色情信息

(1)一般早期出现的犯罪形式是通过Web方式贴图、提供电影及小说下载。嫌疑人将淫秽信息上传到网站服务器,提供浏览和下载服务。图片和小说可以直接浏览,而电影视频下载,则通过 FTP 或 BT 形式实现。

(2) 采取创立色情论坛的方式提供图片、视频及小说的浏览、观看和下载。

由于 BBS 论坛的特性,上传信息具有很大的隐蔽性。为逃避公安机关的打击,嫌疑人往往在论坛上以不同的网络身份上传更新信息。

(3) 在博客、QQ 空间等其他网页空间上,提供图片、小说、视频等淫秽色情信息。

(4) 建立专门的视频网站,提供电影、视频的下载或在线播放。

嫌疑人建立专门的视频网站,提供大量的流媒体压缩视频文件,实现下载或在线观看。用户可以通过网站提供的相应软件下载,也可以使用 Flash Player 等软件实现在线播放观看。

(5) 创建色情网站,通过会员加入的方式赚取会员费等费用。

犯罪嫌疑人为了更好地利用网络色情牟取暴利,往往成立所谓的"会员区"。网站只对特定的人员开放,那些只有通过其验证并交纳了入会费的人才能成为其会员,只有会员才能浏览其色情内容或在线交流色情资料等。交纳的费用不同,会员的等级也会不同,享受的服务也不一样。

2. 淫秽色情视频表演

嫌疑人秘密组织淫秽视频表演者,通过网络聊天室、QQ、都秀等视频群聊软件或建立专门的淫秽视频网站进行一对一或一对多的色情表演。组织者或管理员招揽表演者,安排时间、地点、人员、场次等。视频表演者提供色情表演赚取表演费用,观看者通过网络视频直接在线观看现场色情表演。观看者一般要注册成会员并交纳费用后才可观看,观看淫秽色情内容随着交纳费用的不同标准而有所不同。

3. 传播色情广告

广告商在淫秽色情网站发布色情广告,利用色情网站的高点击率提高广告效果。同时,色情网站通过发布色情广告招揽顾客,赚取广告点击费用。这种表现形式并不直接收取顾客的费用,但由于增加了单击广告的次数,间接赚取了广告的费用。

近年来,广告联盟的建立,为淫秽色情信息的传播起到了极大的推动作用。广告联盟就是在网络上经营、投放广告的广告公司或中介机构,上家是广告商,下家是各大网站,专门为淫秽色情网站提供性用品等色情广告链接服务,和淫秽色情网站一起赚取广告费用,结成利益同盟。通过单击广告链接就可以进行会员注册,或会员单击广告链接可直接进入淫秽色情网页。

4. 传播色情游戏

淫秽游戏传播是近年来网络色情活动的一个新动向。大部分游戏软件在下载前需先购买此网站出售的点数卡,网站根据游戏下载次数扣除相应的点数牟利。游戏网站还在网页上介绍游戏的安装和使用方法,提供在线 Flash 游戏和游戏下载服务,有的还有链接并下载含有淫秽色情内容的境外色情游戏。淫秽色情游戏相对它的受众面比较小,使用者比较单一,大部分都是热爱游戏的青少年,他们的自控能力比较弱,容易沉溺于色情网络游戏中,对青少年的身心伤害是非常大的。

5. 提供卖淫嫖娼交流信息，组织聚众淫乱活动

嫌疑人利用网站、聊天室、BBS、QQ 群等网上虚拟的交流场所，进行有关招嫖、卖淫信息的发布和交流，或进行拉客、引诱或介绍卖淫，组织有关的卖淫嫖娼和聚众淫乱活动。

17.2.2 常见网络色情案件的线索形式

网络色情案件的来源通常是网警的日常监控工作发现的，或是网上群众举报，或是其他部门移送过来的案件。

淫秽色情网站一旦被发现，首先得知的便是网站的域名信息。通过浏览网站，还可以得到如下线索：网站搭载的广告及其链接所对应的网站信息；会员注册流程线索；会员交费银行账号；会员在线交费的方式；会员收费标准；网站在线客服的联系方式；网站站长、维护人员等的联系方式；网站访问人数计数器或流量计数器；卖淫小姐的个人信息和联系方式；实时的淫秽色情视频表演等线索。通过对这些线索的进一步调查，可以定位到具体的犯罪嫌疑人。

17.3 侦查途径的选择

虽然网络色情案件的表现形式是多种多样的，但发现案件时，获取的线索不外乎综上所述的网站域名信息等。侦查人员首先就要对涉案服务器设立的物理位置是国内还是国外、涉案网站的框架结构等进行初查，确定下一步侦查的方向。对获取的线索进行进一步的侦查和分析，掌握网站的整个组织体系结构，对服务器在境外的色情网站，要对国内的网站管理员、版主等可控目标进行调查，掌握网站的管理维护体系。同时，要及时固定证据，并对犯罪现场进行现场勘查和现场访问，定位犯罪嫌疑人。

17.3.1 对网站域名线索的分析和调查

通过对网站域名线索的分析和调查，可进一步获得该网站的 IP 地址、域名注册信息、网站服务器所在的地理位置、托管商信息、网站发布的备用域名、备用服务器信息等。

对网站的域名注册信息进行分析，可以获得网站建立、维护人员等的联系方式等，从而定位具体的嫌疑人。网站的服务器地理位置在国内，也可以从网络服务提供商那里调查具体的注册人的信息。如果网站服务器为服务器托管或租用虚拟主机，可以到网络服务提供商处，调查其缴费的各种汇款方式，调查其汇款地址、汇款账号、银行开户身份证号等线索；对网站服务器日志进行调查分析，获取嫌疑网站维护人的联系方式、嫌疑人的 IP 地址等信息，从而定位到具体的嫌疑人。

但大多数网站服务器设立在国外，公安机关无法直接查处服务器托管商。但目前境外服务器的国内代理商却很多，犯罪嫌疑人有可能从代理商网站那里注册并租用国外的主机或服务器空间。通过对境外服务器的国内代理商处进行调查，可以得知注册人的个人信息和电话、邮箱等联系方式，从而定位到国内的嫌疑人。

很多色情网站为逃避打击，租用境外服务器，并且事先购买多个域名，经常更换域名，以逃避公安部门的打击。当网站被公安部门屏蔽后,会跳转到另外的域名地址上。这为公安机关打击淫秽色情网络带来了很大的难处。因此,应建立境外接入服务资质审查制度并及时备案,重点整顿境外服务器的国内代理商。同时,对该网站发布的广告、链接所对应的网站与服务器信息等线索也要进一步调查,力争获得更多的信息,找到境内可控制目标。

对于侦查中的涉案网站要及时固定页面信息,以防止因嫌疑人更新、因域名失效导致网站被动关闭、其他单位对于该网站的屏蔽等情况造成的证据缺失。

17.3.2　对注册流程线索的分析和调查

淫秽色情网站通常要求用户注册成为会员,交费后才能观看或浏览网站淫秽内容。一般在网站页面上会有注册的方法和流程。提交注册信息后,可直接成为会员,或通过邮件、手机获取等方式获取密码才可注册成功。在注册页面,还会有会员收费标准、汇款账号等信息。因此,注册过程信息既可证明嫌疑人传播淫秽物品牟利的行为,也是证明其收费牟利的重要证据。

17.3.3　对交费银行账号线索的分析和调查

以牟利为目的的传播淫秽物品案件,收费的银行账号线索是非常重要的线索和证据。通过对网站的网页上留下的涉案账户进行调查,可得知开卡人的身份信息及签名和交易明细,获得登录网银的 IP 地址、提款设备的物理地址、牟利金额、汇入款项的次数等信息。通过对汇入款项的次数线索可分析出注册会员的人数。此外,还可能有使用涉案账户的消费、缴费等中间业务信息。对有转账或是网上消费的记录,从中可以发现转账账号、消费地点、接受购买商品的地点、银行取款录像等有价值的线索。

这些扩展出的线索要注意保存,它不仅有利于查清犯罪事实、定位嫌疑人,更是重要的诉讼证据。

17.3.4　对第三方支付平台交易线索的分析和调查

目前大多数色情网站都在通过支付宝、深圳 NPS、快钱、云网、贝宝、易宝等第三方支付平台收取会员资金,而这些支付方式也成为色情网站非法牟利的重要渠道。有的第三方平台明知他人建设淫秽色情网站仍为其提供支付服务,并从交易付费中抽取高额提成。

用户访问淫秽网站,需单击网站上的在线支付图标,链接到"在线支付"页面后,用网上银行、支付宝等第三方支付平台、手机等支付后就能观看网站淫秽内容。对于在线支付的情况,不能直接得到涉案账号线索。可对嫌疑人进行讯问,获得该网站的第三方支付平台的登录账号、密码等信息,进入第三方支付平台页面,可查看涉案账号和交易历史记录。或通过对该网站提供在线支付平台的网站或公司进行调查,可获得该网站在线支付的涉案账号、交易明细等,从而获得注册会员的信息、注册次数、交易金额等。

对于手机支付平台进行在线支付的,是从手机话费中扣除支付费用。在这种情况下,可到与该网站签署了在线支付服务协议的电信运营商处进行进一步调查。

目前,有些第三方支付平台与犯罪分子结成利益联盟,只管资金流向,不管淫秽内容,对第三方支付平台监管不够,这给公安机关侦查带来了很大的困难。

对第三方在线支付的线索要注意保存,作为重要的诉讼证据。

17.3.5　对站长、管理员、版主等联系方式线索的分析和调查

浏览淫秽色情网站,一般在"联系我们"、"客户服务"等链接的网页上会提供站长、版主、管理员等联系方式,或一些网上在线客服的联系方式,便于为用户提供咨询、帮助等。联系方式通常为电话、QQ、MSN、E-mail等。

虽然大多数色情网站服务器在境外,但网站的管理员、版主等一般在国内,负责网站内容的更新及日常维护。通过该线索,侦查人员可能获得其IP地址及其他定位信息,并通过网络身份寻找其活动踪迹。对这些线索要注意保存,作为诉讼证据。

有些网站的管理员和版主只负责网站和会员的管理,从不在网上发帖或上传色情信息,也可通过管理员的上网日志、网站的会员管理记录、IP地址等证据证明其犯罪事实,这是重要的诉讼证据,要注意保存。

17.3.6　对点击率与流量计数线索的分析和调查

很多色情网站为了扩大网站知名度,或为了增加广告的收益,通常通过获取高点击率和高流量的方法实现。一般网站会设置访问计数器或网络流量计数服务,如站长统计、链接统计、跟帖数、回帖数等。对此类信息加以提取和固定,可以证明淫秽信息传播的人次。

17.3.7　对淫秽色情视频表演线索的分析和调查

近年来出现了新型的网络色情犯罪形式,就是网络视频色情表演或裸聊,表演内容是证明其犯罪事实的重要证据。发现这类实时线索必须及时通过屏幕录像等方式予以固定,避免表演结束表演内容证据消失。同时,通过视频表演者所在的网络聊天室、QQ等在线线索,可以直接定位到表演者所在的物理位置,定位到具体的淫秽色情表演者。

17.3.8　对卖淫嫖娼信息线索的分析和调查

在色情网站上发布的卖淫嫖娼信息中,通常含有卖淫者的服务内容、服务态度、服务项目、服务水平、收费价格和联系方式,嫖客需要提供的服务要求、联系方式等。有时还会有对色情场所提供的优质服务的感受、对卖淫者的评价等反馈信息。组织者还为卖淫者和嫖客搭线,从中赚取介绍费。

对于这类线索的调查,可通过双方的联系方式找到双方当事人,核对口供后,如果满足三人次或以上时,可构成对网站组织介绍卖淫的重要证据。但当事人在事后一般会否认其性交易行为,给侦查工作带来了很大的难度。因此,在对双方当事人的询问、讯问的过程中,要注意策略,以达到预期目的。

17.3.9　对网站服务器的现场勘查要点

如果被调查的计算机为网站服务器,要提取更新网站的日志记录、会员访问网站的日志记录。对服务器调查时,要注意时间采用的是国际时间标准,还是北京时间标准,其时

间与标准时间的差异是多少等问题。

(1) 对获取的网站服务器内信息进行勘验,提取相应的痕迹物证,主要有以下几个方面。

① 色情网站脚本文件和素材文件(图片、电影、视频、小说等)。

② 淫秽色情的文字、图片、视频、电影等及数量。

③ 与注册会员沟通所使用的即时通信软件账号、电子邮件账号及历史信息;注册会员的联系方式;会员收费与银行账号管理的电子文档或数据库;查找注册会员数量,用以断定传播数量。

④ 与小姐联系所使用的即时通信软件账号、电子邮件账号及历史信息;小姐的联系方式;小姐支付金额与银行账号管理的电子文档或数据库;小姐的数量。

⑤ 与网站其他管理员、版主等人沟通所使用的即时通信软件账号、电子邮件账号及历史信息;网站其他管理员、版主等人联系方式;银行转账账号管理的电子文档或数据库等。

⑥ 网上银行登录信息、网上第三方支付平台登录信息及相应的交易明细,能够得出网站牟利资金及流动的情况(如果无法查出网银登录的具体账号及操作过程,可调查在银行主机中保存的其登录的 IP/MAC 地址)。

(2) 在对淫秽色情网站服务器现场勘查时,要注意网站内容的存储方式。

一般网站有关淫秽的图片、视频直接存储在网站所在的服务器上,用户浏览网站时直接能够浏览观看到这些内容。有的网站其页面上的全部或部分淫秽色情内容并不是直接存储在网站的服务器上,而是通过提供指向其他网站服务器上淫秽内容的链接,将其他色情网站上的图片、视频等显示在其自己的网站页面上供网民浏览观看,或网民单击这些链接就会跳转到相关的淫秽网站。对后者的存储方式,要注意记录它的链接数。

(3) 如果嫌疑网站采用服务器托管或租用虚拟主机的方式,犯罪嫌疑人需要经常更新其网站的内容,对网站进行日常的维护,网站服务器的更新日志会记录其登录的信息,通过日志文件中记录的登录 IP 和时间能定位到犯罪嫌疑人的具体地理位置,从而找到犯罪嫌疑人。

(4) 对于网站服务器在境外的情况,通过远程现场勘查来提取、固定证据。通常通过抓屏、录像等方式获取网站公开信息。由于网站内部等级严格、组织严密,正常情况下无法获取其犯罪行为的过程和细节,侦查人员可通过付费成为会员的方式深入到网站内部,并进行远程勘验取证,获取犯罪线索和证据。

17.3.10 对犯罪嫌疑人计算机的现场勘查要点

通过各种线索的 IP 定位到具体的地理位置、通过 ATM 银行卡取款、通过询问或讯问涉案相关人员确定犯罪嫌疑人的居住地、住所等几个方面确定并抓捕犯罪嫌疑人。

如果嫌疑网站采用服务器托管或租用虚拟主机的方式,通过网站服务器日志文件中记录的登录 IP 和时间,能定位到犯罪嫌疑人的具体地理位置,从而找到犯罪嫌疑人。通过 IP 地址定位到具体的嫌疑人的计算机系统,是指证犯罪嫌疑人最有力的证据之一。对获取的嫌疑人计算机机内信息进行勘验,提取相应的痕迹物证,除与上述网站服务器内信息进行现场勘验的内容相同外,还有以下几个方面。

(1) 色情网站脚本文件和素材文件(图片、电影、视频、小说等)及相应的制作工具;

(2) 上传网站文件到服务器的工具及痕迹,以及历史记录;

(3) 上传淫秽色情的文字、图片、视频、电影等及数量。

对犯罪嫌疑人的计算机进行现场勘查时,还要扣押犯罪嫌疑人的计算机等作案工具,包括主机、笔记本、硬盘、银行卡、U盘、光盘、假身份证、其他淫秽色情资料等,并冻结其相关银行账户。

在以上的线索分析和现场勘查基础上,进一步制定侦查计划,对相关人员进行调查访问,询问讯问相关人员,对案件的人员组织体系、资金链等方面的线索进一步调查取证,对色情网络域名空间的服务提供商、第三方在线支付平台公司、银行卡的开户及ATM取款、网上银行的开户及使用、涉案人员之间的联系(QQ、E-mail、电话等)等方面的线索进行综合分析,确定并定位到具体的犯罪嫌疑人。

综上所述,网络色情案件的形式多种多样,而且新的犯罪方式和犯罪手段不断变化,侦查人员在侦查过程中应具体案情具体分析,从掌握的各类线索出发,在嫌疑人主机中寻找可与之同一认定的证据线索。

目前,多数色情网站的服务器设在国外,由于各国对网络色情案件立案的法律规定都有所不同,国际间司法协作的不是很好,公安机关无法直接查处境外服务器托管商。但色情网站通常是简体中文网站,面向国内网民提供色情信息服务,可将侦查目标和重点放在国内可控目标等进行调查,如国内常用的网络联系方式、国内银行账户信息、国内网站维护人员的网站更新痕迹等,以此为突破口定位犯罪嫌疑人,侦破案件。

17.4 侦查工作要点

对网络色情案件的以上各类线索的调查分析和现场勘查取证,摸清了涉案网站服务器的地理位置、组织管理体系、基本框架、盈利模式、付款渠道等情况,同时为案件定性,确定案件的性质为传播淫秽物品(牟利)案,或组织淫秽色情表演案,或组织介绍卖淫案等。不同性质的网络色情案件的立案标准和证据要点是不同的,淫秽色情内容比较多,形式也多样,因此对于案件的准确定性十分必要。在17.2节证据要点中,对各种色情犯罪的定罪标准及证据要点进行了阐述,传播淫秽物品牟利犯罪的证据要点主要包括传播淫秽物品的数量、传播人次的数量、实际链接及点击量、牟利的金额、嫌疑人的认定等几方面内容,组织介绍卖淫犯罪的还涉及促成性交易的人次等。对犯罪嫌疑人的讯问要围绕其实施犯罪行为过程,以及以上的犯罪证据要点来进行。

17.4.1 传播淫秽物品牟利罪的数额认定

1. 传播淫秽物品牟利罪的数额认定

以牟利为目的,利用互联网,通过网站、聊天室、论坛、即时通信软件、电子邮件等,以及移动通信终端制作、复制、出版、贩卖、传播淫秽电子信息,涉嫌制作、复制、出版、贩卖、传播淫秽物品牟利罪的定罪标准：制作、复制、出版、贩卖、传播淫秽电影、表演、动画等视频文件二十个以上的；音频文件一百个以上的；淫秽电子刊物、图片、文章、短信息等两百件以上的；制作、复制、出版、贩卖、传播的淫秽电子信息，实际点击量达到一万次以上的；以会员制方式出版、贩卖、传播淫秽电子信息，注册会员达两百人以上的；利用淫秽电子信息收取广告费、会员注册费或者其他费用，违法所得一万元以上的。以及数量或者数额虽未达到上述各项规定标准，但分别达到其中两项以上标准一半以上的。

传播淫秽物品罪的定罪标准：达到前罪传播淫秽物品数量及传播人次标准两倍以上，或分别达到两项及两项以上标准的。达到前述两罪数额标准5倍以上的，视为"情节严重"，25倍以上的，视为"情节特别严重"。

若制作、复制、出版、贩卖、传播内容含有不满14周岁未成年人的淫秽电子信息的，涉嫌制作、复制、出版、贩卖、传播淫秽物品罪或牟利罪的定罪标准为上述标准中数量或数额的一半。

2. 关于传播数额认定的注意事项

对传播淫秽物品罪的侦查，要从传播淫秽物品的数量、实际点击量、注册会员人数等方面进行调查取证；对于传播淫秽物品牟利罪的，还要调查其收取的广告费、会员注册费等牟利金额的数额。

其中，淫秽电影视频文件的数量原则上与文件数对应，但对于将一部电影分割成多个部分并形成独立文件上传，因其文件内容相互联系，应视为一个电影文件。对系列电影分集播放的，则应对应其集数。

对于使用外部链接的方式传播淫秽物品的，其数量标准根据所链接的淫秽电子信息的种类计算。对于链接到其他网站的，一般只确定直接链接。对于实际点击量，可根据网站计数器的实际点击率来确定。

17.4.2 利用网络进行淫秽视频表演案件的犯罪认定

近年来，利用网络进行淫秽视频表演是网络色情传播的一个新形式。在这种色情活动中，通常由站长、管理员、表演者、会员等人组成。站长负责招募表演者，利用视频聊天室向收费会员提供色情表演服务。管理员根据节目时刻表或观众要求，安排表演者出场时间和顺序及内容。表演者可以根据观众的要求，进行淫秽视频表演。会员通过交纳会员费和购买"点数"来观看色情表演或进行视频色情聊天。

办理此类案件时，视频表演者根据观众点播数量及表演时间取得组织者付给的酬金，按照最高人民法院、最高人民检察院《关于办理利用互联网、移动通信终端、声讯台制作、复制、出版、贩卖、传播淫秽电子信息刑事案件具体应用法律若干问题的解释》（一）中第一条第一款"制作、复制、出版、贩卖、传播淫秽电影、表演、动画等视频文件二十个以上的……"，通常以传播淫秽物品牟利罪定罪。网站的站长、管理员多数也是想通过淫秽视频表演获取非法经济利益，其行为性质与视频表演者一样，以传播淫秽物品牟利罪定罪。同时，聊天室的管理员在案件中又组织他人当众进行淫秽色情表演，起到了组织淫秽表演的作用，应以组织淫秽表演罪定罪处罚。管理员的两种罪名均应成立，但按照最高人民法院、最高人民检察院《关于办理利用互联网、移动通信终端、声讯台制作、复制、出版、贩卖、传播淫秽电子信息刑事案件具体应用法律若干问题的解释》中"重罪"的规定,同时具有数种行为的,也只构成一罪而不是数罪。对于情节严重的嫌疑人多适用传播淫秽物品牟利罪/传播淫秽物品罪罪名。而对于部分案件中,证据表象尚未构成传播淫秽物品犯罪的嫌疑人,可适用组织淫秽表演罪。

17.4.3　关于网络色情案件中共同犯罪的认定

近年来的网络色情案件中,常见共同犯罪的问题,犯罪人员都是以相同的犯罪故意为前提。常见有以下几种共同犯罪的情况。

(1) 在利用网络进行淫秽视频表演案件中,常见站长、管理员、视频表演者构成共同犯罪。

(2) 明知他人制作、复制、出版、贩卖、传播的是淫秽电子信息,允许或者放任他人在自己所有、管理的网站或者网页上发布,网站建立者、直接负责的管理者与淫秽信息的发布者共同构成传播淫秽物品罪的共同犯罪。

(3) 明知是淫秽网站,还为淫秽网站提供互联网接入、服务器托管、网络存储空间、通信传输通道、代收费等服务的,直接负责的主管人员和其他直接责任人员构成共同犯罪。

(4) 明知是淫秽网站,通过投放广告等方式向其直接或者间接提供资金或费用结算服务的,对直接负责的主管人员和其他直接责任人员,以制作、复制、出版、贩卖、传播淫秽物品牟利罪的共同犯罪处罚。

17.4.4　关于儿童色情犯罪的认定

世界各国对儿童色情犯罪几乎都是禁止的,我国对儿童色情犯罪在法律上更是进行了严格规定。在2010年的最高人民法院、最高人民检察院《关于办理利用互联网、移动通信终端、声讯台制作、复制、出版、贩卖、传播淫秽电子信息刑事案件具体应用法律若干问题的解释》(二)第一条第二款中,特意说明了"若制作、复制、出版、贩卖、传播内容含有不满14周岁未成年人的淫秽电子信息……",传播淫秽电子信息的数量和数额等都只有成年人的一半就可定罪,且性质严重程度的认定数额也只有成年人规定的一半。因此,儿童色情犯罪的性质非常恶劣,性质也非常严重。

淫秽色情网站上的儿童色情内容,通常包括大量暴露儿童生殖器、展示儿童与成人发生性行为以及儿童接受捆绑、鞭打等行为的图片和视频,儿童色情图片,交流强奸猥亵幼女的作案手法等。

17.4.5　对涉案人员的询问、讯问要点

1. 网站建立者、直接负责的管理者

(1) 网站建立者、直接负责的管理者的犯罪认定。

明知他人制作、复制、出版、贩卖、传播的是淫秽电子信息,允许或者放任他人在自己所有、管理的网站或者网页上发布,传播数量或者数额达到一定标准的(按照《关于办理利用互联网、移动通信终端、声讯台制作、复制、出版、贩卖、传播淫秽电子信息刑事案件具体

应用法律若干问题的解释》规定),对网站建立者、直接负责的管理者以传播淫秽物品罪或传播淫秽物品罪牟利罪(以牟利为目的)定罪处罚。

(2) 对网站建立者、直接负责的管理者的询问、讯问要点。

对网站建立者、直接负责的管理者的询问、讯问,主要包括以下几个方面。

① 网站怎样建立的:主要包括怎样注册申请网站域名及网站空间、如何维护网站等。

② 网站怎样收费的:主要包括收费的方式,是银行卡、手机、网上银行还是第三方支付等。

③ 注册会员的情况:主要包括注册会员的方法、注册人数、会员收费的金额等。

④ 网站淫秽物品的数量、网站的实际链接数及点击量等。

⑤ 网站服务器的权限、管理员的登录记录、网站的管理体系及主要成员、网站经营的资金链等信息。

2. 电信业务经营者、互联网信息服务提供者

(1) 电信业务经营者、互联网信息服务提供者的犯罪认定。

为5个以上淫秽网站提供互联网接入、服务器托管、网络存储空间、通信传输通道、代收费等服务,或收取服务费数额在两万元以上的,或为淫秽网站提供代收费服务,收取服务费数额在五万元以上的,或造成严重后果的,对直接负责的主管人员和其他直接责任人员,以传播淫秽物品牟利罪定罪处罚。

(2) 对电信业务经营者、互联网信息服务提供者的询问、讯问要点。

在这种情况下,要对电信业务经营者(移动、电信等部门)、提供域名空间的网络服务提供商进行调查,讯问的主要内容如下。

① 淫秽色情网站注册申请服务的情况;

② 对淫秽色情网站服务收费的情况:包括收费的方式、收费的金额等;

③ 为色情网站提供服务的网站数目。

3. 投放广告者

(1) 投放广告者的犯罪认定。

投放广告者明知是淫秽网站,向十个以上淫秽网站投放广告或者以其他方式提供资金的,或向淫秽网站投放广告二十条以上的,或向十个以上淫秽网站提供费用结算服务的,或以投放广告或者其他方式向淫秽网站提供资金数额在五万元以上的,或为淫秽网站提供费用结算服务,收取服务费数额在两万元以上的,或造成严重后果的,对直接负责的主管人员和其他直接责任人员,以制作、复制、出版、贩卖、传播淫秽物品牟利罪的共同犯罪处罚。

(2) 对投放广告者的询问、讯问要点。

在这种情况下,要对广告商向淫秽色情网站投放广告的数目、提供资金和收取服务费的金额等进行调查,询问讯问的主要内容如下。

① 与淫秽色情网站签署服务协议的情况;

② 投放广告的淫秽色情网站的数目,向每个淫秽色情网站投放广告的数目;

③ 为淫秽色情网站提供资金的方式、数额等；

④ 为淫秽色情网站提供费用结算服务的情况：包括费用结算资金的方式、数额等。

4. 组织淫秽表演者

（1）组织淫秽表演者的犯罪认定。

组织他人当众进行淫秽色情表演，以组织淫秽表演罪定罪处罚。情节严重是指多次地、经常地组织淫秽表演，或虽然次数不多，但被传播的对象人数众多，造成严重后果的。

（2）对组织淫秽表演者的询问、讯问要点。

在这种情况下，要对安排表演人员、时间、场次、传播的对象人数等内容进行调查，弄清组织淫秽表演者组织淫秽表演的次数。对组织淫秽表演者的询问、讯问要点如下。

① 与淫秽表演者的关系、联系方式、联系内容等情况；

② 组织淫秽表演者表演的人员、时间、场次；

③ 观看淫秽色情表演的人数情况；

④ 为淫秽表演者付款的方式、金额等情况；

⑤ 收取观看表演者的付费方式、金额等情况。

5. 淫秽视频表演者

（1）淫秽视频表演者的犯罪认定。

淫秽视频表演者根据观众的要求进行淫秽视频表演，根据观众点播数量及表演时间取得组织者付给的酬金，按照《关于办理利用互联网、移动通信终端、声讯台制作、复制、出版、贩卖、传播淫秽电子信息刑事案件具体应用法律若干问题的解释》（一）中第一条第一款"……制作、复制、出版、贩卖、传播淫秽电影、表演、动画等视频文件二十个以上的……"规定，通常涉嫌传播淫秽物品牟利罪。

（2）对淫秽视频表演者的询问、讯问要点。

在这种情况下，要对淫秽视频者表演的时间、实时的表演内容、表演的次数、获取的表演费用等进行调查取证，询问、讯问要点如下。

① 与组织淫秽表演者的关系、联系方式、联系内容等情况；

② 与观看淫秽色情表演者的关系、联系方式、联系内容等情况；

③ 淫秽表演者实时表演的时间、内容、场次等情况；

④ 观看淫秽色情表演的人员、人数情况；

⑤ 收取表演费用的方式、金额等情况；

⑥ 对观看淫秽色情表演的人员进行询问，核实观看淫秽表演的时间、表演人员、与表演者的联系方式和联系内容、付费方式和金额等。

6. 群组的建立者、管理者和主要传播者

（1）群组的建立者、管理者和主要传播者的犯罪认定。

利用互联网建立主要用于传播淫秽电子信息的群组，成员达30人以上或者造成严重后果的，对建立者、管理者和主要传播者，以传播淫秽物品罪定罪处罚。

传播淫秽电子信息的群组一般是为了传播淫秽电子信息的目的而设立，或者设立后主要用于传播淫秽电子信息，加入该群组的人一般也具有主动获取淫秽信息并与他人交

流分享的目的,还需要通过该群组管理员的验证通过,取得群组资格。该群组主要以传播和交流淫秽图片、语音、视频、文字等淫秽色情内容为主。淫秽色情群组的危害在于群组成员之间互相交流犯罪经验,继而实施强奸、猥亵等犯罪行为,引发恶性案件,极大地影响了社会的稳定。目前,已经发现一些以未满14周岁未成年人的淫秽信息为主要内容的群组。不法分子通过这些群组获取和交换淫秽图片,交流奸淫猥亵幼童的经验,刺激更多的人在现实社会中实施奸淫猥亵幼童的行为,对未成年人造成了严重的侵害。

(2)对群组的建立者、管理者和主要传播者的询问、讯问要点。

对这类犯罪的侦查可以从申请加入该群组的留言、历史聊天记录、群共享空间内的淫秽电子文档、群组内通告等方面调查取证淫秽色情信息,以证明该群组的建立主要用于传播淫秽电子信息。同时,对该群组的成员数也要进行调查取证。对群组的建立者、管理者和主要传播者的询问、讯问要点如下。

① 对群组的建立者、管理者讯问该群的成员人数、人员情况;
② 该群传播的电子信息情况,主要包括传播淫秽色情信息的人员、内容、数量等。

7. 组织卖淫者

对于通过网络组织卖淫者,如果其组织卖淫次数为三人次或以上时,可构成对网站组织介绍卖淫的重要证据。可通过其联系方式找到双方当事人,核对口供。在调查此类案件的当事人时,当事人在事后很可能矢口否认其性交易行为,在询问、讯问的过程中,要注意策略,以达到预期目的。

17.5 典型案件剖析

2005年6月,某市公安局办理了一起网络色情案件,嫌疑人涉嫌以牟利为目的的传播淫秽物品罪。

17.5.1 案件简介

案情源于群众举报。2005年6月,某市公安局接到群众举报,该市一所医院的网站竟变成了一个色情网站的主页,网上有大量色情图片,还有许多淫秽电影可以下载。

接到举报后,公安部门马上展开调查,发现这个淫秽网站名叫"情色六月天",网站服务器设在境外,所使用的域名、IP地址频繁变换。这个网站规模庞大,涉及的会员达到二十多万人,下设影视区、综艺区和破解区,各区分设不同版块,拥有大量原创淫秽作品、色情文章、色情图片、色情影片及其下载,并提供其他淫秽色情网站的链接。

网站内部等级严格、组织严密,成金字塔形,自上而下分为后台老板、论坛管理员、超级版主、版主、注册会员5级,注册会员每年必须付费最少199元,终身会员666元,贵宾级最高的达到3990元。网站通过收取会员注册费和广告费进行非法牟利,获利资金巨大。

通过深入调查发现,除了"情色六月天"外,犯罪分子在美国租用了10台服务器,还开设了"天上人间"、"华人伊甸园"和"情色海岸线"三个淫秽色情网站。这4个网站的注册会员多达六十多万,涉及全国各地,版主以上的管理人员就达到了二百四五十人,分布在全国多个省市,网站发帖九百余万条,点击率达到了一千余万次,案件情节非常严重。

17.5.2 侦破过程

公安机关接到群众举报后迅速成立专案组,对案情进行细致分析,认为该网站为团伙作案,网站内部等级严格、组织严密,除非成为会员,否则对其犯罪行为的过程和细节无法全面了解。为了掌握案情,侦查人员通过付费成为会员,以会员的身份登录网站内部,对网站的资金流向和人员结构等方面进行深入的侦查,工作重点如下。

(1) 以会员的身份对该网站进行远程勘验,获取和固定该网站涉嫌传播淫秽色情信息的有关证据。

(2) 以注册会员的方式进行多次汇款,获取网站使用的不同银行账户,调查其非法收入。分析银行账户资金的流向情况,主要包括开户注册信息、转账信息和网上登录情况。

(3) 了解会员组成的大致情况,了解会员的基本人数。

(4) 细致了解网站论坛管理员、超级版主、版主等管理人员的网络联系方式,主要包括网名、QQ 等。

(5) 细致了解网站活跃人物的网络联系方式,主要包括网名、QQ 等。

专案组经过大量的调查和线索分析,掌握了该网站在国内的数名重要犯罪嫌疑人的 QQ 号和网名,并结合网站银行账号资金流向的分析,锁定了数名网站核心人物的所在地域。其中,锁定了网站核心人物之一网名为"admin"的活动地点——福建南平市,并在虞某家中将其抓获。在虞某的住处却没有发现有价值的线索,只是查到一份以其名义签订的租房协议。专案组民警火速赶往租赁房屋处,抓获了这个案件的一号人物"伤到底",这个"伤到底"正是"情色六月天"网站的创建者陈某,网站的幕后老板。同时,专案组对其他网站核心人物的所在地域锁定后,又飞赴广东、吉林、辽宁、安徽、湖北等地抓捕犯罪嫌疑人。

专案组在抓捕网站创建者陈某时,发现了他用于管理网站服务器的一个笔记本,通过对其内容的提取及分析,发现里面含有大量有关"情色六月天"网站的信息。通过对陈某的审讯,掌握了他所租服务器的账号和密码,从而完全控制了"情色六月天"网站。由于陈某已将大部分赃款用于消费或转移境外,其非法获利的情况难以完全统计。

经过 4 个月的侦查,涉及该案的 9 名犯罪嫌疑人被警方全部抓获归案,案件全部告破。

17.5.3 案件总结

总结本案可以看出,该犯罪团伙在国外服务器上建立淫秽色情网站,多数网站管理人员在国内对网站进行维护和管理,以收取会员费用和广告费牟利。该犯罪团伙组织严密,密切分工,并有一定的反侦察经验。为避免公安机关的打击,犯罪嫌疑人将网站服务器建立在国外;网站在国内的版主等管理人员上网时,也尽量避免暴露真实 IP;在网上购买银行账户,通过虚拟电子消费、网上银行交易等方式将所获赃款转移至境外;通过注册会员并交费的方式进入网站,观看淫秽色情内容。这些为公安机关办理该案件都带来了极大的难度。

该案件的成功侦破,主要是通过侦查人员注册成会员进入网站内部,获取了犯罪线索和证据的第一手资料,通过国内的线索开始调查,寻找突破。综合分析网站国内使用的不同银行账户及其资金流向、网站活跃人物及其网名和QQ号码,锁定了犯罪嫌疑人的活动区域和地点。快速抓捕犯罪嫌疑人、获取租用网站服务器的账号、密码也是该案成功破获的关键。

侦查人员在办理此类案件中,要全面了解淫秽色情网站的运行机制,版主等管理人员、活跃人物的网络信息的提取、使用的即时通信软件的功能及可能存在的重点信息,聊天记录的提取等几个技术环节,结合传统侦查思路,完成案件的侦查工作。

17.6 其他需注意的问题

17.6.1 利用淫秽色情网站传播木马病毒牟利案件

网络色情网站除主要依靠收取高额的会员费、广告收费牟利外,还以传播木马病毒方式,通过卖流量获利,这是近年来出现的一种新型的通过色情网站传播病毒牟利案件。

在"挂马"的色情网站上,用户浏览和下载色情视频必须下载其专用的播放器才能观看。在专用播放器中事先捆绑了木马,只要打开这些指定的视频播放器软件,用户的计算机就会被植入木马程序,通过这些木马程序将窃取用户的上网密码、游戏账号、股票账号甚至是网上银行账户的账号和密码等个人信息。木马病毒会将用户的个人信息通过网络偷偷传给制售木马病毒的不法分子。专门从事制作、销售木马病毒的犯罪团伙,向色情网站推销木马,利用色情网站传播木马病毒,并按中毒人数由木马提供者付给色情网站相应的费用。

17.6.2 "第三方支付平台"的支付及管理

在打击色情网站的案件中,发现有专门为色情网站提供在线支付的"第三方支付平台"代理网站公司。这些公司是"易宝"、"快钱"、"贝宝"等大型第三方支付平台的代理,向下发展淫秽色情网站。这些公司建立网站,从域名注册商处注册域名,安装"支付平台"软件,专门为色情网站提供在线支付服务,并获取色情网站非法收入的高额手续费。

有些淫秽色情网站的服务器虽然建立在国外,但在网站上建立便捷的支付平台,中国境内用户可以通过信用卡、西联汇款、现金支付等多种方式向色情网站支付,其中包含国内多个主流的第三方支付平台和银行。有了支付平台和互联网的掩护,淫秽色情犯罪就如同穿上了隐形衣,更加隐秘、更加快速,给公安机关的侦破工作带来更大的难度。

由于"支付宝"等大型第三方支付平台以及对其下属的代理网站公司监管不到位,使得这些代理公司能有效地隐蔽犯罪记录,为色情网站获得非法收入提供隐蔽通道,为公安机关对网络色情案件的调查取证带来了很大的障碍。因此,公安、工商等部门应加强对第三方支付平台的管理,要求第三方支付平台在接受信息安全审核并备案后方可开通,存储下家各网站的 IP 日志流程以备查询,并履行用户资金流向监管职责。

17.6.3 利用境外服务器国内代理出租虚拟空间牟利

在打击色情网站的案件中,发现有境外服务器国内代理转租国外服务器虚拟空间牟利的专门人员,俗称"网赚"。他们在网上从国内的境外主机托管服务商手中买进境外服务器空间,再出租给下家的淫秽色情网站,赚取差价。它们通常在 QQ、各大 BBS 论坛上发帖发布出租信息,有的还帮助色情网站上传淫秽视频、招揽性用品广告等。网赚和色情网站建立者的联系都是通过网络,付款也都是通过网络支付平台,为公安机关对网络色情案件的调查取证带来了很大的阻碍。因此,相关部门应建立境外接入服务资质审查制度并及时备案,重点整顿境外服务器的国内代理商。

17.6.4 广告联盟的调查

近年来,出现了专门为色情网站投放色情广告的公司,就是广告联盟。它是色情网站和广告商之间的桥梁,上家是广告商,下家是色情网站,赚取中间的佣金。它披着合法公司的外衣,派专人用 QQ、MSN 等在网上拉网站客户,很难被人发现。广告联盟为了获取更高的利益,明知网站为色情网站,还为其投放广告,没尽到监管下家网站的责任,助长了淫秽色情犯罪。广告联盟和它的上家广告商在淫秽色情网站上投放色情广告牟利的行为触犯了 2010 年最高人民法院、最高人民检察院《关于办理利用互联网、移动通信终端、声讯台制作、复制、出版、贩卖、传播淫秽电子信息刑事案件具体应用法律若干问题的解释》(二)中第七条"明知是淫秽网站,为牟利以投放广告等方式……以传播淫秽物品牟利罪的共同犯罪处罚"的规定。

另外,广告联盟在色情网站上还投放一些虚假性用品广告、提示"中奖"的诈骗广告等,也进行网络诈骗犯罪。

17.6.5 搜索引擎的利用

搜索引擎已经成为互联网产业发展不可或缺的部分,但搜索引擎中色情信息的比重进一步上升。在各大搜索引擎网站的搜索中,输入"黄色"、"色情"等关键字,能搜索出很多黄色内容,且比较靠前,通过链接都能够轻易地链接到色情网站。搜索引擎提供的结果是通过网民的点击率、关键词搜索的频率、热点等一系列数据分析出来,但国内一些搜索引擎网站为了获得盈利和高点击率,竟然和色情网站签订合作协议,在搜索结果中出现色情网站的地址或是提高排名。

通过各大搜索引擎相关色情关键字的搜索,在搜索结果或快照中能发现色情网站线索。对于经常更换域名地址的网站,也可以用网站名称等关键字搜索,也可能发现该网站链接。

国家相关部门多次要求搜索引擎要对淫秽与不良信息的关键词和链接进行内容审查和屏蔽。如果发现搜索引擎中色情网站的链接,要在屏蔽词库中,加入相关关键词的屏蔽,以"过滤"相关淫秽色情内容。

全国公安机关也多次组织多家单位开展搜索引擎集中清理整治行动,屏蔽了大量的淫秽色情网页,删除了大量的淫秽色情网站链接,删除了大量的淫秽色情图片,清理了网页快照,有效地遏制了淫秽色情信息的传播。

17.6.6 银行卡开卡公司和转账公司的调查

近年来淫秽色情网站的资金支付又出现了新渠道:开卡公司和转账公司,即网络色情的买方通过开卡公司购买银行卡,而卖方通过转账公司(有的甚至通过境外再转到境内)收取费用而交易双方都不透露自己的真实身份。特别是有些开卡公司通过专门回收人们闲置的银行卡,而这些银行卡都是通过正规途径办理的,因此即使公安机关最终倒查到开户卡,也会误导侦查方向,使侦查工作陷入困境。

近年来,由接入服务商、广告联盟、第三方支付平台、淫秽网站、广告商等组成的网络淫秽地下产业链条,已经远远超出了公安机关的打击范围。

17.6.7 加强国际警务合作,打击跨国儿童网络色情犯罪

对网络色情犯罪,世界各国由于文化传统和意识形态的不同而造成各国司法体制不同,这为各国间打击网络色情犯罪的警务合作带来了巨大的障碍。在我国,淫秽色情犯罪是严格禁止的,但在有些国家却是合法的。在我国公安机关打击的大多数网络网站的服务器都建立在国外,不能进行国际的警务合作,只能对国内相关犯罪的组织体系进行调查和打击,不能真正除掉网络淫秽色情案件的源头。因此,要打击这种跨国的网络色情犯罪,必须寻找两国之间司法制度的交叉点,那就是儿童色情犯罪。

世界上有些国家,对网络色情犯罪的立法是不同的,但对儿童色情犯罪却几乎都是禁止的。比如,美国法律规定成人淫秽色情活动是合法的,但禁止儿童色情犯罪,对发布儿童性剥削广告牟利以及复制、传播儿童色情信息,将被处以最高30年的监禁。我国色情犯罪是严厉禁止的,在2010年的最高人民法院、最高人民检察院《关于办理利用互联网、移动通信终端、声讯台制作、复制、出版、贩卖、传播淫秽电子信息刑事案件具体应用法律若干问题的解释》(二)第一条第二款中进行了严厉的规定,可见我国对打击儿童色情犯罪的重视程度。

2011年,我国公安部门破获的服务器在美国的全球最大中文淫秽色情网站联盟"阳光娱乐联盟"就是通过儿童色情犯罪作为跨国合作切入点,实现我国公安部与美国警方首次通过联合行动破获的跨国网络淫秽色情犯罪案件。

在这起案件中,在"阳光娱乐联盟"下的48个网站中,有18个网站均含有儿童色情内容,含有大量儿童色情内容,助长了性侵犯儿童犯罪。

"阳光娱乐联盟"会员90%以上都是中国人,超过半数是15~30岁的年轻群体,相当一部分还是在校学生,儿童色情内容的受害者也都是中国儿童。因此,对互联网儿童淫秽色情犯罪必须高度重视,要严厉打击,以减少青少年犯罪,维护社会稳定。

小 结

本章讲述了网络色情案件的犯罪构成、证据要点、常见案件表现形式及线索、侦查途径的选择、侦查工作要点和侦查过程中需注意的问题6个方面的内容知识,并结合典型案

件剖析了网络色情案件的侦查取证方法在实际中的应用。

在本章中,首先介绍了办理网络色情案件所涉及的法律法规,以及相关的证据要点,如传播淫秽物品牟利犯罪的刑法规定及其证据界定。

在常见案件表现形式及线索这部分内容中,介绍了网络色情案件的案件分类及表现形式、各种线索形式。

在侦查途径的选择这部分内容中,主要介绍了线索分析、现场勘查要点、案情分析等内容。重点讲述了如何对所获得的各种线索进行深入分析、定位嫌疑人,以及如何对网站服务器、嫌疑人计算机进行现场勘查的方法。

在侦查工作要点这部分内容中,介绍了在侦查过程中,针对不同性质的网络色情案件的立案标准和证据要点的界定,介绍了如何对涉案各类人员进行询问、讯问,以证实犯罪嫌疑人实施犯罪的行为过程。

在其他需注意的问题这部分内容中,针对网络色情犯罪中出现的一些新的犯罪方式和手段,介绍了在侦查过程中需要注意的问题、侦查经验总结等。

思 考 题

1. 简述网络色情犯罪的刑法条款,以及相关的证据要点。
2. 网络色情案件的案件分类及表现形式有哪些?
3. 网络色情案件的线索形式有哪些?如何深入分析、定位犯罪嫌疑人?
4. 对网站服务器的现场勘查要点有哪些?
5. 嫌疑人若采用服务器托管或租用虚拟主机的方式维护网站,对嫌疑人维护网站的计算机在现场勘查时,现场勘查要点有哪些?
6. 不同性质的网络色情案件,对涉案各类人员进行询问、讯问的要点是什么?
7. 在侦查过程中需要注意哪些问题?

第 18 章 网络赌博案件侦查

近年来,随着互联网的迅猛发展和广泛应用,以互联网为平台的网络赌博犯罪凭借其犯罪成本低、风险小、利润丰厚等优势,屡禁不止、手段不断翻新。相对于传统赌博犯罪来说,网络赌博犯罪隐蔽性更强、监管难度更大、社会危害更严重,已经严重危害社会治安秩序。

18.1 网络赌博犯罪的犯罪构成

网络赌博犯罪是指以盈利为目的,利用网络和现代金融交易手段聚众赌博、在网上开设赌场接受投注或者以赌博为业的行为。众多参与的网民是赌博者,网络设备和特定的软件是赌博工具,各种表现一定交换价值的电子货币、信息币等是赌彩。

网络赌博在内容上与传统赌博基本一致,类型繁多,如纸牌类的百家乐、二十一点、扎金花;乐透类的刮刮乐、老虎机;赌桌类的双骰子、轮盘;竞猜类的赌球、赌马等,基本上现实生活中所具有的赌博方式在网络中都可以进行。但由于受时间、地点等不确定因素影响,一般还是以"结果"型的赌法为主(例如赌球、赌马、网上百家乐等),而现场操作比较复杂的方式就相对较少(例如扎金花、拉耗子等)。

18.1.1 犯罪客体

本罪侵犯的客体是社会管理秩序和社会主义的社会风尚。因为赌博不仅危害社会秩序,危害社会风俗,影响工作和生活,而且往往是滋生其他犯罪的温床。

18.1.2 犯罪客观方面

1. 客观方面的行为

本罪在客观方面表现为利用网络聚众赌博、开设赌场或者以赌博为业的行为,以及非法经营私彩等行为。所谓利用网络,就是把网络作为赌博的工具或场所,在网络上建立赌博网站,采取赌资交易电子化,接受网上投注等行为。

1) 聚众赌博

所谓聚众赌博,是指组织、招引多人参与赌博,提供场所、赌具,并从中抽头渔利的行为。至于行为人本身是否参与赌博,不影响本罪的成立。

2005 年 5 月颁布的《最高人民法院最高人民检察院关于办理赌博刑事案件具体应用法律若干问题的解释》(以下简称《解释》),对此做出了明确的司法解释,第 1 条规定:"以盈利为目的,有下列情形之一的,属于刑法第 303 条规定的'聚众赌博':(一)组织 3 人以上赌博,抽头渔利数额累计达到5000元以上的;(二)组织3人以上赌博,财资数额累计达5万元以上的;(三)组织3人以上赌博,参赌人数累计达到20人以上的;(四)组织中华人民共和国公民10人以上赴境外赌博,从中收取回扣、介绍费的。"可以看出,该条前三项分别规定了抽头渔利数额、赌资数额和参赌人数三项标准。行为人只要符合上述标准之一,即可认定属于聚众赌博。

2) 开设赌场

根据《解释》第二条,所谓开设赌场,是指以盈利为目的,在计算机网络上建立赌博网站,或者为赌博网站担任代理,接受投注的,属于刑法第三百零三条规定的"开设赌场"。

近年来,网络赌博发展迅速,赌博交易更加快捷方便,进行投注只需操作鼠标即可完成,因此赌资数额巨大,参赌者人数众多,地域范围广泛,其社会危害性也更加严重,是一种严重的犯罪行为。

3) 以赌博为业

所谓以赌博为业,是指以赌博为常业,即嗜赌成性,一贯赌博,并以赌博所得为其生活或者挥霍的主要来源的行为。按照最高法院的解释,以赌博为业的人既包括没有正当职业或者其他正当收入而以赌博为生的人,也包括那些虽然有职业或其他收入而其经济收入的主要部分来自赌博活动的人。

4) 非法经营

根据《解释》第六条,未经国家批准擅自发行、销售彩票,构成犯罪的,依照刑法第二百二十五条第(四)项的规定,以非法经营罪定罪处罚。例如,利用国家正规发行的"时时彩"彩票开奖结果,私设平台参与赌博是一种新型的网络赌博模式。

2. 共犯问题

根据《解释》第四条,明知他人实施赌博犯罪活动,而为其提供资金、计算机网络、通信、费用结算等直接帮助的,以赌博罪的共犯论处。

18.1.3 犯罪主体

本罪的主体是一般主体,凡达到法定刑事责任年龄且具备刑事责任能力的自然人均能构成本罪。

18.1.4 犯罪主观方面

本罪在主观方面表现为故意并且以盈利为目的,即行为人实施聚众赌博、开设赌场或者以赌博为业的行为,不是出于消遣、娱乐,而是为了从中获取金钱和财物。以盈利为目的,并不要求行为人一定要赢得钱财,只要是为了获取钱财,即使实际上未能赢得钱财甚至赔钱、输钱,也不影响本罪的成立。

18.2 网络赌博犯罪的表现形式及运营管理方式

18.2.1 网络赌博犯罪的表现形式

（1）根据犯罪分子组织方式的不同，网络赌博犯罪可分为以下两种表现形式。

① 开放型。开放型是指任何人都可以通过赌博网站页面或下载赌博网站客户端程序注册账号，在网上进行赌博活动，一般对参赌人员没有条件和信用额度的限制。

此类赌博通常依靠国外开设的合法赌博网站对外公开进行。任何人都可自由登录该网站从而进行网上赌博活动，赌资需要使用国际信用卡进行网上在线支付，输赢额也由国际信用卡转账。

此类赌博网站为了逃避打击，网站银行账号经常随时更换，赌资需要随时关注网站的银行账号以便进行网上在线支付，输赢额也由网站账号转账，如图18-1所示。

图 18-1　网站银行账户随时更换

同时，为了逃避打击和为参赌人员能够随时随地赌博提供方便，这类网站常常提供多个备用的网址，如果其中一个被打击掉，可以马上启用备用的网址，如图18-2所示；部分赌博网站还开通了"手机下注"这一功能，参赌人员只需下载一个手机客户端，就可以登录网站随时随地进行赌博下注了，如图18-3所示。这样，整个赌博交易记录都留存到手机里和服务器的数据库中，参赌人员的计算机中的历史记录里就不会有用手机参赌的历史交易记录，从而达到逃避打击的目的。

图 18-2　网站提供多个备用的网址

图 18-3　网站提供"手机下注"功能

② 代理型。代理型是指赌博网站通过代理的形式发展、组织、招引参赌人员。代理型网络赌博组织严密，是目前网络赌博影响最大的一种方式。

具体表现在：赌博集团设定多等级代理，各级代理根据上级代理的授权享有不同的权限，并依据此权限为发展的下级代理和会员分配登录账号、密码及信用额度。下级代理或会员根据被授予的账号、密码可登录网站、选择赌局，并在信用额度内在网上投注或通过电话委托代理人投注。上级代理可以随时更换下级代理和会员的账号或密码，这多适用于体育竞技比赛、金融市场走势等类型的网络赌博。

参赌人员可根据赔率和其他条件自由选择赌局。代理人和会员之间通过银行转账或电子汇款结算赌资。这类赌博犯罪组织严密、赌资交易隐蔽、逃避打击能力强，参赌人员广泛、社会危害较大。

(2) 根据犯罪分子具体赌博内容的不同，网络赌博犯罪可以分为以下5种表现形式。

① 传统赌博方式。即将传统的打麻将、百家乐、二十一点、摇色子、轮盘赌等赌博方式，都移植到网络上进行赌博。

② 以体育竞技类比赛结果作为赌注对象。网络赌博与体育竞技比赛紧密地联系在一起，各种体育竞技比赛都可以作为网络赌博的投注对象，如足球、篮球、高尔夫球、百米赛、赛马、赛狗甚至西班牙斗牛等。

③ 以金融证券市场走势和波动作为赌注对象。这种网络赌博往往以金融市场，如货币、股票、期货市场的走势和波动作为赌注对象。例如，赌中国股票沪深两市在某一特定的时间内能否突破其临界指数，或者赌某一支股票在某一特定时间段内的涨幅程度。

更为严重的是，赌博集团为了获取巨额利润往往通过强大的网络关系和经济实力，操纵金融证券市场货币、股票等的走势和涨跌幅。

④ 利用网络游戏赌博。此类形式的网络赌博主要通过"传奇"、"21点"、"梭哈"等在线网络游戏进行。由于一些网络游戏中可以用人民币以充值等方式换取"游戏币"，因此庄家就以"游戏币"作为赌博的"筹码"，通过积分、等级决定游戏参与者的实力，游戏玩家为了提高积分和实力，往往使用现金向游戏商及其他游戏玩家购买积分或等级。

我国此类案例中比较典型的是最早联众游戏中的一类棋牌游戏，通过棋牌的方式进行赌博，其中互有输赢，通过将游戏币与人民币以多种方式进行兑换来获利。最近浙江等地漫延的同城"斗地主"、"同花顺"等网络游戏，也是以类似的手段进行赌博活动。

⑤ 以时下热门选秀等节目结果作为赌注对象。一些不法分子在BBS论坛不同栏目中，以时下选秀等热门节目中的一些人物的晋级情况设为盘口，组织赌博。

18.2.2 网络赌博的组织结构

为了保证盈利和运营安全，网络赌博公司通常都拥有非常严密的组织结构，其名称和形式虽然各有不同，但大体组织结构是相同的。

一般来说，网络赌博集团的组织管理结构呈树状结构，采用金字塔式的经营管理模式，即多级管理，以代理的形式建立网络赌博的组织链条，通过设立多个等级，并根据级别分别给予不同的授权，发展下级代理或会员。

网络赌博的组织结构示意图如图18-4所示。

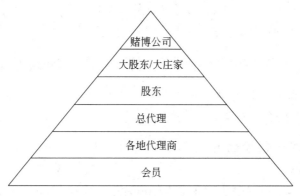

图 18-4　网络赌博的组织结构示意图

（1）赌博公司。赌博公司经营着赌博网站，是网络赌博金字塔形组织结构的最高层。赌博公司通常设置在境外的一些法律允许赌博的国家，有着合法的地位，遥控着我国赌博业务。

（2）大股东（或大庄家）。大股东是赌博网站的最高管理者，在网络赌博金字塔形组织结构中位居第二层。从大股东开始，从管理者到参与赌博投注的会员都有自己各自的账号，上级管理人员通过其账号登录到赌博网站，可以查询到其所发展的下级账号内的情况。大股东在网站中使用大股东级账号。大股东一般居住在境外一些法律允许赌博的国家，有合法的地位，通过在我国发展股东入股等方式发展赌博业务。

（3）股东。股东是指赌博网站的高层管理者，在网络赌博金字塔形组织结构中位居第三层，他们在网站中使用股东级账号。股东的人数很少且身份隐蔽，难以被发现和抓获。他们通过发展下级总代理，并给予下级总代理级别账号控制着网站的运行，通过总代理结账，牟取利益，以及发展下线扩大网络赌博的规模。

（4）总代理。总代理是赌博网站的中层管理者，在网络赌博金字塔形组织结构中位居第四层，他们在网站中使用总代理级账号。他们人数不多，从权限账号中分设权限更低的账号，分发给他们发展的各地代理商，由各地代理商招揽赌徒投注。

（5）各地代理商

各地代理商是赌博网站的基层管理者，在网络赌博金字塔形组织结构中位居第五层，他们在网站中使用代理级账号。各地代理商的人数较多，是赌博网站业务的基层推广者。他们从权限账号中分设出会员账号，分给他们发展的参赌人员，并通过会员账号投注，与其结账。

（6）会员。会员在网络赌博金字塔形组织结构中处于最底层，他们在网站中使用会员账号（投注账号）参赌。在网络赌博中，只有会员账号才能直接投注参与赌球。会员账号按照赔率的高低和"返水"的多少又分为各个等级的赌博账号。

这里要说明的是，在网络赌博金字塔形组织结构中，还存在着管理者拥有双重乃至多重身份的情形。例如，管理者自身参赌，从自己的管理账号中分立新的会员账号参赌，拥有管理者和会员的双重身份；或者，管理者同时拥有两级管理账号，而同时兼有两级管理者的身份。

在有些金字塔形组织结构中,一级代理被称为"登入一",之下的二级代理被称为"登入二",之下的三级代理被称为"登入三"。

18.2.3　网络赌博公司的运营管理方式和风险规避手段

为了保证盈利和运营安全,网络赌博公司通常都拥有各自的运营管理方式和风险规避手段,其形式多种多样,但仍存在一定的规律。

1. 网络赌博的运营管理方式

1) 招募会员方式

一般的境外赌博公司在内地都会先招募一名超级代理,由超级代理负责招募各地的总代理,总代理再找若干个代理,由这些代理去发展会员(即参赌人员),代理分给会员一个账号,会员设置自己的密码,就可上网下注了。当然,也有总代理直接招收会员,接受会员投注的情况。

2) 投注方式

每场赌博开始之前,庄家都会在网站上公布赔率和相应的规则,然后参赌人员通过网站、电话、软件等方式下注,赌博结束后资金经过银行转账、汇款等方式结算。

代理在考察会员的家庭经济情况和会员提供保证金多少之后,代理会给会员一个授信额度,即在事先不将赌资汇入庄家账户情况下可以提前下注的数额。例如,代理考察会员家庭财产值10万元,就可以给其最高10万元授信额度,赌博时参赌人员可以在事先不将赌资汇入庄家账户情况下直接下注10万元的筹码,赌博结束后,会员要把这笔透支的钱交给代理。

3) 抽水方式

网络赌博中庄家是永远的赢家,庄家赢利有两种模式:第一种俗称"抽水",无论直接参赌的会员是输是赢,都按下注额提取相应的佣金;第二种叫"占股",即如果会员赢了,庄家要抽取赢钱的一定比例付钱给上一级庄家,如果会员输了,则从上一级庄家那里拿到一定比例的返还。有些庄家是既抽水又占股。

另外,为了保证盈利,每场赌博,所有赌客输掉和赢回的钱的总额,是一定小于下注总额的。例如,盘口开出10∶8的赔率,意味着参赌人员如果押注1000元,赢了的一方只可以得800元,输了的一方1000元钱就全部输掉。

普通的会员只有一种赢钱的模式,那就是赌博;而作为庄家和代理的牟利方式是多样化的。一是参赌人员所输的钱或赢的钱,由赌博公司和各级按事先约定的比例进行分配或分担,由于赌博公司对所开盘口和比赛都有相当的控制能力,这是赌博公司和庄家最主要的赚钱方式。此外,庄家还能根据接受的投注额从上一级庄家处获得一定比例的奖励,甚至是分红。

4) 结算方式

设在境外的赌博公司为了吸引我国的参赌人员投注,采用的投注及结算方式是:先由会员在网上投注,待赌博结束后再由代理商与会员结账。例如,不管参赌人员赌注的输赢,各级代理之间按照投注额的0.75%~1.25%不等的比例抽水盈利,每周一通过刷卡或者现金的方式结账。

如会员赢大于输,由代理商垫付赌资,代理商同会员结账后,再同其上级总代理商结账,上级总代理除支付赌资外,还会将事先谈妥的佣金、"返水"等利益支付给代理商;如会员输大于赢,则由代理商收齐赌资,再同其上级总代理结账,事先谈妥的佣金、"返水"等利益将从中扣除。

总代理同代理商结账后,以上述方式再同其上级股东结账。如此,层层上报直至赌博公司。由于赌博公司允许我国的参赌人员先投注后结账,造成了资金流动的滞后性,加之赌博在我国不受法律保护,参赌人员往往赌输了比赛拒付赌注,由此也给赌博公司带来了收款的风险,此时赌博公司多采取以暴力收款的方式来应对。

2. 网络赌博公司的风险规避手段

为了最大化地保护自己的利益,赌博公司还采用如下一些规避风险的手段。

(1) 采用赌债层层分担模式,减少会员欠账风险。

通过多层次的管理,赌博公司可以基本消除收不到赌账的风险。如果代理商不能按时向会员收取赌债,该赌债即由代理商偿还,该代理商的上级管理者承担连带责任。这样,会员不付账的风险就被转移到各级管理者身上了。

(2) 设置信用额度,防止会员虚投赌资。

信用额度,即每个账号内,单日或单场赌博能允许的投注最高限额。目前,每个总代理级账号都有较大的信用额度,该总代理级账号下设的代理商级账号的信用额度均由总代理账号设定权限进行分配。也就是说,一个总代理级账号下设所有代理商级账号的信用额度之和小于或等于该总代理级账户的信用额度。同理,会员账号的信用额度也由代理商级账号分配。由于会员账号内的信用额度有限,因此一些拒不付账的会员的输赢账也不会过大。信用额度的另一好处是,对结果比较显而易见的比赛可通过设置单场比赛的信用额度,限制会员投注。

(3) 采用单线纵向会员管理制度,减少暴露的风险。

赌博公司在进行管理时,通常都是进行上下级之间的联系,其他同级别的组织者并不互相了解,降低了其暴露的可能性。

(4) 制定应急措施,应对突发事件。

赌博公司拥有风险应急制度,在遇到风险时采取规避措施加以应对。例如,国内的某一个代理商因被查封或权限被禁等原因,其名下的会员无法通过该代理商进行赌博活动,总代理会将原代理商发展的会员资料交由另一名代理商,由该名代理商重新与会员进行联系。

18.3 网络赌博案件侦查途径的选择

18.3.1 网络赌博案件的线索来源

从目前我国打击网络赌博案件来看,大多数案件线索来源于广大基层干警工作中监控发现、群众报案与举报,此外还有其他一些线索来源,具体如下。

1. 来自单位和个人的报案和举报

这里,既有长期参赌输掉了所有家产的参赌者、被诱赌的参赌者自己报案,也有群众举报的网络赌博案件线索,报案与举报是得到网络赌博案件线索的一个重要来源。

例如,2010年1月,浙江丽水青田县公安局接群众举报称,该县高湖村村民季某某在家非法组织"六合彩"赌博活动。接到报案后,青田县公安局高度重视,立即安排警力对举报线索进行核查,在查证属实的基础上于2010年1月5日将正在赌博的犯罪嫌疑人季某某成功抓获。

由于网络赌博隐藏性强,加之公安机关的人力、物力有限,因此必须充分发挥广大网民的力量。目前国内许多网站也都设立了"报警岗亭"和"虚拟警察",用来在网上接受群众的报案、举报和检举、揭发,再加上公布的报警电话等方式,广布线索来源。

2. 网上监控或工作中发现

公安机关进行常规的网上巡查,基层干警通过人工或使用专用软件对互联网上网络赌博信息主动进行浏览和搜索,利用网络赌博中常用术语作为关键字,对互联网页面内容进行搜索。或者利用扫描工具,扫描辖区IP地址段内开设了哪些互联网服务器、有无非常规及未备案的服务器,以发现网络赌博的信息和案件线索。

例如,2010年以来,温州市龙湾区分局网警大队在工作中发现,当地一网站涉嫌为境外赌博网站提供介绍和链接,网站开办人有为境外赌博网站担任代理的重大嫌疑。2010年2月1日,龙湾区公安分局成立专案组对案件进行立案侦查。经查,自2007年以来,犯罪嫌疑人周某某伙同周某和徐某,制作多个赌博网站,为境外"日博"赌博集团提供介绍和链接,并发展下级代理和参赌会员以"体育投注"、"娱乐场"等方式进行网络赌博活动,并按照参赌人员输掉数额的30%进行抽成,共非法获利一千三百余万元。

3. 公安部专项行动

由于网络赌博案件自身的复杂性,对该类案件的打击通常涉及很多部门,如网安、刑侦、治安、辖区派出所等,需要统一协调配合。同时,由于网络赌博犯罪的无地域限制,使得网络赌博犯罪的主体所在地、行为实施地、结果发生地常常是跨地区,有时甚至是交叉的。例如一个地区的公安机关发现的案件线索,究其根源,往往会在另一个地区。

因此,公安部定期统一组织,在全国范围内开展打击网络赌博犯罪的专项行动,由上级统一下发案件线索,公安机关各部门通力合作,联合作战,打击效果很好。

4. 串并案

对正在侦查和已经侦破的案件线索进行碰撞比对,找出网络赌博线索。例如,2009年11月,杭州萧山区公安分局刑侦大队在办理一起抽逃注册资本案件时,发现涉案犯罪嫌疑人汤某涉嫌参与网络赌博,且赌资数额巨大,遂成立专案组对赌博线索开展专案侦查工作。经过近两个月的侦查,专案组查明,自2008年以来,犯罪嫌疑人来某某为境外"太阳城"等多个赌博网站担当代理,先后发展孙某某等多名二、三级代理和参赌会员二十余人参与"百家乐"网络赌博活动,来某某等人共非法获利两千余万元。

18.3.2 网络赌博案件初查阶段的工作

基层民警受理网络赌博案件后,初查阶段的工作主要有以下几个方面。

1. 核查网站和论坛信息

基层干警在工作中发现,以及受害人举报或群众报案的一个重要初期线索就是网络赌博的网站域名信息,这时要仔细核查网站名称、网址、注册方式、参赌方式、参赌人员账号密码。有时,这些信息可能存在于某些网站或论坛上所留的网络赌博广告宣传信息中。

2. 核查联系人信息

受害人举报或群众报案时的另一个初期线索是网络赌博组织者或参赌人员的联系信息,这时要仔细核查和询问其掌握的各种网络赌博联系方式,例如 QQ 号、QQ 群号、手机号、电子邮箱(gmail、mail 的比较多)、网络电话(通常是 Skype)等。

3. 核查银行账号

即仔细核查和询问参赌人员将赌资打到了赌博网站所给的哪个银行、哪个银行账户里,是否使用了第三方支付平台,账号是多少。

4. 核查赌博人员信息

即仔细核查和询问群众举报的网络赌博组织者或参赌人员的姓名、参赌方式、上下线人员、参赌规律、投入赌资、家庭住址等信息,掌握涉案人员犯罪活动的具体情况。

5. 对参赌者行为和赌资数额等进行初步认定

根据前几方面的调查结果,要对参赌者行为和参赌人数、赌资数额和网站代理等进行初步认定。具体如下。

(1) 参赌者行为的初步认定。根据 2005 年 5 月颁布的《最高人民法院最高人民检察院关于办理赌博刑事案件具体应用法律若干问题的解释》中的规定,认定参赌者的行为是否构成聚众赌博、开设赌场、以赌博为业、赌博罪的共犯、非法经营等。

(2) 参赌人数的初步认定。根据 2010 年 8 月颁布的《关于办理网络赌博犯罪案件适用法律若干问题的意见》(以下简称《意见》)中的规定,赌博网站的会员账号数可以认定为参赌人数,如果查实一个账号多人使用或者多个账号一人使用的,应当按照实际使用的人数计算参赌人数。向该银行账户转入、转出资金的银行账户数量可以认定为参赌人数。如果查实一个账户多人使用或多个账户一人使用的,应当按照实际使用的人数计算参赌人数。

(3) 赌资数额的初步认定。根据《意见》中的规定,赌资数额可以按照在网络上投注或者赢取的点数乘以每一点实际代表的金额认定。对于将资金直接或间接兑换为虚拟货币、游戏道具等虚拟物品,并用其作为筹码投注的,赌资数额按照购买该虚拟物品所需资金数额或者实际支付资金数额认定。对于开设赌场犯罪中用于接收、流转赌资的银行账户内的资金,犯罪嫌疑人、被告人不能说明合法来源的,可以认定为赌资。

(4) 网站代理的初步认定。根据《意见》中的规定,有证据证明犯罪嫌疑人在赌博网站上的账号设置有下级账号的,应当认定其为赌博网站的代理。

6. 分析案情，制定下一步侦查计划

根据不同案情，及时制定下一步侦查计划。主要包括以下几方面。

（1）对哪些人、哪些网络即时通信账号进行继续监控和调查。

（2）对赌博网站还要深入调查哪些信息。

（3）调取和分析哪些银行账户、第三方支付平台账户的资金流向。

（4）调取和分析哪些手机号的通信记录。

（5）固定哪些网络赌博证据。

（6）根据已掌握的网络赌博账号，应继续开展哪些工作。

（7）对现有赌博人员是继续跟踪调查，还是实施秘密抓捕。

（8）目前有哪些困难，还可能遇到哪些困难，计划怎么解决。

18.3.3　网络赌博案件侦查阶段侦查途径的选择

经审查批准立案后，进入深入侦查阶段。深入侦查阶段的工作主要有以下几个方面。

1. 对现有的赌博网站深入调查

1) 对赌博网站的网页信息进一步分析

登录赌博网站，浏览网页内容，从中查找进一步的线索，如是否有目前没有掌握的、新发现的网站代理人或客服人员等的 QQ 号、电子信箱地址、手机号、Skype 账号和银行账号以及该网站维护人有关资料等，为下一步侦查工作提供新的案件线索，如图 18-5 所示。

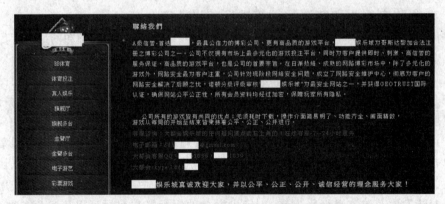

图 18-5　赌博网站页面上留下的各种联系方式

2) 对赌博网站的域名进一步分析

域名是互联网上某一台计算机或计算机组的名称，在全世界没有重复的域名，域名具有唯一性。

当一个用户想在网络上建立一个网站时，通常需要申请一个域名，这就需要向那些提供域名空间服务的网络服务商进行注册，在注册时通常有真实的个人信息，如个人姓名、电话、邮箱（如果是 QQ 邮箱，有 QQ 号）等联系方式，所以根据赌博网站的域名可以到域名代理机构查询域名登记注册的原始信息，获得域名注册者的个人相关资料，为侦查破案提供线索。

在不采取技术手段和申请运营商帮助的前提下,可通过专用域名查询网站,查询网站及其注册者的基本信息,如图 18-6 所示。

图 18-6　某赌博网站的域名注册信息

如图 18-6 所示,从被调查网站"fpb***.com"(*为隐去的一些信息)的域名注册信息中,可以发现新的信息,该赌博网站域名为 2013 年 7 月 9 日注册,到期日为 2014 年 7 月 9 日,上次网站更新时间为 2013 年 7 月 9 日;网站的注册人、管理人、技术人联系信息中,留的可能是真实的 163 电子邮箱"wl***wxr@163.com"、手机号"1356986****"(河南新乡移动)、所在地中国杭州、邮编"323999"等信息,为进一步侦查提供了线索。

3) 对赌博网站的 IP 地址进一步分析

通过网站域名所对应的 IP 地址查询,可以定位被调查赌博网站所托管的网站服务器位置。可以采用 ping 命令或者专用网站进行查询,如图 18-7 所示。

遇到特殊情况,例如两者查询结果不一致时,或者解析出来的位置不是被调查网站时,还要利用网络基础知识、结合其他命令和工具进行仔细分析和鉴别。

如果查到的网站服务器 IP 地址位于我国国内,可以到服务器所在地进行进一步调查;反之,如果在国外,调查起来难度就很大了。

2. 对赌博网站相关网站的深入挖掘

对赌博网站相关网站的深入挖掘,考虑到网站建立者有可能还建立了其他类似的赌博网站,通常从以下两个角度出发进行深入调查。

(1) 查找该域名对应的同一个 IP 地址还注册了哪些网站。因为赌博组织者将所有网站建立在同一个服务器上,维护比较方便。

例如,利用专用查询网站,输入已知的赌博网站域名,即可查到同一个 IP 地址还注册了哪些网站,如图 18-8 所示。从图中网站的标题可以看到,这几个同 IP 网站域名不同,但所有网站的标题信息完全相同,应该是同一赌博组织者所建的。

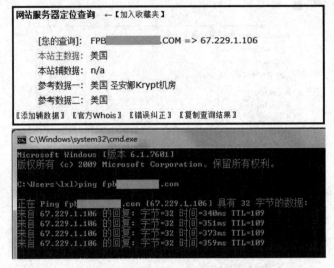

图 18-7　某赌博网站的服务器 IP 信息

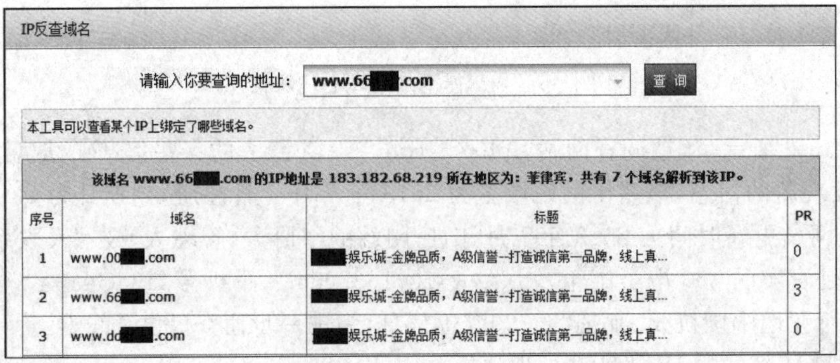

图 18-8　某赌博网站的同一 IP 地址的部分其他网站

（2）查找该域名对应的注册信息还注册了哪些网站。例如,与被调查赌博网站的注册信息中相同的电子邮箱、姓名、电话,还注册了哪些网站。

例如,利用专用查询网站,输入已知的赌博网站注册信息中的电子邮箱、姓名、电话,即可查到这些联系方式还注册了哪些网站,如图 18-9 所示为利用赌博网站注册电子邮箱的查询结果。从图中可知,被调查赌博网站注册电子邮箱还注册了 100 个网站,从每个网站的注册人信息可以看到,这些同注册电子邮箱的网站域名虽然不同,但网站注册人相同,应该是同一赌博组织者所建的。

通过以上两种方法对赌博网站相关网站进行了深入挖掘,能够发现大量的相关网站,说明赌博组织者为了逃避打击,建了很多备用网站,以供随时更换。在后续侦查工作中,还要对发现的这些相关网站继续做进一步深入调查。

3. 对赌博网站的涉案银行账户深入调查

在整个网络赌博案件的侦查过程中,对涉案资金及资金链的调查是重中之重。目前

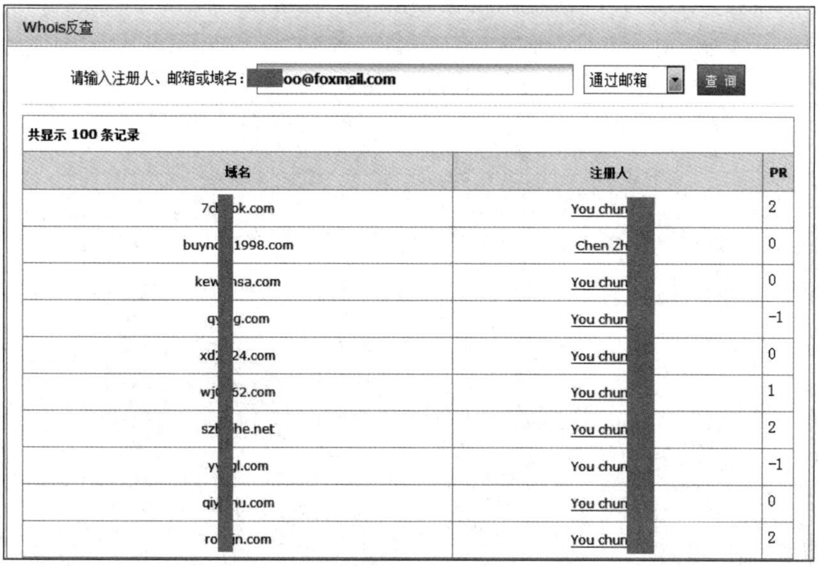

图 18-9　某赌博网站的同一注册电子邮箱注册的部分其他网站

资金流转方式绝大多数以网上银行交付和第三方支付为主，要深入调查追踪和梳理资金流向，查找犯罪嫌疑人。

对现有赌博网站的银行账号深入调查，梳理资金流向，主要完成以下几方面工作。

1）调查银行账户或第三方支付账号的开户人信息

对于通过网上银行支付资金的，可以以资金支付的账号为线索进行查找，通过银行账号的信息，在所在的开户行取得开户人的基本信息。但是，由于我国一些银行管理不够完善，有可能开户人使用的不是真实信息，如果出现此类情况，则可以监视相应的银行账户的存取款情况，以确定真正的犯罪嫌疑人。

2）调查银行账户的资金流转情况

同时，还要调查已掌握的银行账户的资金流转情况，分析各个账户之间的关系，绘制账目资金流向示意图。如果涉及的银行账号很少，可以手工绘制；如果涉及的银行账号很多，就要借助专用海量数据分析软件进行分析。如图 18-10 所示，为某网络赌博案件的资金流向示意图。

从资金流向图中，可以初步分析出，每个银行账户使用者位于网络赌博金字塔型组织结构中的位置。

例如，从图 18-10 中可以看到，位于中间层的周某某等 4 人应该是底层代理，每个人下面都有多名会员级的参与人员，他们之间资金往来频繁，说明输赢交易主要由底层代理完成；位于顶层的田某某 3 人，应该是上一级代理商，他们与下一级之间主要是资金汇入，说明这一层主要是抽水盈利，在金字塔型组织结构中位于高层，从交易金额看，非法获利金额巨大。

3）调查网上银行账户的登录情况

确定了底层代理、上级代理等的银行账户后，如果发现绝大多数都是通过网上银行进

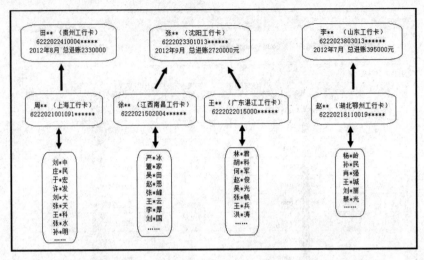

图 18-10　部分账目资金流向示意图

行资金流转的,还要到相关银行机构进行调查,查明每个账户、每次登录网上银行的 IP 地址。通过 IP 地位,每个账户所有者每次交易所在地的具体位置即可调查得清清楚楚,为下一步实施抓捕提供了主要线索。

4. 对赌博网站的 QQ 等账号的聊天记录深入调查

主要从报案人或者已掌握的参赌人员的计算机记录中,获得并仔细分析其与赌博网站的 QQ 账号、与上级代理的 QQ 账号或其他参赌人员之间的聊天记录,深入挖掘对方其他涉案信息,如有无提到手机号、家庭住址、活动范围、活动轨迹、旅游信息、银行账号等信息。

5. 对赌博网站的其他涉案信息深入调查

首先,调查赌博网站上留的电子邮箱,或者赌博网站上注册资料中留的电子邮箱。如果电子邮箱的服务器位于我国国内,可以到服务器所在地进行进一步调查,提取邮箱登录详情、收发的电子邮件、邮箱登录 IP 等信息。如果电子邮箱留的是 QQ 邮箱,可以利用第 9 章和其他章节中介绍的方法,对其展开深入调查,查到 QQ 的拥有者及所在地。

其次,调查赌博网站上所留的固定电话或手机号,或者赌博网站上注册资料中留的固定电话或手机号。按照传统案件的侦查方法,调查手机的开户信息、使用通话记录、所在地等信息。

6. 注意事项

(1) 在完成上面所述的深入调查侦查工作的同时,要注意随时固定证据。

(2) 要充分利用公安网的各种专用数据库,及时将已知人员信息输入公安网各种信息资源库,进行查询比对。重点查实身份真伪,核查有无网吧上网和旅店住宿记录,通过房产信息、车辆信息、驾驶员信息、银行查询信息,以车找人,最终发现"上下线"关系、"庄主、代理、会员"关系以及涉案人员的落脚点。

然后,再按照前面拟定的具体侦查工作计划,全面、细致地分析案件情况,深入剖析案件特点,准确把握工作的重点和难点,为后续现场勘查工作做好准备。

18.3.4 网络赌博案件现场勘查要点

现场勘查是侦查破案工作的重要环节之一。这项工作做得充分、完成得好,可为今后破案工作打下坚实的基础,如果重要证据没有当场提取或者对证据进行了污染,会给后面电子物证鉴定以及审问带来极大的难题,甚至影响破案。

由于本书第 4 章已经详细地介绍了网络犯罪现场勘查的勘查方法和注意事项,所以,这里仅就网络赌博案件现场的计算机处于开机状态的勘查要点进行说明。

1. 网络赌博案件现场勘查的对象

网络赌博案件现场勘查的对象,可能是赌博网站国内维护者、国内赌博活动组织者、各级代理的计算机,也可能是参赌人员登录赌博网站所使用的计算机。

2. 现场询问要点

进入涉案人赌博现场,控制现场后,现场询问要点是争取在第一时间让涉嫌人员承认参与赌博,重点询问其进行网络赌博登录的网站网址、账号密码、上下级人员、参赌时间、通过何人介绍、如何申请加入、会员等级等信息。

3. 现场取证要点

(1) 提取计算机中赌博网站的资料和交易清单,包括网站首页、用账号密码登录页面、财务报表、账号信息、账号历史、信用额度、体现组织结构(总代理、代理、会员)等内容的页面。

(2) 提取计算机中的涉案的网络即时通信工具聊天记录。当聊天记录内容较少时,可以以录像、截屏、照相的方式保存下来;当聊天记录内容较多时,将聊天记录以文本文件格式(.txt)保存到 U 盘上,以供之后查找分析里面隐含的案件线索。

(3) 计算机的屏幕信息,通常是通过录像、截屏、照相的方式保存下来的。其中,录像、照相的证明力要强,但是由于这两种方式拍照的计算机屏幕常常会有闪烁或水平扫描条纹等,而且要求拍照距离不远不近、拍摄过程中不能晃动抖动,否则会影响清晰度,从基层实践看,很多时候主要证据如网址难以拍摄清晰。

由于录像、照相对执行人的要求很高,因此目前基层在现场取证时,采用截屏的方式将内容保存在 U 盘中的做法比较普遍,能够解决录像和照相反光、抖动模糊等问题,整个屏幕截取效果非常好。但是,随着我国新刑法的修改,对电子数据证明力要求的不断提高,一般的网络截图并不容易被认可,因为截图可以被各类图片编辑软件修改。

因此,今后在现场取证时,最好通过综合使用录像、截屏、照相三种方式。

(4) 现场外围搜查要注意搜查与网络赌博直接相关的证据,手机、银行卡、存折,以及与赌博直接相关的用于记录投注过程、账号密码、投注方式、结算方式等的账本、纸张等资料,这类资料通常在计算机周围。

(5) 有条件的可当场打印提取的数据,让涉嫌人员当场签字确认。

18.4 网络赌博案件侦查工作要点

18.4.1 网络赌博案件侦查工作经验

1. 采用"专案专办,上级部门督办,多警种协调配合"的侦查模式

由于网络赌博犯罪团伙组织结构十分复杂,调查工作任务繁重,最好组织专门的、集中的侦查力量,采用"专案专办,上级部门督办,多警种协调配合"的侦查模式。

组建专案组,选调网络赌博案件相关专业知识丰富、业务能力强、工作细致踏实的专案组成员。同时,专案组成员中要有多个侦查警种,如网安、经侦、刑侦、技侦等,实现多警种协同配合,扬长避短,充分发挥集群效应。

因为网络赌博涉案人员,常常是跨地域的,在跨省调取银行资料、需要其他省市公安部门配合等工作上,如果案件能申办成上级督办案件(最好是公安部督办案件或省督办案件),很多跨警种、跨省、跨市的调查工作由上级部门统一协调,能大大地减少办案成本、缩短办案周期。

2. 要有突出的案件经营意识,深入了解网络赌博犯罪团伙组织结构

网络赌博案件的最大特点是组织结构较为严密,并且具有很明显的层级特点,涉案区域广,参与人员多,涉案金额巨大。如果仅满足于抓捕举报人举报的那一个参赌人员,或者仅抓住参赌人员的一个上线,那案子就难以办成功,难以对网络赌博犯罪实现严厉打击。

由于网络赌博活动具有一套自上而下严密的金字塔型组织体系,涉案人员层层相连,涉案行为环环相扣。因此,获取案件线索之后,不能急功近利,要对该犯罪内部的结构进行深入的了解。

因此,网络赌博案件的第一个侦查工作经验是要有突出的案件经营意识,要做准备花几个月、甚至一年的时间,对已有案件线索深入调查,对每个线索都进行深入细致地分析和梳理,分析各个账户之间的关系,每个人位于网络赌博金字塔型组织结构中的位置。直到摸清整个网络的金字塔型组织层级结构、资金流转情况和重要犯罪嫌疑人的具体所在地,才能实施抓捕,一举击毁整个赌博网站。

做好保密工作,是案件能长期经营的有利保障。在办案过程中,由于侦查取证工作所需,侦查员难免释放一些案件信息,如走访居民社区、相关娱乐场所、房屋、交通、电信、银行等单位或部门进行调查。稍有不慎,就会走露消息,直接影响整个侦查计划的运行。特别是网络赌博者对银行系统的密切依赖关系,办案人员在查对账号、账单的过程中,必须保持高度的警惕性,防止案情信息外流。

从线索只有一个人的小案件,经营扩大到涉案多人、涉案区域多个省市、涉案高达几千万、甚至上亿的特大案件,突出的案件经营意识是案件取得成功的前提。

3. 多种侦查手段综合运用,广辟破案渠道

"多种侦查手段综合运用,广辟破案渠道"是关系到网络赌博案件能否及时侦破的重要原因。如果在网络赌博案件的调查过程中,侦查人员能充分利用网上监控、网络即时通信工具等的 IP 定位、手机定位、网吧上网和视频监控系统、公安网资源库的查询比对等多种侦查手段和技术,同时结合传统侦查的调查走访、排查、布控等方式,有助于更多地发现和挖掘案件线索。

同时,由于网络赌博隐藏性强,加之公安机关的人力、物力有限,因此必须充分发挥广大人民群众的力量。如果有条件,在所在地公安网站和辖区主要网站设立"报警岗亭"、"虚拟警察"、"网络犯罪报警平台"等,网上和辖区各小区内公布报警电话,接受群众报案和举报,广辟破案渠道。

4. 电子证据提取和固定要及时和规范

由于电子证据具有脆弱性和易破坏性,电子证据容易被篡改、伪造、破坏或毁灭。因此,电子证据的调查提取和固定的程序要及时和规范。

首先,在网络赌博案件的整个侦办过程中,特别是进行计算机现场勘查和远程提取赌博网站页面的电子证据的过程中,要根据电子证据特点,取证过程严格遵守此类案件取证规范。

其次,要有电子证据保存意识,随时固定电子证据。侦查人员在整个调查过程的各个环节,如讯问犯罪嫌疑人、入户搜查、计算机现场勘查、网上信息提取与调查等,能摄像的尽量同步摄像,能拍照的尽量同步拍照,这就使得案件移送审查起诉时不会出现被退查的现象,取得的证据能够在法庭上全部被采信。

5. 精心制定抓捕方案,务求一网打尽

根据上下线关系,制定精密的抓捕计划,务求将所有涉案人员"一网打尽"。一般是逐个依次去抓,从上级代理抓起,再依次收捕其他下线人员。但要注意的是,间隔时间一定要短,以防抓捕消息泄漏,造成其他涉案人员逃跑或者毁灭证据、网络赌博公司关闭网络等不良后果。

根据所掌握线索,寻找抓捕时机。例如,要抓捕某个人,就根据前期调查结果,寻找其经常上网投注、接受投注或进行赌资交割的时间,实施入门抓捕;如果要同时抓捕大多数涉案人,就寻找这些人同时上网在线参赌的时间。

抓捕方式尽量不使用强攻,以免被抓捕人警觉,毁灭证据。抓捕后,马上中断抓捕对象与外界的通信联络。

18.4.2 网络赌博案件询问/讯问要点

进入涉案人赌博现场,控制现场后,侦查人员要询问当事人;立案侦查,抓捕涉案嫌疑人后,侦查人员要讯问犯罪嫌疑人。

侦查过程中,询问/讯问内容要点如下。

(1) 询问/讯问上网方式、上网地点、上网账号密码、运营商等信息。了解上网方式是宽带还是其他方式,经常上网的地点在哪,上网账号密码是多少,接入的是哪家运营商等信息。

(2) 询问/讯问参赌基本信息。了解涉案人什么时间、通过何人介绍、如何申请的,赌博时登录的赌博网址、登录网站的账号和密码各是什么,涉案人的级别、加入该级别的条件分别是什么,涉案人上线是谁、下线有哪些,成员之间联系方式有哪些。

(3) 询问/讯问赌博非法所得情况。了解上下级赌资如何结算,各个级别如何抽取佣金(抽头),网站上的账目报表各项的含义是什么,付款方式和银行账号是什么,付款对象的银行账号是什么,经营者、管理者的盈利分配情况等信息。

(4) 询问/讯问有关赌具。了解赌博所用的笔记本、台式计算机、专用通信手机或固定电话、传真、运输赌资和人员的交通工具。

18.5 网络赌博案件证据要点

18.5.1 公安机关办理网络赌博犯罪案件的取证难点

1. 一些赌博网站用虚拟货币或游戏道具投注,难以查找和认定

目前,很多网络赌博网站通过把货币换成虚拟货币或游戏道具作为筹码,以这种不易被察觉的方式为掩护,进行赌博,隐蔽性强。

这样,赌资的流动和赌博行为是两条相对独立的线,一条线是用货币购买虚拟货币或游戏道具;另一条线是用虚拟货币或游戏道具作为筹码投注,进行赌博。这就使得公安部门在查找网络赌博的行为与资金流动两条线之间的关系、赌博行为的认定,以及赌资的认定等几方面的工作增加了难度。

2. 一些赌博网站服务器和银行账户均在境外,难以调查取证

一些赌博网站服务器设在境外,庄家的账号也从国外银行开户,这都为公安机关对涉案网站服务器日志、人员维护、银行账户开户信息等的调查取证工作带来了困难。

18.5.2 网络赌博案件的证据要点

根据2010年8月颁布的《关于办理网络赌博犯罪案件适用法律若干问题的意见》(以下简称《意见》)中的规定,网络赌博案件的证据要点如下。

(1) 侦查机关对于能够证明赌博犯罪案件真实情况的网站页面、上网记录、电子邮件、电子合同、电子交易记录、电子账册等电子数据,应当作为刑事证据予以提取、复制、固定。

(2) 侦查人员应当对提取、复制、固定电子数据的过程制作相关文字说明,记录案由、对象、内容以及提取、复制、固定的时间、地点、方法,电子数据的规格、类别、文件格式等,并由提取、复制、固定电子数据的制作人、电子数据的持有人签名或者盖章,附所提取、复制、固定的电子数据一并随案移送。

(3) 对于电子数据存储在境外的计算机上的,或者侦查机关从赌博网站提取电子数据时犯罪嫌疑人未到案的,或者电子数据的持有人无法签字或者拒绝签字的,应当由能够证明提取、复制、固定过程的见证人签名或者盖章,记明有关情况。必要时,可对提取、复制、固定有关电子数据的过程拍照或者录像。

18.6 网络赌博案件典型案件剖析

网络赌博犯罪每年侦破的案件有很多,案件累计投注金额从几百万元到近千亿元不等。网络赌博犯罪严重干扰了我国社会经济秩序,给我国国民经济造成了巨大损失。

对网络赌博案件的侦破方法和侦破手段虽然不尽相同,但是还是可以总结出一些网络赌博案件特有的侦查方法,下面对公安机关侦办的一起典型网络赌博案例进行深入剖析。

【山东烟台侦破特大跨国网络游戏赌博案】

2011年10月,经过十个多月的深入侦查,一个参赌赌资累计超10亿元的特大跨国网络赌博案件侦查终结,于10月8日移诉烟台市人民检察院。该案涉及韩国及中国辽宁、山东、广东、天津等省市,参与赌博人员数量庞大。山东烟台警方逮捕犯罪嫌疑人12名,起诉20人,扣押涉案车辆6部、服务器24台,冻结和扣押一批银行账号资金和赌资。此案的社会影响很大,烟台日报传媒集团、水母网(王轶撰写)、青岛早报、公安部网站、人民网、搜狐网、凤凰网、宁夏新闻网等多家媒体纷纷报道了此案。

18.6.1 基本案情

1. 案件中涉及的网络游戏简介

这起特大跨国网络赌博案用于赌博的是一款曾经风靡韩国的名为"2080"的韩国语版面网络赌博游戏。

"2080"网络赌博游戏是由韩国软件公司制作,因其极具刺激性且参赌方便,曾一度在韩国蔓延成灾。这款在韩国被称为"2080"的赌博游戏的界面里边,每个赌客先发4张牌,赌客可以自己选择认输或者继续押注,就是比大小,谁的分小算赢。越是简单的游戏越容易上瘾。赌客先从卖场老板那里购买分数,50元钱买600分,然后卖场老板给赌客一个虚拟账号和密码,赌客就可以在网上和其他玩家赌博了。短短几十秒,就能玩完一局,无论输赢卖场老板都要抽成。

在韩国政府的不断高压打击下,该网络赌博游戏在其本国已无立足之地。为牟取暴利,一些不法的韩国人铤而走险,将此赌博游戏服务器托管至中国继续经营,参赌人员主要是在华韩国人和中国籍朝鲜族人。

2. 案件线索来源

2011年1月7日,烟台市公安局开发区分局接到报警,称某大厦内有人聚众网络赌博。赶到现场后,民警将开设赌博游戏的老板和服务员李某抓获,当场扣押赌资一千二百余元,计算机11台。民警对现场计算机进行现场检查,发现计算机上运行的赌博游戏就是韩文版的2080。

卖场老板交代,他收了赌客的钱以后,就把钱打到上线代理指定的银行账户里,然后再打电话通知代理。等对方确认钱到账后,就会登录服务器给卖场上相应的分数,这就是网络赌场里买筹码的过程。即赌客从卖场老板处购买分数,获得虚拟账号密码后,在网上和其余玩家以玩扑克牌比大小的方式进行赌博。可是卖场老板并没有见过他的上线代理,只知道这个人姓金,在沈阳,平时他们通过电话或者网络聊天工具联系。警方获取了沈阳上线的手机号、MSN聊天账号和用于接收赌资的工商银行账号。

18.6.2 侦破过程

1. 成立专案指挥部,开展初查工作

开发区分局领导高度重视,及时上报,成立了专案指挥部,前期侦查工作由烟台开发区分局从全局范围内抽调12名精干侦查员开展,专案代号定为"107"。决定以此案件为突破口,深挖线索,继续调查这起案件涉及的其他网络赌博组织成员,并立即着手对如下初期掌握的线索开展调查工作。

1) 对沈阳上线进行追查

派出侦查员前往沈阳,通过之前卖场老板提供的沈阳上线的工商银行账号,经深入工作查明,沈阳上线名叫金某。侦查员调取了和金某银行账号有交易记录的银行账号共26个,并通过与该26个账号有交易记录的账号关联查询,查出其与数千个账号的银行交易记录,涉及沈阳、大连、深圳、青岛、烟台、威海等数十个城市。

2) 对网络游戏赌博服务器进行调查

通过对网络游戏赌博服务器进行深入分析,发现该网站服务器位于大连。于是,派另一组侦查员在烟台市公安局网监支队的带领下,赴大连对该网络游戏赌博服务器进行取证,获取了2010年一段时间内赌博运作情况以及赌博组织和赌博游戏设定情况。

2. 深入调查,摸清资金流向和赌博组织成员结构

(1) 仔细梳理海量银行交易记录,分析各个账户之间的关系。

通过分析各个账户之间的关系,专案组梳理出整个网络赌博团伙组织呈金字塔结构,共有管理员两名,一级下线用户简称副本社,共计19个;副本社下设总盘,共计74个;总盘在全国各地下设卖场,共计927个,共同组成了一个庞大的赌博集团。

在基本确定赌博集团的架构后,侦查员再次奔赴沈阳,又查询到数千个银行账号的交易记录,关联出了数百个人员信息。但是,账号对应的人员是否是嫌疑人?嫌疑人对应的又是赌博体系的哪一级?赌资最终流向了哪个账号?一系列问题引起了侦查员们深深的思考。

面对案值如此巨大、参赌人数众多的网络赌博案件,面对着海量的银行交易记录数据信息,显然靠人工比对和分析既耗时耗力,又不现实。为破解这一难题,专案组会同烟台一家电子软件公司,专门开发出了"107"专案账号数据分析系统。

通过对所有银行账户的资金流转情况的分析,逐渐找到了账号流转的规律,专案组发现该赌博组织的赌资先后流入了韩国人李某、文某、洪某和徐某4人名下的账号。在一年之内,仅沈阳金某这个代理账号就有二百余万元人民币汇给了上述4个账号,而上述4个银行账号共接收各卖场汇入赌资数千万元,其中有四百余万元汇给了韩国人崔某的沈阳账号,四百余万元转给了韩国人申某在青岛的若干账号。

韩国人崔某、申某都是女子,她们是不是此"2080"网络游戏赌博组织的成员和赌资的最高级别的受益人?带着种种疑惑,侦查员第三次奔赴沈阳,从韩国人崔某的数个账号入手,开始了新一轮调查取证,侦查员们对与崔某发生交易的每一个账号,都进行了仔细的分析比较,却发现流入崔某账号内的赌资,并没有像侦查员起初想象那样简单,而是如"天女散花"般地流向全国各地,看来她并不是赌博组织的老板。难道下一步要到北京、广州、天津等全国各地地继续查询?数千万赌资到底流向哪里?如果这些查不清,主要嫌疑人更难以查清,侦查工作一时陷入了困境。

作为案件主办人之一,治安大队民警王鑫和杜占义数个夜晚夜不能寐,梳理比对着枯燥的银行交易数据。某日,一个受理报案的机会,王鑫和一位朝鲜族青年聊天时得知,中韩之间汇钱有数额限制,手续费高昂,因此民间一般采取"换钱"的方式。

这一说法让王鑫豁然开朗,他连夜与杜占义对崔某的账号流转情况进行了核查,发现崔某账号转出金额大多集中在6万元的倍数,而人民币兑换韩币的汇率在5.9∶1000左右浮动。根据崔某转出账的具体时间,结合实时汇率,发现转出金额都要比整数韩币兑换相应的人民币少一些。也就是说,崔某的账号是在经营地下钱庄,她为赌资从中国洗到韩国提供了账号上的便利,并从中收取了利润。崔某账号资金来源及流出问题的解决,成为突破该案的关键。

(2)与类似网络赌博案件进行串并,发现团伙组织重要成员。

由于网络赌博人员深深沉迷于赌博活动,难以自拔,常常同时参与多个赌博组织或赌博活动。考虑到这个可能性,专案组民警经过串并案,得知青岛警方于2006年曾经办理过一起"2080"网络游戏赌博案件。

在青岛警方的大力协作下,专案民警发现青岛卷宗内主犯之一洪某与烟台开发区警方正在侦办案件中的接受赌资嫌疑人洪某护照号完全一致,而且该案主犯卞某和其子一直在逃。

侦查员立即将两案关联,将所有青岛案件涉案人及本案关联嫌疑人的出入境记录全部在网上调出,建立了一个全体嫌疑人出入境记录的数据库。通过排序比对,发现多名不相干的人员在相同时间乘坐相同航班同行。警方由此推断出此起案件的幕后本社(这里的本社,指在韩国组织和发起赌博的最高级别总公司)老板仍然是卞某父子的结论。

二人在逃避了2006年青岛警方的打击之后,跑到大连、沈阳重新架设服务器,继续在中韩范围内发展赌博卖场,谋取暴利。

(3)多种线索综合交叉碰撞,多名团伙组织重要成员浮出水面。

在梳理嫌疑人银行网银交易记录时,侦查员发现一个特征:多个账号的网银交易IP地址一天之内在韩国和我国威海、沈阳等地变换。侦查员由此大胆推断,几个涉案银行卡的U盾很有可能被同一人持有,而此人应该是本社的财务团队重要成员,并且在如此短的时间内出入境,只能通过航空的方式。

因此,警方在某边检站调取了三个有代表性的时间段内所有出入中韩的旅客姓名、护照和飞机班次等信息。通过深度分析,发现一名叫作卞某的韩国女子符合上述特征,存在重大嫌疑。继续通过网上检索比对,卞某正是本社老板卞某的亲侄女,也就是持有涉案银行卡U盾的重大嫌疑人。

与此同时,从大连传来消息,已经查明为"2080"网络赌博游戏提供网络赌博平台托管的,是在大连从事服务器托管业务的杨某。

此外,经缜密侦查,警方发现账号内接收大量赌资的申某和真正涉案人孙某是夫妻关系。尽管其经营网络赌博,万分小心,但是没想到被"爱犬如命"这一爱好泄漏了踪迹。警方在侦查前期通过公安系统查询,对申某的详细情况掌握较少,但通过"百度"网站输入申某的名字后,发现申某竟然在网上十分有名,是青岛某犬类美容学校的校长,该学校为了证实其资质良好,将明确的经营地址等信息发布在网上。

(4) 梳理出本案网络赌博组织主要成员结构。

警方根据各个银行账户之间的关系,嫌疑人在案件中的地位和作用,以及从大连服务器获得的数据,警方彻底摸清了该网络赌博组织的基本架构。

专案组深度剖析后,按照"卖场"、"副本社和本社"、"服务器托管团队"、"换钱团队"划分了4个圈,将所有嫌疑人一个个作为抓捕目标划入了各自所属的圈子。

3. 多地同时出击,收网抓捕

圈定了23名待抓捕犯罪嫌疑人后,警方再派侦查员对每个抓捕对象的家庭住址一一暗中仔细确认。

2011年5月下旬,警方获悉韩国籍本社重要成员卞某、徐某和吴某先后在沈阳入境,抓捕时机成熟。专案组分成5组,分头奔赴沈阳、大连、青岛、威海、烟台5个城市,每组又单设财物保管组、电子取证组、银行冻结组、法制及翻译组。

5月28日,"'1·7'专案抓捕动员部署大会"在烟台开发区分局召开,宣布了抓捕行动方案。在这份详细的抓捕方案中,警方仔细分析了每一个抓捕对象的活动规律,认真推敲每一个抓捕细节,对如何进入、如何撤离、如何开展突审以及抓捕中可能出现的各种突发事件都做了事先的推演,确保抓捕万无一失。在山东省公安厅、烟台市公安局网监部门的指挥调度和各地警方的大力支持下,整个抓捕行动共动用警力一百二十余人,出动车辆十余辆。

5月30日,烟台开发区警方抓捕行动同时在5地展开。由于事先侦查工作和抓捕方案制定周密,整个抓捕行动进行得非常顺利,至10月30日23时,23名犯罪嫌疑人在辽宁、山东两省5地全部被抓获,赌博服务器等重要证据全部被获取,案件成功告破。

18.6.3 案件成功经验总结

1. 领导高度重视,成立专案指挥部,协调指挥整个案件的侦破过程

开发区分局领导接到这起案件后,高度重视,敏锐地感觉到这起案件的背后隐藏着一个庞大的网络赌博团伙,决定把这起案件列为2011年的头号大案,同时迅速上报市局。案件引起了市局领导的高度重视,市局、分局两级迅速成立了由分管领导和主要领导挂帅的专案指挥部。

2. 侦查受阻时,及时找到案件突破口

专案组在仔细梳理初期调查的海量银行账户信息的时候,发现有数千万赌资去向不明,本以为是上级代理的银行账号,账号内的赌资却如"天女散花"般地流向全国各地,侦

查受阻。专案组决定从韩国人崔某的数个账号入手,开始了新一轮调查取证,最终从账号流转情况以及崔某账号转出金额上进行深入分析,解决了困惑。

同时,将现有案件线索和已有类似网络赌博案件进行串并案,多种线索综合交叉碰撞,寻找突破口,并以此发现了多名团伙重要成员。

3. 及时对涉案电子数据进行证据固定

专案组在整个案件的调查取证过程中,特别是在抓捕犯罪嫌疑人的现场,对处于开机状态的计算机,采用录像、照相等多种方式,及时对调查取证的过程、获取的涉案电子数据进行证据固定。例如,2011年5月30日,警方在犯罪嫌疑人烟台所住的小区对涉案计算机拍照取证。2011年5月30日,警方在大连抓获犯罪团伙中负责服务器代理和托管的犯罪嫌疑人,获得服务器数据等重要证据。

4. 多地多警种协调配合,斩断网络吸金链,有力打击网络赌博犯罪

在山东省公安厅、烟台市公安局的指挥调度和沈阳、大连、青岛、威海、烟台等地警方的大力支持下,治安、网监等多个警种、多地联动,协调配合,圆满地完成了这起特大跨国网络游戏赌博案的侦破工作。

据犯罪嫌疑人卞某交待,到卖场参与"2080"赌博的客人每在系统上下注一次,不管输赢,整个赌博的4级代理共从中抽取10%作为利润,所以如果客人有1000元钱,下个十次八次注,即使不输,也可能被"抽水"抽光。警方调取的服务器数据,随意抽取2010年某一天,系统内参赌分数共有一亿六千多万分,折合成人民币134万元左右,若以当天为标准推算,可以推算出一年之内,该网络的参赌赌资金额约为4亿元人民币,赌博各级代理抽取利润达4000万元。

此案的侦破,不仅一举斩断了韩国"2080"赌博游戏向中国的渗透,挽救了无数个家庭,而且通过打击地下钱庄,维护了金融体系的正常秩序,彰显了公安机关打击国际网络犯罪的决心和信心,维护了国家形象。

小 结

本章详细介绍了网络赌博犯罪的犯罪构成,网络赌博犯罪的表现形式、组织结构、运营管理方式及风险规避手段。重点介绍了网络赌博案件的线索来源、网络赌博案件初查阶段的工作、网络赌博案件侦查阶段具体调查方法、网络赌博案件现场勘查要点、网络赌博案件侦查工作经验和网络赌博案件询问/讯问要点,并对网络赌博案件典型案件的侦破过程进行了深入剖析。

思 考 题

1. 如何理解网络赌博犯罪客观方面?
2. 网络赌博犯罪的表现形式有哪些?常见的网络赌博的组织结构是什么?
3. 网络赌博公司的运营管理方式是什么?其风险规避手段有哪些?

4. 网络赌博案件的线索来源有哪些？

5. 深入侦查阶段的工作主要有哪几个方面？已知一个赌博网站,应从哪些方面着手进行深入调查？如何深入挖掘出这个赌博网站的相关网站？

6. 对赌博网站的涉案银行账户如何进行深入调查？

7. 网络赌博案件现场勘查要点有哪些？

8. 公安机关办理网络赌博犯罪案件的取证难点是什么？网络赌博案件的证据要点有哪些？

9. 网络赌博案件询问/讯问要点有哪些？

10. 网络赌博案件侦查工作经验有哪些？

参 考 文 献

1. 孙晓冬. 计算机犯罪案件侦查实务教程. 北京：中国人民公安大学出版社,2010.
2. 杨正鸣. 网络犯罪研究. 上海：上海交通大学出版社,2004.
3. 于同志. 热点难点案例判析：刑事类 网络犯罪. 北京：法律出版社,2005.
4. 皮勇. 网络犯罪比较研究. 北京：中国人民公安大学出版社,2005.
5. 孙景仙,安永勇. 网络犯罪研究. 北京：知识产权出版社,2006.